»Liebling, mein Herz
lässt dich grüßen«

Werner Richard Heymann, um 1930.

Hubert Ortkemper (Hrsg.)

Werner Richard Heymann
»*Liebling, mein Herz lässt dich grüßen*«

Der erfolgreichste Komponist der UFA-Zeit erinnert sich

SCHOTT

Bibliografische Information der Deutschen Nationalbibliothek
Die Deutsche Nationalbibliothek verzeichnet diese Publikation
in der Deutschen Nationalbibliografie; detaillierte bibliografische
Daten sind im Internet über http://dnb.d-nb.de abrufbar.

Bestellnummer ED 21041
ISBN 978-3-7957-0751-4

© 2011 Schott Music GmbH & Co. KG, Mainz

www.schott-music.com
www.schott-buch.de

Alle Rechte vorbehalten

Nachdruck in jeder Form sowie die Wiedergabe durch Fernsehen,
Rundfunk, Film, Bild- und Tonträger oder Benutzung für Vorträge,
auch auszugsweise, nur mit Genehmigung des Verlags

Lektorat: Dietlind Grüne, Berlin
Coverabbildung: Werner Richard Heymann bei den
Dreharbeiten zu *Ein blonder Traum* © UFA
Umschlaggestaltung und Layout: Lisa Neuhalfen, Berlin
Druck und Bindung: Kösel, Krugzell
Printed in Germany · BSS 54221

Inhalt

Vorwort 7
Kindheit in Königsberg 9
»Frühlings Erwachen« 31
Die Berliner Boheme 43
Ernst des Lebens 53
Kriegsbegeisterung und Pazifismus 68
Hunger in Wien 92
Revolution 109
Vom Streichquartett zum Kabarett 130
Der Kinokapellmeister 148
Kleiner Exkurs über das Kaffeehaus 167
Die Tonfilm-Operette 172
Das böse Ende eines Traums 199
Broadway-Fantasien 213
Zweiter Anlauf in Hollywood 229
Die Schulden des Bruders 238
Europa verschwindet im Nebel 244
Der Krieg ist vorbei 255
Rückkehr nach Europa 266
Liebe macht jung 277
Stolzer Vater 304
Der Traum vom großen Musical 314
Der Streit um Gottes Allmacht 326
Schlussakkord 336

Werkverzeichnis 343
Textnachweis 349
Literaturhinweise 350
Personenregister 351
Bildnachweis 368
Zur Bonus-CD 368

Vorwort

»Sie kennen mich nicht, aber Sie haben schon viel von mir gehört...« – so hat er seine Auftritte vor Publikum oft eingeleitet. Und dann spielte Werner Richard Heymann am Klavier Refrains seiner Lieder, etwa »Das gibt's nur einmal ...« oder »Ein Freund, ein guter Freund ...«. Noch fünfzig Jahre nach seinem Tod kann fast jeder ihre Melodien mitsingen.

In den letzten Lebensjahren begann Heymann, seine Erinnerungen zu diktieren: Dabei entstanden lebendige Momentaufnahmen der ersten dreißig Jahre des zwanzigsten Jahrhunderts. Sie schildern eigene Erfahrungen und Erlebnisse, Begegnungen mit Musikern, Malern und Literaten, von denen einige einen großen Namen hatten oder ihn später bekommen sollten. Man wird deren Biografien daraufhin nicht umschreiben müssen, aber es sind Details zu entdecken, die kaum bekannt waren.

Heymann hat beim Diktat seiner Memoiren nicht auf eigene oder fremde Aufzeichnungen zurückgreifen können. Eine Überprüfung der Fakten ergab, dass er sich erstaunlich präzise erinnert hat. Gelegentliche Irrtümer sind nach so langer Zeit selbstverständlich; sie wurden, soweit eindeutig festzustellen, stillschweigend korrigiert, außerdem wurden kleinere Kürzungen vorgenommen, ohne dass diese bezeichnet sind. Wer den vorliegenden Text mit Heymanns Diktat vergleichen möchte, kann dies im Heymann-Archiv der Akademie der Künste, Berlin tun.

Heymanns autobiografische Skizze bricht 1928 ab. Die Schilderung der Zeit danach stützt sich auf Rundfunkinterviews aus den Fünfzigerjahren, auf Briefe und Briefentwürfe sowie Aufzeichnungen seiner Frau Elisabeth. Für die Leser ist typografisch sichtbar, welche Passagen des Buchs von Heymann selbst formuliert sind.

Heymanns Erinnerungen wurden 2001 erstmals veröffentlicht, seit ein paar Jahren ist die Ausgabe vergriffen. Für die vorliegende Neuausgabe konnten zahlreiche zusätzliche Dokumente verwendet werden, die nach dem Tod von Heymanns Witwe Elisabeth ins Archiv der Berliner Akademie der Künste gelangt sind. So konnten im autobiografischen ersten Teil kleinere Korrekturen vorgenommen und im zweiten Teil neben vielen Ergänzungen auch neue Abschnitte eingefügt werden, die vor allem Heymanns Jahre im Exil und im Nachkriegsdeutschland sehr viel ausführlicher beleuchten, als dies in der Erstausgabe möglich war.

Heymanns Tochter Elisabeth Trautwein-Heymann gilt ein herzlicher Dank für die Erlaubnis, viele Texte ihres Vaters hier erstmals publizieren zu dürfen.

Hubert Ortkemper, im Januar 2011

Kindheit in Königsberg

Meine erste Kindheitserinnerung sieht so aus: Ich sitze auf dem Schoß meiner Amme, auf ihrer Stirn ist ein großer roter Kratzer und sie sagt zu mir: »Du böser, böser Junge hast mir so wehgetan!« Ich schämte mich entsetzlich. Ich muss ungefähr ein Jahr alt gewesen sein, sprach noch nicht, aber ich verstand. Ich habe ziemlich früh zu sprechen angefangen, nicht fließend natürlich. Meine Amme war, wie es damals üblich war, aus dem Spreewald. Sie hieß Berta Ockuhn und hatte ein wendisches Gesicht mit starken Backenknochen. Sie trug eine große bunte, manchmal auch eine weiße Haube, an den Seiten weit ausladend. In einem Wagen schob sie mich durch die Parks und Anlagen und hat mich wohl eine Zeit lang auch gestillt. Sie ist, wie man mir später erzählt hat, ein paar Jahre bei uns geblieben, ich weiß nicht mehr wie lange, bis sie durch ein Kinderfräulein abgelöst wurde.

Als ich 1896 geboren wurde, war mein Vater schon 46 Jahre alt, meine Mutter 41. Ich war das letzte von sieben Kindern und kam ganz unverhofft. Mein ältester Bruder Paul wurde schon 1876 geboren, etwa ein Jahr nach der Hochzeit meiner Eltern. Dann kamen mein Bruder Walther, der Dichter, Hans, der Kaufmann, Kurt, der Doktor der Medizin. Zwei Geschwister, Felix und Pauline, sind als Kinder gestorben, ich habe sie nicht mehr gekannt.

Ich bin eigentlich unter Erwachsenen groß geworden, denn als ich acht Jahre alt war, war mein jüngster Bruder Kurt schon sechzehn. Das ist ein großer Unterschied. Er war bereits ein junger Mann, ich noch ein Kind.

Mein Bruder Kurt musste mich wiegen. Er sang dabei ein Lied, das ich nicht leiden konnte und gegen das ich immer lautstark protestierte: »Jou, jou, Hopapa, Kinderchen muss man wiegen. Wenn sie nicht hübsch artig sind, müssen sie Prügel kriegen!« Bei dem Wort »Prügel« fing ich an zu brüllen.

Das Haus, in dem ich geboren wurde, lag in einer stillen, vornehmen Straße von Königsberg, der Tragheimer Pulverstraße, Nummer 30 oder 31. Wir wohnten im Parterre und konnten von einer Veranda direkt in den Garten gehen, was ich sehr schön fand. Ich habe in diesem Garten herrliche Stunden verlebt, vor mich hingeträumt und mit einem kleinen Terrier, der Trudi hieß, gespielt.

Mein Vater war in Königsberg sehr angesehen und beliebt. Er hatte was von einem Vereinsmeier, war in sämtlichen Komitees, war Stadtverordneter, war im Vorstand des Zoologischen Gartens, was für mich von großem Vorteil war, denn dadurch habe ich als Kind viele Jahre dort spielen können und durfte sogar zu den Tieren in die Gehege gehen.

Vater war ein etwas dicklicher Herr mit einem sehr forschen Schnurrbart. Ein großer Mädchenjäger, wie man mir später erzählte, immer flott und elegant. Er schrieb reizende Gelegenheitsgedichte und komponierte. Ich kann immer noch viele seiner Sachen auswendig, obwohl ich erst zwölf Jahre alt war, als er starb. Von Beruf war er Großkaufmann in Getreide. Wir hatten acht eigene Speicher in Königsberg. In denen lagerten Berge von Erbsen, Bohnen, Linsen und Mohn. Es machte mir als Kind einen riesigen Spaß, diese Berge hinunterzurutschen. Man muss sich vorstellen, in einem ganzen Berg von Linsen oder Bohnen wühlen zu können. Wie schön sich das anfasst!

Die Brüder Paul, Walther, Hans, Kurt und Werner Richard Heymann, 1899.

Die Eltern Johanna und Richard Heymann, um 1900.

Meine Mutter war eine schöne, elegante, dabei aber stattliche und gebieterische Frau. Sie ging immer vollkommen aufrecht, war stets sehr gut angezogen.

Als Kind wollte ich durchaus Page werden. Aber so etwas gab es nicht mehr.

Als ich etwa zwei Jahre alt war, wurde ich sehr krank. Ich bekam den Typhus. Wir hatten als Hausarzt einen sehr würdigen alten Herrn, Dr. Maschke. Er war sogar Sanitätsrat. Er sprach sehr finster und trug ewig ein leidendes Gesicht zur Schau. Dabei war er sehr grob. Er puffte einen irgendwohin und fragte: »Tut's dir da weh? Tut's dir hier weh?« Natürlich tat es weh, wo er hinpuffte.

Mit meinem Typhus lag ich viele, viele Wochen im Bett, wurde immer schwächer und immer kränker, bis meine Eltern sich entschlossen, einen anderen Arzt hinzuzuziehen. Er hieß Dr. Frohmann, war ein ganz junger Mann, hatte einen feuerroten Bart und spielte hinreißend Cello. Manchmal brachte er das Cello mit zur Visite und

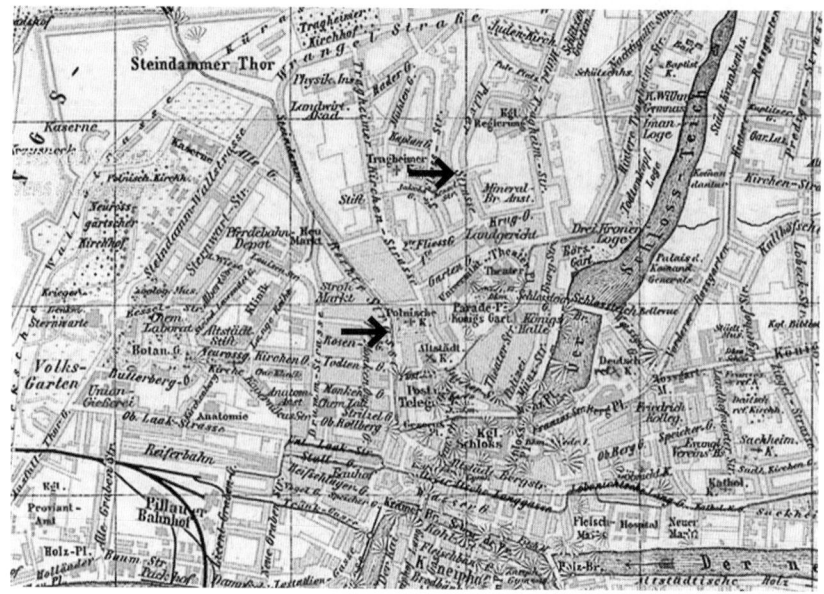

Stadtplan von Königsberg (eingezeichnet die Wohnungen der Familie Heymann an der Tragheimer Pulverstraße 31 und am Steindamm 144).

spielte mir vor. Ich besinne mich, dass er immer ein Menuett von Boccherini spielte. Ich wusste damals natürlich noch nicht, dass es von Boccherini war. Aber ich habe es immer noch genau im Ohr. Dr. Frohmann hatte ganz unorthodoxe Behandlungsmethoden. Wo Dr. Maschke gesagt hatte: »heiß«, sagte er: »kalt«, wenn Dr. Maschke gesagt hatte: »sauer«, sagte er: »süß«. Gott sei Dank hörten meine Eltern auf Dr. Frohmann, den jungen, modernen Arzt, und ich wurde wieder gesund. Es hat aber lange gedauert. Als ich endlich aufstehen durfte, konnte ich nicht mehr laufen. Ich hatte es wieder verlernt.

Zur Feier des Tages hatte ich einen roten Flanellschlafrock bekommen, in dem ich dem Doktor nachlaufen wollte. Er rief: »Fang mich!«, aber ich fiel sofort hin. Dabei war ich so stolz darauf gewesen, dass ich schon so gut gehen konnte.

Es hat eine Weile gedauert, bis ich wieder zu Kräften kam. Meine Eltern nahmen mich im nächsten Sommer mit zur Kur nach Bad Kissingen. Nicht etwa ich nahm die Kur, meine Eltern nahmen sie. Ich erinnere mich an viele merkwürdige Dinge in diesem altertümlichen Badeort. Es gab noch eine richtige Postkutsche, mit der ich durch die Stadt fuhr. Es gab einen Terrier, einen Foxterrier, der genauso aussah, wie der, mit dem ich als ganz kleines Kind gespielt hatte und der inzwischen gestorben war. Der Foxterrier biss mich ins Bein. Ich habe wahrscheinlich wie am Spieß geschrien, jedenfalls stürzte ein livrierter Diener auf mich zu, hob mich auf und setzte mich in eine Equipage, in der zwei außerordentlich vornehme Damen saßen. Die Equipage fuhr mit mir in Windeseile davon, ich sah nur noch meine Eltern am Straßenrand stehen, meine Mutter in einem tiefen Hofknicks erstarrt, meinen Vater in einem tiefen Bückling.

Wir fuhren vor einem schlossartigen Gebäude vor. Die beiden Damen beschäftigten sich intensiv mit mir. Die Wunde wurde ausgewaschen und verbunden, ich bekam furchtbar viel Schokolade und wunderbare Torte. Ich merkte bald, dass es sich um ganz außergewöhnliche Damen handeln musste, denn man redete sie mit »Königliche Hoheit« und »Majestät« an.

Es waren die Exkönigin von Hannover und ihre Tochter, Prinzessin Mary von Cumberland.

Die damals 81-jährige Marie von Hannover, eine gebürtige Prinzessin von Altenburg, war 1843 mit dem ein Jahr jüngeren hannoverschen Kronprinzen Georg verheiratet worden, der mit vierzehn Jahren erblindet war. 1851 trat er als Georg V. die Regierung an, betrieb eine reaktionäre Politik und stellte sich im Krieg von 1866 gegen Preußen auf die Seite Österreichs. Georg V. wurde von Preußen zur Abdankung gezwungen, sein Land annektiert, aus dem Königreich wurde die Provinz Hannover. Der Exkönig lebte seitdem im Exil, zuerst in Wien, später in Paris, wo er 1878 starb. Seine und Maries Tochter Mary von Cumberland war 1899 fünfzig Jahre alt.

Die beiden hatten wohl einen Narren an mir gefressen, denn ich musste fast jeden Tag auf das Schloss kommen und wurde dort mit Kuchen und Schokolade traktiert. Ich habe die Tante Königin und die Tante Prinzessin sehr geliebt. Die Tante Prinzessin schenkte mir ein Buch mit beweglichen Bildern, das ich auch nie vergessen habe. Es hieß *Prinz Liliput* und handelte von den entsetzlichen Abenteuern eines Prinzen, der sich im Wald verlaufen hatte. Zum Abschied schenkten mir beide ihre Fotografie in rotem Seidenrahmen. Ich erwähnte den tiefen Diener meines Vaters und den Hofknicks meiner Mutter. Mein Vater war ein ausgesprochen deutschnationaler Mann. Er hatte den Krieg 1870/71 als Offizier mitgemacht, als jüdischer Oberleutnant. Er war sehr, sehr konservativ und ungeheuer stolz auf seine militärische Vergangenheit. Als ich drei Jahre alt wurde, bekam ich zum Geburtstag eine Pauke geschenkt. Die Pauke trug man vor dem Bauch. Obenauf war eine Tschinelle, auf die man mit einer weiteren Tschinelle schlagen musste. In der anderen Hand hatte man einen Schlägel. Meine Mutter spielte auf dem Klavier rhythmische Stücke, Militärmärsche oder Tanzmusik, und ich schlug den Takt. Ich war dabei so exakt, dass man das als Beweis meiner Musikalität ansah. Außerdem zog mich das Klavier mehr und mehr an. Ich spielte mit einem Finger alle Melodien nach, die ich gehört hatte. Zuerst mit einem Finger, dann auch mit zweien, sodass Terzen und Sexten möglich waren. Das erste Lied, das ich spielte, war, glaube ich, »Phyllis und die Mutter, tralerali, tiralerala, ihren Schäfer zu erwarten«, ein altes Volksliedchen.

Ein alter Freund des Hauses hat mir später erzählt, mein Vater habe oft mit ihm zusammen hinter der Tür gelauscht, stolz darauf, dass ich das alles schon spielen konnte. Er habe ihn dabei immer in den Arm gekniffen, und zwar so stark, dass er blaue Flecken davon bekommen habe.

In diese Zeit fiel auch mein erster Auftritt auf einer Bühne. Es war in einer Wohltätigkeitsvorstellung zugunsten armer Burenkinder. 1899 bis 1902 tobte der Burenkrieg. Man war in Deutschland sehr anti-englisch und deshalb für die Buren, die damals von Apartheid noch nichts wussten. Ich musste in einer Flüchtlingslager-Szene ein kleines Burenkind spielen, das sich zitternd seine kalten Händchen an einem Wachtfeuer wärmt. Viele Leute soll das zu Tränen gerührt haben. Das wurde sogar in einer Zeitung erwähnt. Ich ahnte damals noch nicht, welche Rolle die Bühne einmal in meinem Leben spielen sollte.

Mit vier Jahren ging ich in den Kindergarten. Es war ein Fröbel'scher Kindergarten, in dem hauptsächlich Mädchen waren.

1851 waren in Preußen, also auch in Königsberg, die vom thüringischen Pädagogen Friedrich Fröbel 1837 eingerichteten »Pflege-, Spiel- und Beschäftigungsanstalten« für Kleinkinder, für die er 1840 die Bezeichnung »Kindergarten« erfand, als Teil des »sozialistischen Systems«

der Revolution von 1848 verboten worden. Fröbel wollte die Kinder durch sinnvolles Spielen auf das Leben vorbereiten. Dazu gehörte auch die Bereitstellung geeigneter Spielmaterialien. Das preußische Verbot wurde 1860 wieder aufgehoben.

Neben mir saß die Jahrgangserste, sie hieß Erna Kreutz, und sie war so vornehm, dass sie immer »Herr Gesus« sagte, statt »Herr Jesus«, weil sie wahrscheinlich annahm, dass das »J« ostpreußischer Dialekt sei.
Bei uns zu Hause wurde überhaupt kein Dialekt gesprochen. Meine Eltern mochten das nicht, und ich spreche deshalb ein völlig dialektfreies Deutsch, was natürlich auch damit zusammenhängt, dass ich nur fünfzehn Jahre in Königsberg blieb und später viel im Ausland war. Bis zum heutigen Tag werde ich das Gefühl nicht los, dass Menschen, die Dialekt sprechen, irgendwie nicht ganz gebildet sind.

In dem Fröbel'schen Kindergarten wurden viele Handarbeiten gemacht. Es war überhaupt mehr wie eine Schulklasse, nicht so, wie wir uns heute einen Kindergarten vorstellen. Wir flochten, zogen Perlen auf, und diese Beschäftigungen in einer sehr weiblichen Umgebung mit sehr weiblichen Tätigkeiten haben wahrscheinlich dazu geführt, dass ich aus Abneigung dagegen immer noch mit den Händen ausgesprochen ungeschickt bin. Wahrscheinlich bin ich auch deswegen kein Virtuose geworden, auf keinem Instrument.

Die Vorsteherin des Kindergartens trug ihren Kopf immer zur Seite geneigt, aus einer vollkommen schrägen Haltung heraus. Sie hieß Fräulein Schievelbein. Ich nehme an, dass ihr Name von Heinrich Mann erfunden worden ist. Kein deutscher Schriftsteller hat ja treffendere Namen erfunden als Heinrich Mann. Ich habe immer noch das Gefühl, dass alle seltsamen Namen, die einen Bezug auf körperliche oder seelische Beschaffenheiten des Namensträgers haben, von Heinrich Mann stammen müssen. Es gab in Berliner Varieté- und Filmkreisen einen viel beschäftigten Artisten. Er war ein abgebrochener Riese, hatte einen normalen, ich möchte sagen athletischen Oberkörper, aber dann kamen einfach gleich die Füße. Die Beine sah man gar nicht. Er hieß Ulptz.

Meine Kindheit verlief in einem brutwarmen Nest, aus dem ich nur an der Hand meiner Mutter oder einer anderen Frauensperson herauskam, mit viel Musik, auch im Elternhaus, und gewissermaßen alles in Zimmerlautstärke.

Musik hatte bei uns zu Hause einen hohen Stellenwert. Mein Vater war zwar ein ziemlich frommer Jude, wenn auch nicht orthodox, aber er ging nicht regelmäßig in die Synagoge, nur zu den höchsten jüdischen Feiertagen. Jeden Sonntag fand bei uns eine Art Morgenandacht statt. Der gesamte Haushalt, Dienstboten eingeschlossen, versammelte sich im Musikzimmer, und Vater und Mutter spielten auf dem Klavier vierhändig ein Orgelkonzert von Händel.

Bald veränderten sich die Verhältnisse in meinem Elternhaus. Mein Vater verdiente noch mehr Geld als zuvor schon. Die Wohnung erwies sich als zu klein, und wir zogen zum Ende des Jahrhunderts in ein damals sensationell modernes Haus. Es lag am Steindamm Nr. 144 und hieß in Königsberg das Heck'sche Haus. Zum ersten Mal in meinem Leben sah ich – in unserem Esszimmer – Gaslicht. Bis dahin hatten sich die Abende im Schein einer Petroleumlampe oder Kerze abgespielt.

In der neuen Wohnung war viel Platz. Quer zur Eingangstür lag ein langer Korridor, von dem auf der einen Seite die Schlafzimmer abgingen, für meine Eltern, meine Brüder Walther, Hans und Kurt, eins für das Kinderfräulein und mich, ein Mädchenzimmer für zwei Mädchen und die Köchin. Auf der anderen Seite lagen das Esszimmer, das Musikzimmer, der Salon, Mutters Schreibzimmer, Vaters Arbeitszimmer. Es war eine Riesenwohnung.

In der Silvesternacht 1899 war die ganze Familie im Haus, alle fünf Söhne mit Vater und Mutter, und ich sehe mich, wie ich als damals noch nicht ganz vierjähriger Junge um Mitternacht am Fenster stehe und mit allen anderen »Prost Neujahrhundert!« auf die Straße brülle.

Heymanns Vater hatte zur Feier der Jahrhundertwende eine »Dramatische Szene« gedichtet, die vom Königsberger Gesangverein im Stadttheater aufgeführt wurde. Darin tritt ein Greis »im Gewande des Göthe'schen Harfners« auf:

> Ich bin so müd! Ich will zur Ruhe gehen –
> Ich scheide ohne Hoffnung, ohne Groll.
> Die neue Zeit, ich kann sie nicht verstehen,
> Weiß weder, was sie will, noch was sie soll.

Ihm antwortet ein Jüngling, »nach neuester Mode geckenhaft gekleidet«:

Lasse ab von Deinem Wahn,
Ohne Dich könnt' nichts geschehen –
Hast Du Deine Pflicht gethan,
Nun wohlan – so magst Du gehen.

Jetzo heißt es: Platz gemacht
Und zur Ruhe sich begeben!
Achtzehnhundert – gute Nacht!
Neunzehnhundert will nun leben!

Schließlich versöhnt ein Genius die beiden Jahrhunderte:

So freuet Euch: Ein neu Jahrhundert tagt,
Die Gegensätze milde zu versöhnen –
Mög' alles, was das alte uns versagt,
Das neue mit Vollendung krönen!

Im neuen Jahrhundert entwickelte sich Fräulein Schievelbeins Kindergarten zur vollen Blüte. Es kam eine Vorschule hinzu, die etwa einer heutigen Volksschule entsprach, und ich fing an, lesen, schreiben und rechnen zu lernen. Als ich sechs Jahre alt war, änderten sich in meinem Leben zwei Dinge, die von außerordentlicher Bedeutung werden sollten: Ich bekam eine Mademoiselle und erhielt die ersten Musikstunden.

Die Mademoiselle stammte aus Genf. Sie sprach ein außerordentlich reines Französisch. Genf gilt als die Stadt, in der das beste Französisch gesprochen wird. Als sie kam, war die Mademoiselle Anfang zwanzig und verstand kein Wort Deutsch. Als sie uns zehn Jahre später verließ, sprach sie noch immer kein Deutsch.

Sie war eine Arzttochter, hieß Nastia de Ritter, hatte einen Bruder, der zum Freundeskreis von Émile Zola gehörte und von ihm als Schriftsteller angeblich protegiert wurde. Sie war ein nicht übermäßig kluges, aber herzensgutes Geschöpf, und die ungeheure Bedeutung, die sie für mich erlangen sollte, war eben die Tatsache, dass sie nur Französisch sprach. Ich habe von meiner frühesten Jugend an von ihr Lieder, insbesondere auch Volkslieder, zu hören bekommen und sprach sehr bald so gut Französisch, dass ich in Frankreich nicht als Ausländer erkannt werde.

Die französischen Lieder, die sie mir beibrachte, waren zum größten Teil Kinderlieder von dem Komponisten Émile Jaques-Dalcroze, der später durch die Hellerauer Musikbewegungsschulen weltberühmt wurde. Diese Lieder haben zweifellos sehr dazu beigetragen, dass meine Musik später in Deutschland und in Frankreich gleichermaßen populär werden konnte.

1899 veröffentlichte Jaques-Dalcroze unter dem Titel *Premières rondes enfantines* sechzehn Kinderlieder nach eigenen Texten, denen ein Jahr später weitere fünfzehn Lieder folgten. Der Komponist war seit 1892 Professor für Harmonielehre am Genfer Konservatorium und entwickelte im ersten Jahrzehnt des 20. Jahrhunderts die »rhythmische Gymnastik«. In seinem Unterricht für Gehörbildung hatte er beobachtet, dass bei den Studenten, wenn er sie während des Singens den Takt schlagen ließ, der ganze Körper von diesen Taktierbewegungen ergriffen zu sein schien, als ob sie die Musik körperlich miterleben wollten. 1908 präsentierte er seine Methode auf der Deutschen Tonkünstlerversammlung in Stuttgart, danach auch in Berlin, Leipzig, München und Dresden. Drei Jahre später wurde seine »Bildungsanstalt für Musik und Rhythmus« in der Gartenstadt Hellerau bei Dresden eröffnet.

Meine Musikstunden erhielt ich auf einem Instrument, das ich zwar liebte, für das ich aber nicht begabt war. Ich verbrachte jede Minute meiner freien Zeit am Klavier oder hätte sie zumindest gern dort verbracht. Leider Gottes ließen meine Eltern mir Geigenunterricht geben, weil mein Bruder Kurt Klavier und Hans Cello spielte. Wir sollten wohl ein Familien-Trio formieren.

Es war eigentlich Wahnsinn, einem jungen Menschen, der eine so offenkundige Begabung für das Klavier zeigte, Geigenstunden zu geben. Allerdings hat es sich später für mich als nützlich erwiesen, als ich nämlich anfing zu orchestrieren.

Das Milieu, in dem ich aufwuchs, war sehr konservativ. Meine Mutter war in sozialer Hinsicht eine ausgesprochene Streberin. Auf ihr Betreiben hin war ich nicht beschnitten worden und wurde als achtjähriges Kind getauft, zusammen mit meinem älteren Bruder. Wahrscheinlich versprach sie sich davon eine leichtere und bessere Zukunft für mich. Ich habe von der Taufe nie Gebrauch gemacht, und Herrn Hitler hat sie später auch nicht interessiert.

In der Schule lernte ich sehr leicht und sehr schnell und erledigte die Nona, Octava und Septima in je einem halben Jahr, sodass ich erst siebeneinhalb Jahre alt war, als ich auf die Sexta und ins Gymnasium kam, und zwar ins Friedrichskollegium, neben dem Grauen Kloster in Berlin das älteste preußische Gymnasium.

Ich war sehr klein und viel jünger als meine Klassenkameraden, die alle mindestens neun Jahre alt waren. Bis kurz vorher hatte ich, wie es damals üblich war, noch Mädchenkleidung getragen und hatte lange blonde Locken. Deshalb wurde ich ziemlich viel geneckt. Man nannte mich nur »Lieschen«. Dass ich es auf der Schule nicht schwerer gehabt habe, verdankte ich wohl hauptsächlich dem sozialen Ansehen meiner Eltern, aber auch der Tatsache, dass ich leicht Freundschaften schloss.

Einer meiner Freunde, Ernst Ross, war der beste Turner und der stärkste Junge in der Klasse. Wehe, wenn irgendeiner mir etwas getan hätte! Ich verkehrte auch in seinem Elternhaus. Sein Vater und seine Mutter waren ganz einfache, geradezu arme Leute, denen es schwergefallen sein muss, den Sohn aufs Gymnasium zu schicken. Er hatte eine reizende Schwester, die etwas älter war und bei einem furchtbaren Eisenbahnunglück, das damals großes Aufsehen erregte, ums Leben kam. Das war meine erste Berührung mit dem Tod. Nicht ganz, denn vorher war meine Großmutter gestorben. Sie lag klein, zerbrechlich, Haar und Antlitz ganz weiß, auf einer Bahre. Merkwürdigerweise hat das in mir keinen sehr tiefen Eindruck hinterlassen. Aber der Tod dieses jungen Mädchens – der war für mich furchtbar.

Das Friedrichskollegium hatte alle Vorzüge und alle Nachteile eines traditionellen preußischen Gymnasiums der Jahrhundertwende. Man lernte ungeheuer viel und wurde aufs Grauenhafteste behandelt. Es wurde geschlagen, mit dem Rohrstock auf die nackte Hand oder den nicht nackten Hintern. Unter den Lehrern gab es ausgesprochene Sadisten, die morgens erst einmal die halbe Klasse verprügelten, bevor sie mit dem Unterricht begannen. Es gab seelische »Tierquäler«, die mit raffiniertesten Methoden ein Kind unsicher machen oder zur Verzweiflung treiben konnten. Daneben gab es ein paar wundervolle Lehrer, die auch menschlich allen Anforderungen entsprachen, die man an einen Menschen stellen muss, der dem merkwürdig komplizierten und zarten Wesen, das ein Kind nun einmal ist, nicht nur Wissen einpfropfen will, sondern dem auch seine Entwicklung am Herzen liegt. Wer wissen will, wie es damals zuging, muss nur Heinrich Manns *Professor Unrat* lesen. Es war wirklich so.

In der Schule habe ich einmal eine Frage gestellt, die vielleicht die gescheiteste Frage ist, die ein Kind stellen kann, und sie ist mir bis heute noch nie richtig beantwortet worden. Wir hatten Rechenunterricht und nahmen die Zinsrechnung durch. Der Lehrer sagte: »Wenn du hundert Mark auf die Sparkasse bringst und sie zu drei Prozent Zinsen anlegst, dann kriegst du nach einem Jahr drei Mark Zinsen ausgezahlt.« Ich schnellte hoch in der Bank, hob den Finger und fragte: »Wo kommen die her?«

Viel später erst ist mir klar geworden, wie gescheit diese Frage war. Sie rührt an das Problem der Geldentwertung, die unser ganzes System beherrscht. Es ist doch ganz klar, dass man durch die Schaffung zusätzlichen Geldes, nämlich die Verzinsung, das Geld immer weiter verwässert. Man muss nur die Kosten des Lebens vor zwanzig Jahren mit den Kosten des Lebens nach zwanzig Jahren vergleichen, um das zu verstehen. Ich fand einmal auf einem mit äußerster Sorgfalt vorbereiteten Set einer Filmproduktion in Hollywood die Speisekarte eines New Yorker Restaurants aus dem Jahr 1910. Fast alle Gerichte kosteten 10 Cent, nur zwei kosteten 25 Cent: ein gebratenes Huhn und ein Filet Mignon mit Sauce béarnaise und Spargelspitzen.

Ich habe von dem gesellschaftlichen Rang meines Elternhauses gesprochen. Das muss ich ein wenig ausführlicher erläutern. Königsberg war eine mittelgroße Provinzstadt, mit damals vielleicht 200.000 Einwohnern. Offenbar hat mein Vater von ihnen ungefähr 160.000 persönlich gekannt. Jedenfalls kam es mir so vor, wenn ich mit ihm durch die Stadt ging und ununterbrochen einen Gruß erwidern musste.

Vater, der selbst von Hause aus ziemlich wohlhabend war, hatte mit meiner Mutter eine ausgesprochen gute Partie gemacht. Sie war eine geborene Sommerfeld und mit allen großen Geschäftshäusern von Königsberg verwandt.

Vater wiederum war verwandt mit den Simons. Moritz Simon, der um die Mitte des 19. Jahrhunderts in Königsberg lebte, galt damals als der reichste Mann in Preußen. Er hat die Ostbank und die ostpreußische Südbahn gegründet, sein Vermögen wurde auf über 30 Millionen Taler geschätzt. Meine Großmutter war seine Schwester. Als Kind hat man mir erzählt, König Friedrich Wilhelm IV. habe, wenn er nach Königsberg kam, nicht im Schloss gewohnt, sondern bei meinem Onkel, weil es bei ihm so gut zu essen gab. Ich bin aber nicht sicher, ob diese Geschichte wahr ist.

Eine alte Tante von mir bewahrte unter einem Glassturz einen weißen Handschuh auf, den sie getragen hatte, als sie als kleines Mädchen Friedrich Wilhelm IV. einen Blumenstrauß überreichen durfte. Der Handschuh lag dort bis zu ihrem Tod, mit einem kleinen Zettel, auf dem gestanden haben soll: »Hier hat mein König drangefasst.«

Durch meinen Großonkel Moritz Simon war ich auch mit anderen Simons verwandt, die in der deutschen Kulturgeschichte eine große Rolle gespielt haben. Kurt und Heinrich Simon, die Herausgeber der *Frankfurter Zeitung*, waren Vettern meines Vaters. Der allen Königsbergern bekannte Walter Simon war ebenfalls ein Vetter meines Vaters und mit der Schwester meiner Mutter verheiratet. Diese Ehe kam unter recht merkwürdigen Umständen zustande. Meine Tante war, als mein Onkel sich in sie verliebte, die Frau eines Buchhändlers. Dem hat mein Onkel sie abgekauft. Er zahlte eine Viertelmillion Mark, und der Mann ließ sich scheiden. Doll, was?

Ein riesiges Sportgelände, das dieser überaus wohltätige Mann den Kindern der Stadt Königsberg geschenkt hat, war nach Walter Simon benannt. Es gab dort Geräte für alle existierenden Sportarten, die sich jedes Kind ohne Weiteres in einem zentral gelegenen Pavillon ausleihen durfte, sodass es in Königsberg kein Kind gab, das nicht Schlagball oder ein Kugelspiel, Fußball oder Tennis spielen konnte.

Moritz Simon war 1888 gestorben und hatte in seinem Testament unter anderem 300.000 Mark für wohltätige Anstalten in Königsberg, 100.000 Mark als Grundstock für die Errichtung eines Museums und 100.000 Mark für das städtische Siechenhaus gestiftet. Sein Sohn Walter setzte das Mäzenatentum des Vaters fort, nicht zuletzt aus Eitelkeit, wie Zeitgenossen bemerkten. Der nach ihm benannte erste öffentliche Turn- und Spielplatz der Stadt wurde 1892 eröffnet. Aus den Zinsen eines Kapitals von 10.000 Mark wurde seitdem jährlich ein Frühlingsfest mit sportlichen Wettspielen veranstaltet. Walter Simon stiftete neben vielen anderen Legaten auch Freivorstellungen für die Jugend im Stadttheater, eine Kindervolksküche, eine Volksbibliothek und neues Ratssilber. 1908 wurde der Fünfzigjährige zum Ehrenbürger von Königsberg ernannt.

In unser Haus kamen viele berühmte Schauspieler und Virtuosen. Ich habe als Kind eine Autogrammsammlung gehabt, in der wohl alle damals bedeutenden Leute vertreten waren. Bei großen Gesellschaften kam es häufig vor, dass der Rabbiner, der Bischof und der Probst zusammen eingeladen wurden. Auch der kommandierende General war oft da.

Wenn es bei einer solchen Gesellschaft Gurkensalat gab, vollzog mein Vater ein feststehendes Ritual. Sobald der Salat, meistens mit saurer Sahne angemacht, in einer großen Schüssel serviert wurde, nahm er die Schüssel, bat um Schweigen, wandte sich an die Tischversammlung, hob die Hände hoch und sagte mit lauter und fester Stimme: »Dieses Gericht hat mir der Arzt in jeglicher Form verboten!« Und dann nahm er sich einen gehäuften Teller davon.

Ich war natürlich noch zu klein, als dass ich an diesen Festlichkeiten hätte teilnehmen dürfen. Nur einmal machte man eine Ausnahme.

An der Königsberger Universität gab es zwei Professoren, die ehemalige Schauspielerinnen geheiratet hatten. Geheimrat Winter, ein hervorragender Gynäkologe, hatte Maria Ortwin, ehemals am Wiener Burgtheater, zur Frau, eine wirklich ausgezeichnete Schauspielerin, ich habe sie noch als Maria Stuart gesehen. Ihre größte Rivalin sowohl in gesellschaftlicher als auch in künstlerischer Hinsicht war Frau Professor Henkel, die früher am Meininger Hoftheater gewesen war. Sie war in Königsberg mit einem berühmten Chirurgen verheiratet.

Als nun eines Tages der berühmte Possart, der auch in Meiningen gewesen war, in Königsberg als Karl Moor gastierte (oder war es Franz?), machte sich der beflissene Direktor des Königsberger Stadttheaters ein besonderes Vergnügen daraus, Frau Professor Henkel die Amalie spielen zu lassen. Aus diesem Anlass fand ein großes Festessen in unserem Hause statt, und da ich *Die Räuber* hatte sehen dürfen, durfte ich auch bei dem Essen dabei sein. Man zog mir meinen besten weißen Matrosenanzug an und ich aß an der Tafel mit, allerdings unter einer Bedingung: Ich sollte während des ganzen Essens kein Wort sprechen. Nachdem ich lange Zeit den rollenden Tiraden von Ernst Ritter von Possart und Frau Professor Henkel gelauscht hatte, keimte in meinem kleinen kindlichen Gehirn ein diabolischer Gedanke. Ich wartete auf eine Gesprächspause und sagte in einen Moment absoluter Stille hinein mit eindeutiger Kopie des Tonfalls von Possart: »Gnädige Frrrau! Bitte rrreichen Sie mirrr den Gurrrkensalat!« Sofort erhob sich ein brüllendes Gelächter und ich wurde von einer festen Gouvernantenhand schnurstracks aus dem Zimmer geführt.

Ernst Possart, 1841 in Berlin geboren, galt neben Josef Kainz als der bedeutendste deutschsprachige Schauspieler seiner Zeit. Als Zwanzigjähriger hatte er sein erstes Engagement in Breslau, 1864 kam er über Bern und Hamburg nach München, wo er im Königlichen Hoftheater als Franz Moor debütierte. Er spielte in München alle großen Rollen, Shylock, Jago, Mephisto, Nathan, Richard III. und die Titelrolle im damals sehr populären *Manfred* von Byron. Seit 1872 inszenierte er auch. 1887 nahm Possart Urlaub für ausgedehnte Gastspielreisen, die ihn bis nach Russland und in die USA führten. 1893 kehrte er als Generaldirektor der Königlichen Theater nach München zurück, wurde später Generalintendant und in den Adelsstand erhoben. Für die von ihm initiierten Münchner Wagner- und Mozartfestspiele wurde 1901 das Prinzregententheater gebaut. 1905 legte er seine Ämter nieder und ging wieder auf Gastspielreisen, die ihn auch nach Königsberg führten. In einem Schauspielerlexikon von 1903 wird besonders seine Sprachkunst hervorgehoben: »Als vorzüglichstes Requisit für seine künstlerischen Darbietungen diente ihm sein prachtvolles Organ von seltener Schulung. Es ist vielleicht das klangschönste und ausdrucksfähigste, das je ein deutscher Schauspieler besaß. Wie er das Wort zu meißeln versteht, so ist in seiner Haltung, seinen Gebärden, Bewegungen und Posen alles malerisch.«

1868 hatte Possart in Meiningen gastiert. Der später als »Theaterherzog« in die Kulturgeschichte eingegangene Georg II. von Sachsen-Meiningen bot ihm die künstlerische Leitung seines Theaters an. Possart musste ablehnen, weil er gerade seinen Münchner Vertrag verlängert hatte. Im Jahr darauf hatten die »Meininger« bei einem Gastspiel in Berlin so großen Erfolg, dass sie bald Tourneen durch ganz

Europa machten und stilbildend für ein modern-realistisches Theater wurden.

Die Schauspielerin Maria Ortwin war Ende dreißig. Sie ist zwar in Wien geboren, war aber nicht Burgschauspielerin, sondern drei Jahre am Deutschen Theater in Berlin engagiert. Nach ihrer Heirat hatte sie sich mit nur 21 Jahren ins Privatleben zurückgezogen und trat nur noch zu besonderen Anlässen auf. Ihren Mann dürfte sie kennengelernt haben, als sie von 1885 bis 1887 am Königsberger Theater jugendlich-tragische Rollen spielte.

War ich eigentlich ein braves Kind? Ich möchte es nicht ohne Weiteres leugnen. Ich war im Großen und Ganzen sehr brav und sehr still. Nur hatte ich manchmal eben solche kleinen teuflischen Einfälle.

Im Ostseebad Cranz ging ich einmal mit meinem Vater über die Uferpromenade. Ich wurde damals – wie heute noch –, wenn ich Sonne abbekam, außerordentlich dunkel und hatte, da ich immer Wadenstrümpfe trug, völlig braun gebrannte Beine. Ein freundlicher Herr, der uns begegnete, rief mir zu: »Junge, sind die Beine echt?« Worauf ich mich umdrehte und hinter ihm herrief: »Wollen Sie mal lecken?« Ich bekam auf der Stelle von meinem Vater eine Ohrfeige. Später in der Badebude lachte er furchtbar und gab mir einen Kuss. So etwas von falscher Erziehung!

Die Stadt Königsberg war eine schöne traditionsreiche Hansestadt an einem Fluss, der Pregel hieß, gelb und stinkend durch die Stadt floss und in der Mitte eine Insel bildete. Die Stadtteile hatten wohlklingende alte Namen: Haberberg, Kneiphof, Löbenicht.

Ich habe nicht die dichterische Kraft, das Milieu wirklich zu beschreiben. Als ich *Die Buddenbrooks* las, entdeckte ich ungeheure Ähnlichkeiten zwischen Lübeck und Königsberg. Was Thomas Mann beschreibt, kommt dem Milieu sehr nahe, in dem ich aufgewachsen bin. Wir hatten dieselben Honoratioren, dieselben soliden und dieselben unsoliden Kaufleute, dieselben komischen Onkel, und mit Hanno, der so herrlich am Klavier zu fantasieren verstand, habe ich mich völlig identifiziert. Ich habe das Buch, als ich es zum ersten Mal las, verschlungen und habe es immer wieder gelesen, jahrzehntelang. Es war das zerlesenste Buch meiner ganzen Bibliothek.

Für das Musikleben der Stadt Königsberg sorgten vor allen Dingen zwei Institutionen: das Stadttheater und das Philharmonische

Orchester. Das Orchester stand unter Leitung von Max Brode, einem nicht mehr ganz jungen, aber ausgezeichneten klassischen Musiker, der ein Zeitgenosse von Hermann Levi, Felix Mottl und den anderen um Richard Wagner versammelten Dirigenten war. Wagner war auch das Äußerste an Modernität, was man in Königsberg zu hören bekam. Es gab ein Bach-Brahms-Kränzchen (man kann sich das heute gar nicht mehr vorstellen!), das von einem Musikkritiker gefördert wurde. Die einzige etwas neuere Musik spielten die Militärkapellen, von denen es mehrere gab. Die beste war die vom 43. Infanterie-Regiment unter Militärkapellmeister Kranz. Sie zeichnete sich vor allen Dingen dadurch aus, dass beim Aufmarschieren die Pauke von einem Hund gezogen wurde, von einem großen Bernhardinerhund. Es gab noch einen zweiten Militärkapellmeister namens Sabac el Cher, einen Schwarzen, der wahrscheinlich aus den afrikanischen Kolonien stammte. Das machte auf mich alles einen tiefen Eindruck.

Gustav Sabac el Cher, Oboist und Dirigent beim 1. Grenadier-Regiment in Königsberg, ist 1868 in Berlin geboren und dort 1934 gestorben. Ein Ölgemälde aus dem Jahr 1890 zeigt ihn mit einem jungen (weißen) Mädchen im Arm und trägt den Titel *Preußisches Liebesglück*. Es befindet sich heute im Deutschen Historischen Museum Berlin.

Es ist überhaupt interessant, wie sehr der äußerliche Flitter, die Inszenierung, das Verspielte für ein Kind wichtig ist. Ich glaube nicht, dass ein Kind die jüdische oder protestantische Religion besonders anziehend findet. Dagegen lässt sich jedes Kind zweifellos von der katholischen mit dem unglaublichen Reichtum an Heiligen, Engeln und Putten aufs Tiefste beeindrucken.

Die Militärkapellen spielten außer Märschen auch hin und wieder Opernpotpourris, von Verdi, Wagner, Lortzing, Suppé, sie spielten Johann-Strauss-Walzer, kleine Salonstückchen von Lincke und ähnlichen Komponisten. Aber der Modernitätsgrad reichte nur etwa bis Wagner. Und auch Wagner wurde eigentlich von den Königsberger Philharmonikern nicht ganz für voll genommen. Der Höhepunkt moderner Musik war Brahms.

Professor Brode hatte zwei entzückende Töchter. Sie hießen Emmy und Maria. Emmy, die Geige spielte und später eine sehr hübsche

Stimme entwickelte, hat 1929 in meinem Film *Der Liebeswalzer* ebendiesen Walzer gesungen. Sie hieß da schon Emmy von Stetten. Brode war ein Mann mit einem grauen Lockenkopf und einem nie festsitzenden Kneifer. Er war außerordentlich temperamentvoll, fast wie ein Italiener. Dieser Mann wurde von meinem Vater beauftragt, mir die ersten Geigenstunden zu geben. Im Großen und Ganzen ernährten sich die Professoren, die das Philharmonische Orchester damals und später dirigierten, von ihrem Gehalt, aber manchmal auch von Privatstunden und vom Dirigieren der Konzerte im Königsberger Tiergarten.

Professor Brode übernahm diese undankbare Rolle wahrscheinlich nur mit Rücksicht auf die musikalischen und menschlichen Qualitäten meines Vaters. Nervlich war er mir nicht gewachsen. Die Anfangsgründe des Violinspiels sind selbst für einen Menschen, der für dieses Instrument begabt ist, schwer zu erlernen. Ich war für die Geige nicht begabt. Mein Spiel klang furchtbar, und der arme alte Mann kletterte auf die Stühle. Als er eines Tages bei dieser Beschäftigung durch einen Rohrstuhl hindurchbrach, gab er auf. Ein liebenswürdiges ältliches, grauhaariges Fräulein – Rosenfeld hieß sie oder Rosenberg – übernahm seine Nachfolge und hat es tatsächlich fertiggebracht, mir das Geigespielen einigermaßen beizubringen, außerdem Notenlesen, Taktzählen und einige Dinge, die man als Musiker nun einmal können muss. Wenn ich bedenke, dass ich im Alter zwischen sechs und, sagen wir mal, zwölf Jahren tatsächlich nicht nur den Schulstoff, sondern auch Musik gelernt habe und obendrein, seitdem ich lesen konnte, unendlich viel las und gleichzeitig immer kränkelte, kommt es mir heute fast unglaublich vor, dass ich dieses Pensum geschafft habe. Dabei kann ich mich gar nicht entsinnen, jemals wirklich viel oder fleißig gearbeitet zu haben. Es muss mir irgendwie zugeflogen sein. Vor meinem geistigen Auge sehe ich mich weder fleißig sein noch mit irgendetwas Mühe haben. Mir ist so, als ob ich immer nur gelesen hätte oder am Klavier saß, fantasierte und sehr bald auch komponierte.

In dieser Zeit trat mein Vater in mein Leben ein. Meine Brüder hatten das Haus verlassen. Der älteste studierte Jura, der zweite wurde ins Ausland geschickt, um dort, wie das damals üblich war, bei befreundeten Firmen das Handwerk zu erlernen, der dritte studierte Medizin. Vater war ein leidenschaftlicher Spaziergänger und mochte es nicht, allein zu gehen. Nur ich war noch übrig. So kam es zu beinahe allsonntäglichen Ausflügen, die fast immer an einem morastigen Gewässer entlangführten, das Landgraben hieß. Dort gab es unendlich viele Blumen. Vater kannte jede Blume mit Vornamen, auch jedes Wassertier. Alles, was da herumschwamm, was herumflog, sogar die Schmetterlinge. All das zeigte er mir, erklärte mir ihre Lebensweise, und ich weiß heute noch, was eine »Caltha palustris« ist, nämlich eine Sumpfdotterblume.

Am schönsten aber war es, wenn wir im Sommer ans Meer fuhren. Von einer solchen Ferien-Sommerreise kann man sich heute kein rechtes Bild mehr machen. Wir fuhren zum Meer dreißig Kilometer. Aber dreißig Kilometer, das war damals eine Reise. Nachdem man bereits Wochen vorher riesige Körbe und Koffer vollgepackt hatte, fuhr die ganze Familie mit Köchin, Gouvernante und allen ans Meer ins Ostseebad Cranz.

Die Fahrt aus der Stadt heraus, der erste Wald, die einzige Haltestelle mitten im Wald, an der der Schaffner den Namen der Station ausrief – ich höre heute noch die hallende Stimme: »Großraum!« Und dann kam man ans Meer. Ans große, rauschende, riesige Meer! Bis ins Alter lockt es mich immer wieder und immer noch. Ich liebe es mehr als irgendeine andere Landschaft auf Erden.

Ich bin ein absoluter Meermensch. Ich erhole mich am besten am Meer, ich lebe am liebsten am Meer. Leider ist es von Süddeutschland nach Cuxhaven, nach Sylt oder zu den friesischen Inseln eine so weite Reise, dass man bequemer ans Mittelmeer kommt, das lange nicht so schön ist wie die Nordsee.

Meine Eltern wohnten in einem Hotel am Strand. An dessen Rückseite lag eine kleine Pension, ich glaube, sie hieß Lambrecht, da wohnte ich mit meinen Brüdern und dem Personal. Und jeden Tag ging es ans Meer. Mein Vater hat das in einem Gedicht festgehalten:

Klein Werner

Geht Klein Werner in die große See
Baden, ja baden,
Hält ihn Mütterchen wohl in die Höh',
Spritzt die Welle ihm doch an die Waden.

Zitternd ruft das kleine Blasserchen:
»Halt doch, halt!
Denn das große Badewasserchen
Ist ja viel zu kalt.«
Aus den Äuglein perlet es im Nu:
»Mütterchen, ich bitt',
Gieß ein bisschen heißes Wasser zu,
Bitte, bitt'!«

Es wurde tatsächlich jeden Tag aus der Pension ein Eimer heißes Wasser mitgenommen und bei unserer Ankunft am Strand ins Meer gegossen. Merkwürdigerweise wurde das Meer dadurch spürbar wärmer.

Am Nachmittag spazierten Vater und ich stundenlang am Strand, und Vater sammelte. Er sammelte vor allen Dingen Steine, besonders natürlich Bernstein, denn Cranz liegt an der Bernsteinküste. Man fand merkwürdige Versteinerungen, die sich im Muschelkalk abzeichneten, und wunderbare kleine Mücken oder andere Tiere, die im Bernstein eingeschlossen waren. All das erklärte mir mein Vater zusammen mit den Geheimnissen der verschiedenen Erdperioden, die er erstaunlich gut beherrschte. Auf einen Laien wirkte er wie ein halber Geologe.

Mein Vater hat viele Gedichte geschrieben. Drei Bücher von ihm wurden sogar gedruckt. Ein Gedichtband *Humore vom Pregelstrande*, erschienen bei Bon's Buchhandlung in Königsberg, ein Band mit Reiseschilderungen und Gedichten, *Fröhliche Fahrten*, bei Carl Reißner in Dresden und ebendort die Reisebeschreibung *Von Königsberg nach Kairo*.

In den Beständen der Berliner Staatsbibliothek finden sich aus der Feder Richard Heymanns noch die Bücher: *Von Königsberg nach Kairo*, erschienen 1897, *Humore vom Pregelstrande* in der zweiten Auflage von 1900, *U.S.A. – Persönliche Erlebnisse und unpersönliche Betrachtungen*, die Beschreibung einer Amerikareise vom Mai 1902, und *Fröhliche Fahrten*, Reiseschilderungen und Gedichte, erschienen 1907.

Vater komponierte auch, und zwar ganz reizend. Volkstümlich, einfach, aber sehr melodiös und mit echter Erfindung. Eine seiner

Im Matrosenanzug (rechts; in der Mitte vermutlich
Anne-Lise Wyneken), Königsberg um 1920.

letzten Kompositionen war ein Gedicht meines Bruders Walther, des hochbegabten Dichters, dessen Bücher bereits zu erscheinen begannen. Es muss für meinen Vater eine große Genugtuung gewesen sein zu wissen, dass sich sowohl seine musikalischen wie seine literarischen Talente in seinen Söhnen weitervererbt hatten.

In dem Band *Fröhliche Fahrten* von 1907 trägt ein Gedicht den Titel »An meinen Sohn Walther«. Es verrät viel über die Sehnsüchte Richard Heymanns nach eigener künstlerischer Tätigkeit und umschreibt die Atmosphäre, in der Werner Richard Heymann aufwuchs:

Was ich versäumet
Und was ich erhofft,
Was ich geträumet
So oft, so oft,
Wofür ich gelebt,
Gezagt und gebebt –
Mein Denken und Sehnen,
Mein Wollen und Wähnen,
Und Kämpfen und Ringen –
Dir wird es gelingen.

Zwar wirst Du auf andern,
Auf neuen Wegen
Zum Ziele wandern,
Doch kommt Dir entgegen
Liebe und Glück.
Und willst Du in Wirren
Dich sorglos verirren,
Sie führ'n Dich zurück
Aus Ungemach
Zu schirmendem Dach.

Walther war ein Genie. Es ist noch zu früh, über meinen Bruder ausführlicher zu erzählen. Ich erwähne ihn hier, weil er mir die ersten Gedicht-Anthologien zu lesen gab und mich dadurch schon früh mit der deutschen Lyrik vertraut machte.

Ich habe schon als Kind sehr viel komponiert. Viele Lieder sind vor meinem zwölften Lebensjahr entstanden. Seit meinem achten Lebensjahr hatte ich angefangen, sie aufzuschreiben. Ein paar weiß ich noch auswendig. Wo mögen die Manuskripte sein?

1908 war ich ein blasser und kränklicher Bub, nicht sehr groß, der recht hübsch Geige spielte (ich begann sogar, im Philharmonischen Orchester mitzuspielen), viel komponierte, sehr viel las.

In diesem Jahr starb mein Vater.

Der Vater Richard Heymann und Bruder Walther, um 1900.

»Frühlings Erwachen«

Ich habe ein paar Tage nicht weiter diktiert. Ich hatte keine Lust, mir fiel nichts ein, alle möglichen Vorwände mussten herhalten, mich vor mir selbst zu entschuldigen. Ich habe schließlich verstanden, dass die Gestalt meines Vaters, mit der ich mich lange nicht beschäftigt habe, durch meine Erinnerung wieder so lebendig geworden ist, dass es mir einfach wehtut, ihn sterben lassen zu müssen. Gerade in diesen Tagen ist es fünfzig Jahre her, dass er starb, im Februar 1908.

Ich wusste damals nicht, dass mein Vater schon zwei Jahre vor seinem Tod einen Schlaganfall erlitten hatte, der ihn linksseitig ein wenig lähmte. Mir ist nicht klar, warum ich das nicht bemerkt habe. Man hat es wohl bewusst vor mir verheimlicht. Er starb nicht in Königsberg, sondern in einer Klinik in Berlin. Mutter war zu ihm gefahren, ich glaube, auch einige meiner Brüder. Ich selbst habe gar nichts davon mitbekommen. Als mir sein Tod mitgeteilt wurde, verstand ich es nicht sehr gut, und es ist eigentlich ohne merkbare Spuren an mir vorbeigegangen. Erst später wurde mir klar, wie viel ich ihm verdanke und wie viel er für mich getan hat.

Etwa um die gleiche Zeit wurde Paul Scheinpflug Leiter des Philharmonischen Orchesters, und mit ihm begann für das Musikleben Königsbergs und auch für das meine eine völlig neue Epoche.

Paul Scheinpflug, ein noch verhältnismäßig junger Mann (er war, als er in Königsberg anfing, 34 Jahre alt) war ein moderner Komponist, dessen *Ouvertüre zu einem Lustspiel von Shakespeare* auf der ganzen Welt gespielt worden ist. Leider hört man sie jetzt nie mehr. Es ist ein bezaubernd frisches Werk im früh-straussischen Stil. Außerdem komponierte er wunderschöne Lieder und Kammermusik. Bei ihm hatte ich zusätzlich zu meinen Geigenstunden Unterricht in Theorie und Komposition. Er brachte einen Haufen ganz neuer Dinge für mich. Ich hörte zum ersten Mal etwas von Debussy, zum ersten Mal Richard Strauss und Gustav Mahler. Es war eine große Umwälzung in meinem Leben. Ich lernte Farben kennen, von denen ich keine Ahnung gehabt hatte. Er unterrichtete mich in Harmonielehre und es machte ihm großen Spaß, wenn ich eine Harmonie-Aufgabe erst korrekt löste, dann aber noch aufschrieb, wie Mahler, Strauss oder Debussy das gemacht hätten. Er lachte darüber, aber ich denke, das war schon eine ziemlich deutliche Talentprobe. Ich war ja erst zwölf Jahre alt.

Als ich als zweiter Geiger im Orchester mitspielen durfte, merkte ich zum ersten Mal, was das überhaupt ist: ein Orchester. Mir wurde klar, wie sich die Instrumente zusammenfügen, welche Rolle das einzelne Instrument im Ganzen spielt. Gerade das erste Stück, bei dem ich mitspielte, nämlich die Ouvertüre zur *Iphigenie* von Gluck, war sehr geeignet, mich mit der Basis vertraut zu machen. Im selben Programm spielten wir die 2. Sinfonie von Beethoven, auch die brachte mir viel Neues bei. Aber richtig umwerfend wurde für mich die Begegnung mit Gustav Mahler. Wir spielten seine 2. Sinfonie, und sie ist immer noch ein Lieblingsstück von mir.

Der Tod meines Vaters hat mancherlei Veränderungen gebracht. Zuerst einmal verkleinerten wir uns. Meine Brüder waren ja den größten Teil des Jahres nicht da. Also zogen wir in eine kleinere Wohnung.

Ich entdeckte die Bibliothek meines Bruders Walther, die voll war von zeitgenössischer Literatur. Da waren die Hefte der *Neuen Rundschau*, die Veröffentlichungen des S. Fischer Verlages, moderne Lyrik in reichstem Maße. Ich las gefräßig, unablässig und wahllos. Alles durcheinander. Heute Strindberg, morgen Rilke, Zola oder Balzac. Ich konnte nicht genug bekommen. Sehr wichtig für mich wurde die Begegnung mit der modernen Dichtung, mit Richard Dehmel und Rainer Maria Rilke. Von beiden vertonte ich viele Gedichte. Und ich kann immer noch das halbe *Buch der Lieder* auswendig.

Eine andere Anregung empfing ich durch meinen Bruder Hans, der die väterliche Firma als Geschäftsführer übernommen hatte. Er war viel in der Welt herumgekommen, war sogar in Amerika gewesen. Wie mein Vater war er ein leidenschaftlicher Spaziergänger. Die Ausflüge an den Landgraben wurden wieder aufgenommen, und er spielte mit mir ein wunderbares Spiel, das ich allen älteren Brüdern und auch Vätern zur Erziehung ihrer heranwachsenden Kinder nur

aufs Lebhafteste empfehlen kann. Wir nannten es »Gesetzte Fälle«. Er erfand eine Situation und fragte mich: »Gesetzt den Fall, du wärest in einer fremden Stadt und hättest deine Brieftasche verloren. Was machst du dann?« Von solch einfachen Situationen des täglichen Lebens steigerten sich die Probleme in immer kompliziertere, und als er eines Tages in Gedanken einen Raubüberfall konstruierte, bei dem es keinen anderen Ausweg gab, empfahl er mir zu zahlen. Ich habe daraus unendlich viel für das praktische Leben gelernt.
Auch mein dritter Bruder Kurt wurde wichtig für mich. Er studierte Medizin und war auf mehrere Fachzeitschriften abonniert. Zum ersten Mal kam ich mit Medizin in Berührung, und es faszinierte mich enorm. Ich bin als Vierzehnjähriger mit ihm in die Anatomie gegangen und habe zugesehen, wie Leichen seziert wurden. In seiner Bibliothek habe ich die ersten psychoanalytischen Bücher gefunden, von Freud und Stekel, und habe sie verschlungen.

Siegmund Freud hatte 1899 *Die Traumdeutung* veröffentlicht, dabei das Erscheinungsjahr auf 1900 vordatiert. 1903 traf er in Wien mit Wilhelm Stekel zusammen, dessen erste Veröffentlichung *Masken der Sexualität* vor 1908 erschien.

Meine körperliche Entwicklung war auch bemerkenswert. Durch neue Medikamente wurde aus dem ewig blutarmen Blasserchen allmählich ein außerordentlich kräftiger junger Mann. Ich bekam Eisenpräparate an Stelle der Hunderten von Flaschen Hämatogen, die ich vergeblich geschluckt hatte, und wuchs in ganz kurzer Zeit beträchtlich.
Auch mein erstes Verliebtsein fällt in diese Zeit. Das Objekt meiner Liebe war die Tochter des Chefredakteurs der Königsberger *Allgemeinen Zeitung* Alex Wyneken, auf den mein Vater zu einem Jubiläum ein Gedicht verfasst hatte. Dabei hatte er den Ehrgeiz, möglichst viele Reime auf »Wyneken« zu finden. Einige sind mir noch in Erinnerung:

Allgemeines Wyneken-Lied

Streut Astern, Georginecken,
Chrysantemum, Reseden,
Zu feiern Alex Wyneken,
Mit Blumen, Sang und Reden,

Bringt, was des Herbstes Flora beut,
Wir trinken einen Zopf uns heut
Zum Wohl der *Allgemeinen.*

So emsig wie die Bieneken
In Warmen Sommertagen
Hat der besagte Wyneken
Den Stoff herbeigetragen,
Von hier, von da, aus aller Welt
Und hat sein Sach' aufs Best' bestellt
Zum Wohl der *Allgemeinen.*

So möge dem Freund Wyneken
Samt all' den lieben Seinen
Bis an sein selig Fineken
Des Glückes Sonne scheinen;
Doch dieses bleib' ihm lang noch fern':
Hell leuchte seines Lebens Stern
Zum Wohl der *Allgemeinen.*

Das Ganze war auf die Melodie von »Ein freies Leben führen wir« zu singen.

Wynekens Tochter, ein zehnjähriges zartes Mädchen, das sehr hübsch war, ging mit mir eines Tages im Königsberger Zoo spazieren und wir kamen an einem Gitter vorbei, hinter dem sich zwei außerordentlich böse, gefährliche Bären befanden. Der Käfig war weithin abgesperrt und mit Schildern bepflastert: »Nicht necken!«, »Nicht reizen!«, »Nicht füttern!«, »Nicht nahekommen!«, »Sehr bissig!«.

Ich hatte sie schon lange um einen Kuss gebeten, ohne mir darunter viel vorstellen zu können, und sie konnte es wahrscheinlich auch nicht. Jedenfalls sagte sie mir, sie würde mir einen geben, wenn ich die Bären zu streicheln wagte. Ich kletterte sofort über das Gitter, streichelte die Bären und bekam meinen Kuss. Sie konnte nicht ahnen, dass ich als kleiner Junge mit ebendiesen Bären ununterbrochen gespielt hatte und mit ihnen auf Bäume geklettert war. Eines Tages habe ich mit zwei Bären auf einem Baum gesessen, und wir wussten alle drei nicht, wie wir wieder herunterkommen sollten. Also haben wir laut geschrien und gebrummt, bis ein Tierpfleger uns aus unserer Lage befreite.

Das Mädchen hieß Anne-Lise Wyneken und heiratete später einen Herrn Harich. Sie war die Mutter des Professors Harich, der gerade von den ostzonalen Behörden ins Gefängnis geworfen wurde.

Der Philosoph Wolfgang Harich war 1957, wenige Monate, bevor Heymann diesen Teil seiner Erinnerungen diktiert hat, wegen »Bildung einer konspirativen staatsfeindlichen Gruppe« zu zehn Jahren Zuchthaus verurteilt worden. Als Mitherausgeber und Chefredakteur der *Deutschen Zeitschrift für Philosophie* hatte er die Entstalinisierung von Partei und Gesellschaft in der DDR gefordert und Arbeiten von Georg Lukács publiziert, der als Minister für Volksbildung der »konterrevolutionären« Regierung Imre Nagys nach der blutigen Niederschlagung des Ungarn-Aufstandes von 1956 im Ostblock zur Unperson geworden war.

Harich wurde 1923 in Königsberg geboren. Sein Vater Walter, der Ehemann von Anne-Lise Wyneken, war Schriftsteller. Wolfgang Harich arbeitete als Journalist, bevor er 1949 als Professor an die Berliner Humboldt-Universität berufen wurde. 1964 wurde er amnestiert.

In den ersten Sommern nach dem Tod meines Vaters fuhren wir nicht mehr in das Ostseebad Cranz, sondern nach Oliva bei Zoppot. Mutter, die etwas herzleidend war, vielleicht durch Vaters Tod, brauchte ein schonenderes Klima – und es war wohl auch billiger. Denn mit Vaters Tod war ein Teil des Vermögens dahin. Vater hatte durch den amerikanischen Bankenkrach im Jahr 1906 erhebliche Verluste erlitten. Die damit verbundenen Aufregungen waren vermutlich Schuld an seinen Schlaganfällen und an seinem Tod. Jedenfalls mussten wir uns fürs Erste einschränken und fuhren deshalb in eine Pension nach Oliva.

Dort sah ich zum ersten und letzten Mal in meinem Leben eine sagenhafte Gestalt unserer Familie, von der ich bis dahin immer nur tuschelnd und raunend gehört hatte: meinen ältesten Bruder Paul. Er sah aus wie ein Franzose, hatte ein spitzes Henri-IV.-Bärtchen und war ein mir ganz fremder Mensch.

Sein Schicksal war für die Unwissenheit der damaligen Zeit bezeichnend. 1876 geboren, war er ein hochbegabter Musiker. Er spielte wunderbar Geige und komponierte. Als Junge wurde er in der Schule während des Unterrichts bei einer damals wie heute weitverbreiteten sexuellen knabenhaften Tätigkeit erwischt, über die

35

man sich zu seiner Zeit zu Tode entrüstete, während man sie heute achselzuckend als selbstverständlich ansieht. Er flog aus der Schule und wurde zum offiziellen Schandfleck der Familie erklärt. Er geriet in die Hände eines Nervenarztes, dessen Name verschwiegen sei. Der Arzt galt als erstklassige Kapazität und war für unsere heutigen Begriffe von grenzenloser Dummheit und Unwissenheit. Paul wurde an keinem anderen Gymnasium mehr aufgenommen, musste auf eine Mittelschule gehen und war durch sein »Vorleben« derart verfemt, dass er aus nichtigen Anlässen immer wieder von den Schulen flog. Er galt nunmehr als »mauvais sujet« und wurde ins Ausland abgeschoben. Dort hat er als Geiger mehr oder weniger gut sein Leben gefristet, war förmlich enterbt und wurde in unerhörtester Weise schikaniert. Nach dem Tod meines Vaters »erlaubte« man ihm, uns zu besuchen. Er hat sich sehr ausführlich mit mir beschäftigt, ließ sich meine sämtlichen Kompositionen vorspielen und hörte mein Geigespielen an. Als er meine zuletzt komponierten Lieder gehört hatte, schloss er mich weinend in die Arme und sagte: »Mein lieber Junge, dich wird man all das werden lassen, was ich nicht werden durfte.« Es war das letzte Mal, dass ich ihn gesehen habe.

Im Sommer 1911 fuhren wir wieder nach Cranz, und dort lernte ich ein junges Mädchen kennen, das zwei Jahre später vor Gott und fünf Jahre später vor den Menschen meine erste Frau werden sollte.

Wir waren fast gleichaltrig, beide fünfzehn Jahre, und hatten uns bei den Konzerten der Kurkapelle zumindest vom Sehen kennengelernt. Sie war ein ungewöhnlich schönes Mädchen, hatte lange Zöpfe, die ihr bis zur Kniekehle reichten, sodass sie sich darauf setzen konnte. Sie hieß Lotte Schumacher und wird nur noch bei ihrem Kosenamen Lo genannt werden.

Wir hatten uns bei den Kurkonzerten mit Blicken bombardiert, aber zur eigentlichen Bekanntschaft kam es auf dem sogenannten Knospenball. Das war ein Teenagerball, der dem jungen Gemüse, das offizielle Bälle noch nicht besuchen durfte, Gelegenheit gab, sich unter seinesgleichen auszutanzen.

Ich forderte sie zum Tanz auf, und sie bat mich, ihre Zöpfe festzuhalten, da sie sonst beim Tanzen zu weit herumfliegen würden, was ich begeistert tat. Nach dem zweiten Tanz begleitete ich sie an den Tisch, an dem ihre Familie saß, und ich lernte ihren Vater, ihre

Mutter und ihre Schwester kennen. Ihr Vater war Rechnungsrat bei der Eisenbahn. Ihre Schwester war auch sehr hübsch, aber viel zu alt für mich. Sie war etwa zwei Jahre älter als Lo.

Von dem Tag an sahen wir uns öfter, tauschten am Ende der Ferien unsere Adressen aus und schrieben uns das Jahr über in kurzen Abständen freundliche Briefe. Sie lebte mit ihrer Familie in Insterburg, etwa hundert Kilometer von Königsberg landeinwärts, und so sahen wir uns nur in der Sommerfrische.

Inzwischen besuchte ich weiter das Gymnasium, spielte im Orchester und nahm Kompositionsstunden bei Paul Scheinpflug.

1910 kam Richard Strauss nach Königsberg, um einen Liederabend mit eigenen Kompositionen zu begleiten. Ich war außerordentlich aufgeregt und bat meinen Lehrer, mich Richard Strauss, den er gut kannte, vorzustellen. Scheinpflug sagte: »Dann werde erst mal etwas, mein Junge!« Worauf ich tief gekränkt erwiderte: »Dann brauche ich Sie nicht mehr, Herr Scheinpflug.«

In Königsberg erzählte man sich auch, der vierzehnjährige Heymann habe, als er Richard Strauss vorgestellt wurde, diesem gesagt: »Auch von mir wird einmal die Welt reden!« So jedenfalls erinnerte sich ein Bruder von Anne-Lise Wyneken 1951 Heymann gegenüber.

Die finanzielle Lage meiner Familie hatte sich inzwischen wieder verbessert. Mein Bruder Hans hatte das väterliche Geschäft übernommen, die Getreideabteilung aufgelöst und sich ganz auf Versicherungen konzentriert. Das Versicherungsgeschäft hatte mein Vater gegen Ende seines Lebens als kleinen Nebenerwerb hinzugenommen, und ich besinne mich noch auf ein Gedicht, das Vater in ein Gästebuch irgendeines Provinzhotels eingetragen hatte und das damals viel besprochen wurde:

> Wem Gott will rechte Gunst erweisen,
> den lässt er ohne Gatten reisen.
> Will er besonders gnädig sein,
> so lässt er reisen ihn in Wein.
> Doch wem der große Wurf gelungen,
> der reist nur in Versicherungen.
> Und ist er gleich dem Tode nah,
> so ruft er noch: Viktoria!

Die Vertretung der »Viktoria«, die Vater zugleich mit der Vertretung des Wiener »Anker«, der größten österreichischen Versicherungsgesellschaft, für Königsberg übernommen hatte, wurde nun zum Haupterwerb meines Bruders, der schon wenige Jahre später Generaldirektor des »Anker« für Deutschland wurde und es lange blieb.

Jedenfalls ging es uns besser, und da inzwischen sämtliche großen Söhne nicht mehr in Königsberg wohnten, beschloss meine Mutter, nach Berlin zu ziehen. Damit sie dort alles in Ruhe vorbereiten konnte, wurde ich in Königsberg für ein halbes Jahr in eine Pension gegeben.

Die Pension des Oberlehrers Glage, die meine Mutter ausgesucht hatte, war eine außerordentlich evangelische Angelegenheit. Glage, der aussah wie ein blonder Christus, war nebenamtlich Pfarrer und hielt die Andachten in der Aula des Friedrichkollegiums. In seiner Pension waren außer mir nur Mitglieder des ostpreußischen Ur- und Hochadels, ein Graf Dohna-Schlobitten, ein Graf Kalnein-Kilgis, ein Baron Rolshofen und dergleichen. Ich bin von diesen hohen Herrschaften aufs Allerkameradschaftlichste und Netteste aufgenommen worden und habe mich mit ihnen herrlich vertragen.

Ich war inzwischen groß geworden, sehr stark und eigentlich ein ziemlich gefürchteter Kämpfer, wenn es eine Keilerei gab. Ich ruderte jeden Tag stundenlang auf dem Schlossteich, an den die Pension angrenzte, und bekam dadurch und durch das Klavier- und Geigespielen außerordentlich starke Arme. Ich spielte auch Tennis, fuhr leidenschaftlich Rad, meist begleitet von einem schottischen Schäferhund namens Strolch, der eigentlich meinem Bruder Hans gehörte, der ihn eigentlich einer Freundin geschenkt hatte. Aber der Hund war meistens bei mir und mein unzertrennlicher und unvergesslicher Gespiele.

Beim Radfahren, in dem ich es bis zu akrobatischer Vollkommenheit brachte (ich konnte auf dem Sattel Kopf stehen), war ich nur einmal gefährdet. Ich wurde von der Elektrischen angefahren und beinahe überrollt. Aber es ging mit ein paar Kratzern im Gesicht, das auf den Speichen gelegen hatte, glimpflich ab. Nur war mir der Schreck dermaßen in die Glieder gefahren, dass ich sofort eine kleine Überlandtour machte, um mich zu beruhigen.

In der Pension Glage wurden gern Pflaumen gegessen, weil sie blau waren, denn blau war die Farbe der konservativen Partei. Es war für den armen Oberlehrer Glage sehr schwer, sich mit einem jungen Menschen abzufinden, der Rilke und Richard Dehmel, Otto Bierbaum und Nietzsche vertonte und eigentlich nur verbotene Bücher las. Eines Tages fand er auf meinem Nachttisch die Novellensammlung *Flöten und Dolche* von Heinrich Mann. Er konfiszierte das Buch, las es und gab es mir mit den Worten zurück, das sei zwar verbotene Lektüre, aber großartig geschrieben. Der Mann war also offenbar nicht hoffnungslos.

Als er allerdings die *Phantasien eines Realisten* von Josef Popper-Lynkeus fand, platzte ihm der Kragen. Es gab einen furchtbaren Krach. Ich zwang den armen Glage geradezu, »Ein Tischgespräch bei Martin Luther« zu lesen, in dem ein kleiner jüdischer Rabbi dem Doktor Luther beweist, dass Christus unmöglich existiert haben könne und wenn doch, dass er auf keinen Fall Gottes Sohn gewesen sei – und es war das schönste philosophische Streitgespräch im Gange, das man sich vorstellen kann. Er kämpfte wacker, aber auf verlorenem Posten. Ein kleines naseweises Bübchen siegte auf der ganzen Linie mit den dummen Argumenten des frühreifen Freidenkers.

Josef Popper, ein böhmischer Jude, war Ingenieur und erfand unter anderem einen Kühlapparat. Er veröffentlichte als Sechzigjähriger unter dem Pseudonym »Lynkeus« 1899 bei Carl Reißner in Dresden, dem Verlag, der auch Richard Heymanns Reiseschilderungen gedruckt hat, sein erstes und einziges belletristisches Buch *Phantasien eines Realisten*. Die kurzen, meist parabelhaften Geschichten lösten vor allem in Österreich einen großen Skandal aus, der zum Verbot des Buches führte, das in Österreich bis 1922 in Kraft blieb. In Deutschland erschienen bis zu diesem Zeitpunkt zwanzig Auflagen.

Die Parabeln, der Zeitmode entsprechend oft in arabischem oder ostasiatischem Kolorit, galten als blasphemisch und unmoralisch, weil sie in lakonischer Weise Doppelmoral und Scheinheiligkeit aufdeckten. Sie wurden wohl gerade wegen ihrer leisen Töne von Staat und Kirche gefürchtet und von der Jugend geliebt.

In der Erzählung »Ein Tischgespräch bei Martin Luther« äußert ein polnischer Rabbi, der in Wittenberg zu Besuch ist, zur Wahrheit der Bibel:

Ihr macht bloß aus euerem Willen und euerer Zustimmung das jetzige Neue Testament zu einem göttlichen Buch. So machens aber alle anderen Völker auch; gerade so wie ihr Christen es macht, so machens die Türken, so machens die Mohren; nehmen einen Stein, oder ein Stück Holz, oder alte Schriften, es bleibt immer ein und dasselbe; es ist alles aus euch selbst. Hätts ihr als Kinder ein ander Buch gelernt, so hätts ihr dies ander Buch vergöttlicht ... Kinder wart ihr, wie ihr die Schrift gelernt habt, Kinder seid ihr bis heut geblieben; denn ihr traut euch nicht zu zweifeln und zu fragen und zu vergleichen. Und daher glaubt ihr alles, was drin steht und was daran angehängt wird, und wenn eure Vernunft darüber zerginge.

Kurz vor unserem endgültigen Umzug nach Berlin passierte eine wunderschöne Geschichte. Es gab damals in Königsberg ein »gernes« Mädchen, Tochter eines Reichstagsabgeordneten, der Justizrat war. Dieses Mädchen hatte sich mit einem oder sogar mehreren meiner Brüder eingelassen, und der Vater fürchtete, dass seine Tochter dadurch kompromittiert würde. Obwohl wir gesellschaftlich nicht mit ihm verkehrten, lag eines Tages ein Brief von ihm an meine Mutter im Briefkasten. Ich fand den Brief, und bevor ich ihn meiner Mutter gab, alarmierte ich meine Brüder, die alle in Königsberg waren, um den Umzug nach Berlin vorzubereiten.

Schlimmer Dinge gewärtig, waren wir in meinem Zimmer versammelt, als meine Mutter hereinrauschte, den geöffneten Brief in der Hand. Sie sah sich trotz ihrer Kleinheit majestätisch um, betrachtete die vier großen Jungen, die sie in die Welt gesetzt hatte, und sagte mit unendlich kühler und königlicher Stimme: »Da schreibt mir ein Justizrat Soundso, dass ihr seine Tochter kompromittiert. Ich weiß gar nicht, was die Leute wollen. Ich lasse meine Falken fliegen. Wahrt ihr eure Hühner!« Und rauschte wieder hinaus.

Den Sommer 1911 verbrachte ich noch im Ostseebad Cranz. Mutter konnte mich nur hinbringen und dort installieren, dann musste sie nach Berlin reisen, um den Rest der Übersiedlung vorzubereiten. Sie hatte mich im Kurhaus einquartiert, und ich durfte mir zum Essen bestellen, was ich wollte. Ich aß damals besonders gern Wiener Schnitzel, und meine Mutter war bei ihrer Rückkehr nach einem Monat entsetzt, weil auf der Rechnung für das Abendessen 31-mal Wiener Schnitzel verzeichnet war.

Das Kurhaus war schon früher Ort meiner wilden Ausschweifungen gewesen. Als zwölfjähriger Junge hatte ich mich mit einigen gleichaltrigen Kameraden auf dem – mit Verlaub zu sagen – Misthaufen des Kurhauses verabredet, um mit dem Laster des Zigarettenrauchens bekannt gemacht zu werden. Ein Spielkamerad hatte russische Zigaretten, fünf Stück für einen Pfennig, aufgetrieben, die wir mit großer Grandezza und Eleganz rauchten. Die Folgen waren in jeder Hinsicht fürchterlich. Ich musste mich nicht nur entsetzlich übergeben, ich gewöhnte mir auch bei dieser Gelegenheit das Rauchen an und qualmte schon in jungen Jahren wie ein Schlot.

Als ich fünfzehn wurde, verabredete mein Bruder Hans mit mir, wenn ich drei Jahre lang das Rauchen ließe, würde er mir zu meinem Abiturium 300 Mark für eine Italienreise schenken. Ich versuchte vergebens, das durchzuhalten. Ein Jahr vor meinem Abiturium schlug ich ihm vor, uns für sofort auf 200 Mark zu einigen. Er lehnte natürlich ab. Ich habe infolgedessen die Reise sausen lassen. Ich rauche immer noch wie ein Schlot.

In Cranz traf ich Lo wieder, und nun blühte unsere Liebe hell auf. Wir waren richtige Kinder, die sich innig liebten und in den Wald gehen mussten, um sich zu küssen. Nur mit blutendem Herzen trennte ich mich am Ende der Sommerferien von ihr und fuhr nach Königsberg zurück. Dort sollte ich noch den September über bleiben.

Ich ging damals auf die Unterprima, und wir hatten einen absolut unsympathischen Turnlehrer. Als wir eines Tages Dauerlauf machen sollten, drückte ich mich, indem ich behauptete, Seitenstechen zu haben. Ich durfte also zusehen und tastete, um meiner Behauptung mehr Nachdruck zu geben, hin und wieder meine rechte Seite ab. Nach einiger Zeit bemerkte ich, dass sie wirklich etwas druckempfindlich war, teilte das dem Lehrer mit, der es nunmehr mit der Angst bekam und mir erlaubte, sofort zu meinem Vormund und Onkel Paul Wolfheim zu fahren, der praktischer Arzt war. Er untersuchte mich, fand zwar nichts, meinte aber, es sei doch besser, einen Spezialisten zu konsultieren. So fuhr ich zu dem mit unserer Familie befreundeten Kinderarzt Professor Erhardt. Der fand zwar auch nichts, meinte aber, die Möglichkeit einer Blinddarmreizung sei gegeben. Und ich bestand darauf, sofort operiert zu werden, weil ich mir dachte, es sei viel gescheiter, den Blinddarm bei prächtiger Gesundheit loszuwerden, bei der ich unmittelbar nach der Sommerfrische war, als zu einem späteren Zeitpunkt, wo man vielleicht nicht so fit ist. Ich wurde an einem Samstagnachmittag operiert. Man gab mir eine Injektion und in schon halb schlafendem Zustand wurde ich in den Operationssaal gefahren. Es war mir furchtbar peinlich, dass eine Schwester mich in der Bauchgegend rasierte, ich konnte aber nur noch matt protestieren. Dann begann die Äthernarkose zu wirken, und vor meinen Augen tanzten zwei große helle Kreise, einmal links und einmal rechts – tick, tack – tick, tack. Die Kreise kamen sich immer näher und wurden schließlich ein großer, riesig heller Kreis. Durch diesen Kreis kam eine Hand, die mir einen Brief reichte. Da war ich schon wieder in meinem Zimmer, und die Hand war die einer Krankenschwester, die mir Post gab. Es war ein Brief von meiner Mutter, in dem sie höchst befriedigt feststellte, dass ihr Onkel Paul geschrieben habe, voraussichtlich werde eine Operation nicht notwendig sein. Ich musste darüber sehr lachen, ließ es aber schnell wieder, denn das Lachen tat weh.

Ich bekam auch völlig unerwarteten Besuch, nämlich von Los Vater, der dienstlich in Königsberg war. Er brachte mir etwas mit, das Lo für mich gearbeitet hatte. Sie hatte ein Bild der Skulptur *Amor und Psyche* von Canova ausgeschnitten und auf schwarzen Samt geklebt, wodurch ein außerordentlich plastischer Eindruck erzielt wurde. Ich freute mich irrsinnig über das Geschenk und bedankte mich bei dem alten Herrn Rechnungsrat überschwänglich. Ich habe mich darüber so gefreut, dass ich schon am nächsten Tag aufstehen konnte, am übernächsten nach Hause entlassen wurde, am dritten meine Koffer packte und am vierten Tag nach Berlin fuhr. Die Schule hatte inzwischen erklärt, dass ich in jedem Fall versetzt würde, und mir in Anbetracht meiner eben überstandenen Operation Urlaub bis zum Semesterschluss gegeben. Und so gelangte ich an einem hellen, strahlenden Herbsttag zum ersten Mal in meinem Leben nach Berlin.

Die Berliner Boheme

Berlin bestand für mich aus einem lärmenden Bahnhof in einer lärmenden Straße, die in die Kaiserallee (heute Bundesallee) einmündete. Wir fuhren schnurgerade zur Kaiserallee, Ecke Güntzelstraße, wo unsere neue Wohnung war.
Ich durfte die ersten Tage noch nicht ausgehen. Mutter war entsetzt über die Kühnheit und, wie sie es nannte, den wahnsinnigen Leichtsinn der Ärzte, die mir so kurz nach einer Operation die Reise erlaubt hatten.
Das überraschend Neue an der Wohnung war, dass wir wieder alle zusammen wohnten, meine Mutter, meine drei Brüder und ich. Ich merkte sehr bald, dass eine große Spannung im Haus herrschte. Ich stand damals an der Schwelle des Mannesalters, aber meine Brüder waren schon so weit, dass sie sich verloben oder gar heiraten konnten. Walther und Kurt waren verlobt. Walther mit einer lieben, stillen Malerin aus München, Kurt mit einer lebhaften, unerhört witzigen und begabten Berlinerin, die Kunstgewerblerin war und Käthe hieß. Walthers Verlobte hieß Maria. Meiner Mutter waren diese Verlobungen nicht recht. In der Besitzgier einer stolzen Mutter, die sich von ihren geliebten – und ich muss sagen, aufopfernd geliebten – Söhnen nicht trennen will, erfand sie gegen jede Heirat Einwände. Maria war katholisch und arm, Käthe war zwar wohlhabend, aber aus der Konfektion, das heißt, ihre Familie betrieb ein sehr großes Bekleidungsgeschäft am Hausvogteiplatz. Beides erschien meiner Mutter irgendwie nicht standesgemäß. Sie vertraute mir alle ihre Bedrängnisse an, aber auch meine Brüder kamen mit ihren Problemen zu mir, denn in dem aufkommenden Familienstreit war jeder Bundesgenosse willkommen.
Walthers Verlobte kannte ich damals noch nicht, aber Käthe lernte ich sofort kennen und sie gefiel mir großartig. Ich schlug mich also mit fliegenden Fahnen in Kurts Lager. Kurt war am Ende seines

Medizinstudiums angelangt, hatte sein Physikum schon gemacht und war im Begriff, in den Doktor zu steigen. Er war wohl der schönste Mensch, den ich je gesehen habe, Rudolf Valentino nicht ausgenommen: ein wunderschöner Beduinenknabe, tiefbraun, mit blauschwarzem Haar und wunderbaren Augen, herrlich gewachsen. Er wurde von den Frauen »in der Luft zerrissen«. Die Entscheidung für Käthe war für ihn eigentlich ein Akt der Weisheit, denn sie war keineswegs übermäßig hübsch, aber so gescheit und so reizend, dass sie ihn wahrscheinlich vorm Verbummeln und sich Verzetteln bewahrt hat.

Hans, der Kaufmann, hatte inzwischen seine Stellung beim Wiener »Anker« so weit ausgebaut, dass er Generalrepräsentant für Deutschland war. Er verdiente ausgezeichnet und hat wohl zu den Kosten der Wohnung nicht unwesentlich beigetragen. Im Übrigen war noch ein wunderbares Legat meines reichen Großonkels Moritz Simon da, der letztwillig verfügt hatte, dass niemals ein Blutsverwandter von ihm Hunger leiden solle. Infolgedessen bezogen wir alle pro Kopf 200 Mark im Monat, was sich natürlich ganz schön summierte. Wir lebten wieder, wie einst in Königsberg, auf großem Fuß mit vielen Gästen.

Berlin war eine Stadt zwischen zwei Welten. Die Hohenzollern waren noch sehr sichtbar die Herren. Die Stadtbahn donnerte über die Häuser, die Untergrundbahn rauschte unter der Erde oder auch über der Erde, alles war für mich enorm großstädtisch. Andererseits fuhr ich mit Mutter vom Prager Platz zum KaDeWe in einem Pferdeomnibus. Auch Droschken waren noch sehr beliebt.

Die Schule, auf die ich kam, war das Bismarckgymnasium. Es lag nur ein paar Querstraßen von unserer Wohnung entfernt in der Pfalzburger Straße. Mein Eintritt in die Oberprima wurde mir dadurch erleichtert, dass auch ein Vetter von mir, Walter Heymann, in derselben Klasse war. Er war in der Schule sehr beliebt und führte mich gleich bei allen meinen Mitschülern ein.

Die Schule war viel leichter als das Friedrichskollegium in Königsberg. Obwohl ich mich keineswegs anstrengte, wurde ich schon bei der ersten Zeugnisverteilung Primus omnium. Der Stoff, den wir in der Oberprima in Berlin lernten, entsprach etwa dem, den wir in Königsberg in der Obersekunda gehabt hatten.

Mein Vetter Walter war der Sohn meines legendären Onkels

Max und seiner Frau Netty. Onkel Max war insofern legendär, als man von ihm immer nur hörte, ihn aber fast nie zu Gesicht bekam. Er war Bankier, mehrfacher Millionär, in Berlin sehr angesehen und beliebt, ein gut aussehender, sehr dunkelhäutiger Mann mit einem schneeweißen Spitzbart. Sehr elegant und bis in seine späten Lebensjahre hinein noch sehr abenteuerlustig, wovon die äußerst sittenstrenge Tante Netty nichts wissen durfte. Er hatte bei den Mädchen auf dem Kurfürstendamm den Spitznamen »Othello mit Schlagsahne«.

Nach dem Tod meines Vaters war er nach Königsberg gekommen und im Hotel »Deutsches Haus« abgestiegen. Mein Bruder machte ihm als Chef der Firma einen Höflichkeitsbesuch. Wie damals üblich, gab er zwei Visitenkarten ab, eine für den Onkel und eine für die Tante. Am nächsten Tag machte Onkel Max Gegenbesuch, brachte die beiden Visitenkarten wieder mit und gab sie meinem Bruder mit den Worten: »Die sind noch ganz sauber, du kannst sie noch einmal benutzen.« Als ihn Hans daraufhin fassungslos anstarrte, lächelte er herablassend und sagte: »Ja, ja, mein Sohn, das ist das Holz, aus dem Millionäre geschnitzt werden.«

Ich möchte vorgreifend noch erzählen, dass kurz vor Ende des Ersten Weltkriegs, als er starb, sein gesamtes Vermögen, drei Millionen Mark, säuberlich gebündelt und mit Seidenbändchen verschnürt oder in Kriegsanleihen angelegt, in seinem Safe gefunden wurde, mit der Verfügung, dass diese Papiere weder beliehen noch verkauft noch in irgendeiner Weise angetastet werden dürften, bis sein jüngster Sohn Fritz das 25. Lebensjahr vollendet hätte. Als Fritz, der ein Jahr jünger ist als ich, 1920 endlich dieses »biblische« Alter erreicht hatte, war das Vermögen völlig wertlos geworden.

Die Stadt Berlin bot eine unglaubliche Fülle von Anregungen. Ich glaube kaum, dass damals irgendeine Stadt Europas eine so reiche Palette von hervorragenden und richtungsbestimmenden künstlerischen Ereignissen aufzuweisen hatte wie Berlin. Es gab die herrlichen Inszenierungen von Otto Brahm, Viktor Barnowsky und vor allen Dingen von Max Reinhardt. Es gab die wunderbare Oper, die herrlichen philharmonischen Konzerte unter Nikisch, die Museen und die immer wieder anregende Sezession, deren damaliger Präsident mein Patenonkel war, der Maler Ludwig Dettmann, der mich als achtjährigen Buben in Königsberg zusammen mit Wyneken als Taufpate begleitet hatte.

Mein Bruder Walther hatte sich sehr mit dem Maler Max Pechstein angefreundet, und ich fiel auf den Rücken, als ich zum ersten Mal Bilder von ihm sah. Ich liebte die ganze Richtung instinkthaft und sofort, ohne etwas davon zu verstehen. Mit den Bildern von Picasso, die mein Bruder so sehr mochte, habe ich mich allerdings damals nicht anfreunden können, und auch später nicht. In unserem Haus verkehrten viele Maler, neben Pechstein Erich Heckel, Cesar Klein, Franz Heckendorf, Wilhelm Krauskopf, und ihre Bilder hingen an den Wänden. Richard Dehmel, der große Dichter, war oft bei uns zu Gast.

Der 1912 knapp fünfzigjährige Richard Dehmel war 1896 wegen Verletzung religiöser und sittlicher Gefühle in seinem Gedicht »Venus consolatrix« verurteilt worden, wodurch er zum Idol für eine ganze Schriftstellergeneration geworden war. Er selbst stilisierte sich zum literarischen Gewissen seiner Zeit. Seine Lesereisen wurden zu Ereignissen.

Richard Dehmel war nur besuchsweise in Berlin, er lebte in Hamburg, wo er 1912 ein Haus auf der Höhe von Blankenese bezogen hatte, das Freunde in aller Heimlichkeit kauften und ihm 1913 zu seinem fünfzigsten Geburtstag schenkten.

Am 24. Oktober 1912 schrieb Heymanns Bruder Walther an Richard Dehmel: »Mein Bruder Werner hat Ihr Gedicht ›Der weise König‹ vertont, aber noch nicht aufgeschrieben. Er hält dieser Tage hier im Wilmersdorfer Bismarckgymnasium – Oberprima – einen Vortrag über Ihre Gedichte, bei dem er ganz frei aus dem Kopf spricht. Der sehr begabte Junge ist eben von Paul Juon als Schüler angenommen worden.«

Und drei Monate später: »Er hat enorme Fortschritte gemacht. Und ich hoffe für ihn, dass er Ihnen einmal seine neue Musik zu Ihrem ›Maifeierlied‹ für eine Stimme und Orchester vorspielen darf. Mir geht das Lied vom ersten Mai durch und durch. Ich glaube, es wird einmal viel gesungen werden.«

Mein neuer Musiklehrer Paul Juon, ein Mann mit sehr freundlichen, etwas listigen Schlitzaugen und einem Ziegenbart, war gebürtiger Schweizer, aber in Russland aufgewachsen. Er hatte dort beim Tschaikowsky-Schüler Sergei Tanejew Musik studiert. Juon

Am Klavier, 1915.

war ein außerordentlich guter Lehrer, sehr streng, ließ mir nichts durchgehen und hielt mich fest an der Strippe, was damals gar nichts schaden konnte. Als ich ihm eines Tages einen Streichquartett-Satz zeigte, den ich geschrieben hatte, und ihn bat, mir Orchestrationsstunden zu geben, sagte er zu mir: »Lieber Freund, das ist ein langer Weg. Sie müssen erst einmal die Orchestrationslehre von Berlioz-Strauss und die von Rimski-Korsakow durchstudieren, dann werden Sie probeweise Klavierauszüge von Meisterwerken, die Sie nicht kennen, orchestrieren. Die werden wir gemeinsam mit den Originalen vergleichen. Vielleicht werden Sie einmal Gelegenheit haben, das oder jenes, was Sie selbst orchestriert haben, vom Hochschulorchester hören zu können, und wenn Sie das ein paar Jahre gemacht und das nötige Talent haben, können Sie vielleicht orchestrieren.«

Das dauerte mir zu lang. Ich ging in die nächste Musikalienhandlung und kaufte mir eine Tabelle mit dem Umfang und der Notierung der Instrumente, setzte mich hin und orchestrierte den Streichquartett-Satz. Juon gab mir die Partitur mit den Worten zurück: »Lieber Herr Heymann, ich kann Ihnen nichts mehr beibringen.«

Ich habe dann auch sehr bald den Unterricht bei ihm abgebrochen. Der Streichquartett-Satz wurde später mein *Frühlings-Notturno* für kleines Orchester.

In Berlin gab es eine Institution, die ich damals kennenlernte und die mich vielleicht noch mehr interessierte als alles andere. Nämlich das Café. Mein Bruder Kurt und seine Braut Käthe brachten mich zum ersten Mal in das Café des Westens am Kurfürstendamm, Ecke Joachimsthalerstraße. Es waren gewissermaßen heilige Hallen, denn hier saß alles, was es gab oder noch geben würde, trank Kaffee oder Schnaps, rauchte und diskutierte endlos Tag und Nacht. Das Café selbst war ein ziemlich verräucherter Raum, der noch Spuren alter Pracht zeigte, aber die Marmortische waren recht dreckig, die roten Vorhänge keineswegs elegant. Es gab viele Kellner dort, die noch jahrelang in der Literatur eine Rolle spielen sollten. Der alte Hahn und der bucklige Zeitungskellner, der rothaarige Richard. Um die Tische saßen Leute mit und ohne Bart. Mit Bart zum Beispiel Theodor Däubler oder Erich Mühsam. Theodor Däubler war der nordische, odinhafte Verfasser unverständlicher Lyrik, den damals viele für einen großen Dichter hielten. Sein Vers »... da plötzlich übertulpt sich eine Tüte ...« machte mir zusammen mit seinem Bart einen enormen Eindruck, obwohl ich ihn durchaus nicht verstand. Erich Mühsam, der kommunistische Revolutionär, war ein Meister des Schüttelreims. Einige dieser Reime sind mir noch in Erinnerung:

> Man wollte sie zu zwanzig Dingen
> in einem Haus in Danzig zwingen.

> Herr Singer hat zwar Säbelbeine
> doch schöner sind Herrn Bebel seine.

> Es kriegt bei diesem Richard Strauss
> selbst Mottl nicht die Strichart raus.

> Ein Auto fuhr durch Gossensass
> und zwar durch eine Sossengass
> so dass die ganze Gassensoss
> sich über die Insassen goss.

»Der rote Richard«, Zeitungskellner im Café des Westens, Zeichnung von John Höxter, 1928.

Dann gab es dort die junge Dichtergeneration der damaligen Zeit: Alfred Lichtenstein, Alfred Wolfenstein, Else Lasker-Schüler, Herwarth Walden, der Herausgeber der Zeitschrift *Der Sturm* war.

Daneben gab es viele typische Boheme-Erscheinungen, von denen man nicht recht wusste, wovon sie lebten. Den Sohn des Schachmeisters Tarasch mit seiner wunderschönen kleinen Freundin »Mimi Pinson«, den Maler John Höxter – er war ein unerhört begabter Mensch, der zu aller Erstaunen gelegentlich wirklich ein Bild produzierte. Gewöhnlich pumpte er sich aber nur eine Mark.

Höxter wird von mehreren Autoren der Zeit als genialer Schnorrer gewürdigt. Er betätigte sich auch literarisch. Ein Gedicht über das Café des Westens trägt den Titel »Café Wolkenkuckucksheim«:

> Dies rauchige Café ist unser Reich,
> Vor Gott und dem Kellner sind alle gleich.
> Anfänger und Prominente
> Zahlen ihm zehn Prozente ...
>
> Doch Mimi Pinson hat Rasse,
> Sie fordert Geist oder Kasse ...

Durch ein Leberleiden war Höxter zum Morphinisten geworden. Er benötigte das geschnorrte Geld für sein kostspieliges Laster. Er hatte, wie Walter Mehring sich 1959 in *Berlin Dada* erinnerte, den »Kredit eines Moribundus, dem man höchstens noch zwei Tage zu leben gab, weswegen ihm jeder Mitfühlende das allernotwendigste spendierte: das Geld für noch zwei Tage Morphium!« 1919 gründete Höxter eine eigene Zeitschrift, *Der blutige Ernst*, die von George Grosz weitergeführt wurde.

Es war ein buntes Gemisch von Menschen, die irgendwie dazugehörten. Der sagenhafte Baron Schennis, Rudolf Johannes Schmied, der unerhört amüsante Autor des Kinderbuchs *Carlos und Nicolas*, der allgemein nur »der Kaninchen-Schmied« genannt wurde. Dann der Doktor Klapper, ein geschickter Arzt und besessener Spieler. Seiner Spielschulden wegen war er zu gewissen Eingriffen bereit, die zu dem Spruch führten: »Gehst zu Klapper du ins Haus, breitet sich der Storch nicht aus.« Sämtliche Schauspieler sämtlicher Theater und die vielen, vielen bildhübschen jungen Mädchen, die vielleicht später einmal Schauspielerin werden wollten oder auch nur reich heiraten – oder einfach zu Grunde gingen.

Der Ansturm dieser zahllosen Persönlichkeiten mit ihren Weltanschauungen, Geschmacksrichtungen, politischen Dogmen war für einen jungen Menschen eine ungeheuer reiche Fundgrube und man hatte sich mit sehr vielen Dingen auseinanderzusetzen, mit denen man nie ganz fertig geworden ist.

Ich lernte in diesem Kaffeehaus einen jungen Mann kennen, der Imre Kelemen hieß und ein Volontär-Regisseur bei Max Reinhardt war. Ich spielte ihm Verschiedenes vor, und er beauftragte mich, für die Schauspieler Ernst Matray und Leopoldine Konstantin eine Pantomime zu schreiben, mit der die beiden auf Tournee gehen würden. Ob daran etwas Wahres war, weiß ich nicht, jedenfalls setzte ich mich hin und schrieb Musik zu dieser Pantomime, die auf dem alten Spiel *Aucassin und Nicolette* basierte. Ich schrieb 110 Seiten Partitur, betrachtete dann eines Tages das Ganze, sah, dass es nicht gut war, zerriss es und schmiss es ins Feuer.

Zu Hause ging es inzwischen recht munter zu. Es herrschte eine allgemeine Kampfstimmung, ich möchte beinahe sagen, aller gegen alle. Meine Mutter war natürlich keineswegs einverstanden damit, dass ich halbe Tage im Kaffeehaus verbrachte. Andererseits vollzog sich meine geistige Entwicklung auch dadurch so rasch, dass sie nicht recht wusste, wie sie mit den Problemen fertig werden sollte. Man kann natürlich nicht einerseits einen begabten jungen Menschen wie ein Kind behandeln und auf der anderen Seite vor Freude jubeln, wenn Richard Dehmel erklärt, dass aus ihm offenbar ein ganz großer Komponist werden würde.

Mein Bruder Kurt hatte seinen Kampf um Käthe noch immer nicht siegreich beendet. Er wurde nun angeklagt, dass er mich – wie Sokrates die Jugend – verdürbe, und es kam zu einem furchtbaren Krach. Kurt wohnte nicht mehr zu Hause, er war aus Protest gegen die ewigen Kämpfe ausgezogen und hatte sich irgendwo ein Zimmer genommen. Und an einem Abend, als das Thema des fehlenden Kurt wieder einmal von allen Seiten beleuchtet wurde, platzte mir der Kragen. Ich sagte ein paar sehr böse Sachen, worauf mein Bruder Walther aufsprang und mich ohrfeigte. Ich habe schon erwähnt, dass ich inzwischen sehr kräftig geworden war. Ich nahm also meinen Bruder Walther und schmiss ihn in eine Ecke. Darauf stürzte sich mein etwas größerer und stärkerer Bruder Hans auf mich. Er lag innerhalb von zwei Sekunden in einer anderen Ecke. Jetzt trat meine Mutter an mich heran und gab mir ebenfalls ein paar Ohrfeigen. Darauf hob ich sie in die Luft und setzte sie – sie war eine kleine Frau – auf den Flügel und küsste sie dabei. Während nun meine Mutter hilflos auf dem Flügel saß, von dem sie allein nicht herunterkonnte, mein Bruder Walther aus der Ecke auf mich schimpfte und mein Bruder Hans eine imaginäre Person ansprach, die mir eigentlich ein paar Ohrfeigen verpassen müsste, nahm ich Zahnbürste und Nachthemd und verließ das Haus. Ich zog zu Kurt und weigerte mich zurückzukommen.

Es hat eine ganze Weile gedauert, ich glaube, mehrere Tage, bis die Situation sich klärte, worauf sowohl Kurt wie ich reumütig wieder zurückkehrten, aber wohl als Sieger. Denn weder meine Kaffeehausbesuche oder meine kompositorischen Tätigkeiten noch Kurts Freundschaft mit Käthe wurden fortan in irgendeiner Weise behindert.

An dem Tag, an dem mein Bruder Walther heiratete, passierte ein sehr dramatisches Ereignis. Im selben Haus wie wir wohnte unterm Dach eine bildhübsche tschechische Studentin, die eine Affäre mit einem sehr bekannten Journalisten hatte. Dieser Journalist ließ sie sitzen. Sie verlor sich in Schreikrämpfen, und mein Bruder Kurt, der kurz vor dem Doktor stand, gab ihr zur Beruhigung eine Morphiumspritze. Am nächsten Tag war die Hochzeit meines Bruders, und in dem Moment, in dem der Brautwagen vorfuhr, der Walther und Maria zum Standesamt bringen sollte, stürzte sich die Tschechin aus dem Fenster und war sofort tot. Die Hochzeit wurde daraufhin um einige Stunden verschoben. Die Polizei kam, und mein Bruder Kurt hatte furchtbare Angst, denn er hatte das Morphiumrezept mit »Dr.« Kurt Heymann unterschrieben, und er war noch nicht Doktor. Es ergaben sich für ihn aber keine Probleme. Ich werde den Anblick dieses schönen jungen Mädchens, wie es da tot auf dem Rasen lag, nie vergessen.

Außer an meiner Pantomime arbeitete ich in dieser Zeit auch an anderen Kompositionen. Vor allen Dingen komponierte ich sehr viele Lieder, und der Wunsch wurde immer größer, sie endlich einmal schön gesungen zu hören. Ich horchte überall nach Sängern und Sängerinnen herum und hörte eines Tages eine schöne Stimme direkt vor unserer Wohnungstür. Gegenüber war eine Pension, die von einer verwitweten Königsbergerin geleitet wurde. Ich klingelte, erkundigte mich und lernte eine sehr reizende junge Holländerin kennen, die in Berlin bei Julia Culp, der Freundin Artur Nikischs, einer wunderbaren Sängerin und Gesanglehrerin, studierte. Ich bin oft bei der Holländerin gewesen und habe ihr meine Lieder vorgespielt und kam auf diese Weise zum ersten Mal zu einer halbwegs adäquaten Sängerin, die meine Lieder singen konnte.

Ernst des Lebens

Der Tod meiner Mutter war ein ungeheurer Schock für mich. Sie war bisher eigentlich die einzige Frau in meinem Leben gewesen, die mir wirklich nahestand. Sie war für mich die Verkörperung von allem, was rein, schön, wohlriechend, elegant, zärtlich, sauber, anständig, aufrecht ist. Noch 45 Jahre nach ihrem Tod ist es mir ganz unmöglich, darüber in Ruhe zu berichten. Und es war auch keine Ruhe da. Der Anblick meiner schönen Mama, die da auf dem Kissen lag, mit aufgerissenem Mund, mit wirrem Haar, das um den Kopf auf dem Kopfkissen flatterte, war wie ein Keulenschlag. Ich brach neben dem Bett zusammen, erst nach und nach kamen meine Brüder dazu und führten mich weg. Es gab die üblichen Aufregungen, es kamen die ersten Blumen, die ersten Besucher. Meine Brüder hatten viel zu wenig Zeit, um sich um all diese Dinge zu kümmern. Alles wurde mehr und mehr auf mich abgeschoben. Das ging so weit, dass ich schließlich allein mit der Leiche meiner Mutter nach Hamburg fahren musste, wo die Einäscherung stattfinden sollte. Feuerbestattungen waren damals in Preußen noch nicht erlaubt. Mein Vater war in Gotha, der Hauptstadt eines selbstständigen Fürstentums, eingeäschert worden. Auch Hamburg gehörte als freie Reichsstadt nicht zu Preußen.

Man hatte mich in Hamburg bei einer Freundin der Familie, der Fotografin Minya Dièz-Dührkopp, einlogiert, und ich war nur mit dieser Dame, die ich kaum kannte, ins Krematorium hinausgefahren. Ich stand allein am Sarg, als er versank, und ich wäre sicherlich wieder zusammengebrochen, hätte nicht Richard Dehmel, der unerwartet und mit Verspätung zur Totenfeier gekommen war, mich an sich gerissen und gestützt.

Den ganzen Nachmittag lag ich auf dem Bett und weinte. Abends schlenderte ich durch die Straßen und sah plötzlich ein Plakat, das ankündigte, dass in dem Haus, an dem es hing, die Vierte von

Bruckner unter Arthur Nikisch aufgeführt wurde. Ich ging in das Konzert und hörte die herrliche Sinfonie, die ich bis zum heutigen Tag nicht hören kann, ohne an das Begräbnis meiner Mutter zu denken. Ebenso wie ich kein Eau de Cologne von d'Orsay (Chevalier) riechen kann, ohne an ihr Sterbebett zu denken. Man hatte es dort reichlich versprengt. Es ist mir später oft passiert, dass ich von einer Minute auf die andere scheinbar ohne jeden Grund tief deprimiert war. Dann war eine Frau vorbeigegangen, die dieses Parfüm an sich hatte.

Meine Brüder kamen erst nach Hamburg, als die Asche meiner Mutter mit der meines Vaters in eine Urne gebettet und auf dem Friedhof in Ohlsdorf beigesetzt wurde. Als ich im Jahr 1954 nach der Urne suchte, wurde mir bedeutet, das Grab sei mit vielen anderen »eingeebnet« worden. Ich habe die Stelle nicht mehr finden können.

Auf dem Totenbett war Mutter von Max Pechstein gezeichnet worden. Eine Fotografie der Zeichnung hat mich überallhin begleitet.

Als ich von Hamburg nach Hause zurückkehrte, hatte ich Angstträume und wachte nachts schreiend auf, weil ich das Bild meiner toten Mutter vor Augen hatte. Durch die übermäßige Belastung, der ich ausgesetzt war, als ich allein nach Hamburg gereist war und allein die Einäscherung betreut hatte, war ich einfach dem Zusammenbruch nah. Ich habe es meinen Brüdern nie verzeihen können, dass sie die Ungeheuerlichkeit begangen haben, einen siebzehnjährigen übersensitiven Menschen mit so einer Mission allein in die Welt, die er nicht kannte, hinauszuschicken.

Johanna Heymann auf dem Totenbett,
Zeichnung von Max Pechstein, 1913.

Mein Zustand wurde so schlimm, dass man einen Arzt hinzuziehen musste, und dieser kluge Mann verordnete mir einen völligen Orts- und Landschaftswechsel. Andere Luft, andere Umgebung, andere Menschen. Meine Brüder zerbrachen sich den Kopf und beschlossen schließlich, mich zu unserer alten französischen Mademoiselle zu schicken, die in Nizza verheiratet war.

Die Reise war mein erstes großes Abenteuer. Zum ersten Mal sah ich ein Gebirge, zum ersten Mal sah ich das südliche Meer, zum ersten Mal roch ich die Düfte der Côte d'Azur. Ich hatte gerade ein Lied nach Versen von Richard Dehmel komponiert:

Willkommen, weißer Mond im blauen Allein.
Lass mich in deine Heimat schauen, sei mein.
Ich sitz' im Dunkel voll Geduld,
du scheinst. O leuchte jedem heim voll Huld,
dereinst.

In Nizza war niemand am Bahnhof, ich hielt es deshalb für das Beste, erst einmal ein Hotel zu suchen und von dort zu telefonieren. Ich ging in ein kleines Hotel, es hieß »Alexandra«, und fand unsere Mademoiselle, unsere »Made«, wie ich sie meistens genannt hatte, nicht im Telefonbuch. Als Adresse hatte man mir Rue Gambetta 3 angegeben. Ich fuhr mit einer Droschke dorthin und stand vor einem riesigen Palast, der dem Schokoladenkönig Mercier gehörte. In dem Palast konnte sie nicht wohnen. Ich fuhr also zurück ins Hotel und schickte ein Telegramm an meine Brüder: »Ich sitze im Dunkeln voll Geduld und beginne, mein Elend zu künden. Das Glück versagte mir seine Huld, ich kann die Made nicht finden. – Werner«.

Meine Brüder, die vergessen hatten, dass »Made« die Mademoiselle war, dachten, ich sei wahnsinnig geworden, und telegrafierten wild in der Welt herum. Ich meinerseits machte mich am nächsten Tag systematisch auf die Suche.

Man muss wissen, dass Gambetta in Nizza begraben ist. Es gibt deshalb eine Rue Gambetta, einen Square Gambetta, einen Boulevard Gambetta, eine Place Gambetta, einen Quai Gambetta. Bei all diesen Adressen suchte ich nach der Nummer drei und erkundigte mich. Leider vergeblich. Am Abend ging ich durch die Straßen und kaufte mir Marons glacées, die ich bis zum heutigen Tag wahnsinnig gern esse. Es war laue Luft, die Palmen rauschten, und aus allen kleinen dunklen Hauseingängen raunte es: »Viens, mon petit!« oder so ähnlich. Zum ersten Mal in meinem Leben entdeckte ich, dass es so etwas gab wie Frauen, die man sich kaufen konnte. Mit einer ging ich schließlich mit. Ich weiß kaum mehr etwas davon, nur noch, dass sich etwas wundervoll Weißes, Weiches, Warmes zu mir ins Bett legte, und schon schlugen über mir die Fluten des Orgasmus zusammen. Ich stand sehr schnell auf, kleidete mich sehr schnell an, bezahlte sehr schnell zehn Francs und ging sehr schnell nach Hause. Ich hatte ja immerhin etwas von den Gefahren der freien Liebe gehört. Mit einer Handbürste und Seife tat ich, was ich für nötig hielt, und erstarrte in tödlichem Erschrecken, als ich schon wenige Stunden danach bemerkte, dass sich auf einem bestimmten Körperteil große rote Flecken abzeichneten. Am nächsten Tag ging ich zum Arzt. Der verordnete mir Vaseline und ein linderndes Puder. Ich sehe noch deutlich das goldene Zwanzig-Franc-Stück, das ich ihm für seinen guten Rat auf seinen großen grünen Schreibtisch legen musste.

Inzwischen waren die verzweifelten Telegramme meiner Brüder nicht ohne Erfolg geblieben, und im Hotel erschienen die Mademoiselle und ihr großer, schwarz bebarteter Gatte. Er war der Gärtner des Schokoladenkönigs Mercier, und die erste Adresse war die richtige gewesen. Wie hätte ich ahnen können, dass es Gartenhäuser gibt?

Wenn ich auch nicht in dem Palast wohnte, den Park immerhin hatte ich zu meiner alleinigen Verfügung. Der »König« war verreist. Und in dem herrlichen Park habe ich mich in den nächsten Wochen wirklich wunderbar erholt. Kleine Spaziergänge, einmal ein Rennen am Meer, die balsamische Luft, der Duft der Mimosen, die Pracht der Blüten, all das war besser als alle Medizin, die man mir hätte verschreiben können. Sehr erfrischt und gestärkt kam ich nach einigen Wochen wieder nach Berlin zurück.

Berlin, das hieß leider auch: wieder Schule. Und die Schule war allerdings ein bedenkliches Kapitel. Ich war zwar Primus omnium, hatte aber seit Monaten keine gute Hausarbeit gemacht, war dann wegen des Todes meiner Mutter und meiner anschließenden Reise wochenlang nicht in der Schule gewesen, war innerlich und auch stofflich völlig außer Kontakt. Schon am zweiten oder dritten Vormittag ließ mich der Direktor aus einer Stunde herausrufen. Neugierig starrten die Mitschüler, als ich den Klassenraum verließ. Der Direktor, der ein reizender Mann war, eröffnete mir sehr freundlich, aber bestimmt, dass er es sich nicht leisten könne, seinen Primus omnium durchs Abiturium fallen zu lassen. Und er empfahl mir, freiwillig auszuscheiden und im nächsten Schuljahr die Oberprima noch einmal nachzuholen. Ich erklärte ihm ebenso kühl wie sachlich, dass ich das nicht wolle, sondern die Schule endgültig verlassen möchte. Darauf sagte er: »Dazu brauchen Sie die Genehmigung Ihrer Brüder.« Worauf ich erwiderte: »Die bringe ich nach.« Wir schüttelten uns die Hände, und ich verließ sein Zimmer. Ich öffnete die Klassentür, alles starrte mich erwartungsvoll an. Ich sagte kein Wort, packte meine Sachen, ging zur Tür, drehte mich dort noch einmal um und sagte: »Herr Professor, meine lieben Kameraden, ich scheide hiermit aus unserem Gymnasium aus. Seid schön fleißig und brav.« Und ging als freier Mann an die Berliner Luft.

Es gab in Berlin einen berühmten Einpauker, zu dem alle Schüler gingen, die irgendwie nicht mitkamen, nicht nachkamen oder sonst Aufsicht brauchten. Er hieß Dr. Krassmöller, wurde von hohen und höchsten Herrschaften gerühmt und war uns empfohlen worden. In dessen Obhut begab ich mich nun, um das Versprechen einzulösen, das ich meiner Mutter auf dem Totenbett gegeben hatte, nämlich, auf jeden Fall das Abiturium zu machen.

Dr. Krassmöller war ein Original, ein außerordentlich grober, aber sehr amüsanter, eminent gebildeter und derber Mann. Er nahm also meine Erziehung ein wenig in die Hand. Er hatte gar nichts gegen Kaffeehausbesuche, er hatte eigentlich gegen nichts etwas, nur wollte er, dass ich ein bisschen Sport triebe, und so ritten wir jeden Morgen im Tiergarten. Ihm half, was recht wesentlich war, ein Assistent, ein seinerzeit sehr schlechter Schüler, der durch Krassmöllers Hilfe das Abiturium geschafft hatte und der ihm nun in schwierigen Fällen, oder wenn er überlastet war, assistierte. Der junge Mann hieß Kurt Tucholsky. Dieser Kurt Tucholsky gab mir viele Stunden und es entstand zwischen uns eine recht nette Freundschaft.

Kurt Tucholsky, sechs Jahre älter als Heymann, war nicht in die Unterprima versetzt worden und deshalb vom Gymnasium abgegangen, um als Externer sein Abitur zu machen. Studienrat Krassmöller hatte ihn in seiner privaten »Presse« darauf vorbereitet. Tucholsky machte seine Reifeprüfung im September 1909 und studierte anschließend Jura.

Bereits 1907 hatte er in der Zeitschrift *Ulk* unter dem Titel »Das Märchen« eine Satire auf herabsetzende Äußerungen des Kaisers über moderne Kunstströmungen veröffentlicht. Kurz bevor er Heymann zu unterrichten begann, war *Rheinsberg* erschienen. Seit 1913 arbeitete Tucholsky auch in der Redaktion der *Schaubühne*, im Jahr darauf legte er seine juristische Doktorprüfung ab.

In einem Brief vom 25. Oktober 1913 nannte Tucholsky Krassmöllers Tutorium ein »refugium für Jungens mit Webfehlern und solchen, die nicht mitkommen. Wir treiben das privat schon eine Weile, und es bringt viel Geld.«

Meine Brüder waren froh, die Verantwortung für mich los zu sein, denn beide wollten heiraten. Hans hatte sich in Elly Catz, unsere Flurnachbarin, verliebt und heiratete sie bald darauf. Und Kurt heiratete seine Käthe. Ich blieb allein zurück und die Wohnung wurde aufgelöst. Es musste also eine Unterkunft für mich gefunden werden. Und so kam es, dass ich schon als siebzehnjähriger Junge eine eigene Zweieinhalbzimmerwohnung in Berlin bezog, die mit geringen Mitteln, aber außerordentlich schön eingerichtet worden war, und zwar von dem Architekten Paul Zucker. Ich hatte ein violettes Schlafzimmer mit weißen Schleiflackmöbeln und schwarzem Fußboden sowie ein Wohnzimmer mit grünen Ledermöbeln, die mein Bruder Hans in seinem Büro entbehren konnte. Außerdem erbte ich den herrlichen Bechstein-Flügel.

Mutter hatte akkurat über all ihre wunderschönen und zahlreichen Juwelen verfügt. Ich bekam einen prächtigen Brillantring und einen sehr schönen Smaragdring. Über einen Gegenstand gab es keine Verfügung, nämlich über die dreiteilige Perlenkette, ein Geschenk meines Vaters, die Mutter in den letzten Jahren oft getragen hatte. Ich erfuhr nun, dass Vater bei irgendeiner Gelegenheit unerwartet 3000 Mark verdient hatte. Er brachte das Geld nach Hause und fragte meine Mutter: »Möchtest du lieber, dass wir eine Italienreise machen, oder, dass ich dir eine schöne dreiteilige Perlenkette kaufe?« Darauf sagte Mutti: »Kauf mir doch eine gute Imitation, und wir machen die Italienreise außerdem. Kein Mensch käme auf den Gedanken, dass die Perlen nicht echt sind, wenn ich sie trage!«

Meine Mutter hatte meinem Vater seinerzeit 200.000 Mark Mitgift eingebracht. Sie waren noch vorhanden. Trotz seines Konkurses gegen Ende seines Lebens hatte sie mein Vater nie angerührt. Wir erbten also jeder 40.000 Mark, die mit sechs Prozent gut angelegt waren und mir 200 Mark monatlich eintrugen. Dazu kam noch einmal derselbe Betrag aus der Familienstiftung, sodass ich mit 400 Mark ein durchaus respektables Einkommen hatte.

Meine neue Wohnung wurde sofort sehr frequentiert. Es kam eine Unmenge von jungen Leuten zu mir, wir diskutierten oder musizierten, schmiedeten Pläne, und es entstanden eine Menge Freundschaften, die zum Teil bis zum heutigen Tag gehalten haben. Mein damaliger bester Freund war ein junger Schauspieler, Lothar Müthel. Er wurde 1913 bei Reinhardt ins Ensemble aufgenommen und wir zitterten gemeinsam, als er eines Nachmittags zum ersten Mal den Don Carlos spielen durfte. Wir waren unzertrennlich, es war wie eine Blutsbrüderschaft, die auf ewig geschlossen worden war.

Lothar Müthels Debüt am Deutschen Theater war am 11. Oktober 1913 die Titelrolle in Max Reinhardts *Don-Carlos*-Inszenierung von 1909 mit Albert Bassermann als Philipp II. Zehn Tage später übernahm Müthel den Melchior Grimm in Frank Wedekinds *Frühlings Erwachen*. Er wurde sehr schnell einer der beliebtesten Schauspieler in Berlin und wechselte 1920 ans Schauspiel der Staatstheater.

Ein anderer lieber Freund aus dieser Zeit war der junge Komponist Friedrich Hollaender. Ich lernte ihn im Café kennen. Sein Vater war der um diese Zeit in Berlin berühmteste Schlagerkomponist. Sein Onkel Felix Hollaender war Schriftsteller und Dramaturg am Deutschen Theater. Ein anderer Onkel von ihm war ebenfalls Komponist und Direktor des Stern'schen Konservatoriums. Dann noch ein junger Maler namens Fritz Taendler und ein Journalist, August Hermann Zeiz.

Im Sommer 1913 fuhr ich wieder nach Cranz, und die Liebe zu Lo vertiefte sich noch. Im Frühherbst ging es zurück nach Berlin, wo ich weiter studierte und mich vor allen Dingen über die Wohnungseinrichtungen meiner Brüder amüsierte. Hans hatte sich ein wunderbares Apartment eingerichtet, eine riesige Wohnung, die von Lucian Bernhard und Paul Zucker hinreißend eingerichtet war.

Mit Lo Schumacher, um 1913 in Cranz.

Kurt hatte eine kleinere, aber ebenfalls hübsch eingerichtete Wohnung, die seine Käthe, die ja Kunstgewerblerin war, mit außerordentlichem Geschmack ausgestaltet hatte.

Nach der Hochzeit von Hans und Elly taten die beiden mir einen enormen Gefallen. Sie luden Lo auf ein paar Wochen nach Berlin ein. Und nun wurde die Liebe so groß, dass wir beschlossen, einander zu heiraten. Wir waren beide siebzehn Jahre alt. Natürlich musste sie wieder nach Insterburg zurück und ich musste vorläufig noch in Berlin bleiben. Aber im Innern wussten wir, dass wir eines Tages zusammengehören würden.

Ich komponierte viele neue Lieder, und einige davon sind später veröffentlicht worden.

Im Juli 1916 druckte die Monatsschrift *Neue Jugend* Heymanns »Die Mädchen singen« auf einen Text von Rainer Maria Rilke. Es erschien 1917 auch in der Leipziger Edition Weinberger unter dem Titel *Drei Lieder op. 1*, zusammen mit »Altes Reiterlied« auf Verse von Klabund und Rilkes »Schlaflied«.

Die erste Berliner Saison, die ich als nunmehr freier Mann ohne Schule und ohne Elternhaus erleben durfte, war überwältigend. Ich weiß gar nicht, wo ich anfangen soll. Bei Reinhardt war der

Shakespeare-Zyklus im Gange, in der Oper gastierten die herrlichsten Solisten. Die Vorstellungen waren für mich allerdings manchmal unerschwinglich. Ich habe zum Beispiel Caruso nie gehört, erst später auf Platten.

Eine der ersten Veröffentlichungen Tucholskys im *Vorwärts* vom 20. Oktober 1911 mit dem Titel *Caruso* beschreibt die Hysterie, die bei den regelmäßigen Gastspielen das Tenors in Berlin die Regel war:

Standen die Leute zu Hunderten in langen Reihen um das Opernhaus herum, von Schutzleuten bewacht (zu zweien angetreten!), stundenlang in der Kälte, um Billets! Billets! – Händler, Messenger-Boys, Dienstmänner, um Billets!
Dieser Caruso ist ein Symbol.
Ob er so viel kann, dass dieser Spektakel berechtigt ist, sei dahingestellt, nein, es ist ganz gleichgültig, denn die Leute gehen nur des Spektakels halber hin. Diese Begeisterung hat mit Kunst so viel zu tun wie ein Landrat mit liberaler Politik ...
Dieser Mann schluckt Millionen – niemand mache ihm einen Vorwurf, denn er nutzt berechtigterweise die Konjunktur aus – und bei uns zerquälen sich starke Talente (und vielleicht größere) die Köpfe mit der intensiven Frage: Wann essen wir heute Mittag? –
Dieser Artikel erscheint alljährlich, wenn der Göttliche schmettert. Es ist immerhin möglich, dass nach seinem Tode die Begeisterung nachlassen wird.

Immer wieder hörte ich die Opern von Richard Strauss. Meine liebste war und bleibt die Elektra.

Elektra hatte am 15. Februar 1909, drei Wochen nach der Dresdner Uraufführung, Premiere in der Berliner Hofoper und war ein großer Publikumserfolg. Allein im ersten Jahr gab es 25 Aufführungen. Richard Strauss meinte nach der Berliner Premiere: »Das war ein Beifall, wie ich ihn selbst in Italien nie gehört habe.« Die Kritik reagierte allerdings vorwiegend verständnislos und ablehnend. Die *Kreuzzeitung* bezeichnete die Oper als ein »Werk, dessen Monstrosität, aber auch zugleich Langweiligkeit bisher unerreicht ist. An andauernden grauenvollen Missklängen übertrifft die Partitur die der *Salome* ganz bedeutend.«

In den Konzerten war es vor allen Dingen Arthur Nikisch, der hinreißend mit seinem Orchester, den Berliner Philharmonikern, musizierte. Sehr interessant waren auch die Konzerte von Sigmund von Hausegger, der mir eine herrliche Bekanntschaft vermittelte: drei von den Liedern aus Mahlers *Lied von der Erde*. Und das Tollste von allem war das russische Ballett mit Nijinski, mit Karsavina, der Pawlowa, mit Fokine, mit Bolm ...

Im Mai 1910 hatten die vom russischen Impresario Sergei Diaghilev in Paris gegründeten »Ballets Russes« im Berliner Theater des Westens ein umjubeltes Gastspiel gegeben, bei dem erstmals Michail Fokines Choreografie *Carnaval* nach Musik von Robert Schumann gezeigt wurde. Die Columbine tanzte Tamara Karsavina, der Pierrot war Adolph Bolm, vor allem aber begeisterte der Harlekin von Vaslav Nijinski. Die »Ballets Russes« kamen in den Folgejahren regelmäßig nach Berlin, zeigten Nijinskis »choreographisches Bild« *Nachmittag eines Fauns* mit der Musik von Claude Debussy und das noch in St. Petersburg von Fokine für Anna Pawlowa kreierte Solo *Der sterbende Schwan*.

Diaghilev regte den noch unbekannten Igor Strawinsky zu Ballettkompositionen für seine Kompagnie an, 1910 wurde *Der Feuervogel* mit Tamara Karsavina in der Titelrolle uraufgeführt, 1911 *Petruschka* mit Vaslav Nijinski und der Karsavina als Ballerina. 1913 choreografierte und tanzte Nijinski *Le Sacre du Printemps*, das bei der Pariser Uraufführung einen der größten Skandale der Theatergeschichte auslöste.

Den größten Teil des Tages verbrachte ich im Kaffeehaus. Es war mein eigentliches Zuhause. Man saß dort vom frühen Nachmittag bis in die Nacht hinein, natürlich nicht immer am selben Tisch. Man wanderte herum, besuchte Freunde oder wurde besucht, und ein großer Teil der Zeit verging mit Flirten. Dieses inzwischen etwas altmodisch anmutende Wort war damals noch sehr modern. Es waren die Vorbesprechungen, das Herausfinden, das »Wieweit« und »Womit« und »Wohin« und »Wozu«. Und sollte es was kosten, durfte es was kosten, sollte es nichts kosten? Kurzum, man war wie ein kleiner junger Hund, der überall herumschnuppert und nicht genau weiß, was er will.

Die Mädchen waren irgendwie anders als heute. Sie sahen anders aus. Ich möchte nicht in den Fehler verfallen, den meine alten

Onkels immer machten, wenn sie mit entzückten Augen gen Himmel schauten und sagten:»Gut geliebt hat man in den Achtzigerjahren.« Dieses allgemeine Schwärmen für die gute alte Zeit beruht natürlich auf der einfachen Tatsache, dass in den Achtzigerjahren des 19. Jahrhunderts diese alten Onkels 25 Jahre alt gewesen sind und also imstande zu lieben. Gut geliebt hat man zu jeder Zeit, aber ich glaube, die Moden haben sich zu bestimmten Perioden doch sehr verschoben.

Zum Beispiel waren die Mädchen damals schlanker und weniger vollbusig als heute. Man legte beim Busen weniger Wert auf »Volumen« als auf Festigkeit. Ein Mädchen mit Hängebrüsten war ein unglückliches Geschöpf. Es trug auch niemand, wirklich niemand, einen Büstenhalter, wenn es nicht unbedingt notwendig war. Schon das bloße Tragen eines solchen deutete an: Ich habe schlechte Brüste. Die Mädchen gingen ohne Büstenhalter und meistens auch ohne Unterhemd, mit dem Busen unter der Bluse.

Halbstarke gab es noch nicht. Die jungen Männer waren bis zum zwanzigsten Lebensjahr entweder zu Hause oder auf der Universität. Meistens natürlich in Fabriken oder gewerblichen Betrieben, und sie wurden so schlecht bezahlt, dass sie mit ihrem Geld keine großen Sprünge machen konnten. Außerdem mussten sie es zu Hause abliefern, wo es dringend gebraucht wurde.

Das Lieblingsbuch der Mädchen hatte den schönen Titel *Halbjungfern*. Es war, wenn ich mich recht erinnere, von einem französischen oder französisierten Schriftsteller namens Marcel Prévost. Alle lasen es, und es war die große Mode, ebendas zu sein. Es hatte den Vorzug, dass meistens die unliebsamen Konsequenzen ausblieben, die in einer Zeit, in der man noch keine Kunde von Geburtenkontrolle hatte, außerordentlich gefürchtet waren. Außerdem gab es auch noch kein Penicillin gegen Geschlechtskrankheiten. Auf die landläufigen, weitverbreiteten Gummi-Erzeugnisse mochte man sich nicht zu sehr verlassen. Überall kursierte der Ausspruch eines Berliner Universitätsprofessors: »Sie sind Kürasse gegen das Vergnügen und Spinnweben gegen die Gefahr.«

Im Café des Westens, wo sich alle Zeitströmungen zu konzentrieren pflegten und wo sie auch in höchst demokratischer Weise vertreten waren, wurde in der Musik eigentlich überhaupt nicht debattiert. Es gab nichts mehr, was die Leute sonderlich aufregte. Debussy,

Richard Strauss und Mahler, die die Szene beherrschten, waren anerkannte Meister. Es gab höchstens noch Debatten, ob man Puccini als Kitsch oder als Kunst zu betrachten hatte, aber das war es dann auch schon.

Ganz anders sah es in der Malerei aus. Da war eine Bombe explodiert, und diese Bombe hieß Picasso. Gerade, als ich in Berlin ankam, eröffnete mein Bruder Walther eine große Diskussion mit einer Artikelreihe »Was ist mit dem Picasso?«, die im von Alfred Kerr herausgegebenen *Pan* erschien. Man kaute noch heftig am Expressionismus, die Debatten gingen darum, ob Leute wie Pechstein oder Jaeckel, Munch oder van Gogh, Cézanne oder Matisse ernst zu nehmen seien oder nicht. Da schlug Picasso ein. Und jetzt stand alles kopf. Keiner verstand ihn, alle fanden ihn hinreißend, weil er eben damals modern, unverstanden, rätselhaft war.

Es gibt seit Eduard Hanslick, dem Kritiker, dem Wagner nicht gefiel und der ihn deshalb für unfähig erklärte, eine Strömung in der Rezeption der gerade modernen Kunst, die ich als die »Hanslick-Furcht« bezeichnen möchte. Nämlich die Sucht, alles großartig zu finden, was neu ist, ohne Rücksicht auf seine Qualität, aus der bloßen Angst, man könnte sich sonst eventuell blamieren. Seit Hanslick sind in der ganzen Welt Namen von Leuten groß geworden, die entsetzliches Zeug komponieren oder malen, bildhauern oder schreiben. Ich werde niemals daran glauben, dass solche Sachen einen Wert haben. Aber ich bin ja auch schon ein alter Herr.

Das besondere am Fall Picasso war, dass er in seiner blauen und rosa Periode bewiesen hatte, dass er ein genialer Maler ist, und in seinen jüngsten Arbeiten kehrt er offenbar wieder zur Normalität zurück. Ein ähnlicher Fall ist Salvador Dalí, der auch ein grandioser Maler ist, es aber vortrefflich verstanden hat, hinter Verrücktheit und Skurrilität diese Fähigkeiten zu verbergen. Es ist heute sehr schwer, Karriere zu machen, wenn man nur ein großer Künstler ist.

In der Architektur gab es die ersten Anfänge der Bauhaus-Gruppe und der Architekten Le Corbusier, Mies van der Rohe und Erich Mendelsohn. Mendelsohn war ein alter Bekannter aus Ostpreußen, der sich zu einem der bedeutendsten deutschen Architekten entwickelte. Wir waren eng befreundet, seine Frau Luise Maas hat mit mir, als ich ein kleiner Junge war, Cello gespielt. Er entwarf für meinen Bruder Hans das Bürohaus, für meinen anderen Bruder eine Villa.

Das Bürohaus war ein Umbau in der Dorotheenstraße 31 in Berlin-Mitte für die Hausleben-Versicherungsgesellschaft, die Hans Heymann 1920 gegründet hatte. Das im Krieg zerstörte Gebäude hatte eine blaugrau und rot gestrichene Fassade. Die Villa war ein Doppelhaus aus verputztem Backstein am Karolingerplatz 5 und 5a in Berlin-Charlottenburg. Es war viergeschossig mit Flachdach, das als Sonnenterasse genutzt werden konnte. Die Haushälfte Nr. 5 hatte Mendelsohn ursprünglich für sich und seine Familie vorgesehen. Kurt Heymann zog Ende 1922 in das Haus Nr. 5a, in dem in den Dreißigerjahren auch Werner Richard eine Wohnung hatte. Zu beiden Häusern sind Entwurfszeichnungen Mendelsohns in der Berliner Kunstbibliothek erhalten.

Das wichtigste Thema im Kaffeehaus war aber die Literatur, und in der taten sich große Dinge. Es war die Zeit, in der Stefan George und Rainer Maria Rilke auf der Höhe ihres Ruhmes standen, wo allmählich eine neue Generation mit anderen Ideen heranwuchs. Es ging darum, zum Leben, zur Politik Stellung zu beziehen, und es gab unter den jungen Literaten eine Gruppe, die sich immer mehr vom rein ästhetisch Schönen abwandte und sich zu dem Kreis der sogenannten »Aktivisten« zusammenfand. Alles wurde bitter ernst genommen und fanatisch diskutiert.

Dr. Kurt Hiller, eigentlich Jurist, war der geistige Führer dieser aktivistischen Gruppe. Er hatte eines Tages eine Fehde mit Franz Blei, der so eine Art Literaturpapst der manchmal etwas katholisch gefärbten ästhetischen Richtung war. Blei hatte Hiller in einer Kontroverse über Sophokles irgendetwas Furchtbares angetan, ich weiß nicht mehr, was es war, es war auch sicher nicht wichtig, aber Hiller war so empört darüber, dass er mich bat, ihn zu Franz Blei zu begleiten, weil er einen Zeugen für diese welthistorische Begegnung haben wollte. Die verlief folgendermaßen: Wir gingen die Treppen zu Bleis Wohnung hinauf und ich klingelte an der Tür, weil sich Hiller nicht gleich sehen lassen wollte, aus Angst, nicht vorgelassen zu werden. Blei öffnete in einem seidenen Schlafrock, er war immer sehr elegant, und begrüßte mich freundlich. In dem Augenblick trat Kurt Hiller vor und sagte:»Herr Doktor, Sie haben sich eine Äußerung zu meinen Bemerkungen über Sophokles erlaubt. Ich möchte Ihnen mitteilen, dass nur der Respekt vor Ihrem greisen Haupt mich daran hindert, Sie zu ohrfeigen.« Daraufhin drehte er sich auf dem Absatz um und ging die Treppe hinunter. Franz Blei japste nach Luft und rief ihm nur noch das kurze Wort »Glatzenschwein!« hinterher. Damit war diese welthistorische Begegnung beendet und ich wurde hereingebeten und zu Kaffee und Kuchen eingeladen. Mir war die ganze Sache eigentlich peinlich. Und ich nehme an, dass Kurt Hiller, der tatsächlich eine sehr hohe Stirn hatte, in tiefster Seele gekränkt war.

Der 27-jährige Kurt Hiller hatte unter dem Titel *Die Weisheit der Langeweile – Eine Zeit- und Streitschrift* Essays, Pamphlete und Aphorismen in zwei Bänden veröffentlicht. Im ersten Band, der sich vor allem literarischen Themen widmete, polemisierte er gegen die Verehrung von Klassikern:

> Nun frage ich aber alle Ehrlichen, warum sie sich den Sophokles-Schwindel, den Dante-Schwindel, den bodenlosen Shakespeare-Schwindel und dann jene bescheideneren: den Stifter-, Mörike-, Droste-Schwindel, immer noch gefallen lassen. Warum sie nicht endlich ohne Angst bekennen, dass eine Szene von Wedekind, eine Strophe von George, eine Seite von Heinrich Mann, dass eine Parenthese von Kerr oder ein Beistrich von Kraus ihnen mehr Pulsschlag, Freude, Erschütterung schenkt als alle Leistungen dieser »Ewigen« zusammen ...
> »Je menschenferner, desto besser!«, knurren bleiern die Ästheten; und warum wohl? Mir schwant: aus keinem andern Grunde als deshalb: weil sie zu feige sind, weil sie sich fürchten, sich wiederzufinden; weil sie den Ekel vor ihrem Spiegelbild haben; weil sie sich maßlos ängstigen vor sich selber.

Franz Bleis Schriften wurden in einem im Jahr dieser Kontroverse erschienenen Literaturführer als »literarische Hochdekadenz, die als Geschäft betrieben wird«, charakterisiert.

Hiller hat sich noch Jahrzehnte später von Franz Blei verfolgt gefühlt und ihm verschleierte Angriffe vorgeworfen. Vielleicht nur, weil er selbst in diesem Text Blei versteckt attackiert hat, denn das »bleierne Knurren der Ästheten« verstand damals jeder Eingeweihte als auf den ästhetischen Franz Blei gemünzt. Und im Kreis der Kaffeehausbesucher war jeder eingeweiht.

Im Übrigen ritt ich jeden Morgen im Tiergarten mit Dr. Krassmöller und studierte auf das Abiturium, das ich meiner Mutter versprochen hatte und das, wie ich hoffte, im Herbst des kommenden Jahres steigen würde.

Und dann war wieder Sommer und ich fuhr nach Cranz.

In Cranz erlebte ich herrlich warme, meerumrauschte und tannendurchduftete Wochen. Die Liebe zu Lo wurde größer und größer, und als im Juli der Kronprinz von Österreich in Sarajewo erschossen wurde, tat uns das zwar sehr leid, aber ich ahnte nicht, wohin das führen würde.

Kriegsbegeisterung und Pazifismus

Als ich nach Berlin zurückkehrte, fand ich eine Stadt vor, die kochte. Millionen Menschen zogen in wütendem Kriegstaumel durch die Straßen und demonstrierten. Alle pro, niemand demonstrierte contra. Die Stadt war vor Kriegsbegeisterung wahnsinnig geworden und davon wird man als junger Mensch schnell angesteckt. Als der Krieg tatsächlich ausbrach, wurde es noch schlimmer. Die ersten Soldaten, die ersten Regimenter zogen durch die Stadt, mit Blumen bekränzt; an jedem Soldaten hing ein Mädchen, das ihn möglichst lange noch am Arm führen wollte. Die Stadt war außer sich. Ich besinne mich an eine Szene am sogenannten Prinzess-Café, in dem Marek Weber spielte, wo ich den Aufmarsch irgendeines Regiments sah, dem angeblich der Kaiser folgen oder voranreiten sollte oder irgendetwas Ähnliches. Mitten über die Straße lief ein kleiner langhaariger Dackel. Da kam ein Auto, das machte tatütata, und plötzlich lag der kleine Dackel auf der Straße und war tot. Ich werde das Bild nie vergessen.

Ich kannte in dieser Zeit eine kleine Russin, mit der ich durch die Straßen ging. Sie hatte einen unüberhörbaren russischen Akzent und wurde von einem großen dicken Herrn angepöbelt, der sie, glaube ich, sogar als Spionin beschimpfte. Dieses harmlose Wesen war aufs Äußerste empört, und ich forderte den Herrn auf, sich bei ihr zu entschuldigen. Das tat der Herr keineswegs, sondern er versuchte, mir seine glühende Zigarre ins Auge zu bohren. Daraufhin wurde ich rabiat, nahm ihn beim Rockaufschlag und erklärte ihm, dass er sich nicht bei mir und meinem verbrannten Auge, sondern bei der Dame entschuldigen solle. Im Nu war die wütendste Keilerei im Gange, die ich je in meinem Leben gehabt habe.

Der Mann war etwa einen Kopf größer als ich, und es war gar nicht so leicht, erst seinen Regenschirm auf seinem Kopf zu zertrümmern und dann überhaupt den ganzen Kerl zusammenzuschlagen, was ich aber ziemlich schnell und sehr sorgfältig tat. Ich bin dann mit dem Mädel nach Hause gegangen, aber wie man mir später erzählt hat, war an dieser Ecke noch stundenlang ein großer Menschenauflauf. In der Mitte stand der Maler Max Oppenheim, Mopp genannt, und wiederholte in seinem Wienerisch immer wieder: »A Watschen hat der ihm g'haut, der kleine Kerl, a Watschen, so a Watschen hab i mei Lebtag noch nit g'seh'n!«

Der Krieg bemächtigte sich sehr bald auch meiner Familie. Als Erster kam mein Bruder Kurt dran, der inzwischen sein Doktorexamen gemacht hatte und als Arzt sofort einberufen wurde. Dann meldete sich mein Bruder Walther freiwillig. Er war Landsturm, 3. Aufgebot, war 33 Jahre alt und wäre noch lange, lange nicht drangekommen, aber sein enormer Patriotismus und seine Begeisterung für diesen Krieg, für Deutschland trieben ihn dazu. Er hatte inzwischen eine Tochter, Eva-Lore, ein süßes kleines Mädelchen. Auch mein Bruder Hans wurde eingezogen und verschwand irgendwo in der Etappe.

Ich hatte ein Lied auf einen Text von Klabund komponiert, das – man mag es kaum glauben – den Titel trug: »Kriegsfreiwillige vor!«

Brüder, lasst uns Arm in Arm
in den Kampf marschieren!
Schlägt der Trommler schon Alarm
Fremdesten Quartieren.
West- und östlich glüht der Brand –
Sternenschrift im Dunkeln
Lässt die Worte funkeln:
Freies deutsches Land!
Hebt die Hand empor:
Kriegsfreiwillige vor!

Klabund meldete sich am 6. August 1914 tatsächlich als Kriegsfreiwilliger, wurde aber zwei Tage später wegen seiner Schwindsucht, die bereits 1912 diagnostiziert worden war, zurückgestellt. Klabunds Gedicht war so populär, dass es auf einer Postkarte verbreitet und auch von anderen Komponisten vertont wurde.

Dieses Lied spielte ich einer jungen Sängerin vor, die es sofort uraufführte. Sie hieß Trude Hesterberg und hat in meinem Leben eine große Rolle gespielt.

Die 22-jährige Trude Hesterberg konnte 1914 eine bescheidene Karriere als Operettensoubrette und Zirkusartistin aufweisen, war aber wegen der Kriegseinschränkungen ohne Engagement. Sie erzählt in ihrer Autobiografie:

> Wir saßen, brotlos geworden, in den Cafés herum, und plötzlich stand auf dem winzigen Podium, auf dem sonst die Musik saß, eine hübsche junge Dame und sang ein paar kleine Lieder, die allerdings mit Chansons noch wenig zu tun hatten. Das müsstest du doch auch mal versuchen, sagte ich mir. Da gab es so einen blutjungen, verhungert aussehenden Musikus, der hieß Werner Richard Heymann. Mit ihm, mit dem ich später noch so viel und erfolgreich zusammenarbeiten sollte, kam ich also damals zum ersten Mal in Berührung.
> »Sagen Sie«, sprach ich ihn an, »können Sie mir nicht mal zwei solcher Liedchen komponieren? Ich sage auch Ihren Namen, wenn ich auftrete, und wenn ich Erfolg habe, zahle ich Ihnen auch was. Nur jetzt im Moment bin ich pleite.«
> Heymann sagte zu, und so begann meine Karriere als Kabarettistin. Es war ein Italiener namens Formiggini, der das Café am Kurfürstendamm besaß und mich für 1,50 Mark pro Abend auftreten ließ. Werner Richard Heymann engagierte er gleich als Begleiter dazu. Mit der Musik Heymanns und zwei belanglosen Liedchen hatte ich einigermaßen Erfolg, sodass meine Gage sofort auf die immense Summe von 3 Mark erhöht wurde.

Inzwischen waren die Russen in Ostpreußen eingefallen und hatten Lo und ihre Familie aus Insterburg vertrieben. Ich erhielt eines Tages einen Brief von ihr, sie sei in Halle an der Saale, wohin ihr Vater, der bei der Eisenbahn war, versetzt sei. Ich wollte unbedingt zu ihr gelangen. Deshalb meldete ich mich kriegsfreiwillig und kam zum 75. Artillerieregiment, das in Halle stationiert war. Dort lernte ich das Soldatenleben kennen.

Dass ich nicht gleich beim Betreten der Kaserne umkehrte, ist wohl nur mit meinem jugendlichen Enthusiasmus zu erklären. Es stank. Es stank nach Stiefelwichse, nach ungewaschenen Leibern, nach schlechtem Essen. Es stank auch seelisch, nach den ekelhaften Menschen, die dort zusammenkamen. Ich lernte zum ersten Mal die widerlichste Form des Volkes kennen, den Pöbel. Ich hatte das Gefühl, dass alle Leute, die dort waren, aus dem tiefsten Morast kamen, dass sie Verbrecher waren, Diebe, Mörder, Zuhälter. Und wie sich später herausstellte, hatte ich gar nicht so unrecht. Viele von ihnen waren bereits im Gefängnis gewesen, sie prahlten mit ihren Untaten. Da wir in Halle waren, sprachen sie außerdem meistens sächsisch, was ich für eine schwere und unheilbare seelische Erkrankung halte. Mein Freund Axel Eggebrecht pflegte zu sagen: »Wenn de sächs'sch sprechen willsd, mussde ärst mal das Ginn vorschieben und alsdann alles Kute und Scheene in dir erdöden!«

Sie sprachen außerdem ein Sächsisch, das ich nicht verstand. Eine Art von Verbrecherjargon, und es dauerte eine ganze Weile, bis ich etwas davon begriff. Zudem behandelten uns die Unteroffiziere so, als wären wir Verbrecher, die aus Angst vor Verfolgung in die Fremdenlegion eingetreten waren. Wahrscheinlich war das pädagogische Absicht, aber es führte nur zu einem totalen Widerwillen gegen alles Militärische, und ich war sehr froh, als ich nach etwa drei Monaten wegen irgendeiner Krankheit entlassen wurde. Ich war ja noch nicht dienstpflichtig.

Meinen Aufenthalt in Halle hatte ich vor meiner Entlassung für ein paar Tage unterbrochen, um in Berlin als Externer am Luisenstädtischen Gymnasium das Notabiturium zu machen, das ich in Uniform absolvierte. Wir waren dreißig Kandidaten, von denen elf durchfielen. Es war also keineswegs ein leichtes Abiturium. Dank Dr. Krassmöllers guter Einpaukung kam ich recht gut durch. Es gab allerdings zwei Fächer, in denen ich überhaupt nichts wusste, nämlich Geschichte und Geografie. Also bin ich zu dem Professor, der mich zu prüfen hatte, gegangen und habe ihm gesagt, ich hätte bis jetzt lauter Einsen und Zweien und wäre ihm sehr dankbar, wenn er mein Zeugnis nicht durch ein paar Vieren und Fünfen verunzieren würde. Er sah mich freundlich lächelnd an und versprach, gnädig zu sein.

Als ich ins Examen kam, fragte er mich als Erstes: »Worum ging es im zweiten Punischen Krieg?« Ich antwortete: »Um Sizilien«, nachdem er mich daran erinnert hatte, dass die Schlachten bei

Syrakus und an anderen Orten auf Sizilien stattgefunden hatten. Dann fragte er noch: »Wie hieß der Feldherr auf punischer Seite?« Darauf sagte ich: »Hannibal«, was sicher richtig war. Dann fragte er noch nach dem römischen Gegner. Ich sagte »Scipio«, was sicher auch richtig war.

Bei unserem Vorgespräch hatte er mich gefragt, ob ich mal Briefmarken gesammelt hätte, und ließ mich in Geografie die deutschen Kolonien hersagen, die ich als ehemaliger Briefmarkensammler natürlich auswendig konnte. Ich bekam in Geschichte und Erdkunde »Sehr gut«!

Die letzten Tage beim Militär in Halle verbrachte ich in einem Hospital, in dem die ersten Opfer von der Front einrollten. Der Anblick dieser blutigen und zerschundenen Menschen, die in fürchterlichem Zustand in Tragbahren aus den Zügen herangeschleppt wurden, war für mich eine einzige grauenhafte Propaganda gegen den Krieg. Als ich nach Berlin zurückkam, traf ich meinen Freund Johannes R. Becher wieder, mit dem ich meine Erlebnisse diskutierte.

Becher hatte ich, wie so viele Menschen, im Kaffeehaus kennengelernt. Genauer gesagt im Café des Westens, wo er halbe Tage verbrachte, meistens ganz allein auf einem Sofa saß, vor sich hinstarrte und nach Worten suchte. Er murmelte irgendwelche Worte vor sich hin, die es zum Teil gar nicht gab, bis sie schließlich irgendwie in die Gedanken des Gedichtes, das er gerade schrieb, passten. Wegen dieser komischen Art zu dichten gaben wir ihm den Spitznamen Johannes Erbrecher. Er hatte zu der Zeit ebenso wie ich eine Art dionysische Periode und wir freundeten uns an. Er hat mir sogar ein Gedicht gewidmet, es hieß »Der Dirigent« und begann mit den Worten:

> Gekreuzigt auf dem Podium
> Spreizt die Händ',
> tief unter ihm, ein Meer,
> die Völker heulen;
> Fanfaren brechen auf wie Spülichtbeulen,
> zickzackhysterisch eine Flöte rennt.

Das ist aus dem Gedächtnis zitiert und wahrscheinlich ungenau.

Becher gehörte zum intimeren Freundeskreis der Fürstin Lichnowsky. Mechthilde Lichnowsky war eine außerordentlich geschätzte Schriftstellerin, die mit dem ehemaligen kaiserlichen Botschafter in London verheiratet war. Ich weiß nicht, wie viel Mechthilde Lichnowsky von der deutschen Politik Becher erzählt hat. Das wenige, was er mir weitererzählte, genügte, mich davon zu überzeugen, dass Politik eine Schweinerei ist. Was damals behauptet wurde und sich später als richtig herausstellte, die vielen, vielen Intrigen der deutschen Regierung zur Herbeiführung des Krieges, davon erfuhr ich damals schon einen großen Teil. Ich bin überzeugt, dass ebenso, wie mich mein Aufenthalt in Halle für ewig zum Pazifisten gemacht hat, die Enthüllungen der Fürstin Lichnowsky Johannes R. Becher für ewige Zeit zum Kommunisten machen mussten.

Mechthilde von Lichnowsky war eine Ururenkelin Maria Theresias und hatte 1904 als 25-Jährige den 19 Jahre älteren Fürsten Karl von Lichnowsky geheiratet, der vor seiner Eheschließung in verschiedenen Hauptstädten Europas kaiserlicher Botschafter gewesen war. 1912 wurde Lichnowsky aufgrund seines offensichtlich falsch verstandenen Artikels »Deutsch-englische Missverständnisse« reaktiviert und als Botschafter nach London entsandt. Er erkannte früh die drohende Gefahr eines Kriegsausbruchs und versuchte bis zuletzt, ihn zu verhindern, wurde dafür von der kriegsbegeisterten deutschen Presse geschmäht und verteidigte sich in teils publizierten, teils unter der Hand verteilten Schriften. Der Fürst wurde aus dem preußischen Herrenhaus ausgeschlossen.

Am 15. November 1919 veröffentlichte Fürst Lichnowsky im *Vorwärts* einen Aufruf an die britische Nation und ihre leitenden Staatsmänner, ihren Einfluss für Menschlichkeit und Gerechtigkeit gegenüber Deutschland einzusetzen.

Mechthilde von Lichnowsky, eine geborene Gräfin von und zu Arco-Zinneberg, hatte 1911 das *Tagebuch einer Ägyptenreise* veröffentlicht. Sie lebte von 1912 bis 1914 mit ihrem Mann in London, wo sie Mittelpunkt eines literarischen Kreises war. Spätestens seit 1917 hatte sie engen Kontakt mit Karl Kraus.

Nach dem Tod ihres Mannes im Jahr 1926 wurde sie durch Romane aus dem Aristokratiemilieu der Jahrhundertwende einem breiteren Publikum bekannt. Die Nationalsozialisten hinderten sie später an der Ausreise aus Deutschland. Sie weigerte sich, der Reichsschrifttumskammer beizutreten und publizierte zehn Jahre lang nicht. Als sie 1945 aus Schlesien vertrieben wurde, ging sie nach London. Johannes R. Becher war, als Heymann seine Aufzeichnungen diktierte, Kulturminister der DDR.

Als ich zu den Soldaten eingerückt war, hatte ich meine Wohnung in Berlin aufgegeben und die Möbel eingelagert. Ich bezog nun ein sehr großes und schönes Zimmer in einer Pension in der Kaiserallee, die nur wenige Schritte von unserer ehemaligen Wohnung lag. Ich schrieb mich an der Universität für das Fach Medizin ein, besuchte viele Vorlesungen, und da ich infolgedessen fast den ganzen Tag nicht zu Hause war, war es Becher ein Leichtes, mich zu überreden, meine Bude mit ihm zu teilen. Ich war ja vormittags nie da, und nachmittags waren wir beide im Café.

Becher war schwer morphiumsüchtig, was ich bis dahin nicht gewusst hatte. Eines Tages hat er eine Überdosis genommen. Ich war nicht zu Hause, meine Wirtin war wohl in unser Zimmer gekommen, und man hat ihn halbtot ins Krankenhaus in Lichterfelde gebracht. Nach ein oder zwei Tagen rief er mich an, er wolle raus aus dem Spital, und gab mir die nötigen Anweisungen, wie das zu bewerkstelligen sei.

Zu Schabernack immer bereit, zog ich mir also einen Anzug von ihm über den Anzug, den ich trug, und besuchte ihn im Krankenhaus. Dort zog er sich schnell seine Sachen an und wir entwichen durchs Fenster. Becher zog bald danach aus meiner Bude aus.

Eine interessante Bekanntschaft machte ich im Café des Westens: eine außerordentlich elegante, schöne und luxuriöse junge Frau von vielleicht 23 Jahren, die sich Zarifa nannte. Ob sie wirklich so hieß, kann ich nicht beschwören. Sie war Tänzerin, stammte aus Russland und war im russischen Ballett aufgewachsen. Das russische Ballett, das ich so sehr bewunderte, war bei näherer Betrachtung – mit Ausnahme der großen Stars – mehr oder weniger ein Spezialbordell für die russische Aristokratie und die Zarenfamilie. Die Mädchen wurden schon in frühester Jugend in raffiniertester und komplettester Weise zu allem abgerichtet, was es auf der Erde nur gibt.

Als ich Zarifa kennenlernte, war sie – wie sie mir erzählte – die offizielle Geliebte eines Großherzogs von Mecklenburg, dessen Namen ich vergessen habe. Und, wie sie mir ebenfalls errötend gestand, betrog sie diesen heimlich und oft mit dem von mir so sehr verehrten Dirigenten Arthur Nikisch.

Diese Dame nahm mich gewissermaßen in die Lehre. Wahrscheinlich brauchte sie nach all den reiferen Herren einen Zwanzigjährigen zur Abwechslung. Sie brachte mir in wenigen Wochen wirklich alles bei. Als die Sache zu kompliziert wurde, trennten wir uns. Ich habe sie nie wiedergesehen, aber sehr von ihrem Unterricht profitiert.

Eines Tages lag ich allein in meinem Pensionszimmer im Bett, hatte Fieber und rief meinen Hausarzt an. Der hatte ebenfalls Fieber und konnte deshalb nicht kommen. Ich ging zurück ins Bett. Im Laufe der Nacht stieg die Temperatur und am nächsten Morgen stellte ich beim Messen fest, dass ich 40 Grad Fieber hatte. Ich rief also wieder meinen Arzt an, der versprach, mir einen Vertreter zu schicken. Inzwischen war mein Fieber auf fast 41 Grad gestiegen. Der Arzt kam, guckte mir in den Hals und raste davon. Er kam kurze Zeit später wieder und gab mir eine Injektion. Ich hatte eine schwere Diphtherie und lag wochenlang ganz allein in diesem Pensionszimmer. Ich war auch Wochen danach noch sehr, sehr schwach. Ich hatte eine Herzverbreiterung von zwei Zentimetern, und das Einzige, was mich daran freute, war das Bewusstsein, dass ich damit wahrscheinlich nie mehr Soldat werden musste.

Mitte Januar 1915 hatte mich meine Schwägerin Käthe, die Frau meines Bruders Kurt, eingeladen, abends bei ihr zu essen (Kurt war im Feld). Gleich nach dem Essen kam ein Telefonanruf. Käthe wurde totenblass und brach weinend zusammen. Es dauerte eine Weile, bis sie mir sagen konnte, was geschehen war. Mein Bruder Walther war tot. Er war bei einem Sturmangriff bei Soissons durch einen Kopfschuss getötet worden. Ich war entsetzt, rannte im Zimmer herum und stieß mit dem Kopf gegen die Wand.

Er liegt, ein Held, ein Patriot und ein toter Dichter, in einem Massengrab, mit einem Loch im Kopf.

An dieser Stelle plante Werner Richard Heymann, eine Würdigung seines Bruders Walther in seine Erinnerungen einzufügen.

Walther Heymann, geboren 1882, war für ihn der »große« Bruder, da der älteste, Paul, bei seiner Geburt bereits aus dem Haus war und mehr oder weniger totgeschwiegen wurde. 1899, als Heymann drei Jahre alt war, machte Walther sein Abitur und begann in Königsberg Jura zu studieren, was er in Freiburg, München und Berlin fortsetzte. Schon nach kurzer Zeit wollte er das Studium abbrechen, doch die Eltern willigten nicht ein. Der Vater drängte ihn, das Staatsexamen zu machen und anschließend auch das Referendariat zu absolvieren. Die Auseinandersetzungen darum fanden statt, als Werner Richard eingeschult wurde. Anfang 1906 ging Walther nach Rostock, um dort den Doktor juris zu machen. Im Frühjahr hatte er einen »Zusammenbruch«, erholte sich in einem Sanatorium in Berlin-Schlachtensee und auf einer Italienreise. Sein Ziel war es jetzt, Schriftsteller zu werden. Eine Anthologie *Ostpreussisches Dichterbuch* enthält fünfzehn Gedichte von ihm, die 1907 auch in seinem ersten eigenen Gedichtband *Der Springbrunnen* erschienen sind. Zwei Jahre später folgte *Nehrungsbilder*.

Unter den modernen Künstlern verehrte Walther Heymann neben Max Pechstein vor allem Käthe Kollwitz, die in Königsberg geboren ist, und Ferdinand Hodler. 1910 lernte er in Hamburg die zehn Jahre ältere Fotografin Minya Dièz-Dührkopp kennen, die ihm eine mütterliche Freundin wurde. Ihr Vater hatte 1882 ohne jede Ausbildung in Hamburg ein Atelier für Bildnisfotografie eröffnet, in das sie 1907 als Teilhaberin eintrat. Sie waren die Ersten, die ohne die herkömmlichen Atelierrequisiten die zu Porträtierenden in ihrer natürlichen Umgebung oder im Freien fotografierten.

Kurz nach dem Tod der Mutter heiratete Walther Heymann die Malerin Maria Perk, im Mai 1914 wurde eine Tochter geboren. Wenige Monate später meldete er sich als Kriegsfreiwilliger.

Auf dem Weg an die Front schrieb er am 14. Oktober 1914 an seine Frau:

> Warum musste ich mit, freiwillig? Vaterlandsliebe und Eigenliebe. Selbstverständlich, dass ich glücklich bin, dem Deutschland etwas abzustatten, dessen Landschaft meine dauernde Wonne war. Und Lebensneugier? Will ich mit dabei sein? Bin ich wild darauf, Schreckliches zu sehen, nur weil es groß ist? Diese Fragen werde ich mir noch oft vorlegen und wer weiß wie beantworten, wenn die Feuerprobe auf das nackte Ich angewendet wird ... Mit müden Augen sehe ich die Erde nun als Kampffeld, und der schönste Waldrand erscheint mir als Deckung für ausschwärmende Schützen. Und ich, der ich steil zulaufender Hass sein will gegen jeden, der sich verleiten lässt, gegen Deutschland zu kämpfen, ich frage mich, ob ich den

Mut finden würde, feindliche Menschen zu töten, und wie es nachher sein wird.

Anfang 1915 erreichte ihn verspätet ein Weihnachtspaket seiner Frau. Draußen Gewehrschall, heute 5. Januar abends – wir hatten Punsch im Becher –, da erwische ich Dein Paket an mich mit Delikatessen und eines mit 2 Flaschen alten Weins. All das und die Liebe trifft mich schlankweg ins Herz. Doch ich bewahre noch Haltung. Immerhin, alter Wein – Hummer wie bei der Hochzeit – ruhig, ruhig, mein Herz ... Plötzlich ertappe ich mich, ich pfeife immer ein Signal, das bedeutet:»Zum Sturm, Seitengewehr pflanzt auf!« Ich sehe also, dass mein Unterbewusstsein ganz genau weiß, wie's dem Herrn zumute ist ... Mein Leben wäre ganz Anfang, wenn's bald enden sollte. Wie es auch komme, mir ist Frieden in der Seele. Leben herrlich, verwundet heimkehren – schwer schön. Sterben – schad um zehn ungeschriebene Bücher. An mein Weib denk ich dabei anders. Als wäre es für mich nicht so schwer, als ohne sie zu leben. Für Hunderte sterben – herrlich!

In der Nacht vom 8. auf den 9. Januar wurde Walther Heymann kurz nach Mitternacht bei einem Sturmangriff auf die französischen Schützengräben, die nur vierzig Meter von den deutschen Stellungen entfernt waren, von einer Kugel in den Kopf getroffen.

Am 12. Mai 1915 fand im Harmoniumsaal in der Steglitzer Straße in Tiergarten (heute Pohlstraße) ein »Expressionisten-Abend« mit Gedichtrezitationen statt, bei dem zum ersten Mal Lieder Heymanns öffentlich aufgeführt wurden, die der anonyme Rezensent als die »sympathischsten Nummern« des Programms bezeichnete: »Er wählte als Texte einen Kriegsgruß des gefallenen Walther Heymann, Verse von Klabund, Rilke, Nietzsche. Meinen Dilettanten-Ohren gingen seine Melodien und Harmonien angenehm ein, allein ich darf darüber nicht urteilen.«

Aus Walther Heymanns Nachlass erschienen in der Folgezeit: *Kriegsgedichte und Feldpostbriefe*, 1915 (3 Auflagen); *Das Tempelwunder und andere Novellen*, 1916; *Max Pechstein*, 1916; *Die Tanne, ein deutsches Volksbuch*, 1917; *Fahrt und Flug* (Gedichte), 1919.

1919 veröffentlichte Werner Richard Heymann in der Edition Weinberger als sein op. 7 vier Lieder nach Texten seines Bruders Walther.

Inzwischen war auch Lo wieder in Berlin aufgetaucht. Zwar lag Insterburg noch tief in der Etappe, aber ihre Eltern fanden die Lage in Ostpreußen wohl zu unsicher und hatten sie zu ihrem Onkel geschickt, der Inhaber des Restaurants im Bahnhof Zoo war. Dort wohnte sie nun und wir sahen uns oft. Sie entschloss sich, nach Ostpreußen zurückzufahren, ihre Sachen zu holen und endgültig zu mir nach Berlin zu ziehen. Nach kurzer Zeit kam sie zurück. Sie war von zu Hause durchgebrannt, hatte alle Brücken abgebrochen und war entschlossen, mit mir in wilder Ehe zu leben. Das ist gar nicht so leicht. Das Schwerste für ein junges, unverheiratetes Paar ist es, eine Wohnung zu finden. Wenn beide außerdem noch nicht volljährig sind, ist es besonders schwierig. Wir fanden schließlich ein kleines Zimmer in einer Art Fremdenheim im Bayerischen Viertel. Und im Sommer fuhren wir nach Hiddensee.

Hiddensee, die kleine Insel in der Ostsee neben Rügen, war damals eine reine Künstlerkolonie. Es gab kein richtiges Hotel, nur einen Gasthof. Man wohnte bei Fischern. Es war hinreißend schön, denn Hiddensee hat zwei Küsten. Eine stille und eine wilde, je nachdem, wie der Wind weht. Es gab auch ein paar Prominente auf der Insel, nämlich Max Reinhardt und Gerhart Hauptmann. Im Geist sehe ich noch Max Reinhardt und seine Frau Else Heims große Spaziergänge durch den Wald machen. Max Reinhardt ging immer ein paar Meter voraus, und dann folgte die schöne Else Heims mit ihren beiden Söhnen Wolfgang und Gottfried. Sie waren damals kleine Kinder in Matrosenanzügen. Ich betrachtete sie natürlich nur aus der Ferne, denn damals kannte ich Reinhardt noch nicht. Gerhart Hauptmann sah ich so gut wie nie, ein- oder zweimal ging er neben Reinhardt durch den Wald.

Über Gerhart Hauptmann erzählte man sich eine schöne Geschichte. Ein Teil des Berliner Tiergartens, das Rosarium, war für Reiter verboten. Eines Tages reitet Gerhart Hauptmann dort hinein. Schon steht ein Berliner Schutzmann vor ihm und schnauzt ihn an: »He! Sie! Sie müssen hier raus!« Gerhart Hauptmann beachtet ihn nicht. Der Schutzmann: »He! Sie! Sie müssen hier raus!« Hauptmann hält an, betrachtet, sehr von oben herab – nicht nur des Pferdes wegen – den Schutzmann und sagt: »Sagen Sie mal, wissen Sie überhaupt, mit wem Sie sprechen?« Darauf der Schutzmann: »Ick weeß, Sie sind Goethe, aber raus müssen Sie trotzdem!«

Auf Hiddensee hatte ich noch ein unvergessliches Erlebnis. Neben uns am Strand lag in einer Kuhle ein Mann, der ein Riese an Kraft und an Gebaren zu sein schien. Man sah ihn fast nie ohne einen riesengroßen Felsblock auf dem Rücken, den er manchmal auch wegschleuderte. Wir kamen eines Tages ins Gespräch und im Scherz bat er mich, meine Hände fest um seinen Unterarm zu falten. Ich tat es, worauf er mich an seinem Arm über seinem Kopf herumschleuderte und mich sehr vorsichtig wieder herunterließ. Er war Olympiasieger im Fünf- oder Zehnkampf. Eines Tages fragte ich ihn, wie viel er stemmen könne. Er sagte: »198 Pfund.« Ich fragte: »Was ist das für eine krumme Zahl. Warum nicht 200?« Sagt er: »Menschenskind! Seit sechs Monaten trainiere ich darauf, 198 Pfund und 25 Gramm zu stemmen, und habe es noch nicht geschafft.«

Da wurde mir klar: Wenn eines Tages einer kommt, der 198 Pfund und 25 Gramm stemmen kann, dann sind die 198 Pfund nichts mehr wert, und die 25 Gramm sind plötzlich alles! Für ihn gibt es dann die Siegespforten, die Ehrenjungfern, die goldenen und silbernen Pokale. Und die immerhin doch recht beachtlichen 198 Pfund sind völlig vergessen. Auf die letzten 25 Gramm kommt es an!

Auf Hiddensee begann ich eine neue Komposition, den *Tanz der Götter* für Gesang und Orchester. Der Text war die Nachdichtung eines Gedichts von Li Tai-peh durch meinen Bruder Walther:

Ich nahm meine Flöte in die Hand,
Den Menschen sang ich ein Lied, ein Lied zur Flöte.
Wo war der Mensch, der mich verstand?
Da ich keinen fand,
hab' ich meine Flöte zum Himmel aufgewandt!
Unsterblichen sang ich ein Lied, ein Lied zur Flöte!
Unsterbliche zu mir gewandt,
vernahmen das Lied, das Lied zur Flöte.
Unsterblicher Hand fand unsterblicher Hand.
Unsterblicher Füße auf der Wolken Rand
Und der Wolken Rand beim Tanz in Brand und Röte.
Die Menschen verstehen seitdem mein Lied und meine Flöte.

Beim Einsatz des Gesangs steht in der Partitur die Anmerkung: »Solange der Sänger singt, bedeutet ›forte‹ für das Orchester nicht ›laut‹, sondern ›intensiv!‹«

In Berlin hatte inzwischen Paul Scheinpflug, mein ehemaliger Lehrer, die Nachfolge Siegmund von Hauseggers beim Berliner Blüthnerorchester übernommen. Ich brachte ihm meine beiden Orchesterkompositionen. Sie gefielen ihm sehr und er versprach, sie aufzuführen.

In unserer Pension hatte sich inzwischen ein junger Wiener eingemietet. Ein kleiner Komponist, wie er behauptete, der aber nie etwas schrieb. Er hieß Friedrich Schwarz. Wir nahmen uns seiner alle ein bisschen an, weil er erschreckend hilflos, kränklich und arm war. Viele Jahre später wurde er für ganz kurze Zeit ein höchst populärer Schlagerkomponist. Er schrieb unter anderem das Lied »Ich hab' dich einmal geküsst, ich hab' dich zweimal geküsst, doch erst beim dritten Mal hab ich gemerkt, wie schön das ist.«

Im Frühherbst fuhr ich mit Lo nach Wernigerode im Harz. Ich wollte noch ein bisschen Herbstfarben sehen und vor allen Dingen an meiner inzwischen begonnenen *Rhapsodischen Sinfonie* weiterarbeiten. Leider ging uns das Geld aus und wir lebten wochenlang auf Kredit im Hotel. Und das auch noch unverheiratet, man stelle sich vor! Irgendwoher kam aber Geld. In Wernigerode besuchte uns mein Malerfreund Fritz Taendler, ein bezaubernder Mensch, der sich ein paar Wochen später, als er seine Einberufung bekam, erschoss. Fritz Taendler war, ohne es zu ahnen oder zu wissen, ein junger Paul Klee. Er malte verträumte Märchenbilder, die eine ungeheure Stimmung besonders in der Farbe hatten. Auch er zerbrach am Krieg.

Aus dieser Zeit stammt außerdem die Bekanntschaft mit Heinrich Eduard Jacob, heute ein gefeierter Schriftsteller, damals ein junger, glühender, noch nicht ganz orientierter feuriger Wirrkopf. Seine Mutter und meine Mutter hatten sich gekannt.

Und dann wurde ich eines Tages selbst eingezogen.

Ich möchte mit aller Ehrlichkeit bekennen, dass es von diesem Tag bis zum Ende des Krieges mein größtes Ziel war, nicht an die Front zu kommen. Ich weiß, das klingt nach Drückebergerei, aber ich schäme mich ihrer durchaus nicht.

Als ich den Einberufungsbefehl bekam, war mein erster Gang zu Professor Klemperer, einem Vetter des Dirigenten Otto Klemperer. Er war, als meine Mutter so schwer erkrankt war, in letzter Minute hinzugezogen worden, weil er in Berlin als der größte lebende Herzspezialist galt. Er hat sie nicht mehr retten können, aber ich kannte ihn seitdem. Inzwischen war er Generalarzt der Armee geworden und wohl die oberste Instanz, die es beim Militär in medizinischen Dingen gab. Er untersuchte mich, stellte die mir bereits bekannte Herzverbreiterung fest und schrieb ein Attest, das mich für völlig untauglich zum Fronteinsatz erklärte.

Ich wurde, wie der Zufall manchmal spielt, nach Königsberg einberufen, und zwar zum selben Regiment, bei dem mein Vater 1870/71 als Oberleutnant gekämpft hatte, dem 1. Ostpreußischen Nachschubbataillon.

Die Fahrt nach Königsberg verlief höchst dramatisch und war entsetzlich. Wir waren ab Berlin vier Tage und vier Nächte unterwegs, in gewöhnlichen Wagen dritter Klasse, die auch noch überfüllt waren, sodass zwei von uns im Gepäcknetz schlafen mussten. Lo und andere Freunde hatten mir einen riesigen Koffer voll Ess-Sachen mitgegeben, die allerdings nicht lange vorhielten, da wir während der vier Tage überhaupt nicht verpflegt wurden. Nach zwei Tagen waren wir alle hungrig wie die Wahnsinnigen und nachdem ich meinen Koffer geöffnet hatte, waren die Vorräte sehr bald aufgegessen. Einer meiner »Mitgefangenen« war erst wenige Tage vorher wegen einer Darmverschlingung operiert worden und litt besonders entsetzlich unter dem Hunger. Bei den stundenlangen Aufenthalten auf freier Strecke schwärmte manchmal die ganze Zugbesatzung aus, stürzte sich auf die naheliegenden Bauernhöfe und bettelte um Kartoffeln oder was die Leute uns gaben. Als einer meiner Kameraden, ausgerechnet der mit der Darmverschlingung, von einer solchen Expedition mit einer mit Essbarem gefüllten Mütze zurückkam, stieß ein Unteroffizier mit dem Fuß unter die Mütze, sodass alles in den Dreck fiel. Wahrscheinlich war das im Namen der Disziplin nötig. Mich kotzte die ganze Geschichte an, besonders als wir, in Königsberg eingetroffen, keine Quartiere vorfanden, sondern bei mehreren Grad unter null auf nackten Ziegeln im Pferdestall schlafen mussten. Ich bekam prompt eine Lungenentzündung, was meine Situation erheblich verbesserte.

Ich kam erst einmal auf die Revierstube und wurde dort, nachdem die Lungenentzündung ausgeheilt war, aufgrund meines einen Semesters Medizin als Hilfskraft im Lazarett verwendet. Ich habe in diesen Tagen etwa 3000 Menschen gegen Pocken, Cholera und

Typhus geimpft und ebenso viele Soldbücher mit dem entsprechenden Vermerk vollgeschrieben.

Die Offiziere waren reizend zu mir, da ich mit meinem Attest von Klemperer und als Sohn eines ehemaligen Offiziers des Regiments von vornherein irgendwie eine Sonderstellung hatte. Sehr lustig war das erste Gespräch mit meinem Feldwebel. Er fragte mich: »Was sind Sie?« Ich sagte: »Komponist.« Sagt er: »Wat is det?« Darauf sagte ich: »Das ist ... äh ... ich komponiere, – ich mache, – ich schreibe Musik.« – »Ach, Musiker sind Se. Gehen Se mal auf die Kammer und lassen Se sich ein Horn geben und blasen Se mir was vor!« Darauf ich: »Entschuldigen Sie, Herr Feldwebel, das kann ich nicht.« Sagt er: »Nee? Na, dann lassen Se sich 'ne Trompete geben!« – »Verzeihen Sie, Herr Feldwebel, das kann ich leider auch nicht.« – »Na also, wat können Se denn? Sie wollen Musiker sein und können weder Horn noch Trompete blasen?« Ich: »Nein, Herr Feldwebel, das ist so: Ich schreibe die Sachen, die andere Leute nachher auf dem Horn oder auf der Trompete blasen sollen.« – »Ach so«, sagte er. »Sie werden mit der Mannschaft Weihnachtslieder einstudieren. Abtreten!«

Anfang 1914 hatte Heymann in Berlin Kontakt zu dem neun Jahre älteren Königsberger Heinz Tiessen aufgenommen, der vermutlich zusammen mit Heymanns Bruder Kurt das Abitur gemacht hatte und 1905 zum Jurastudium nach Berlin gegangen war. Daneben nahm Tiessen Kompositions- und Dirigierunterricht am Stern'schen Konservatorium. Seine Sinfonie *Stirb und werde* wurde 1913 auf Empfehlung von Richard Strauss, der Kapellmeister an der Berliner Hofoper war, beim Tonkünstlerfest in Essen uraufgeführt.

Tiessen wurde, nachdem Heymann seine Kompositionsstunden bei Paul Juon aufgegeben hatte, zu Heymanns wichtigstem Berater in kompositorischen Fragen. Er diskutierte mit ihm seine eigenen Werke und Novitäten aus dem Berliner Konzertleben. Kurz vor seiner Abreise nach Königsberg hatten beide die Aufführung eines Trios von Paul Scheinpflug gehört, und Tiessen hatte das Stück danach heftig kritisiert. In Königsberg las Heymann Anfang Dezember in der *Allgemeinen Musik-Zeitung*, für die Tiessen regelmäßig Konzertrezensionen schrieb, zu seiner Überraschung eine wohlwollende Besprechung des Trios. Am 8. Dezember 1915 schrieb er in jugendlicher Empörung aus »Ponartz bei Königsberg, Train Erst. Abt. 1« an Heinz Tiessen in Berlin:

In der Nr. 47 der A.M.Z. finde ich von Ihnen eine Kritik über das Scheinpflug'sche Trio. Da dieses Referat ungefähr das Gegenteil von dem darstellt, was Sie mir privatim über das Werk sagten, bin ich, wie Sie begreifen werden, einigermaßen konsterniert. Sie erzählten Lo und mir auf Befragen, das Trio wäre ein vollkommen langweiliges und wertloses Werk, das einen vollkommenen Bankrott des Scheinpflug'schen Namens als Komponist darstelle.
Nach alldem ist es mir unverständlich, wie Sie von einer »ebenso erfreulichen (!!) wie erfolgreichen (??? siehe die Kritiken in allen übrigen Zeitungen) Uraufführung« sprechen können.
Liebster Herr Tiessen, ich habe selbstverständlich gar kein Interesse daran, dass ein Werk von Scheinpflug schlecht beurteilt werde. Aber es handelt sich um Sie. Ich habe selten in meinem Leben unter meinen zahlreichen Bekanntschaften einen Künstler so ernst genommen wie Sie, Herr Tiessen. Ich habe also schon rein sachlich – ich möchte sagen, kunsthistorisch – ein Interesse an Ihnen. Aber außerdem habe ich noch ein persönliches Interesse an dem Wert ihrer Kritik. Sie waren verschiedene Male in der Lage, über mich – zu mir und zu Dritten – Kritik zu üben. Diese Urteile waren mir wertvoll, ja bis zu hohem Grade wegweisend. Sie werden einsehen, dass es mich in höchstem Grade schmerzt zu sehen, dass einer, dessen Kritik mir oft fast Vorschrift und Anweisung war, mit seinen Urteilen va banque spielt. Ich kann und will – trotz der ganzen Constellation – noch heute nicht daran glauben, dass Sie Ihre Kritik aus engstirnigen Gründen so umgestülpt haben. Aber das vorliegende Faktum ist mir unerklärlich, und ich bitte Sie, mich und sich zu einer Aufklärung für Wert zu halten.
Dieser Brief ist keine Frozzelei. Er ist getragen von einer bestürzten Freundschaft zu Ihnen und einer verwandten Liebe zu Ihrem Werk. Sollte ich Ihnen unrecht getan haben, so halten Sie es meiner kunsttendenziösen Ehrlichkeitsliebe zugute. Was hier steht, ist kein Vorwurf, sondern Besorgtheit, die beruhigt sein möchte.

Tiessen war keineswegs beleidigt über die Zurechtweisung des gerade 19-Jährigen. In seinem Nachlass im Archiv der Akademie der Künste in Berlin findet sich ein dreiseitiger Antwortentwurf auf Heymanns Brief, den Tiessen mehrfach korrigiert hat (man sieht es an den dazu benutzten verschiedenfarbigen Stiften). Ob der Brief – und wenn, in welcher Form – an Heymann abgeschickt wurde, ist nicht ersichtlich.

Der Entwurf lautet:

Haben Sie vielen Dank für Ihren Brief, dessentwegen ich Sie küssen möchte! Aus welchen lauteren und aufrichtigen Beweggründen Sie sich da aufregen, ist reizend und freut mich an Ihnen. Aber Sie können ganz beruhigt sein.

Seien Sie nur nicht immer so kindlich-superlativisch in Ihren Urteilen über Kunstwerke, und sehen Sie auch einmal grundsätzlich ein, dass die engen Grenzen der persönlichen Stellung zu einem Werke, d. h. ob es einem nach Geschmack ist, ob es einen interessiert, einem etwas gibt, keine Grundlage sind für die fachkritische Erörterung! Sie sind noch immer geneigt, Werke entweder anzuerkennen (wenn sie Ihnen imponieren) oder abzulehnen (wenn sie Ihnen nicht imponieren). Wollte ich als Kritiker so verfahren, dann gäbe es nur eine sehr beschränkte Zahl von Werken, die ich günstig beurteilen könnte, und das gewaltige Reich der Tonkunst, das manches sehr Gute, sehr viel Gutes, noch mehr ziemlich Gutes und so in allmählichen Übergängen alle Stufen bis zum Schlechten umfasst, würde ganz laienhaft, unterschiedslos und summarisch abgetan. Als Kritiker, zumal in einer Fachzeitung, kann ich nicht mich selbst als Maßstab anlegen.

Mit Bedenken hörte ich von Ihnen, dass Ihnen die 8-Uhr-Abend-Kritik zusagt. Lieber Herr Heymann, sollten Sie nicht eine Scheidewand ziehen zwischen sich und einem schnoddrigen, unhöflichen, groben Kritiker? Man kann alles anständig sagen. Man kann auch in höflichen, die Achtung nicht verletzenden Worten sagen, dass ein Werk mehr zur heiteren, unterhaltsamen Gattung gehört und nicht unter die schweren Werke höchsten Ranges. Dass meine Kritik dem Trio seinen gebührenden Platz zuweist, hat niemand besser verstanden als Scheinpflug selbst, wie kürzlich eine Anmerkung von ihm bewies ...

Mutter hatte testamentarisch zusammen mit meinem Bruder Hans meinen Onkel Dr. Paul Wolfheim in Königsberg als Vormund bestimmt. Ich wollte meine Volljährigkeit möglichst bald ausgesprochen haben und setzte bei meinem Vormund die ersten Hebel an. Da er selbst ein bisschen das schwarze Schaf der Familie gewesen war (er hatte eine »von's Ballett« geheiratet), war er durchaus nicht abgeneigt, und ich wusste, dass ich von seiner Seite keine allzu großen Widerstände zu erwarten hatte. Als schließlich noch Paul Scheinpflug einen Brief an den Kommandeur des Regimentes schrieb und bat, mich zur Uraufführung meines *Frühlings-Notturno* für kleines Orchester mit dem Blüthnerorchester in Berlin mitten im Winter 1915 zu beurlauben, wurde ich vom Obersten, der offenbar ein kunstverständiger Mensch war, persönlich empfangen. Er entließ mich mit vielen freundlichen Wünschen nach Berlin, sorgte sogar persönlich dafür, dass ich eine möglichst anständig aussehende Uniform bekam. So traf ich Ende Dezember 1915 in einer ziemlich eleganten Kavallerieuniform und mit einem riesigen Säbel in Berlin ein. Diesmal fuhr ich allerdings in einem normalen Zug und war in der fahrplanmäßigen Zeit von acht Stunden wieder daheim.

Es ist für einen jungen Komponisten ein berauschendes Gefühl, seine Komposition zum ersten Mal zu hören, denn wenn es sich nicht um Klavierstücke handelt, sondern wie in meinem Fall um ein Stück für ein ganzes, wenn auch kleines Orchester (Streicher, Hörner und Holzbläser), hört er tatsächlich, sosehr er es sich auch hat vorstellen können und sosehr er zu wissen glaubt, sein Werk erst dann, wenn es aufgeführt wird. Ein Dichter kann vorlesen, das Werk eines Malers, eines Bildhauers ist sowieso fertig, wenn es fertig ist. Der Komponist wird, wenn sein Werk erklingt, zum ersten Mal wirklich mit ihm konfrontiert – und überrascht. Ich war hingerissen vom Klang meines *Notturno*, zumal ich, glaube ich, wirklich instrumental sehr begabt bin. Das Werk hatte einen großen Erfolg und ich durfte mich bei der Uraufführung verbeugen.

Das hat aber seine Tücken, wenn man einen großen Kavalleriesäbel umgeschnallt hat. Ich kam sehr gut die ersten zwei Stufen des Orchesterpodiums hinunter, aber dann stand eine Harfe im Weg, und da war auch noch der Säbel, und prompt lag ich auf den sehr scharfen Dornen, an denen die Saiten der Harfe befestigt sind. Ich spürte, dass ich an den Augenbrauen wie ein Schwein bluten musste und hielt mir geistesgegenwärtig ein Taschentuch vor die Augen. Die Zuschauer glaubten, ich sei über ihren Beifall so gerührt, dass mir die Tränen kamen, und der Anblick des rauen Kriegers mit dem Taschentuch im Gesicht dürfte den Beifall noch verstärkt haben.

Ich wurde mehrmals herausgerufen und hatte nur einen einzigen Gedanken: Du darfst um Gottes willen nicht zeigen, dass du blutest! Als ich schließlich ins Künstlerzimmer zurückkehrte, wurde das Auge sofort untersucht. Es war gottlob nichts weiter geschehen, als dass das Lid aufgerissen war. Ich bekam einen schönen Verband und fuhr nach Potsdam, denn in der Nacht dieser Uraufführung feierte ein Freund von mir, der Verleger Kiepenheuer, der dort lebte, seine Hochzeit. Ich habe die Feier, die bis weit in die Morgenstunden dauerte, wacker, einäugig und besoffen verlebt.

Der Erfolg der Aufführung war direkt und indirekt sehr groß. Plötzlich war ich »wer«. Ich war nicht mehr ein kleines Jungchen aus dem Café des Westens. Ich war ein Komponist. Über Nacht wurde ich ernst genommen. Das ist für einen jungen Mann von noch nicht ganz zwanzig Jahren ein sehr schönes Gefühl.

Wenige Tage nach der Uraufführung von Heymanns *Notturno* gab es am 21. Januar, wieder im Harmonium-Saal, »zum Besten Not leidender Tonkünstler« einen Liederabend, der dem Andenken an den gefallenen Walther Heymann gewidmet war. Neben einer Dehmel-Vertonung von Heinz Tiessen standen vier Lieder nach Gedichten Walther Heymanns auf dem Programm, zwei von Scheinpflug komponiert, zwei von seinem Bruder. »Tiefen Eindruck machten die Lieder ›Nachts vor deiner Tür‹ und ›Siegesglocke‹ von W. R. Heymann, das erste durch sonderbar leuchtende Wehmut, das zweite durch seine dröhnende Wucht und aparte Thematik.«

Ich sammelte weitere Unterschriften für meine Petition für die Volljährigkeit und bekam sofort von meinem ehemaligen Lehrer, Professor Paul Juon, ein diesbezügliches Gutachten über meine menschliche Reife. Und dann lernte ich einen Mann kennen, der für mich ungeheuer wichtig geworden ist, Hofrat Bryck, der Berliner Vertreter der AKM, der Gesellschaft für Autoren, Komponisten und Musikverleger, nächst der Societé des auteurs in Paris die älteste derartige Organisation, die später in Deutschland von der GEMA abgelöst wurde. Als Repräsentant der AKM gab mir Hofrat Bryck, den ich darum bat, ein Empfehlungsschreiben an den Präsidenten Josef Weinberger in Wien.

Jetzt handelte es sich nur noch um die Finanzierung meiner Reise nach Wien. Hier griff mir mein Vetter Heinz Goldberg in rührender Weise unter die Arme. Heinz war etwa fünf Jahre älter als ich und ich kannte ihn praktisch seit meiner Geburt. Seine Mutter und meine Mutter waren Schwestern. Er stammt aus einer angesehenen Königsberger Familie. Sein Vater war serbischer Generalkonsul, die beiden Brüder seines Vaters waren berühmte Theaterdirektoren. Der junge Heinz wurde erst Schauspieler, dann Sänger, dann Regisseur, dann alles zusammen, später Drehbuchautor beim Film.

Er schenkte mir einen Hundertmarkschein, der ungefähr die Reisekosten deckte. Und so fuhr ich eines Tages ganz allein, mit viel Notenpapier und vielen Manuskripten bewaffnet, nach Wien und traf dort an einem herrlich sonnigen Tag ein.

Durch Fritz Taendler hatte ich zwei junge Mädchen und ihre Mutter kennengelernt. Ich glaube, sie hießen Schiller und wohnten am Althanplatz. Sie hatten mich eingeladen, sie in Wien zu besuchen, und das tat ich nun. Ich wollte Blumen mitbringen, als ich den Besuch machte, und fragte auf dem Althanplatz irgendeinen Passanten nach einem Blumenladen. Er verstand mich nicht. Ein zweiter Passant blieb stehen, ein dritter, ein vierter, ein fünfter, ein zehnter Passant, alle bestaunten diesen jungen Mann, der einen Blumenladen suchte. Erst als sich bereits eine größere Volksmenge angesammelt hatte, ertönte irgendwo aus der Menge eine Stimme, die sagte: »I glaab, der Herr meinen a Bleamerlg'schäft.« Damit löste sich alles in Wohlgefallen auf. Ich merkte sehr bald, dass man in Wien nicht Deutsch sprach, sondern eine sehr merkwürdige Mundart, die aus vielen mir nicht ganz verständlichen Worten bestand.

Als ich bei Josef Weinberger erschien, sah ich Österreich in einer absolut repräsentativen Gestalt vor mir: ein großer, offenbar glatzköpfiger Mann, der ein hervorragend gearbeitetes Toupet ziemlich tief in der Stirn trug, dazu Koteletten an den Wangen hatte und wie ein außerordentlich gehobener kaiserlicher Kammerdiener aussah. Er war aber keineswegs Kammerdiener, sondern der kaiserliche Rat Josef Weinberger. An seiner Brust klimperten viele Orden, und in seiner Tasche klimperten etwa sechzig Millionen Kronen, die er durch seine Verlagsgeschäfte verdient hatte. Er hatte unter anderem die Universal-Edition begründet, war Präsident der AKM, war der Verleger von vielen außerordentlich erfolgreichen Operettenkomponisten, deren Namen mir damals noch nichts sagten, da ich diese Seite der »Branche« nicht kannte. Weinberger war ein sehr gutmütiger, manchmal etwas poltriger, sehr wienerischer Herr mit ausgezeichnetem Kunstverständnis und einer untrüglichen Nase für Geschäfte. Er sollte mich eigentlich der Universal-Edition empfehlen, beschloss dann aber, mich in seinen eigenen Verlag zu nehmen, der eine kleine, aber gediegene ernste Abteilung hatte, in der unter anderem auch, soviel ich weiß, eine Sinfonie und mehrere Liederbände von Mahler erschienen waren.

Ich schloss mit ihm ab und er druckte von mir das *Frühlings-Notturno*, zwei Liederbände und den *Tanz der Götter*. Er druckte nicht, nein, er stach! Das gab es damals noch, dass Noten gestochen wurden.

Das *Frühlings-Notturno* für kleines Orchester erschien 1917 als Werk 4 in der Edition Josef Weinberger, Leipzig. Der Partitur ist ein Motto vorangestellt:

> Die wir wandern ohne Ruh'
> Irgendwo auf Erden,
> Glaubst du nicht, dass ich und du
> Einst sich finden werden?
> Jedes, jedes von uns geht
> Bang auf eig'nen Wegen
> Aber ferne Liebe späht
> Ferner Lieb' entgegen.
>
> (Möwenlied aus *Hochdüne* von Walther Heymann)

Unten auf der Seite steht noch der Zusatz: »Das Motto ist auf Konzertprogrammen abzudrucken!«

Sehr stolz und hochbeglückt, sogar im Besitz eines kleinen Vorschusses, fuhr ich nach Berlin zurück. In Wien hatte ich außerdem den Dirigenten Ferdinand Löwe kennengelernt, der sich mein *Frühlings-Notturno* ansah und den ich ebenfalls dazu bewegen konnte, mir ein künstlerisches Gutachten für meine Volljährigkeitsgeschichte zu geben. Es dauerte dann auch nicht mehr sehr lange, bis ich die Urkunde bekam.

Vorher war ich noch nach Hiddensee gefahren und hatte dort angefangen, meine Sinfonie, die im Kopf ziemlich fertig war, zu orchestrieren. Zu diesem Behuf mietete ich mir einen Strandkorb, den ich so dicht ans Wasser stellte, dass niemand mehr daran vorbeigehen konnte, außer mit bloßen Füßen. Die Wellen umspielten die meinen und ich schrieb am Meer die Partitur. Es war ein großes Programm, das ich mir mit dieser Sinfonie vorgenommen hatte.

Sie besteht aus sechs Teilen: »Ich« – »Du« – »Suchen« – »Finden« – »Mündung« – »Einklang«, jeweils abwechselnd rein orchestral oder mit einem Gesangssolo. Für »Du« hatte ich mir einen Text von Rilke ausgesucht:

Du, der ich's nicht sage, dass ich bei Nacht weinend liege,
deren Wesen mich müde macht wie eine Wiege,
Du, die mir nicht sagt, wenn sie wacht meinetwillen,
wie, wenn wir diese Pracht
ohne zu stillen
in uns ertrügen?
Sieh dir die Liebenden an,
wenn erst das Bekennen begann,
wie bald sie lügen.
Du machst mich allein, dich einzig kann ich vertauschen,
eine Weile bist du's, dann wieder ist es das Rauschen,
oder es ist ein Duft ohne Rest –
ach, an den Armen hab ich sie alle verloren,
Du nur, du wirst immer wieder geboren,
weil ich niemals dich anhielt,
halt ich dich fest.

Diese Verse hatte ich in Rilkes unvollendetem Roman *Malte Laurids Brigge* gefunden. Den Text für den Satz »Finden« hatte ich von Walter Rheiner bekommen, einem jungen todkranken, schwindsüchtigen Literaten, den ich im Café des Westens kennengelernt hatte:

Meine Liebe bricht auf aus dämmernden Fernen
in der Nacht, die von den Bergen
fließt
und will den weiten Weg erlernen
zu dir.
Fühlst du mein Nah'n in steigenden Sternen,
die Wälder blicken groß,
es gießt sich Raum ins Tal
aus heimlichen Cisternen
und kniet vor dir.
Verlösche die Kerze, wir steh'n um das Haus,
wie leuchtende Märze schreiten wir aus,
die Türe weicht, wir sind hier!
Schweigend und leicht gibst du dich mir.

»Einklang« basierte auf einem Gedicht meines Bruders Walther:

Ich singe nicht mehr,
alles in mir ist stumm.
Weiche Arme halten mich umfangen – um und um.
Auf meinen Lippen sind deine Wangen,
ich muss die Augen schließen,
so schwer,
so sehr
ist in uns Umeinanderfließen und Entfalten
Verhalten und Schwingen und so singen wir in Gestalten.

Das war ein sehr anspruchsvolles Programm für einen jungen Menschen, der sich mit dem Einzigen auseinandersetzt, was er wirklich kennt, nämlich mit der Liebe.

Am 19. Juli 1916 billigte mir das Gericht die Volljährigkeit zu. Lo und ich fuhren sofort nach Insterburg und heirateten. Das war, glaube ich, Anfang August. Dann ein kleiner Umweg über Zoppot und zurück nach Berlin. Dort gab es große Neuigkeiten. Mein Vetter Heinz Goldberg erzählte mir strahlend, dass nicht nur seine, sondern auch meine Sorgen für ewige Zeiten vorüber wären. Er habe sich mit einem wahnsinnig reichen Mädchen verlobt und wolle bald heiraten. Er schlug mir vor, nach Innsbruck zu fahren und dort auf ihn zu warten. Ich solle das als eine Art Hochzeitsreise betrachten.

Er würde nach Innsbruck nachkommen und dann würden wir weitersehen. Er beabsichtigte, glaube ich, mir eine Rente auszusetzen oder mich auf irgendeine Weise großzügig zu unterstützen, jedenfalls fuhren wir mit fliegenden Fahnen und großen Hoffnungen nach Innsbruck, ins Stubaital, in die Ötztaler Alpen, wo zu meinem Erstaunen auf den Gletschern große Fliegen saßen, obwohl der Winter schon angefangen hatte.

In Innsbruck war es sehr schön, aber irgendetwas musste schiefgegangen sein, mit der Verlobung oder mit dem Geld, jedenfalls erschien mein Vetter nicht und ließ mich auch in keiner Weise wissen, was passiert war.

Wir saßen also in Innsbruck, das Geld ging uns langsam aus, und in meiner Verzweiflung beschloss ich, nach Wien zu fahren.

Anfang April 1917 trafen wir in Wien ein und stiegen in einer Pension am Alsergrund ab. Ich besuchte meinen Verleger. Er war reizend zu mir, und ich spielte ihm den ersten Teil meiner Sinfonie vor. Er war begeistert und lud mich zu sich nach Hause ein, wo ich seine Familie kennenlernte, seine ganz wunderbare und bezaubernde Frau, seine ältere Tochter, die eine Malerin war, stets menschenscheu, seine jüngere Tochter, leider geistig etwas zurückgeblieben, und vor allen Dingen seinen Sohn und Alleinerben, einen prachtvollen österreichischen Offizier, der gerade Heimaturlaub hatte. Er war an der rumänischen Front und sein Vater zitterte um ihn. Er war alles, was ihm auf dieser Welt wichtig war: sein Erbe, für den er den Verlag aufgebaut hatte.

Ich arbeitete inzwischen fleißig weiter, aber es geschah etwas sehr Unangenehmes: Das Geld ging mir aus. Es kam auch keines mehr. Ich glaube, in Deutschland war ein Moratorium erlassen worden oder etwas Ähnliches. Zum ersten Mal erfuhr ich, was es bedeutet, im Ausland ohne Geld zu sein. Ich war ein Mann geworden.

Hunger in Wien

Hunger tut weh, sagt man, und ich schwöre, es ist so. In Wien gab es ohnehin kaum etwas zu essen. Wenn man außerdem noch kein Geld hatte, war die Situation hoffnungslos. Ich konnte nichts weiter tun, als Stück für Stück alles, was ich besaß, zu verkaufen. Aus der Pension Alsergrund kam ich noch glimpflich nach Bezahlung meiner Schulden heraus. Ich zog in ein kleines Häuschen draußen in Hütteldorf-Hacking. Inzwischen fing es an, ein wenig Frühling zu werden. Ich hätte die Ausläufer des Wienerwaldes in all ihrer Herrlichkeit und Pracht erleben können, wenn ich nicht so entsetzlich hungrig gewesen wäre.

Ich hatte mir in Wien eine weiße Katze gekauft, aus keinem anderen Grund als dem, dass sie wunderschön aussah und in einem so winzigen Holzkäfig im Schaufenster des Tierhändlers steckte. Diese Katze wurde ein zusätzliches Problem, denn eine Katze frisst nun mal am liebsten Fleisch. Fleisch gab es aber in Österreich überhaupt nicht.

Ich verkehrte viel im Café Parsifal. Das war dicht beim Büro meines Verlegers in der Walfischgasse gelegen. Im Café Parsifal verkehrte die gesamte Oper und überhaupt das gesamte Musikleben von Wien. Ich lernte nach und nach die Hauptsolisten der Philharmoniker kennen, sie hießen Rosé, Ruzitska, Buchsbaum und Fischer, die vier bildeten das weltberühmte Rosé-Quartett.

Im Café Parsifal verkehrten auch viele Sänger, von Leo Slezak über Erik Schmedes bis zu dessen Bruder Paul, der in Berlin der Solist in der von Scheinpflug dirigierten Uraufführung vom *Tanz der Götter* gewesen war. Sein Bruder Erik war der Heldentenor der Wiener Staatsoper und der erklärte Rivale von Leo Slezak.

Eines Abends hatte Schmedes Benefiz. Das gab es damals noch. Bei einer Benefizvorstellung wurde die Kasseneinnahme des Abends dem betreffenden Sänger als besondere Prämie ausgezahlt. In der

Pause nach dem ersten Akt besuchte Leo Slezak seinen Kollegen in der Garderobe. Schmedes fragte ihn natürlich, wie es ihm gefalle, und Slezak sagte: »Ich weiß nicht, was die Leute wollen, mir gefällst du!« Die Geschichte wurde damals viel belacht. Es war wohl das Gemeinste, was jemals ein Theatermensch zu einem anderen Theatermenschen gesagt hat.

Inzwischen war in Wien der Frühling ausgebrochen. Am schönsten waren die Kastanienbäume. Ich saß, von Kastanienblüten überrieselt, und schrieb weiter an meiner Sinfonie, die ich im Laufe des Sommers vollendete. Die Orchestration zog sich noch bis in den nächsten Winter hin.

In Wien wurden die Lebensmittel knapper und knapper. Die einzige Chance, noch etwas zu essen zu bekommen, war, Freunde zu haben, die Verwandte in Ungarn hatten.

Ein Lichtblick in dieser Zeit war für mich die Zeitschrift *Die Fackel* von Karl Kraus. Ich habe mir oft kein Essen kaufen können, aber *Die Fackel* habe ich mir immer gekauft. Die grandiose Sprache, die herrliche Wut gegen den Krieg!

In der *Fackel* vom Oktober 1917, einer Ausgabe, die Heymann in Wien gelesen hat, erschien unter der Überschrift »Die Lokalnotiz«:

> Die Mutter mit dem Kind in den Tod.
> In Laibach hatte am 13. d. die Gemahlin des Steuerassistenten Viktor Bischof, Frau Ida Bischof, sich und ihr 6 Monate altes Söhnchen Rolf ertränkt. In einem hinterlassenen Schreiben gibt sie an, dass sie in den Tod gehe, weil sie ihr Kind nicht stillen konnte und sie von anderer Seite keine Milch erhielt. Ein Leser fragt: »Wenn nicht solches, was dann wird diesem Krieg ein Ende bereiten?« Solche Lappalie gewiss nicht. Das ist doch nur eine Lokalnotiz und dazu noch in einem Provinzblatt. Das steht doch nicht im Generalstabsbericht, wie ein Bombenabwurf, der der Milchnot des Säuglings ein Ende macht. Auch gibt es – erstarre, Hölle! – Menschen, die da sagen, dass man nicht verallgemeinern dürfe, der Krieg habe doch auch seine ethischen Seiten. Wenn nicht solches, was dann wird diesem Krieg ein Ende bereiten!

Außerdem schrieb Kraus unsterbliche Satiren auf das österreichische Kaiserhaus. Ich habe in Berlin den Kaiser nicht erwähnt, weil er zumindest in unseren Kreisen keine Rolle spielte. In Österreich konnte man die Kaiserfamilie nicht übersehen. Sie war auf Schritt und Tritt anwesend, war überall. Es gab unendlich viele Erzherzöge, die besoffen in den Restaurants herumsaßen und sich vor dem Kriegsdienst drückten. Es war glanzvoll, es war schick, es war fesch und es war grauenhaft. Manchmal fuhr der alte Kaiser durch die Straßen, ein verhasster Monarch, keineswegs der gute alte Kaiser Franz, von dem die Leute immer sprechen. Er war ein böser Mann, der Soldaten aufhängen ließ.

Überhaupt war es eine Zeit der krassesten Unterschiede. Mal war man eingeladen bei Leuten, die in Makart-artigen Wohnungen lebten, bei denen herrlich gegessen wurde. Wie sie das gemacht haben, blieb mir rätselhaft. Gleichzeitig wankten durch die Straßen zusammengeschossene Invaliden und man verkam dann selber vor Hunger und Elend. Schließlich kam auch der Tag, an dem ich meine geliebte Katze wegbringen musste. Ich verkaufte sie dem Tierhändler, bei dem ich sie gekauft hatte, mit großem Verlust natürlich. Ich sehe heute noch manchmal die lange weiße Pfote, mit der sie, herzzerreißend mit hoher Stimme klagend, nach mir zu langen suchte. Während ich dies diktiere, muss ich weinen.

In Österreich gab es eine Einrichtung, die Männer vor dem Militärdienst bewahrte. Man musste nur nachweisen können, dass man in irgendeiner kriegswichtigen Fabrik oder Organisation unentbehrlich war. Das nannte man eine Reklamation. »Reklamiert sein« war Sicherheit vor Tod und Elend, zumindest vor dem Elend des Soldaten.

Weinberger hatte mich für die Kriegsgräberfürsorge reklamiert. Das war ein aufgelegter Schwindel. Ich habe bis heute kein Kriegsgrab gesehen. Aber es gelang mir damit, ein paar Musterungen zu passieren. Aber dann kam eine, die reagierte auf den Schwindel nicht. Die war ernst, da wurde richtig durchgekämmt. Und ich wurde auf die deutsche Botschaft Am Graben bestellt. Ich wusste, dass man praktisch jeden nahm, selbst wenn er kaum noch kriechen konnte, und hatte große Angst. Und dann geschah etwas sehr Merkwürdiges.

Ich sprach über das Problem mit einem Herrn Schwarz, der Musikkritiker war, der Vater des Komponisten Friedrich Schwarz, der in meiner Berliner Pension gewohnt hatte. Herr Schwarz hatte einen Narren an mir gefressen und gab mir einen Brief mit, gerichtet an einen Feldwebel namens Lehmann. In dem Brief stand, ich sei der größte Liederkomponist seit Schubert, man solle mich um Gottes willen verschonen.

Als ich am nächsten Tag in der Botschaft war, stand ich vor dem Feldwebel Lehmann, einem sehr dicken Mann, der sehr berlinerisch sprach und mich sehr barsch anschnauzte, was ich wolle. Ich sagte, ich sei zur Musterung herbestellt und gab ihm den Brief. Er las ihn, sah kurz unter den Akten nach und erklärte, meine Akte sei nicht da. Ich bin noch mehrmals zur Musterung bestellt worden, und immer saß da der Feldwebel Lehmann und behauptete, meine Akte sei nicht auffindbar.

Als ich einige Zeit später nach Berlin zurückwollte, war meine Akte in Sekundenschnelle gefunden. Sie lag im Schreibtisch des Herrn Feldwebel Lehmann in der obersten Schublade. Ich danke ihm noch heute dafür, dass er mir wiederholt das Leben gerettet hat. Zwanzig Jahre später, in Hollywood, habe ich zufällig erfahren, wer er war: der Bruder der Sängerin Lotte Lehmann.

Der damals 35-jährige Fritz Lehmann wollte als junger Mann zur See fahren, seine Eltern konnten das Geld für die Marineschule aber nicht aufbringen. So wurde er Aspirant bei der Provinzialregierung und machte eine bescheidene Karriere im öffentlichen Dienst.

Seine sechs Jahre jüngere Schwester Lotte bewunderte ihren Bruder und widmete ihm ihre 1937 erschienenen Lebenserinnerungen. Sie schreibt darin über ihn: »Fritz war ein sehr wilder Junge. Ich sah immer mit scheuer Bewunderung zu ihm empor. Er war begabt und voll Phantasie und ging schon als Knabe eigenwillig seinen Weg.« Als Lottes Vater ihr Gesangsstudium als Zeitverschwendung abtat und seiner Tochter als »vernünftigstes Lebensziel den Posten einer Sekretärin vorschlug, stand Fritz vor mir wie eine Löwin vor ihrem Jungen«.

1914 war Lotte Lehmann an die Wiener Hofoper berufen worden und galt bald, obwohl in Perleberg in der Mark Brandenburg geboren, als wienerischste aller Sängerinnen. Seit 1934 hatte sie daneben einen Vertrag mit der New Yorker Metropolitan Opera.

1938 emigrierte Fritz Lehmann mit seiner österreichischen Frau in die USA. Er starb 1963 in Santa Barbara, wo inzwischen auch seine Schwester Lotte als Gesangspädagogin lebte.

Als ich beim ersten Mal aus Lehmanns Zimmer herauskam und die Treppe hinunterging, sang ich vor mich hin. Erst nach einiger Zeit wurde mir klar, was ich sang. Es war das erste Lied aus Mahlers *Liedern eines fahrenden Gesellen* mit dem Text:

Ging am Morgen übers Feld,
Tau noch an den Gräsern hing,
sprach zu mir der lust'ge Fink:
leck mich am Arsch, leck mich am Arsch, leck mich am Arsch ...

So verfloss die Zeit, in der man eigentlich mit nichts anderem beschäftigt war als mit der Sorge, am Leben zu bleiben, teils dadurch, dass man sich dem Militärdienst entzog, teils damit, dass man versuchte, etwas zu essen zu bekommen.

Ich bin in Wien ein Spezialist für billige Ernährung geworden. Ich empfehle auf das Wärmste – und nicht nur, weil ich der Sohn eines Getreidegroßkaufmanns bin – Hülsenfrüchte! Erbsen, Bohnen, Linsen! Wenn ein Krieg drohen sollte, schafft euch Säcke mit Hülsenfrüchten an, man kann davon jahrelang leben. Sehr billig sind auch Schokoladenplätzchen mit Brot. Sättigt ungemein, nährt allerdings sehr einseitig. Aber es vertreibt den Hunger für Stunden. Man bekommt für sehr wenig Geld viele Schokoladenplätzchen, und isst man ein Stück Brot dazu, hat man an fünfzig Gramm Schokoladenplätzchen einen ganzen Tag lang zu essen. Leider war inzwischen auch das Brot entsetzlich schlecht geworden und kaum mehr zu haben, selbst auf Brotkarten nicht. Ich musste einmal einem Hotelportier für eine Ecke Brot, die nicht größer war als heute eine Semmel, zehn Kronen zahlen.

Ein großer Trost war ein Grammofongeschäft an der Querseite des Graben, da, wo der Kohlmarkt einmündet. Dort konnte man sich Platten vorspielen lassen oder sich, wenn man zu armselig und zu abgerissen aussah, nach Einwurf eines kleinen Geldstücks, für das es sowieso nichts zu kaufen gegeben hätte, die herrlichsten Platten vorspielen lassen und über Kopfhörer hören. Da saß ich mit Lo, beide hatten wir einen Hörer am Ohr, und hörten zu zweit aus *Elektra* oder *Salome* oder die wunderbaren italienischen Platten, die es damals gab: Caruso, Titta Ruffo, Pasquale Amato, Luisa Tetrazzini und wie sie alle hießen. Natürlich gingen wir auch manchmal in die

Oper, aber das war selten. Es war nicht einfach, solange wir draußen in Hütteldorf wohnten, abends ins Theater zu gehen.

Auch eine neue Seite des Musiklebens lernte ich in Wien kennen: die Zigeunermusik. Es gab ein Lokal in der Maria-Hilfer-Straße, in das ich manchmal eingeladen wurde. Da spielte eine wunderbare Zigeunerkapelle. Und was das Allererschütterndste war: Es waren dort immer Soldaten, die aus den Ostzonen Österreichs stammten, aus Ungarn, aus Jugoslawien, aus Serbien, aus der Tschechei, aus allem, was damals noch zu Österreich gehörte, und all diese Leute konnten herrlich tanzen. Wenn die Musik besonders wild wurde, sprangen sie aufs Podium und tanzten vor allen Leuten ihren letzten »Mulatschak«, ihren letzten wilden Tanz, und wenn sie hochsprangen und die Arme zurückschmissen, sah es aus, als wären sie schon von einer Kugel getroffen.

Und außerdem gab es in Wien die leichte Musik, der konnte man sich in Österreich nicht entziehen. Man hörte so viel davon, sie verfolgte einen auf Schritt und Tritt, und wenn ich bei meinem Verleger längere Zeit im Vorzimmer warten musste, trat immer ein freundlich lächelnder, rot beschnurrbarteter, nach allen Wohlgerüchen Arabiens duftender, äußerst lackierter und geschniegelter kleiner Beau aus dem Chefzimmer heraus, dessentwegen ich so lange hatte herumsitzen müssen. Das war ein Herr Emmerich Kálmán, und er war, wie mir mein Verleger erklärte, die Seele vom Buttergeschäft.

In der Zeit scheffelten die Komponisten der heiteren Muse unendliches Geld. *Das Dreimäderlhaus* kam damals heraus, und der Wiener Verlag, der es besaß, musste sich eine eigene Postzweigstelle einrichten lassen, um die Menge der Klavierauszüge überhaupt wegschaffen zu können, die täglich bestellt wurden. Es waren Wagenladungen.

Heinrich Bertés Operette um Franz Schubert wurde 1917 uraufgeführt. Naturgemäß hatte der Komponist darin Schubert'sche Melodien verarbeitet, es war gewissermaßen ein erstes musikalisches »cross-over«. Entsprechend wurde *Das Dreimäderlhaus* von den Verfechtern einer »seriösen« Musik angefeindet, zumal das Stück einen beispiellosen Erfolg hatte. Dass der Komponist, der den heiligen Schubert auf diese Weise ins Populäre herabgezerrt hatte, ein ungarischer Jude war, mag ein Übriges getan haben.

Das Copyright steckte noch in den Kinderschuhen. Richard Strauss, einer der Vorkämpfer für eine neue gesetzliche Regelung, soll geäußert haben, jedes Urheberrecht müsse ein Torso bleiben, solange nicht ein solches Verbrechen mit Zuchthaus geahndet werde.

Kálmáns *Csardasfürstin* war 1915 trotz des Krieges ein Welterfolg geworden.

Auf Weinbergers Drängen hörte ich mir eines Tages *Die Csardasfürstin* an. Und war, ehrlich gesagt, hingerissen. Es war wunderschöne Musik, die aus dem Volk kam, auf mich völlig echt wirkte und mir von der leichten Musik eine wesentlich andere Vorstellung beibrachte, als die, die ich bis dahin gehabt hatte. Ich hatte mit maßloser Verachtung auf die sogenannte »heitere Muse« herabgesehen, war aber jetzt von ihr absolut fasziniert, wozu natürlich auch die herrliche Aufführung im Theater an der Wien wesentlich beitrug.

Eine weitere Wiener Institution, die für mich unendlich wichtig werden sollte, war das Café Central. Dieses Café bestand aus mehreren großen Räumen. Zu Anfang war ein großer, etwas dunkler Saal, dann ging man links um die Ecke und trat in einen riesengroßen Raum, über dem sich eine von Säulen getragene Glaskuppel erhob. Im hinteren Zimmer, in dem es durch die große Kuppel lange hell war, saß, wenn man hereinkam, gleich rechts, die Elite der österreichischen Literatur.

Durch Franz Blei, der wieder in Wien lebte und an der Spitze der Tafel thronte, lernte ich sie alle kennen: Franz Werfel, Egon Erwin Kisch, Otto Soyka, Leo Perutz. Dann gab es ein paar unerträglich schmutzige, zumindest schmutzig aussehende Journalisten, einen polnischen mit einem unaussprechlichen Namen, und den Mitarbeiter des *Neuen Wiener Journals* Egon Dietrichstein. Von beiden wurde behauptet, sie nähmen täglich eine Rußdusche, jedenfalls sahen sie und ihre Hemden so aus. Eine außerordentlich komische Type, die auch immer dort war, war ein Operettenlibrettist namens Bruno Hardt-Warden. Er sprach immer ungefähr wie Possart, mit rollenden R's und dramatischen Akzenten: »Grrrüß Gott, Meister! Grrrüß Gott, Frrrau Meisterrrin! Sind wir im Rrriedgrrras oderrr im Donaugefild?« und so weiter. Ausgerechnet dieser Bruno Hardt-Warden wurde eines Tages vor versammelter Front auf dem Kasernenhof gefragt, warum er sich nicht als Kriegsfreiwilliger an die Isonzo-Front melde. Worauf er drei Schritte vortrat, wie das so Vorschrift war, und sagte: »Zu Befehl, Herr Oberleutnant, ich bin nicht tapferrr!«

Als Heymann Bruno Hardt-Warden, der eigentlich Bruno Wradatsch hieß, in Wien traf, war dieser 34 Jahre alt und arbeitete am Libretto einer Oper für Robert Stolz. Die Idee dazu hatten die beiden 1915 auf einer gemeinsamen Griechenlandreise in den Meteora-Klöstern entwickelt. *Die Rosen der Madonna* wurde 1920 in Wien uraufgeführt, die männliche Hauptrolle sang Erik Schmedes, Bayreuths langjähriger Siegfried. Hardt-Warden schrieb für Stolz in den Folgejahren die Texte zu mehreren Operetten. *Der Tanz ins Glück* von 1921 wurde ein internationaler Erfolg.

1923 komponierte Heymann auf einen Text von Bruno Hardt-Warden das Chanson »Lakme, du schönste Frau«.

Eine kurze, aber sehr reizvolle Bekanntschaft machte ich mit dem Dichter Peter Altenberg, der in Wien wie ein Gott verehrt und unendlich geschätzt wurde. Er lief meistens in einer Art Tunika herum, in Sandalen, mit bloßen Füßen. Das war die Befolgung irgendeiner Heilslehre, die ihn damals gerade beeindruckte. Er saß an einem Tisch in einem Café am Graben, als Lo und ich ihn sahen. Wir wollten ihn beide durchaus kennenlernen, und so setzten wir uns einfach zu ihm an den Tisch. Die Bekanntschaft ging sehr schnell und sehr leicht vonstatten, schließlich war die 21-jährige Lo eine wunderschöne Frau. Wir plauderten eine ganze Weile, wir erklärten ihm unsere Liebe und unsere Verehrung. Plötzlich unterbrach er mich: »Es ist eine Gemeinheit, dauernd die glühende Asche seiner Zigarette auf die nackten Füße eines Dichters zu träufeln!«

Ich hatte meine Zigarette unter dem Tisch abgetupft und nicht daran gedacht, dass dort ein Mensch mit nackten Füßen saß. Nachdem ich mich tausend Mal entschuldigt hatte und gerade wieder aus meiner Verlegenheit auftauchte, fragte er mich: »Haben Sie mein letztes Buch gelesen?« Ich sagte: »Ich habe alle Ihre Bücher gelesen.« – »Nein, ich meine mein letztes, das vor drei Tagen erschienen ist!« – »Nein, das habe ich noch nicht gelesen.« Sagt er: »Sie wagen es, sich an den Tisch eines Dichters zu setzen, und haben sein letztes Buch noch nicht gelesen? Schämen Sie sich!«

Ich schämte mich. Das sah er, sprang auf und stürzte davon. Nach ganz kurzer Zeit kam er wieder zurück, ein Exemplar seines neuesten Buches in der Hand. Er überreichte es mir mit den Worten: »Das werden Sie mir bezahlen, wenn Sie mal wieder Geld haben.«

Peter Altenbergs Angewohnheit, stets Sandalen ohne Strümpfe zu tragen, war, als Heymann seine Bekanntschaft machte, noch ziemlich neu. Am 7. Februar 1917, einen Monat vor seinem 58. Geburtstag, notierte er zum Beginn einer »Regenerationskur«: »Sandalen und Fuß-Wohltat-Bäder, Schlaf bei weit geöffneten Fenstern, Natur, Geist, Seele, frische Luft, Abtrocknung.« Seit diesem Tag ging er Sommer wie Winter mit nackten Füßen. In seinem 1919 erschienenen Buch *Mein Lebensabend* begründete er diese Marotte mehrfach:

> ... da ich seit zwei Jahren mit nackten Füßen in Holz-Sandalen gehe, und bis an mein Lebensende nicht mehr meinen unglückseligen unschuldigen Fuß in dieses grobe »Socken und Schuhe« einzuzwängen beabsichtige. (»Hilfe«).
> Ich friere ein wenig mit meinen nackten Füßen in Holz-Sandalen. Weshalb tragt ihr Alle noch keine Holz-Sandalen?! Weshalb sargt ihr den Fuß, diesen angestrengtesten Teil unseres Körpers, in Strümpfe und Schuhe ein, benehmt ihm die freie Ausdünstung, sein Atmen?! Darauf antworten alle mit verlogenem Schweigen. Es ist halt einmal so. (»Impression, 25. 6. 1918, 11 Uhr abends«)

Peter Altenbergs erstes Buch *Wie ich es sehe* war 1896 auf Empfehlung von Karl Kraus im Verlag von Samuel Fischer erschienen. Kraus hatte, wie Altenberg in *Prodromos* berichtet, Fischer erklärt, Altenberg sei »ein Original, ein Genie, Einer, der anders sei, nebbich. S. Fischer druckte mich, und so wurde ich!«. 1912 nannte ihn die *Zeitschrift für Bücherfreunde* in einer Rezension den »populärsten Menschen von Wien«. Alban Berg komponierte im selben Jahr einen Liederzyklus *Fünf Orchesterlieder nach Ansichtskarten-Texten von Peter Altenberg*.

Altenbergs Bücher bestehen aus kurzen, oft nicht einmal eine Seite langen Texten, die Amüsantes, Witziges, Paradoxes und Autobiografisches enthalten. Für *Meyers Lexikon* von 1924 war er ein »Hauptvertreter des Kunstzigeunertums der Donaustadt, ein Meister der kurzen Skizze, der in wenigen Sätzen einen starken Stimmungs- und Empfindungsgehalt auszudrücken weiß«.

1914 erschien sein Buch *Fechsung*. Altenberg sagte zum Titel, einem österreichischen Wort für »Ernte«: »Es weiß zwar niemand, was das ist, aber vielleicht werden doch einige neugierig und beißen deshalb an. Es müssen ja nicht immer gerade nur Karpfen sein.«

Das Buch, das er Heymann schenkte, war vermutlich *Nachfechsung*. Eine der Geschichten in diesem Buch trägt den Titel »Exempla«.

Als ich vormittags im Stadtpark von meinem gelben Sessel aufstand und einem verwundeten Soldaten, der in der Nähe saß, eine Krone schenkte für Zigaretten, erhoben sich allmählich alle Damen von ihren gelben Sesseln und beschenkten den Soldaten, indem sie laut, gleichsam die soeben von mir eingelernte Lektion nachsagend, sagten: »Für Zigaretten!« Eine Dame sagte zu mir: »Ich hab gar nicht gewusst, dass man das darf?!«

Ja, man darf! Man darf immer schenken, sogar auf die Gefahr hin, dass es irgendeinmal dankend abgelehnt würde. Mit solchen Irrsinnigen, pardon, Stolzen, muss man eben auch rechnen. Das sind unsere Geschäftsspesen der Barmherzigkeit.

Wir haben Altenberg noch öfter getroffen, und es war immer sehr amüsant, aber eines Tages saß ich in einem Restaurant, in dem ich oft aß, Hotel Stadt Brünn hieß es. Dort gab es weiße Bohnen mit Spiegelei, ein wunderbares, sehr nahrhaftes und verhältnismäßig billiges Essen. Plötzlich kam der Kellner und teilte mir »mündlich« mit, Peter Altenberg ließe um seine zehn Kronen bitten. Das war sehr peinlich. Denn entweder zahlte ich ihm die zehn Kronen, dann hätte ich mein Essen nicht zahlen können, oder ich zahlte sie ihm nicht, dann konnte er nicht zahlen. Im Übrigen hatte ich sie gar nicht, ich hatte gerade so viel, wie ich für das Essen brauchte, und das war erheblich weniger. Peter Altenberg schnitt mich von diesem Tag an und strafte mich mit hörbarer Verachtung. Ich habe leider nie wieder ein Wort mit ihm gesprochen.

Altenberg wohnte in Wien im eher schäbigen Graben-Hotel, 4. Stock, Zimmer 33. Er starb 1919.

Der Architekt Adolf Loos sagte in einem Nachruf auf Altenberg: »In den letzten zwei Jahren hast Du nur von Kartoffeln, drei Portionen täglich, gelebt, weil Du es für eine irrsinnige Verschwendung gehalten hast, zehn Kronen für eine Fleischspeise auszugeben.«

Egon Friedell schrieb 1921 in seinem *Altenberg-Buch*: »Niemand vermochte in seiner Nähe niedrig zu denken. Wenigstens nicht, solange Peter Altenberg mit ihm sprach. Alle Menschen verwandelten sich, freilich nur für die wenigen Augenblicke seiner Anwesenheit. Er zwang sie, zu zeigen, dass in jedem von ihnen etwas Göttliches steckte.«

Inzwischen verschlimmerte sich die Situation in Österreich politisch, militärisch und überhaupt in jeder Weise. Im Herbst 1917 brach die Grippe aus. Und was das bedeutete, kann man sich beim besten Willen nicht vorstellen, wenn man es nicht selbst erlebt hat. Es war eine Seuche wie im Mittelalter. Menschen erkrankten und waren innerhalb weniger Stunden tot. Manche fielen sogar auf der Straße tot um. Es gab keine wirksamen Medikamente, es gab keine Hilfe, und es gab nichts zu essen. Ein sehr kluger und weiser Mann hat damals den Unterschied zwischen der Situation Österreichs und Deutschlands so beschrieben: Die Lage in Deutschland ist ernst, aber nicht verzweifelt. Die Lage in Österreich ist verzweifelt, aber nicht ernst.

Der einzige Lichtblick für mich war in diesen Tagen, dass ich den Rohabzug meiner inzwischen gestochenen Orchesterpartitur der *Rhapsodischen Sinfonie* zugeschickt bekam. Bald darauf erkrankte auch Lo an der Grippe und wäre beinahe gestorben. Ich pflegte sie mit meinen letzten Kräften, ich war ja selbst vom Hunger entsetzlich zugerichtet. Gott sei Dank kam sie irgendwie über die Krankheit hinweg. Aber es waren furchtbare Tage, an denen ich an ihrem Bett saß und nichts machen konnte, als sie streicheln, weil wir nicht einmal Geld für Borwasser hatten.

Die russische Front brach zusammen, damit schlief auch der Krieg gegen Rumänien ein. Rumänien schloss einen Waffenstillstand und Weinberger freute sich, dass sein Sohn bald wieder daheim sein würde. Wie das Schicksal es gefügt hat, weiß kein Mensch, aber der Junge wurde lange nach Abschluss des Waffenstillstands an der rumänischen Front von einer verirrten Kugel getroffen und war sofort tot.

Weinberger brach völlig zusammen, sperrte sich total von der Außenwelt ab, empfing niemanden, nicht einmal Kálmán. Ich konnte auch nicht mehr zu ihm vordringen, und so war selbst diese, zwar sehr spärlich, aber doch gelegentlich plätschernde Geldquelle versiegt. Der letzte Strohhalm in der Not war ein Zeitungsinserat:

Achtung! Mond! Achtung!
Kaufe alte Kleider, Silbersachen, Offizierssättel, Feldstecher, ganze Verlassenschaften. Zahle höchste Preise. Achtung! Mond! Achtung!
August Mond, Neue Wien Zeile 3, Wien.

Zu »Achtung! Mond! Achtung!« wanderten in kurzer Folge, nachdem alles an Schmucksachen und besseren Gegenständen schon verkauft oder versetzt war, auch alle Kleidungsstücke. Und eines Tages befand ich mich auf der Straße mit einem Karton und der Partitur meiner Sinfonie.

Der Karton enthielt einen weißen Tennisanzug von mir, den ich bis dahin nicht zu verkaufen versucht hatte, weil auf der Weste ein Tintenfleck war und ich mir denken konnte, dass ich dafür so gut wie nichts mehr kriegen würde. Auf dem Weg zu »Achtung! Mond! Achtung!« kam ich an einem Haus vorbei, in dem, wie ich wusste, Weingartner wohnte. Felix Weingartner, oder zu der Zeit schon Felix von Weingartner, war der Dirigent der Philharmoniker, und die Wiener Philharmoniker galten damals wie heute als das beste

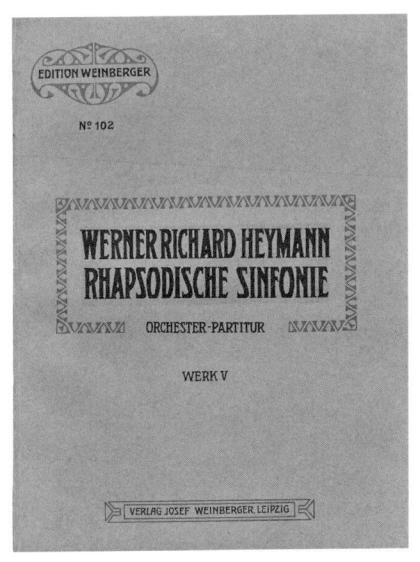

Titelblatt der Partitur der *Rhapsodischen Sinfonie*, Edition Weinberger, 1918.

Orchester der Welt. Dort uraufgeführt zu werden, wäre die größte nur denkbare Ehre gewesen. In der Verzweiflung meiner Situation streifte ich alle Hemmungen ab, marschierte die Treppe zu Weingartners Wohnung hinauf und klingelte an der Tür.

Seine Frau Lucille, sehr verwuschelt und unfrisiert, in einem sehr abgetragenen Morgenrock, stand im Korridor und ordnete Berge von schmutziger Wäsche. Sie musterte mich misstrauisch und als ich sagte, ich hätte eine Sinfonie geschrieben, wurde sie noch misstrauischer. Sie erklärte mir, dass Weingartner mitten in Reisevorbereitungen sei und niemanden empfangen könne. Als ich ihr sagte, er möge doch wenigstens einen Blick auf die Noten werfen, muss der Jammer in meinen Zügen sie irgendwie beeindruckt haben, denn sie führte mich zu ihm hinein.

Weingartner war ebenfalls in einem schmuddeligen Morgenrock, dazu bloßfüßig mit Pantoffeln, offenbar gerade erst aus dem Bett aufgestanden. Er empfing mich so ablehnend, wie es nur irgend geht, erklärte mir, dass er am Abend nach Berlin führe, wo ein Beethovenkonzert sei – es war an einem Dienstag –, dass er zwischen Mittwoch und Sonntag so und so viele Proben und Konzerte zu dirigieren hätte, dass er am Montag erst nach Wien zurückkäme und so weiter und so weiter. Es würde also Wochen dauern, bis er die Sinfonie überhaupt nur ansehen könne. Und damit entließ er mich.

Felix Weingartner war von 1907 bis 1911 als Nachfolger Gustav Mahlers Direktor der Wiener Hofoper gewesen und hatte nach Niederlegung dieses Amtes die Leitung der Philharmonischen Konzerte beibehalten. Zeitweilig in der Schweiz wohnhaft, verlegte er 1917 seinen Wohnsitz von Genf wieder nach Wien in die Nibelungengasse 13, 4. Stock.

Seine (dritte) Frau Lucille Marcel war Sopranistin. In New York geboren, debütierte sie 1908 an der Wiener Hofoper als Elektra in der gleichnamigen Oper von Richard Strauss. Drei Jahre später heiratete sie den damaligen Hofoperndirektor. Ihre letzten Auftritte waren in Darmstadt, wo sie 1916 in der Uraufführung von Weingartners Oper *Dame Kobold* sang.

Seit 1916 dirigierte Weingartner in jeder Saison einen eigenen Konzertzyklus der Berliner Philharmoniker. Der Beethovenabend der Saison 1917/18 fand am 8. April 1918 statt, auf dem Programm standen die 1. und die 9. Sinfonie.

Da stand ich nun mit meinem Pappkarton, ging zu »Achtung! Mond! Achtung!« und bekam, glaube ich, fünf Kronen für den Anzug, der einst 120 Mark gekostet hatte. Die fünf Kronen brauchten wir aber unbedingt, denn wir waren abends eingeladen, und zwar bei Karl Friedrich Nowak, einem Kriegsgewinnler. Er war ein durchaus angesehener Literat, aber ein viel erfolgreicherer Schieber, der sein Geld hauptsächlich mit Rasierklingen verdiente.

Wir gingen also auf seine Party und ich bekam endlich etwas zu essen. Nämlich Bowle, Erdbeerbowle. Ich aß die Früchte daraus, und es war das Erste, was ich seit Tagen zu essen bekam. Die Folgen waren katastrophal, und die fünf Kronen reichten gerade, mich nach Hause zu schaffen, wo ich mit hohem Fieber und Brechdurchfall ankam. Auch den ganzen nächsten Tag über wurde es nicht besser und wir waren verzweifelt. Schließlich ging meine Frau zu einem Arzt, der ein paar Häuser weiter wohnte und, wie sich später herausstellte, zufällig der Hausarzt von Weingartner war. Er diagnostizierte Hungertyphus und Lungenentzündung und riet deshalb zu nahrhafter leichter Kost und allen möglichen Dingen, die wir uns nicht leisten konnten, was wir ihm natürlich nicht zu sagen wagten, aus Angst, er würde dann womöglich sofort sein Honorar fordern. Und so lag ich nun da und wäre sicher gestorben, wenn nicht am nächsten Tag ein Wunder geschehen wäre.

Ein junger Mann kam an unserem Haus vorbei, den wir nur flüchtig kannten. Er hieß Hanns Margulies, war Oberleutnant, hatte Fronturlaub und kam vom Südbahnhof. Ich wohnte damals in der Prinz-Eugen-Straße. Er ging also an unserem Haus vorbei, erinnerte sich daran, dass er mich da einmal besucht hatte. Er beschloss, mir Guten Tag zu sagen, sah mein Elend, zückte einen Hundertkronenschein und verschwand mit dem Versprechen, bald wiederzukommen.

Der 28-jährige Hanns Margulies war bis Kriegsbeginn Dramaturg an der Wiener Volksbühne gewesen. Er lebte später als Schriftsteller und Journalist in Wien und leitete von 1935 bis 1938 das Kabarett »ABC«.

Hundert Kronen waren für uns sehr viel Geld. Meine Frau lief zu einer Freundin, die sie an mein Bett setzte, kaufte ein Hühnchen und machte mir eine gute Brühe, die ich – o Wunder über Wunder! – sogar bei mir behalten konnte, denn es war etwas so Gutes zu essen, dass mein Magen sie einfach nicht hergeben konnte, wollte, durfte. Und wie wir abends so dasaßen, ich immer noch mit ganz hohem Fieber, klopfte es an der Tür und es erschien ein hinkender Bote. Es war der Diener des Verlags Weinberger und er brachte mir eine Karte, eine schwarz umrandete Trauerkarte, weil der kaiserliche Rat um seinen Sohn trauerte. »Hochverehrter Meister! Bitte kommen Sie sofort zu mir.« Und auf der Rückseite stand: »P. S.: Ich höre soeben aus dem Café Parsifal, wohin ich Ihnen telefonieren ließ, dass Sie unpässlich seien. Bitte stehen Sie ja nicht auf, wenn Sie sich damit schaden würden.« Ich nehme an, dass Hanns Margulies im Café Parsifal irgendjemandem von meinem Elend erzählt hatte.

Fieber hin, Fieber her, ich stand am nächsten Morgen auf und tastete mich die etwa zwei Kilometer bis zum Büro meines Verlegers an den Hausmauern entlang. Um es kurz zu sagen, Weingartner hatte die Sinfonie angenommen. Er hatte, wie Weinberger erfuhr, die Partitur nur mit einem Blick angesehen, dabei war sein Auge auf einen Vermerk gefallen, der unter dem Verzeichnis der Instrumente stand und folgendermaßen lautete: »Sämtliche Instrumente sind in der Partitur so notiert, wie sie wirklich klingen. Nur die Oktaventransponierung der Pikkoloflöte, der Bassclarinette, des Glockenspiels, des Contrafagotts und des Contrabasses ist beibehalten. Dagegen sind die Hörner, Klarinetten, Bassclarinette und Englisch-Horn in den Stimmen in ihren Stimmungen notiert.«

Dieser Vermerk korrespondierte merkwürdigerweise mit einer Lieblingsidee von Weingartner, der eine solche C-Partitur schon lange einführen wollte. Und nur deshalb fing er an, die Sinfonie zu lesen. Wie er mir später sagte, habe er die Partitur nicht mehr aus der Hand legen können, bis er sie ganz durchgelesen hätte. Und dann habe er gleich mit Weinberger telefoniert.

Weinberger empfing mich außerordentlich freundlich, war allerdings entsetzt über mein Aussehen, und dabei sah er selbst furchtbar aus. Durch den Tod seines Sohnes war ihm sein ganzes Leben sinnlos geworden. Für ihn hatte er diesen riesigen Verlag aufgebaut, für ihn hatte er das enorme Vermögen angesammelt. Er besaß ganze Straßenzüge in Italien, in Österreich, sogar in Berlin.

Dieses Erlebnis zeigt beinahe exemplarisch, von wie vielen un-

Felix Weingartner, der Dirigent der
Uraufführung der *Rhapsodischen Sinfonie*.

endlichen Kleinigkeiten und Zufällen das Erringen eines durchschlagenden Erfolgs abhängig ist. Hätte ich nicht an jenem Tag meinen Weg durch die Straße genommen, in der Weingartner wohnte, wäre ich nicht zufällig – ohne es zu ahnen – auf eine Lieblingsidee Weingartners verfallen, hätte ich nicht die Party besucht, auf der ich todkrank wurde, wäre nicht am nächsten Tag ein Mann mit einem Hundertkronenschein gekommen, der mir das Leben rettete, wäre nicht ..., wäre, wäre, wäre ... Wäre all das nicht passiert, vielleicht wäre meine Sinfonie nie aufgeführt worden, vielleicht wäre ich an dem Tag gestorben. Was kam da alles zusammen!

Die Annahme meiner Sinfonie durch Weingartner sprach sich in Wien rasch herum. Weinberger war durch mein sichtliches Elend bewegt und etwas geneigter, hin und wieder einen kleinen Vorschuss herauszurücken. Ich schrieb einen zweiten Gesang für Tenor und Orchester, mehrere Lieder und begann eine zweite Sinfonie, die eine politische Sinfonie werden sollte. Ich wollte mich mit dem Krieg auseinandersetzen. Für den ersten Satz hatte ich ein Gedicht von Matthias Claudius ausgesucht:

> S'ist Krieg, s'ist Krieg,
> o Gottes Engel wehre und rede du darein,
> s'ist leider Krieg
> und ich begehre
> nicht schuld daran zu sein!

Als zweiten Satz plante ich ein Scherzo mit dem Titel »Der Tanz ums Goldene Kalb«. Vom dritten Satz weiß ich heute nichts mehr. Der vierte sollte wieder ein Chorsatz mit Orchester werden, basierend auf dem Gedicht über die Demokratie von Walt Whitman, dessen letzte Verse lauten:

> Für dich, o Demokratie,
> und dir zu dienen, ma femme,
> jauchze ich meine Gesänge.

Noch einen Freund aus dieser Zeit muss ich erwähnen, mit dem ich in Wien viel zusammen war. Er war Musikkritiker und hieß Rudolf Kastner. Sein Bruder war ein weltberühmter Harfenist, er spielte im New Yorker Philharmonischen Orchester. Kastner stammte aus Wien und lief damals in österreichischer Uniform herum. Mit seinem Bart sah er darin sehr komisch aus. Er war ein außerordentlich gescheiter, musikfreudiger Mensch, der sich im Kriegspressequartier einen schönen Job besorgt hatte. Mit Kastner bummelte ich durch die Militärgefängnisse. Er hatte sich vorgenommen, Verbrecher- und Ganovenlieder zu sammeln, und da es damals noch keine Tonaufnahmeapparate gab und er selbst keine Noten schreiben konnte, nahm er mich mit und ich schrieb ihm die Lieder auf. Unsere Sammlung war nicht sehr ergiebig, es waren fast nur gereimte Zoten, die ohne jedes wirkliche Interesse waren.

Revolution

Eine Freundin meiner Frau hatte einen jungen politischen Schriftsteller kennengelernt, der Robert Neumann hieß. Dieser junge Mann beeinflusste mich, nach Berlin zurückzugehen. Ich habe schon geschildert, wie schnell sich meine Papiere, mein Pass und meine Militärakte plötzlich wiederfanden. Und so fuhren wir im sicheren Glauben, dass der Zusammenbruch der Armee und damit das Ende des Krieges unmittelbar bevorstünden und die Revolution unvermeidlich sei, nach Berlin, und ich stürzte mich Hals über Kopf in die Politik.

Die Aktivistengruppe aus dem Café des Westens hatte inzwischen bedeutsam an Anhängern gewonnen, und als die Revolution wirklich ausbrach, saß ich beim »Rat geistiger Arbeiter« unter Führung von Kurt Hiller wirklich im Reichstag und regierte ein paar Tage lang Deutschland. Wie ich da reingekommen bin, weiß ich heute nicht mehr. Ich nehme an, dass der Umstand, dass zwei meiner Vettern, Kurt und Heinrich Simon, Herausgeber der *Frankfurter Zeitung* waren, damit zu tun hatte, denn alle Telefondurchsagen, die ich nach Frankfurt durchgab, wurden in der wichtigsten deutschen Zeitung prompt nachgedruckt.

Am 10. November 1918, einen Tag nach der Abdankung des deutschen Kaisers, wurde im Berliner Zirkus Busch ein »Arbeiter- und Soldatenrat« proklamiert, der den sofortigen Frieden und eine Vergesellschaftung der kapitalistischen Produktionsmittel verlangte. Am 11. November wurde in Frankreich der Waffenstillstand unterzeichnet und am selben Tag konstituierte sich im Reichstag, wie die *Frankfurter Zeitung* am Tag darauf meldete, ein »Rat geistiger Arbeiter«: »Er wirkt für die kulturpolitischen Ideale auf dem Boden der sozialistischen Republik«. Wer mitwirken wolle, könne sich schriftlich anmelden, Adresse: »Berlin, Reichstag, Zimmer 15 B«.

Am 15. November veröffentlichte die *Frankfurter Zeitung* das politische Programm:

Der Rat geistiger Arbeiter will die persönliche Freiheit und soziale Gerechtigkeit. Er begrüßt alle Methoden der Umwälzung, die nicht zur Anarchie, das heißt zur Vernichtung der Kulturgüter und zur Blutherrschaft der Minderheit führen ... Vergesellschaftung von Grund und Boden, Konfiskation von Vermögen von einer bestimmten Höhe an, Vermenschlichung des Strafvollzugs, die Einheitsschule, Wahl der Professoren durch die Studenten ... Proletarier und Intellektuelle vereinigt Euch!

»Unser Rat geistiger Arbeiter ist die völlig private Gründung linker Intellektueller gewesen«, schrieb Hiller 1959 in *Köpfe und Tröpfe,* »die der etwas hilflosen Revolution, der zumal auf kulturellem Gebiet völlig hilflosen Revolution, einige Ideen beibringen wollten, aus heißem Herzen und natürlich mittellos.«

Richard Huelsenbeck erinnerte sich 1984:

In den Kaffeehäusern im Berliner Westen hieß es, dass im Reichstag große Dinge geschähen und dass viele Schriftsteller Tag und Nacht im Reichstag seien. Ich hatte das Gefühl, dass es schlecht wäre, abseits zu stehen. Ich wollte mich an der revolutionären Arbeit beteiligen, aber ich wusste nicht, wie ich es anfangen sollte ...

Wie ich in den Reichstag hineingekommen bin, ist mir heute nicht mehr klar erinnerlich. Ich bin wahrscheinlich einfach hineingegangen. Die Kontrolle war nicht streng. Das Wort »Genosse« öffnete einem schnell Türen, die unter normalen Umständen verschlossen waren.

Im Reichstag waren unendlich viele Menschen, die alle ungeheuer beschäftigt zu sein schienen ...

Ich wurde langsam die Treppe hinaufgeschoben, und oben angelangt, hatte ich harte Arbeit zu leisten, bis ich mich nach rechts zu bewegen konnte. Ich kämpfte wie ein Schwimmer in einem Strudel, aber schließlich stand ich vor der dritten Tür und fand ein großes Schild, auf dem mit wackligen Buchstaben zu lesen stand: »Rat geistiger Arbeiter«.

In dem Zimmer, in dem der Rat tagte, war ein so dichter Zigarettenrauch, dass man nicht viel von den Menschen sehen konnte. Die

Gesichter glitten wie Schatten an mir vorbei, und nur hin und wieder glaubte ich einen Bekannten zu erkennen. Man sprach aufgeregt durcheinander. Alle diese Männer mittleren Alters hatten verrutschte Anzüge, weil sie seit einigen Tagen auf den Stühlen des Reichstags geschlafen hatten. Sie alle waren übernächtig und hungrig und so nervös, dass sie bei jedem Geräusch zusammenzuckten ...
Die Beratung über das, was geschehen sollte, dauerte viele Stunden, während der die allgemeine Nervosität, der Hunger, das Gefühl, in Schweiß zu stehen und schmutzig zu sein, die Lust, nach Hause zu gehen, immer größer und klarer wurden ...

Der von Kurt Hiller dominierte Rat geistiger Arbeiter wurde von den anderen Räten, besonders vom Arbeiter- und Soldatenrat, mit äußerstem Misstrauen betrachtet. Hiller stellte sich vehement gegen die linken Sozialdemokraten der Spartakusgruppe.

Klaus Mann warf Hiller noch 1938 vor, dass er durch sein Auftreten im Rat geistiger Arbeiter »jede Brücke zwischen den Handarbeitern und uns demoliert« habe.

Die Uraufführung meiner Sinfonie war auf den 15. Dezember 1918 festgesetzt worden und ich hatte keine Ahnung, wie ich nach Wien kommen sollte. In Deutschland gab es praktisch keinen Zugverkehr mehr, in Österreich und besonders in der Tschechei tobte die Revolution. Sämtliche Eisenbahnzüge waren vom Militär beschlagnahmt worden. Zu meinem Entsetzen wurde die Uraufführung dann noch vorverlegt, und zwar auf den 1. Dezember. Ich erfuhr es erst wenige Tage vorher und wir setzten uns einfach in einen Zug nach Prag.

Der Zug hatte keine Scheiben mehr, es hatte inzwischen zu schneien angefangen und wir waren, als wir spätabends in Prag eintrafen, halbtot vor Kälte. Man hatte uns schon im Zug gesagt, dass wir dort kein Deutsch sprechen dürften, denn der Hass gegen alles Deutsche war wild und unbezähmbar. In den Straßen wehten amerikanische und französische Fahnen, in allen Schaufenstern standen Bilder vom amerikanischen Präsidenten Wilson. Ich schlug mich mit Französisch so weit durch, dass ich schließlich in einem Hotel ein Adressbuch bekam. Mir war eingefallen, dass ein Freund meines verstorbenen Bruders Walther in Prag lebte, der Dichter Max Brod.

Ihn wollte ich aufsuchen in der Hoffnung, dass er mir weiterhelfen könne.

Ich fand die Adresse. Ein kleines Männchen öffnete und war außerordentlich lieb und freundlich, als ich ihm erzählte, was mich zu ihm führte. Er zeigte uns sogar noch das nächtliche Prag, sodass ich wenigstens einen Abglanz der Schönheit der Stadt verspüren konnte. Dann brachte er uns zu einem Zug, der noch rechtzeitig zur Uraufführung am nächsten Vormittag in Wien eintreffen sollte. Der Zug war geheizt und komfortabel, wir schliefen traumlos und tief bis zum nächsten Morgen.

Woodrow Wilson wurde am 4. Dezember 1918 in Europa erwartet, es war die erste Auslandsreise eines amerikanischen Präsidenten während seiner Amtszeit, und Wilson wurde überall enthusiastisch empfangen. Er hatte 1917 den Kriegseintritt der USA als Kampf für die Rechte und die Freiheit kleiner Länder bezeichnet, deshalb war er in den ehemals zum Habsburgerreich gehörenden Gebieten besonders beliebt. 1918 proklamierte er eine Liga der Nationen und erhielt 1919 den Friedensnobelpreis.

Max Brod, promovierter Jurist, 34 Jahre alt, war 1918 noch Beamter der Postdirektion. 1915 war Brods Roman *Tycho Brahes Weg zu Gott* und 1917 seine deutsche Fassung von Janáčeks Oper *Jenufa* erschienen. Bei seinem noch weitgehend unbekannten Freund Franz Kafka, dessen Werke Brod posthum ab 1924 herausgab, war im Jahr zuvor Kehlkopftuberkulose diagnostiziert worden.

Als wir aufwachten, waren wir noch ziemlich weit von Wien entfernt, und es war schon neun Uhr. Als wir endlich ankamen, war keine Zeit mehr, uns umzuziehen. Wir ließen das Gepäck am Bahnhof und rasten mit einer Droschke zum Musikvereinssaal. Ich kam gerade noch rechtzeitig, um die ersten Takte meiner Sinfonie zu hören, und musste mich in einem schwarz-weiß gemusterten Pepita-Anzug verbeugen, als sehr starker Beifall mich viele Male auf das Podium rief.

Von da ab klafft bei mir eine totale Gedächtnislücke. Ich habe keine Ahnung mehr, was ich an dem Nachmittag, was ich am nächsten Tag getan habe. Ich weiß auch nichts mehr von der eigentlichen Uraufführung, denn das, was ich gehört hatte, war die öffentliche

Generalprobe gewesen, die allerdings bedeutsamer und wichtiger war als die Premiere. Jahre später hatte ich einen ewigen Streit mit Erich Wolfgang Korngold, der steif und fest behauptete, ich hätte den Sonntagnachmittag bei ihm verbracht, während ich absolut nicht wusste, dass ich Korngold bei der Gelegenheit kennengelernt habe. Entweder hat es keinen so überwältigenden Eindruck auf mich gemacht, oder er hat es sich eingebildet. Sein Vater hat jedenfalls eine sehr lange, nicht unfreundliche Kritik über meine Sinfonie geschrieben.

Erich Wolfgang Korngold war ein Jahr jünger als Heymann. Als zehnjähriges Wunderkind hatte er Gustav Mahler eigene Kompositionen vorgespielt und danach Unterricht bei Alexander Zemlinsky erhalten. Im Alter von elf Jahren schrieb Korngold die Musik zur Pantomime *Der Schneemann*, die nach der Wiener Uraufführung von dreißig Theatern nachgespielt wurde. Seine *Sinfonietta*, 1913 von Felix Weingartner mit den Wiener Philharmonikern uraufgeführt, hatte Heymann 1914 unter Nikisch gehört, und sie hatte großen Eindruck auf ihn gemacht.

Korngolds Vater Julius schrieb als Nachfolger Hanslicks Musikkritiken für die Wiener *Neue Freie Presse*. Seine Besprechung vom 10. Dezember zog das Resümee:

> Unverkennbar spricht schon jetzt aus Heymanns Musik idealer Ernst, ungekünstelte Wärme und schwärmerisches lyrisches Empfinden, jedenfalls Talent. Talent – kann ein junger Komponist ein verheißungsvolleres Wort vernehmen? Den Ostpreußen hat es in rechtem Musikdrang nach Wien gezogen. In Wien, wo dem Künstler sozusagen immer auch die ›sinnliche Forderung‹ gestellt wird, renkt sich alles Verstiegene ein.

Max Kalbeck schrieb in seiner Rezension zu meiner Sinfonie:

> Mag Werner Richard Heymanns *Rhapsodische Sinfonie* aber sein und vorstellen, was sie will und kann – dass sie reich an eigentümlichen, bestrickenden Klangeffekten und auch sonst das Werk eines vielverheißenden Talents ist, muss ein noch so grundsätzlicher Gegner vermengter Kunst- und Stilarten einräumen. Rechnen wir von dem schönen Erfolge, den der junge Mann im zweiten philharmonischen Konzert zwischen Beethovens Leonoren-

Ouvertüre (No. 2) und Schumanns Sinfonie (No. 1) errang, ein gut Teil ab für den gefühligen Dirigenten, das edel klingende Orchester mit der strahlenden Sologeige Rosés und dem fein getönten Bläser- und Harfenconcertino sowie für Artur Fleischer, dem ins Sinnlich-Übersinnliche steuernden Sänger, so bleibt noch genug an Ehren für den in Person anwesenden jungen Helden des Tages übrig, der sich für Beifall und Hervorrufe vergnügt bedankte. Möge er als ein gereifter Magus des Nordens wiederkommen und noch höhere Wunder tun.

Der bereits 69-jährige gebürtige Breslauer Max Kalbeck lebte seit 1880 in Wien und war seit dem Tod Hanslicks der einflussreichste Musikkritiker der Stadt. Er war ein heftiger Gegner von Wagner und Bruckner, verehrte ebenso bedingungslos Brahms, mit dem er befreundet war. Zwischen 1904 und 1914 veröffentlichte er eine vierbändige Brahms-Biografie.

Kalbecks sehr ausführliche Besprechung der *Rhapsodischen Sinfonie* ist durchaus nicht ungeteilt enthusiastisch. Heymann zitiert nur den Schlussabsatz. Kalbeck konnte vor allem mit der »modernen« Dichtung, die den vokalen Sätzen zu Grunde lag, überhaupt nichts anfangen.

> Die drei von hypermodernen Lyrikern bezogenen Dichtungen sind vor lauter verschrobener Unnatur und gewundener Ziererei außerstande, klarzumachen, was sie ausdrücken sollen. Der Musiker appelliert an den Dichter, der Dichter an den Musiker. Unaussprechliche Indiskretionen schieben dem Bariton trügerische Worte und Töne in die Kehle, und auch vonseiten des Sinfonikers wird dafür gesorgt, dass der Rhapsode nicht aus der Schule schwatzt, möchte er sich gleich um den Hals reden. Gegen den Rachen des Orchesters, der nach jedem melodischen Brocken schnappt, weil er von unersättlichem Hunger geplagt wird, käme kein noch so dröhnender Liedermund auf.

Der mehr als zwanzig Jahre jüngere Max Graf, Professor für Musikästhetik am Wiener Konservatorium und ebenfalls Musikkritiker, urteilte verständnisvoller:

> Werner Richard Heymann, ein zweiundzwanzigjähriger Komponist, dessen Rhapsodische Sinfonie *Du und ich* im letzten Philharmoni-

schen Konzert zur Uraufführung kam, behandelt intime Erlebnisse in großer Orchesterform und breitet eine Liebesgeschichte in einem sechsteiligen symphonischen Werk mit strahlenden Klängen eines orchestralen Massenapparats vor den Hörern aus ...
Es gibt viele schöne Momente in dieser Musik, die von Jugend glänzt, und auch manches innig Gefühlte, manche zarte Nervenstimmung, da und dort in dem Motivgewebe erhebt sich auch breiter Gesang der von Harfen umrauschten Streicher, in dem Richard Straussisch das Blech Motive hineinschmettert. Mit der Wahl der Liedertexte und der harmonischen und orchestralen Technik zeigt Heymann, dass er – wie könnte es bei einem blutjungen Musiker anders sein? – in der modernen Welt lebt oder, genauer, in jener Welt, die vor den Umwälzungen und Erschütterungen des Weltkrieges modern gewesen ist: Denn vermutlich werden die Erlebnisse der letzten vier Jahre auch in der Musik andere Werte zur Geltung bringen als orchestrales Virtuosentum und einen extremen Subjektivismus der Künstler.

Graf, promovierter Jurist, hatte 1900 mit dem Buch *Wagner-Probleme* Aufsehen erregt, in dem er Wagners Werk zum großen Entsetzen deutschnationaler Kreise geradezu psychoanalytisch zu deuten suchte: »Wagners Kunstschaffen ist nicht aus Überschuss von Lustgefühlen, aus Hypertrophie der inneren Kräfte, Machtrausch, sondern aus Qualen und Dissonanzen einer friedlosen Natur entstanden.«

Ich weiß nicht mehr, wie die Tage in Wien waren, auch nicht, wie ich von Wien nach Berlin zurückgekommen bin. Dort hatte sich die politische Lage weiter zugespitzt. Es wurde wild geschossen, die Arbeiter im Zeitungsviertel hatten sich hinter den großen Druckpapierrollen verschanzt, die Noske-Truppen ballerten zurück, man war seines Lebens nicht sicher. Eines Tages besetzten die Noske-Truppen den Reichstag, und wir wären wahrscheinlich alle verhaftet oder vielleicht sogar zusammengeschossen worden, wenn ich nicht mit der Furchtlosigkeit und dem Wagemut der Jugend auf den uns mit einem Gewehr in Schach haltenden Reichswehrsoldaten einfach zugegangen wäre, ihm meinen Arm um die Schulter gelegt und ihm das Gewehr mit den Worten beiseitegedrückt hätte: »Junge, wir sind doch für dich hier!« Das verhalf zwar unserem

Rat geistiger Arbeiter nicht zum Weiterbestehen, aber zumindest sicherte es uns einen ehrenvollen Abzug.

Am 20. Dezember hatte ein Allgemeiner Deutscher Rätekongress Wahlen zu einem verfassungsgebenden Parlament für den 19. Januar 1919 beschlossen. Daraufhin verließen die Unabhängigen Sozialdemokraten um Karl Liebknecht und Rosa Luxemburg den Rat der Volksbeauftragten. Am 1. Januar wurde die KPD gegründet, am 5. Januar begannen Straßenkämpfe, die als »Spartakusaufstand« in die Geschichtsbücher eingingen.

Besonders umkämpft waren im Zeitungsviertel das Wolffsche Telegraphenbüro und das Gebäude der sozialdemokratischen Zeitung *Vorwärts*. Am 11. Januar warf Gustav Noske, der schon 1918 den Matrosenaufstand in Kiel beendet hatte und am 6. Januar zum Oberbefehlshaber ernannt worden war, den Aufstand nieder.

Am Abend des 15. Januar wurden Karl Liebknecht und Rosa Luxemburg ermordet.

Als ich an einem dieser Tage mit Lo die Siegesallee (vom Königsplatz am Reichstag quer durch den Tiergarten zum Kemperplatz) hinunterfuhr, wurden wir in unserer Droschke ununterbrochen beschossen. Wahrscheinlich war der Weißfuchs, den Lo umgelegt hatte, das Ziel. Die Kugeln pfiffen an uns vorbei. Ich rief dem Kutscher zu, er solle rechts abbiegen, was aber erst am Ende der Siegesallee möglich war. Getroffen wurden wir nicht.

Im Café des Westens war eine neue Mode ausgebrochen. Es handelte sich um den Dadaismus. Es waren seine ersten Anfänge und ich war natürlich mittendrin. Wie es dazu kam? Nun, wir waren überkandidelt, die Welt gab uns außer Tod und Krieg nichts als graues Einerlei und wir hatten das Gefühl, man müsse den deutschen Bürger mal so richtig wachrütteln. Alle Philosophien, die dahintersteckten, waren wohl nur Dadaismus. Die Hauptmacher waren die Brüder Herzfeld, der eine unter dem Namen Wieland Herzfelde, der andere als John Heartfield. Dann gab es George Grosz, den jungen Zeichner, den ich schon seit einigen Jahren kannte, und vor allen Dingen Richard Huelsenbeck. Huelsenbeck studierte damals Medizin, war aber ansonsten ein wunderbar verrückter Mensch und ist es bis zum heutigen Tag geblieben.

Irgendwann gaben wir einen Dadaisten-Abend, bei dem auch Lieder von mir gespielt wurden, die allerdings gar nicht dadaistisch waren.

Die Dada-Bewegung entstand 1916 im Club Voltaire in Zürich. Die Hauptinitiatoren waren Hans Arp, Richard Huelsenbeck und Tristan Tzara. Dada war eine groteske Form des Protestes gegen den Wahnsinn der Zeit und gegen das Bildungsbürgertum, das für die kannibalischen Heldentaten des Krieges verantwortlich gemacht wurde. Richard Huelsenbeck brachte Dada 1917 nach Berlin. Der Abend, an den sich Heymann erinnert, fand erst 1919 im Rahmen der Veranstaltungen des Club Dada statt, an dem auch die Brüder Herzfeld beteiligt waren.

In Berlin lernte ich jetzt viele Menschen kennen – oder näher kennen –, die für meine Zukunft entscheidend und bestimmend werden sollten. Da waren der junge Dichter Walter Mehring und der ebenfalls noch junge Dichter Rudolf Leonhard, den ich beim Rat geistiger Arbeiter kennengelernt hatte. Leonhard wiederum machte mich mit Karl Heinz Martin bekannt, einem jungen Regisseur, der bei Reinhardt arbeitete. Er und Walter Hasenclever luden mich im Frühjahr 1919 ein, mit ihnen nach Westerland zu gehen. Sie hatten dort ein Häuschen gemietet und darin war ein Zimmer frei, das sie mir umsonst überließen. Ich war so ausgehungert, dass es für mich geradezu lebensrettend war, in frische Luft zu kommen und dazu noch an einen Platz, wo es auf dem Schmuggelweg aus Dänemark Milch und Sahne, später sogar frische Erdbeeren in Hülle und Fülle gab.

Die Monate auf Sylt mit Hasenclever und Martin gehören zu den schönsten Zeiten meines Lebens. Als ich dort ankam, sah ich aus, als bestünde ich nur aus Haut und Knochen. Allmählich setzte ich ein bisschen, aber auch wirklich nur ein bisschen, »Saft« an.

Mein Verleger Weinberger hatte mir nach der Premiere meiner Sinfonie einen Vertrag für meine Gesamtproduktion gegeben. Er wurde zwar bald wieder aufgelöst, aber die paar Kronen, die er mir schickte, ermöglichten mir immerhin, den Sommer in Westerland durchzustehen.

Ich wurde dort Zeuge, wie ein Stück Theatergeschichte entstand. Man hatte genug von dem Formellen, von der unnatürlichen

Art des Sprechens auf der Bühne, von den stilisierten Darstellungen, den realistischen Kulissen. Man wollte das Wort des Dichters in seiner reinen Form und möglichst klar unter die Leute bringen. Es entstand, was später das Theater »Die Tribüne« wurde: eine Plattform, möglichst mitten im Publikum, sodass die Schauspieler nicht isoliert, sondern in der Masse stehend, diese Masse mitreißen sollten und konnten.

Die vielen Pläne und die unendlichen Diskussionen über Wert und Unwert des Bisherigen und über Hoffnungen auf das Neue füllten ganze Tage und ganze Abende. Und als endlich mithilfe eines finanzkräftigen Theatermannes, Eugen Robert, im Herbst 1919 »Die Tribüne« eröffnet wurde, war ich natürlich mit dabei. Mein erster Auftrag war, zu Ernst Tollers Stück *Die Wandlung* zwölf Zwischenspiele für eine Geige zu schreiben. Eine Geige war das Äußerste, was man sich leisten konnte, und es war meine Aufgabe, trotz dieser Sparsamkeit die Geige nicht als Spärlichkeit empfinden zu lassen. Die Premiere wurde ein rauschender Erfolg. Fritz Kortner spielte die Hauptrolle. In der Presse erschien sogar eine lobende Erwähnung meiner Sologeige. Alfred Kerr schrieb: »Das Spiel der einzigen Geige zwischen den Vorgängen tat so viel wie ein halbes Orchester.« Ich war darauf natürlich sehr stolz.

Die Wandlung war die zweite Inszenierung des avantgardistischen Theaters »Die Tribüne«. Auch in der Rezension des *Börsen Curier* wurde Heymanns Zwischenakt-Musik erwähnt, allerdings ist bei der telegrafischen Übermittlung der Kritik der Name des Komponisten leicht verändert angekommen, und auch die Grammatik verrutschte ein wenig: »Die Zwischenpausen der einzelnen Bilder wurden an einem zart geführten Geigenton ausgefüllt, dessen Notenschrift von Werner R. Hagemann herrührte.«

Die »Tribüne« war ein schmaler Saal in Charlottenburg, der keine richtige Bühne, sondern nur ein um drei Stufen erhöhtes Podium hatte. Es gab weder Vorhang noch Rampenlicht. »Alle Wirkung sollte vom Konzert der sorgfältig abgetönten, ohne psychologische Nuancierung geführten Stimme herkommen«, schrieb der Theaterkritiker Julius Bab in seinem 1928 erschienenen Buch *Das Theater der Gegenwart*. »Die Hauptstimme wurde von Fritz Kortner geführt, der in einem bärenhaft schweren Körper und bei wuchtig stoßenden Bewegungen ein Organ von posaunenhaft schmetternder Stärke besaß und es in steilen Kurven, jäh ansteigend und plötzlich fallend, zur Wirkung zu führen wusste.«

In der Proklamation, die die Begründer der »Tribüne« veröffentlicht hatten, hieß es: »Wir wollen kein Publikum, sondern in einheitlichem Raume eine Gemeinde, keine Bühne, sondern eine Kanzel. Dieses Theater ohne Betrieb und Technik kann unabgelenkt und unbeschränkt infolge seiner Unmittelbarkeit Seele und Gesinnung offenbaren.«

Zum Zeitpunkt der Uraufführung war Ernst Toller als Teilnehmer der Münchner Mairevolution in einer bayerischen Festung inhaftiert. *Die Wandlung* – der Untertitel des Dramas lautete *Das Ringen eines Menschen* – war ein Bekenntnisstück, in dem Toller seinen eigenen Weg vom kriegsbegeisterten Patrioten zum Revolutionär darstellte.

So kam ich in die Kreise des modernen Theaters hinein. Daneben verfolgte ich mit größter Energie eine Aufführung meiner Sinfonie in Berlin. Schließlich gab es in Europa zu dieser Zeit zwei musikalische Hauptstädte, Wien und Berlin.

Mir schwebte vor allem vor, einen etwas leidenschaftlicheren Sänger für die Bariton-Soli zu finden, und ich bemühte mich, an Joseph Schwarz heranzukommen. Mit vielen Mühen und Empfehlungen gelang es mir schließlich, von ihm empfangen zu werden. Joseph Schwarz war ein herrlicher Sänger, erster Bariton der Berliner Staatsoper, vielleicht einer der größten Baritone, die je gelebt haben. Er war ein Frauenliebling und sah sehr dekorativ aus. Außerdem war er ein äußerst frommer Jude.

Joseph Schwarz war der Sohn eines armen Schneiders aus Riga, wo er mit neun Geschwistern in ärmlichsten Verhältnissen aufgewachsen war. Russische Mäzene bezahlten seinen Gesangunterricht in Berlin und Wien. 1909 wurde er Mitglied der Wiener Hofoper. Anfangs hatte der extrem sensible Künstler große Probleme auf der Bühne, da er von Versagensängsten gequält wurde. Doch schließlich feierte er triumphale Erfolge in Wien, mehrfach an der Seite des gastierenden Enrico Caruso. 1915 wurde Schwarz bei einem Gastspiel in Berlin so umjubelt, dass er an die dortige Hofoper wechselte. Seine Darstellung des Jago in Verdis *Othello* wurde zur Theatersensation.

Als Heymann den etwa vierzigjährigen Sänger aufsuchte, war er auf dem Höhepunkt seiner künstlerischen Kraft. Ein Jahr später machte er eine Tournee durch die USA und trat bis zu seinem frühen Tod 1926 an allen großen Opernhäusern der Welt auf. Er verband die schönste Baritonstimme seines Zeitalters mit einer vollendeten Belcanto-Technik, leidenschaftlichem Vortrag, einer differenzierenden Darstellung und musikalischem Feingefühl.

Joseph Schwarz empfing mich an einem Sonntagvormittag, die Sonne schien durch die Fenster. Ich setzte mich an den Flügel, um ihm meine Sinfonie vorzuspielen, und gab alles. Ich sang, ich pfiff, ich trommelte, ich spielte, ich schlug mir die Finger auf den Tasten blutig und als ich mich endlich am Schluss mit einem deutlichen »Na-Fragezeichen«-Ausdruck im Auge umdrehte, sah er mich traumverloren an. Dann sagte er: »Kommen Sie her, junger Freund.« Hm, das klang sehr gut. Ich stand auf und ging zu ihm. »Nein, kommen Sie ganz zu mir!« Schön, ich kam ganz zu ihm. »Nein«, sagte er, »viel näher. Setzen Sie sich direkt neben mich.« Ich dachte mir im Stillen: Nanu, der Mann ist doch ganz normal. Er bestand darauf, dass ich mich so nah zu ihm setzte, dass er mich in die Arme nehmen konnte. Dann sagte er – und nun ging mir das Herz auf: »Lieber junger Freund, sehen Sie diesen Sonnenstrahl, der durch das Fenster fällt?« – »Ja«, sagte ich, und war glücklich. »Sehen Sie die Myriaden Staubkörnchen, die in diesem Sonnenstrahl tanzen?« – »Ja«, sagte ich, nunmehr schon ganz begeistert. »Sehen Sie, und das müssen wir armen Sänger den ganzen Tag einatmen!«

Das war alles, was er zu meiner Sinfonie zu sagen hatte. Nachdem er sich bei mir noch eine Weile über die Schwierigkeiten des Sängerhandwerks und über die Gefahren des Staubes beklagt hatte, war ich in Gnaden entlassen.

Joseph Schwarz hat also die Soli in Berlin nicht gesungen. Die Aufführung unter dem Dirigenten Gustav Brecher fand am 30. Dezember 1920 mit dem Bariton Wilhelm Guttmann statt.

Da ich mich für alles, was mit der Aufführung meiner Sinfonie zusammenhing, sehr interessierte und auch meinen Dirigenten bei der Arbeit sehen wollte, ging ich des Öfteren zu den Proben und sah dort Männer, die aussahen wie Bürovorsteher – was sie auch waren –, mit großen Packen Eintrittskarten durch die Reihen irren. Gustav Brecher, der ein sehr guter Dirigent war und sich in der Provinz bereits einen Namen gemacht hatte, in Berlin aber noch unbekannt war, hatte mehrere Philharmonische Konzerte übernommen, was ihm seine kürzlich erfolgte Heirat mit Gertie Deutsch, der Tochter des Direktors der AEG, ermöglicht hatte. Und die Herren mit den Billettpaketen waren Abteilungsvorsteher bei der AEG, die Freiplätze notierten und sortierten.

Am Vormittag eines dieser Tage war ich bei Artur Schnabel, dem großen Pianisten, eingeladen. Mit Eduard Erdmann, ebenfalls ein hervorragender Pianist, spielte er mir Ferruccio Busonis neuestes Werk auf dem Klavier vor. Bei der Gelegenheit erzählte ich dem unendlich witzigen Artur Schnabel, was ich auf der Probe beobachtet hatte. Worauf er ganz trocken sagte: »So, so, der elektrische Herr Schwiegervater sorgt also nicht nur für den Wechselstrom, sondern auch für die Hochfrequenz.«

Artur Schnabel war einer der besten Schüttelreimer seiner Zeit. Einer lautete:

Am Anfang war der Schnabel nur
Das Ende einer Nabelschnur.

Die sprachliche Akrobatik, die er mir vorführte, war schuld daran, dass auch ich mich später intensiv mit Schüttelreimen beschäftigte. Als ich ein paar Jahre später wieder einmal bei Schnabel war, sagte er mir, sein größter Kummer sei, dass es ihm noch nicht gelungen sei, einen Schüttelreim auf seinen Vor- und Zunamen zu machen. Mir fiel dann einer ein:

Es sang vor Gott, und zwar in Schnarr-Dur, Abel
Schnarr-Moll jedoch erfand der Artur Schnabel.

Der Vers spielte darauf an, dass ich bei dem Mahler-Fest in Amsterdam, auf dem ich im Mai 1920 gewesen war, ganz scheußliche atonale Gesänge von Artur Schnabel gehört hatte, was mich damals zu dem weithin belachten Bonmot beflügelt hatte:

Dem Schnabel der heut sang,
dem war der Vogel halt gewachsen.

Aber zurück zur Berliner Erstaufführung meiner Sinfonie. Sie war wieder sehr erfolgreich, und unter den klatschenden Menschen, die sich vorn am Podium drängten, befand sich unter anderen mein Freund und Kollege Friedrich Hollaender. Jahre später hat mir der Dirigent Harold Byrns erzählt, dass er als Sechzehnjähriger auch dabei war.

Das Konzert fand im Rahmen der »Anbruch«-Abende statt, die der zeitgenössischen Musik gewidmet waren. Auf dem Programm standen außerdem *Petruschka* von Igor Strawinsky und das Violinkonzert des russischen Geigers und Komponisten Julius Conus. Leopold Schmidt, der Kritiker des *Berliner Tageblatts*, schrieb am 4. Januar 1921 sehr zurückhaltend über den jungen Komponisten:

> Wieder einmal ein frühreifes Talent, das die moderne Orchestertechnik in erstaunlicher Weise beherrscht. Aber die Erfindung ist doch recht unpersönlich und die rhapsodische Form ist benutzt, um allerhand Inkohärentes, von vielen Seiten Beeinflusstes weitschweifig aneinanderzufügen. Zu Schlüssen auf die Entwicklungsfähigkeit des Komponisten, der sich für lebhaften Beifall bedanken konnte, wird man kaum ermutigt.

Der amerikanische Komponist und Dirigent Harold Byrns, als Hans Bernstein in Hannover geboren, orchestrierte 1949/50 Heymanns Kompositionen für die amerikanischen Filme *Tell it to the Judge* und *Emergency Wedding*. In den Fünfzigerjahren trat er häufiger als Gastdirigent in Deutschland auf, unter anderem an Felsensteins Komischer Oper in Ost-Berlin.

Noch vor der Berliner Erstaufführung meiner Sinfonie konnte mir der Regisseur Karl Heinz Martin eine ganz große Chance bieten.

Georg Kaiser hatte ein Spiel mit Tanz geschrieben, *Europa*, ein Mittelding zwischen Ballett und Schauspiel, zu dem eine sehr umfangreiche Bühnenmusik nötig war. Martin übertrug sie mir. Die Aufführung war im gerade eröffneten Großen Schauspielhaus, einem ehemaligen Zirkusgebäude, das der Architekt Poelzig für Reinhardt zu einem riesigen Theater mit Tropfsteingebilden an der Decke umgebaut hatte. Es fasste 3000 Zuschauer. Die Premiere versprach, sensationell zu werden. Es war das erste Auftreten von Heinrich George in Berlin, die Besetzung mit Roma Bahn, Alexander Moissi, Werner Krauß war glanzvoll, die Dekorationen entwarf Cesar Klein, die Kostüme Ludwig Kainer, 45 Mann Orchester unter der Leitung von Professor Klaus Pringsheim, dem Schwager von

Thomas Mann, all das versprach Großes und bot mir eine ungeheure Chance: Mein erstes Bühnenwerk im größten Theater Europas, mit einer Monsterbesetzung, ganze 45 Minuten Musik! Man stelle sich vor, was das für einen jungen Menschen bedeutet, welche Hoffnungen er daran knüpft.

Am 5. November 1920 war der große Abend endlich da und wurde zu einem der merkwürdigsten Theaterabende, die ich je erlebt habe. Die Vorstellung sollte um acht Uhr beginnen. Um halb acht versammelte sich das Publikum allmählich und musste feststellen, dass die elektrische Beleuchtung versagt hatte. Wir saßen in dem finsteren riesigen Theater, nur die kleinen roten Lämpchen der Notbeleuchtung erhellten es zaghaft. Ein Witzbold hatte die großartige Idee, Hunderte von Bierfilzen aus den diversen Restaurationsräumlichkeiten zu besorgen, die nun in dem halbdunklen Dämmerschein der roten Notausgangslämpchen vom glanzvollsten Premierenpublikum, das Berlin aufzubieten hatte, vergnügt durch das riesige Gebäude geworfen wurden.

Das Publikum war schon sehr angealbert, als das *8-Uhr Abendblatt* von Zeitungshändlern ins Theater gebracht wurde und reißenden Absatz fand. Trotz des Dämmerlichts konnte man die riesengroßen Lettern der Titelseite lesen: »Georg Kaiser wegen Diebstahl verhaftet! Hat Teppiche, Silber, Bargeld seiner Zimmerwirtin unterschlagen!«

Der 43-jährige Georg Kaiser, der Kaufmann in Buenos Aires gewesen war, war seit 1911 als Dramatiker tätig und wurde der vielseitigste und meistgespielte Bühnenautor des Expressionismus. Trotz hoher Einnahmen aus seinen Stücken geriet er zunehmend in Verschuldung. 1920 wurde er in Berlin verhaftet und wegen Unterschlagung und Betrug angeklagt. Der Prozess im Februar 1921 war eine Sensation. Kaiser wurde zu einem Jahr Gefängnis verurteilt, jedoch bereits im April aus der Haft entlassen. Der Verleger Kiepenheuer hatte die Bürgschaft für Kaisers Schulden übernommen.

Das war genau das, was das Publikum für diese Premiere brauchte! Aber damit nicht genug. Als schließlich durch zahlreiche und nicht geräuschlose Lichtwagen der Decla, wie die UFA damals noch hieß, das Licht im Theater und auf der Bühne wieder funktionierte und die Vorstellung beginnen konnte, sah das Publikum zuerst den getanzten Selbstmord eines androgynen Epheben, der von Hubert von Meyerinck dargestellt wurde. Mehr brauche ich wohl nicht zu sagen. Meyerinck, der ein ausgezeichneter Schauspieler und reizender junger Mann war, hatte leider einen kleinen Sprachfehler. Er konnte kein »eu« aussprechen. Er sagte stattdessen immer »ei«. Und so rief er wiederholt, von meiner Musik untermalt, in klagenden Rufen: »Eiropa! Eiropa! Eiropa!« und stürzte sich ins Meer.

Hubert von Meyerinck begann mit diesem unfreiwillig komischen Auftritt eine glanzvolle Schauspielerkarriere, vor allem als Komiker in mehr als 200 Filmen. Er war 24 Jahre, genau so alt wie Heymann. Kaisers Regieanweisung zu dieser Szene (»an einer Meerbucht«):

> Der nun kommt, ist von seltsamer Kleidung und Haltung: Den hageren Leib behängen weite honiggelbe und mildblaue Gewänder. Weichen Haares überlanges Vlies reicht tief, in müder Trauer fällt der Kopf geneigt. Doch von einer gemessenen Tanzbehändigkeit sind die Glieder belebt: Nach Schritten aus hochgeworfenen Knien Stillstand, die gesondert erhobenen Arme drehen die Schultern. In solchem Wechsel von Rast und Regung erreicht er den Rand des Wassers. Hier kniet er hin. Aus Gemurmel wächst unsäglichen Schmerzes Wort: »Europa!« – schwillt in redseligen Wiederholungen zu wollüstigem Flüstern: »Europa!« – Dann richtet er sich langsam auf. Er starrt über das Wasser, seine Mienen gewinnen Glanz, wie zum Umfangen sind seine Arme hinausgestreckt. Mit Jubelruf bricht es von seinem Munde: »Europa!« – Und ohne Pause den Ruf ausstoßend setzt er – doch leichter und frohlockend jetzt – jenen Tanz fort, in dem er ankam, und steigt in das Wasser. So entfernt er sich und wird von der Flut höher und höher gerissen.

Das Publikum raste inzwischen vor Lachen. Und nun konnte kommen, was wollte, es wurde nur noch gewiehert. Es gab einen waschechten riesigen Theaterskandal, für den es eigentlich keinen wirklichen Grund gab.

Das *Berliner Tageblatt* spielte in seiner kurzen Frühkritik vom 6. November auch auf die Verhaftung Georg Kaisers an:

Hubert von Meyerinck, 1920 (im Stummfilm *Der Mann ohne Namen*).

Am Schluss Plebejerkonzert des Theaterskandals. Dadaistische
»Simultangeräusche«, Klatschen, Trampeln, Zischen, Pfeifen, Tiri-
lieren. Der Regisseur Karl Heinz Martin verschafft sich mühsam Ge-
hör. Er dankt »für die freundliche Aufnahme«. Auch begrüßt er den
Beifall als Zeichen menschlichen Anteils an dem Dichter. Diesen
Anteil nehmen wir. Wir denken mit Schmerz an ein noch ungeklärtes
Menschenschicksal, das einen in jedem Fall Hochbegabten ins
Dunkle stürzt.

Die *BZ am Mittag* brachte am selben Tag neben der Theaterkritik einen
gesonderten Artikel zur Bühnenmusik. Da die Noten verschollen sind,
ist dies der einzige Widerhall, der zumindest eine Ahnung von Heymanns Komposition vermittelt:

Die Musik setzt sehr verheißungsvoll ein, hält sich auf achtbarer
Höhe bis zum Schluss des 3. Bildes, verblasst dann aber stark. Woraus ich entnehme, dass Heymann der Atem für größere Aufgaben
fehlt. Seine *Europa*-Musik hat spielerische Leichtigkeit, ist Ballett-
Musik in höherem Sinn. Stilistisch schwebt ihm vielleicht der *Bürger*

als Edelmann von Richard Strauss vor. Sie ist stark melodisch erfunden, gewürzt mit dem Groben moderner Harmonik. Das orchestrale Gewand ist reich, farbig, leuchtend. Wie bei allen Schauspielmusiken beschränkt sie sich darauf, Vorspiele, Szenenverbindungen, Untermalungen und Unterstreichungen zu geben. Hier konnte sie sich noch ausweiten, ausbreiten auf die vielen Tänze und Balletts, die in die Handlung eingestreut sind. Diese Tänze sind Heymann (seiner Begabung entsprechend) besonders gelungen. Von der musikalischen Ausdeutung der satirisch-ironisch-symbolischen Seite des Kaiser'schen Spiels hat er die Finger gelassen – sehr klug, sonst hätte vielleicht auch ihn der Sturmwind des Zischens und Pfeifens, der auf Stück und Darstellern niederprasselte, zerzaust.

Georg Kaiser hatte *Europa* bereits 1914 in den Tagen der Kriegsbegeisterung geschrieben. Inzwischen war das Stück denkbar unzeitgemäß geworden, wandelte es doch den Europamythos zum Lobpreis eines Kriegsgeistes um, der ganz selbstverständlich die Weltherrschaft beansprucht. König Agenor wartet vergeblich auf Nachricht von seinem Sohn Kadmos, der vor einiger Zeit spurlos verschwunden ist. Um die Erbfolge zu sichern, will Agenor seine Tochter Europa verheiraten, doch die lacht ihre zahlreichen Freier, sämtlich weichliche androgyne Jünglinge wie der Selbstmörder der ersten Szene, ebenso aus, wie Zeus, der sich ihr anfangs als tanzender Jüngling, dann in Gestalt eines Stieres naht. Erst von harten männlichen Kriegern, die ihr Bruder Kadmos geschickt hat, lässt sich Europa faszinieren.

In den Rezensionen wurde nicht nur das Stück verrissen, auch die Darsteller kamen nicht besonders gut weg. Von Heinrich George hieß es, dass die gleichförmig süßliche Weinerlichkeit, mit der er den Agenor gezeichnet habe, sein Können nicht zu offenbaren vermocht hätte, und der Europa der Roma Bahn wurde nicht mehr als ein »karger Reiz« attestiert.

Europa wurde nach vier, fünf Vorstellungen abgesetzt. Wie sehr wir alle mit einem großen Erfolg gerechnet hatten, geht daraus hervor, dass nach der Vorstellung ein festlicher Empfang stattfand, zu dem mein Bruder Hans seine schöne Wohnung und auch beträchtliche Geldmittel zur Verfügung gestellt hatte. Alle waren gekommen und betäubten ihren Gram mit dem herrlichen kalten Büfett und vielen Getränken. Die wurden Heinrich George zum Verhängnis. Er hatte schon während der Vorstellung reichlich getrunken. Ich hatte ihn noch vor den Proben durch einen Verwandten meiner Frau näher kennengelernt. Meine Schwägerin Elly, die Dame des Hauses, die ein wunderschönes seidenglänzendes Pariser Abendkleid trug, ertappte ihn, wie er sich am Büfett mit den Händen aus den aufgebauten Schüsseln riesige Kleckse von Heringssalat, Hummermayonnaise und was es sonst noch Schönes gab auf seinen Teller schaufelte. Sie stellte ihn höflich zur Rede, er haute ihr mit dem überlauten, pathetischen Ausruf »Ha! Bürgerin!« auf das seidenblanke Hinterteil, und es fiel mir gar nicht leicht, sowohl seelisch wie körperlich, ihn aus der Wohnung rauszuschmeißen. Am Ende der Premierenfeier war schließlich jeder mit jedem böse.

Heinrich George war bereits 27 Jahre alt, als er zum ersten Mal in Berlin auftrat. Genau genommen war der Agenor in *Europa* nicht sein Berliner Debüt, er war bereits am 18. September, ebenfalls im Großen Schauspielhaus, in einem Gastspiel der *Jedermann*-Inszenierung Reinhardts als Mammon zu sehen gewesen. Im August waren damit die ersten Salzburger Festspiele eröffnet worden. Nach einem Engagement in Kolberg 1912 und freiwilligem Kriegsdienst hatte George in Dresden und Frankfurt gespielt und sich einen Namen als Protagonist des Expressionismus gemacht. Im April 1920 führte er am Frankfurter Neuen Theater bei Kokoschkas Dramen *Mörder Hoffnung der Frauen* und *Hiob* Regie und wirkte in beiden Stücken auch als Schauspieler mit.

Als musikalischer Autor war dies meine erste Berührung mit dem Theater, und dass ich bis heute nicht den Mut aufgegeben habe, es immer wieder zu versuchen, spricht eigentlich für meinen Optimismus und meine Courage. Die Arbeit an *Europa* hatte für mich schwerwiegende Folgen. Die erste war, dass die Leute um Reinhardt mich bemerkten und mir bald darauf die musikalische Leitung ihres neuen literarischen Kabaretts »Schall und Rauch« anvertrauten. Die zweite ebenfalls sehr wichtige Konsequenz war, dass ein junger Regisseur namens Fritz Wendhausen auf mich aufmerksam wurde. Er hatte mich bei den Proben gesehen, wo ich nicht nur mit großer Energie den Klavierpart gespielt hatte, sondern auch wie ein Verrückter hin und her gerast war, um überall noch etwas zu korrigieren und zu besprechen, und das alles, obwohl ich die ganzen Nächte hindurch gearbeitet hatte.

Ich hatte die Partitur in sechs Wochen geschrieben und zwischendurch auch noch alle Proben selbst geleitet. Ich hätte das nie geschafft, wenn ich nicht auf den Gedanken gekommen wäre, mir eine Diktiermaschine zu kaufen. Dieses Diktafon, das ich mit einem Fußdruck in Gang setzen oder ausschalten konnte, nahm alles auf, was ich bei der Lektüre des Stückes improvisierte, und ermöglichte mir infolgedessen ein sehr schnelles Notieren. Dieses Diktafon spielte später eine große Rolle in meinem Leben, deshalb erwähne ich es hier.

Wendhausen war es, der mich ein Jahr später zu Erich Pommer brachte, womit meine Filmkarriere begann. Sodass eigentlich meine beiden Karrieren, sowohl beim Kabarett als auch beim Film, durch diese Aufführung und meine damit verbundene Arbeit ins Rollen gebracht wurden.

Zu »Schall und Rauch« kam ich durch Rudolf Curtz, einen Bekannten aus dem Café des Westens. Er war Schriftsteller und zusammen mit Hans von Wolzogen als Geschäftsführer des neu gegründeten Kabaretts eingesetzt worden. Es gab drei Leiter des Unternehmens, Heinz Herald – er war ein junger Regisseur am Deutschen Theater – und zwei literarische Leiter, Kurt Tucholsky und Walter Mehring. Zu musikalischen Leitern wurden schließlich Friedrich Hollaender und ich gewählt. Tucholsky war – ebenso wie ich – sehr erstaunt, dass wir uns in diesem Milieu wiedersahen.

Nun wusste ich gar nicht, was Kabarett ist. Ich bekam die ersten Texte, die von Kurt Tucholsky, Walter Mehring und Klabund waren. Ihre Verse waren zwar sehr modern, aber doch ganz anders als Lyrik, wie ich sie bis dahin gekannt hatte.

Ich fing an, mir den Kopf zu zerbrechen: Was eigentlich macht Kabarett aus? Kabarett ist die Sehnsucht, sich selbst einmal auf den Kopf zu steigen oder ganz anders zu sein oder Menschen zu schildern, die ganz anders sind, oder anderen Leuten auf den Kopf zu steigen – das ist dann meistens politisches Kabarett. Die antimilitaristischen Nummern waren damals ebenso aktuell wie heute.

Friedrich Hollaender hatte genauso wenig Lust, Klavier zu spielen, wie ich. Eigentlich war ich ja gar kein Pianist, sondern Geiger (spielte Geige übrigens auch nicht sehr gut). Wir suchten deshalb dringend nach einem richtigen Pianisten.

Durch meinen Vetter Fritz Heymann lernte ich Mischa Spoliansky kennen, der so herrlich Klavier spielte und so entzückend komponierte, dass ich ganz begeistert war. Spoliansky wurde bald unser Dritter im Bunde, denn auch Hollaender war hingerissen von seinem Talent. Wir drei waren ein außerordentlich fideles Völkchen, hatten sehr viel Spaß und haben in der Zeit so viel gelacht wie selten im späteren Leben.

Das Kabarett befand sich im Keller des Großen Schauspielhauses, in einem Raum, der hauptsächlich aus Säulen bestand, was die Sicht auf den meisten Plätzen sehr behinderte. Reinhardt fragte bei der Premiere Lo, wie es ihr gefiele, und sie antwortete ihm darauf mit einem Morgenstern-Zitat: »Eine Bahnhofshalle, nicht für es gebaut!« Er musste sehr lachen.

Unsere Hauptstars waren Gussy Holl, die später die Frau von Emil Jannings wurde, Paul Graetz, der hinreißende Berliner Komiker, später Paul Morgan, Else Ward, Mady Christians, Gustav von Wangenheim und viele andere.

Das Kabarett war für mich ein sehr angenehmer Nebenerwerb. Ich muss allerdings gestehen, dass ich bis dahin von Chansons eigentlich gar keine Ahnung hatte. Vieles, was ich damals schrieb, war musikalisches Neuland in diesem Genre, ebenso wie Friedrich Hollaender ganz neue Töne für das Kabarett fand, die zweifellos nicht ohne Einfluss auf Kurt Weill gewesen sind, dessen *Dreigroschenoper* einige Jahr später, sehr in unserer Nähe am Schiffbauerdamm, überwältigende Erfolge erzielte.

Vor allem war es für mich eine Gelegenheit, endlich ein bisschen Geld zu verdienen. Die Proben und die Aufführungen von *Europa* hatten mich nur Geld gekostet (Diktafon!), aber fast nichts eingebracht, und ich befand mich finanziell in äußerst bedrängten Verhältnissen, als die Ärzte mich mahnten, ich müsse unbedingt mehr auf meine Gesundheit achten, und mir einen mehrmonatigen Aufenthalt in Italien vorschlugen. Meine Lunge war von der Erkrankung aus dem Krieg immer noch angegriffen und außer dem bisschen Erholung in Westerland hatte ich nichts mehr für mich getan – im Gegenteil: Durch die wahnsinnigen Anstrengungen für *Europa* und die Gründungszeit von »Schall und Rauch« hatte ich mit meiner Gesundheit eigentlich va banque gespielt. Aber wie finanziert man einen mehrmonatigen Aufenthalt in Italien?

Vom Streichquartett zum Kabarett

Jetzt geschah ein Wunder. Ich muss dazu ein bisschen ausholen und etwas über die Verhältnisse in Berlin berichten. Heinrich Heine hat einmal geschrieben, es gebe zwei Sorten Ratten: die hungrigen und die satten. Dieser Satz traf auch auf die Bevölkerung Berlins zu. Nur dass die Hungrigen dicht neben den Satten wohnten. Jahrzehnte später ist es leicht, vom Beginn der Inflation zu sprechen. Damals wusste man überhaupt nicht, was das war. Auch dass man Kriege, insbesondere verlorene, bezahlen muss, hatte sich noch nicht herumgesprochen, wie es sich leider auch heute noch nicht überall herumgesprochen hat. Jedenfalls gab es in Berlin sehr viel Elend neben dickem Reichtum, und so gab es eine große Menge hungernder Künstler neben einigen wenigen, denen es großartig ging. Dazu gehörten die Schauspieler und Theaterleute, die das Glück hatten, bei den Amerikanern, die damals in Deutschland Filme machten, arbeiten zu können. Ein amerikanisch-deutsches Konsortium war im Entstehen, das später Par-Ufa-Met hieß, der Name zusammengesetzt aus Paramount, UFA, Metro-Goldwyn-Meyer.

Diese Glückspilze, allen voran Ernst Lubitsch, drehten amerikanisch finanzierte Filme und schwammen im Geld. Zu ihnen gehörte auch der Komiker Jakob Tiedtke. Mit ihm, mit Ernst Lubitsch, mit Friedrich Wilhelm Murnau und vielen anderen der damaligen Väter des deutschen Films saß ich oft am Stammtisch bei »Menz« zusammen.

Ernst Lubitsch war bereits 1913 als Schauspieler zum Film gekommen und führte bald auch Regie. 1918 drehte er *Carmen*, 1919 *Madame Dubarry*, beide mit Pola Negri und Harry Liedtke. *Madame Dubarry* lief unter dem Titel *Passion* so erfolgreich in den USA, dass Lubitsch 1922 mit Pola Negri nach Hollywood engagiert wurde.

Auch Friedrich Wilhelm Murnau war ursprünglich Schauspieler. Vor dem Krieg spielte er an den Reinhardt-Bühnen kleinere Rollen. 1918 drehte er in der Schweiz Propagandafilme für die deutsche Botschaft, 1919 in Berlin *Satanas*, einen Episodenfilm mit Fritz Kortner und Conrad Veidt.

Jakob Tiedtke spielte 1920 in den Lubitsch-Filmen *Kohlhiesels Töchter* – zusammen mit Henny Porten, Emil Jannings und Gustav von Wangenheim –, *Romeo und Julia im Schnee* und *Sumurun* mit Pola Negri.

Eines Tages erwähnte ich, dass ich ein Diktafon besäße. Ernst Lubitsch interessierte sich enorm dafür. Er wollte unbedingt seine Stimme hören und etwas auf die Wachsrollen sprechen, mit denen dieser Apparat bedient wurde. Er kam also eines Abends zu mir und sprach viele und, wie es seine Art war, nicht ganz stubenreine Sätze auf diese Wachsplatten. Eines Tages erzählte ich Jakob Tiedtke davon, und der machte mir einen merkwürdigen Vorschlag. Ich sollte ihm die Platten, auf die Lubitsch seinen Quatsch gesprochen hatte, verkaufen, und das Diktafon dazu. Außerdem musste ich ihm zeigen, wie man das Gerät bedient. Er wollte einer ihm nahestehenden Dame einmal gründlich die Meinung sagen, und die ließ ihn normalerweise wohl nicht zu Wort kommen. Tiedtke sprach also eine wüste Beschimpfung der besagten Dame auf eine Platte – der freundlichste Ausdruck war ungefähr »Du Bestie!« –, alles wurde zusammengepackt und von Tiedtke im Triumph nach Hause getragen. Für das alles zahlte mir Tiedtke – o Wunder über Wunder! – 2000 Mark. Damit war meine Italienreise finanziert.

Ich fuhr also mit Lo Anfang 1921 vergnügt gen Süden und lebte drei Monate lang auf Capri in einem Fischerhäuschen, nährte mich hauptsächlich von Spaghetti, Ölsardinen und harten Eiern, trank dazu Rotwein und erholte mich prächtig. Das unvergessliche Erlebnis des Meeres, das blau zwischen den Felsen zischte, das ebenfalls große Erlebnis der ersten Bekanntschaft mit Jazzplatten, die mir dort von Amerikanern vorgespielt wurden: Beides trug dazu bei, mich musikalisch zu einem Streichquartett zu inspirieren, dessen dritter Satz (»Il Forestieri«, die Fremden, mit dem Untertitel »Capriccio Caprese«) ein reiner Jazzsatz war. Ich habe dieses Streichquartett zum größten Teil am Strand geschrieben, ohne Klavier, ohne jede Kontrolle, aber mit unermüdlicher Begeisterung. Das

Streichquartett ist schließlich doch die reinste Form der Musik, weil eben nur die nackten Tatsachen da sind und nicht mit Schlagzeug, Becken und Arpeggio verkleidet werden.

Große Freude machte mir der Besuch von zwei Freunden, die mir nachgereist waren: die Dichter Rudolf Leonhard und Klabund. Klabund war Sohn eines Apothekers, sollte ursprünglich Insektenkunde studieren und hatte sich darüber einiges Wissen angeeignet, das er mit großer Freude und sehr unappetitlichen Details – über Schlupfwespen zum Beispiel – servierte, obwohl meine Frau und ich keine großen Insektenfreunde waren.

Eines Tages erschien früh am Morgen – wir lagen noch im Bett – Klabund bei uns, um sich zu verabschieden, weil er für mehrere Wochen nach Positano fuhr. Als wir uns hinterher waschen wollten, fanden wir einen riesigen, grauenhaften Käfer in unserer Waschschüssel. Wir konnten ihn vor seiner Abfahrt noch telefonisch beschimpfen. Am nächsten Tag kam eine Karte mit einem Gedicht:

Der Strudelwurm

Der Strudelwurm hat's gut.
Wenn er heiraten will,
Heiratet er einfach: *Sich*,
Er verliebt sich in Sich,
Er verlobt sich mit Sich,
Er geht mit Sich schlafen.
Wie kringelt er sich (Heissa!) in der Brautnacht,
Der längst erwünschten!
Nach neun Monaten teilt er sich einfach
Mittendurch
Und ist: *Zwei*.
Mutter und Kind,
Vater und Kind.

Empfindsamen Gemütern, die nicht einmal einen kleinen Käfer in der Waschschüssel vertragen können, herzlichst zugeeignet, Klabund.

Ich möchte hierzu nur bemerken, dass der kleine Käfer etwa zehn Zentimeter lang war.

Rudolf Leonhards Reaktion auf Klabunds Insektenberichte war ein Gedicht, das mit den Worten begann:

Küss mich noch einmal,
damit ich nicht weiß,
dass Skorpione einander begegnen,
und dass Schlupfwespen ihre Eier
in zuckende Raupen legen.

Klabund, damals dreißig Jahre alt, war mit sechzehn an Tuberkulose erkrankt und wurde dadurch zum rastlos Schreibenden. Von 1912 bis zu seinem Tod in Davos 1928 veröffentlichte er 76 Bücher. Seine Krankheit zwang ihn zu häufigen Erholungsaufenthalten in den Alpen oder in Italien. Seine ersten Gedichte in Alfred Kerrs Zeitschrift *Pan* brachten ihm eine Verurteilung ein, das Gericht erkannte sie als »grob und unzüchtig«.

Im Frühsommer 1917 veröffentlichte er in der *Neuen Zürcher Zeitung* einen »Offenen Brief an Kaiser Wilhelm II.«, im April 1919 war er als Mitverschwörer der Münchner Räterepublik verdächtigt und vorübergehend verhaftet worden. »Der Strudelwurm« erschien 1927 in Klabunds *Die Harfenjule*.

Rudolf Leonhard, ein paar Monate älter als Klabund, war Jurist und hatte 1914 unter dem Titel *Über den Schlachten* einen Band Kriegsgedichte veröffentlicht, »im Taumel der ersten Wochen geschrieben«, nachdem er sich als Freiwilliger gemeldet hatte, aber nicht genommen worden war und sich ausgegrenzt fühlte. Leonhard war wie viele andere im Laufe des Krieges zum bedingungslosen Pazifisten geworden. Sein Drama *Die Vorhölle*, eines der ersten Antikriegsstücke, wurde im März 1919 in Berlin uraufgeführt. 1921 veröffentlichte er *Spartakussonette*, »der russischen Sowjetrepublik gewidmet«. Seine Reise nach Capri war wohl eine Flucht vor politischen und persönlichen Enttäuschungen. Die dort entstandenen Gedichte veröffentlichte er 1923 unter dem Titel *Die Insel* mit der Widmung »meinen Reisegefährten Werner und Lo«. Von Schlupfwespen ist in den Gedichten allerdings nicht die Rede, nur von Smaragdeidechsen.

Den Februar, März und April verbrachten wir auf Capri. Als wir auf der Rückreise durch Rom kamen, war 1. Mai, die Kastanien blühten, die öffentlichen Verkehrsmittel streikten, wir hatten kein

Geld und wanderten drei Tage durch die Stadt, um wenigstens etwas von ihr zu sehen. Dann stiegen wir in einen Zug und hofften, glatt nach Berlin fahren zu können. Aber um diese Zeit waren bereits die ersten faschistischen Unruhen im Gange. Irgendwo in Tirol wurde gestreikt, weil ein Lehrer seines Amtes enthoben worden war. Der Zug blieb einfach stehen, gleichzeitig kam ein furchtbarer Wettersturz. Wir waren bald völlig eingeschneit und ohne Heizung. Zuerst amüsierte uns der Schnee nach all dem Süden, bis meiner Frau, die auf Winter nicht eingerichtet war, die Füße einzufrieren begannen.

Ich hatte mich für die Reise mit Kriminalromanen ausgerüstet und ein Herr, der im selben Abteil saß, kam mit mir darüber ins Gespräch. Wir tauschten lange und gelehrte Debatten über die Meriten einiger Kriminalschriftsteller aus, denn dieser Herr, der sehr gelehrt und belesen schien, las ebenso gern Kriminalromane wie ich. Irgendwie kamen wir dabei auch auf Musik, und ich habe in einer halben Stunde von diesem Mann mehr über Musik gelernt als vorher in Jahrzehnten.

Schließlich saßen wir, schlotternd vor Kälte, bis an die Nasenspitze in Schals, Bademäntel, Reisedecken und er in Pelze gehüllt, in dem Abteil über ein Notenblatt gebeugt und gaben uns gegenseitig mit zitternden Fingern musikalische Aufgaben, die wir beide sehr gut lösten. Unsere gegenseitige Hochachtung wuchs von Minute zu Minute. Als dann noch der Zugschaffner, der an unserem Abteil vorbeikam, den Herrn mit »Commendatore« anredete und mit geradezu sklavischer Unterwürfigkeit und Ehrfurcht behandelte, kannte meine Neugier keine Grenzen mehr und ich fragte ihn rundheraus, wer er sei. »Ferruccio Busoni«, war die Antwort. Busoni galt nicht nur als der größte Pianist seiner Zeit, er war nebenbei auch ein äußerst beachtenswerter Komponist und einer der einflussreichsten Musikschriftsteller.

Als ich mich, von dem Schreck noch nicht erholt, nun meinerseits vorstellte, erzählte er mir, dass er, von einer Tournee durch Amerika zurückgekehrt, auf seinem Flügel ganze Berge von Manuskripten und Neuerscheinungen vorgefunden habe, die man ihm zur Begutachtung geschickt hatte, und dass er sich aus dem, wie er sagte, mannshohen Haufen schließlich zwei Werke als besonders bemerkenswert herausgesucht habe. Ein Werk von Leoš Janáček und meine *Rhapsodische Sinfonie*. Meine Freude kannte keine Grenzen mehr. Leider wurde er kurz darauf, weil sich die Weiterfahrt endlos verzögerte, aus dem Zug komplimentiert und ich habe ihn nie wiedergesehen.

Am 14. Mai 1921 schrieb Busoni aus Berlin an den befreundeten Schweizer Dirigenten Volkmar Andreae, seit 1914 Direktor des Konservatoriums in Zürich:

> Ich komme aus Rom, wo es mir gut erging und ich zum Commendatore erhoben wurde. Die Rückreise litt an Unterbrechungen und Hindernissen durch einen Streik in Tirol. In einer Hütte auf dem Brenner, mitten im Schnee, ergab sich die unerwartete Gelegenheit, eine Kontrapunktstunde zu erteilen. Der junge Reise- und Leidensgenosse Heimann [sic!], ein sehr begabter Komponist, beschwor – durch Fragen – die Situation herbei. Notenpapier und Bleistifte wurden herausgeholt, und ich weihte den Jünger in die Geheimnisse der Symmetrischen Umkehrung ein. Ich kam nach sechs Tagen hier an, um noch rechtzeitig die letzten Vorbereitungen zu meinen Opern zu überwachen.

Busoni, damals 55 Jahre alt, lebte seit 1894 in Berlin, war aber 1915 wegen des Krieges nach Zürich gezogen. 1920 kehrte er nach Berlin zurück und übernahm eine Meisterklasse an der Akademie der Künste. Zu den fünf Schülern, die er auswählte, gehörte Kurt Weill. Am 15. Mai 1921 hatten in der Berliner Staatsoper seine Opern *Turandot* und *Arlecchino* Premiere.

Bereits in einer 1933 erschienenen englischen Biografie Busonis wird die Begegnung mit dem jungen Komponisten erwähnt. Der Brief an Andreae wurde erstmals 1987 in englischer Übersetzung von dem Busoni-Forscher Antony Beaumont veröffentlicht. Weil Busoni Heymanns Namen falsch geschrieben hat, vermutete Beaumont, der »sehr begabte Komponist« sei ein nicht zu identifizierender Verwandter von Busonis Freund, dem Schriftsteller Moritz Heimann, gewesen, so auch in der deutschen Ausgabe der Briefe.

Als wir endlich in Salzburg ankamen, war mein Geld fast auf null zusammengeschmolzen, aber ich ließ es mir nicht nehmen, mit der kleinen Bimmelbahn, die erst in den Fünfzigerjahren ihre Existenz aufgab, an die Salzburger Seen zu fahren. Als ich in St. Gilgen einen kleinen Spaziergang machte und den Blick auf den Wolfgangsee genoss, konnte ich nur noch ausrufen: »Gott, hat's der Mozart leicht gehabt!« Es ist wohl das Schönste, was ich an Landschaft kenne, und wenn das Wetter nicht immer so schlecht wäre, könnte es herrlich sein, dort zu leben.

Wir landeten in Scharfling in einem kleinen Dorfgasthaus und dort war das Geld endgültig alle. Ich schrieb wahllos an alle möglichen Bekannten, hoffte von irgendwoher auf Hilfe. Das Hotel gab mir liebenswürdigerweise unbesehen Kredit, wir lebten wochenlang auf Pump, bis schließlich ein Brief von meinem Bruder Hans eintraf, in dem er mir mitteilte, dass er in Bad Gastein sei und auf der Rückreise durch Salzburg kommen würde. Ich hatte durch Max Reinhardt inzwischen einige Salzburger Honoratioren kennengelernt, unter ihnen Stefan Zweig. Als ich dem erzählte, dass ich ein Streichquartett fertiggestellt hätte (ich hatte es am Mondsee beenden können), bot er an, es zur Uraufführung zu bringen. Er nahm das Manuskript, eilte damit zum Mozarteum. Vier Professoren spielten es am 26. Juni 1921 in dem entzückenden Schlösschen von Stefan Zweig auf dem Kapuzinerberg hoch über Salzburg. Die erste Geige spielte Bernhard Paumgartner. Es war eine wunderbare Mondnacht und sommerlich warm, Kerzen brannten. Mein Bruder Hans war auch anwesend, auf meine Fürsprache hin war er eingeladen worden. Er hatte an diesem Tag Geburtstag, war deshalb sehr gerührt, löste mich aus der Schuldknechtschaft der unbezahlten Hotelrechnungen und gab mir das Geld für die Rückreise nach Berlin.

Bevor ich nach Capri gefahren war, hatte ich in Berlin meine Wohnung aufgegeben. Gott sei Dank hatte Trude Hesterberg eine Bodenkammer frei, in der zwei Betten standen. Dort wurden Lo und ich einstweilen einquartiert.

Es gelang mir, das Streichquartett in den Kammermusikabenden des »Anbruch« zur Aufführung zu bringen, sozusagen zur öffentlichen Uraufführung.

Im Februar 1922 schrieb der Berliner Berichterstatter der *Neuen Zeitschrift für Musik*, der sechzigjährige Bruno Schrader, Schüler von Franz Liszt und als Musikschriftsteller seit 1908 in Berlin tätig, über das Konzert, das vermutlich im Januar 1922 stattgefunden hat:

Stefan Zweigs Salzburger Haus, in dem am 26. Juni 1921
Heymanns Streichquartett uraufgeführt wurde.

Der Anbruch hob mit seinem ausgezeichneten Streichquartette (Boris Kroyt und Genossen) ein Werk von W. R. Heymann aus der Taufe. Es ist gewandt, im ersten Satz aber etwas orchestral geschrieben. Der zweite, ein Intermezzo melancolico, ist stark und innerlich empfunden; der dritte, ein Capriccio caprese, der beste – ein feines, leichtbeschwingtes Stück. Als Finale tritt ein Largo auf, das frühere Hauptgedanken rekapituliert.

Von Prestige allein kann man nicht satt werden, und ich schrieb weiter hin und wieder ein Chanson für dieses oder jenes Kabarett – um diese Zeit schossen ja überall Kabaretts aus dem Boden –, darunter mehrere Nummern für Rosa Valetti und ihren Bruder Hermann Vallentin.

Aus Neubabelsberg kam Ende April 1922 ein Anruf von Erich Pommer, der mich auf Empfehlung von Fritz Wendhausen als Musiker für den Film engagieren wollte. Pommer hatte eine für die Zeit des Stummfilms weit vorausahnende Idee. Er wollte, dass die Musik, die später den Film begleiten sollte, schon während der Dreharbeiten gewissermaßen improvisiert entstünde. Deshalb sollte der Komponist im Atelier anwesend sein und ungefähr das improvisieren, was später zum Film erklingen würde.

Wir zogen nach Neubabelsberg, lebten in einem Gasthof, und ich arbeitete den ganzen Tag im Atelier. Die Bezahlung war zuerst ganz gut, wurde aber durch die einsetzende Geldentwertung bald gegenstandslos. Unser Haushalt hatte sich inzwischen um einen braunen Pudel namens Lumpi bereichert.

Der Film, den ich für Erich Pommer musikalisch betreuen sollte, war ein balladesker Film mit dem Titel *Der steinerne Reiter*. Er lehnte sich an die deutsche Sagentradition an, hatte auch einige übernatürliche Elemente und passte sehr gut in das Milieu, aus dem später *Die Nibelungen* und viele andere Filme der Pommer-Produktion entstehen sollten. Pommer selbst war eine merkwürdige Mischung aus Kaufmann und Künstler. Er war beim Militär irgendwie mit dem Film in Berührung gekommen und hatte sich in dieses Kunstgenre verliebt. Mit der ganzen Ungeniertheit des Dilettanten wagte er Dinge, die kein gewiefter Hase vom Bau je gewagt hätte, und mit der ganzen Frische der Unbekümmertheit löste er spielend Probleme, die andere überhaupt nicht hätten lösen können. Seine unheimliche Intelligenz, die merkwürdig zu seiner verhältnismäßig geringen Bildung kontrastierte (er eignete sich Bildung später in reichstem Maße an), befähigte ihn zu unerwarteten Entschlüssen und Handlungen. So war auch mein Engagement eigentlich ein Vorausahnen des Tonfilms, der noch gar nicht erfunden war.

1933, zu Beginn seines Pariser Exils, gab Heymann der Filmwochenschrift *Pour Vous* ein Interview, in dem er diese Arbeit genauer beschrieb:

Erich Pommer, mit dem ich seit Langem zusammenarbeitete, hatte überraschenderweise den Tonfilm vorausgeahnt. Im Jahr 1922 verwirklichte er einen stummen Film, der prophetisch wurde. Ich wohnte allen Aufnahmen bei, und vor dem Piano, das man ins Studio verbracht hatte, komponierte ich die Musik jeder Szene, während sie gekurbelt wurde. Ich glaube nicht, dass diese Art zu arbeiten je anderswo praktiziert wurde ...

Pommer und ich sind in der Tat der Ansicht, dass die Musik dem Film genauso einverleibt werden muss wie das Licht oder die Dekors. Unterdrückt man das Licht oder die Dekors, so gibt es keinen Film mehr: Unterdrückt man die Musik, muss es ebenso sein!

Was für mich sehr wichtig war: Ich lernte bei dieser Gelegenheit sehr viele meiner späteren Mitarbeiter kennen. Da waren zuerst

Rudolf Klein-Rogge und Lucie Mannheim (zu Pferde) im Stummfilm *Der steinerne Reiter*, 1922.

die Atelierarbeiter, die Beleuchter, die Architekten (die Ausstattung des *Steinernen Reiter* besorgten Robert Herlth und Walter Röhrig). Aber der interessanteste von all meinen Kollegen war ein Mann namens Carl Hoffmann.

Er war eigentlich von Hause aus nichts als ein Fotograf und wurde später Kameramann. Wie oft im deutschen Kunstgeschehen erlebte man bei ihm den Fall eines biederen Handwerkers, der durch sein Können zum Künstler wird, wie wir es bei Riemenschneider, bei den Brüdern Asam, bei Pacher und vielen anderen kennen. Carl Hoffmann wurde der geniale Erfinder der Filmfotografie, und zwar er ganz allein. Er war ein heiteres, sehr lustiges, auch trinkfreudiges Männchen, dessen angeborenes Genie, von keiner profunden Sachkenntnis getrübt, einfach alle Hindernisse überwand, sodass ich ihn als den eigentlichen Schöpfer der modernen Filmkamerakunst betrachten möchte. Sein Sohn, der Filmregisseur Kurt Hoffmann, folgte nach dem Krieg des Vaters Spuren.

Pommers hervorragendste Fähigkeit war die, Talente zu entdecken und zu fördern. Er nahm irgendeinen vielversprechenden jungen Mann und ließ ihn bei sich lernen. Er betraute irgendeinen ihm befähigt erscheinenden Menschen mit Aufgaben, die seine momentanen Fähigkeiten weit überstiegen und erzog sich damit einen kompetenten und gleichzeitig sehr ergebenen Mitarbeiter. Dieses Talent brachte es mit sich, dass Pommer immer einen Stab treuer Paladine um sich hatte. Als dieser Stab später durch Hitler – und zum Teil durch Pommers eigenen Hochmut – auseinanderflog, war es mit seiner Karriere vorbei. Als er dazu überging, nur noch an sich und nicht mehr an die Produktion zu denken, litten auch seine schöpferischen Fähigkeiten darunter.

Als ich ihn kennenlernte, war er ein lustiger, verhältnismäßig junger Mann, der von Einfällen übersprudelte und ununterbrochen alle Menschen in seiner Umgebung belehrte und beriet – und gut belehrte und beriet.

Als die Mark nach der Ermordung Rathenaus ins Bodenlose stürzte und ein Kantinenessen, das gestern noch eine Mark gekostet hatte, am nächsten hundert kostete und wir infolgedessen mit den uns gezahlten Gehältern nicht mehr auskommen konnten, verschloss sich Pommer, bei dem ich sowieso ein sehr niedriges Gehalt hatte, jeder logischen Überlegung.

Ich muss dazu sagen, dass man sich damals über Inflation noch keine Gedanken machte. Wir hörten davon, dass der Dollar stieg oder fiel, wussten aber eigentlich nur, dass wir für ein Brötchen bald hundert, schließlich tausend Mark zahlen mussten. Wenn wir Geld bekamen, rasten wir los und kauften im nächsten Laden zu essen ein. Wartete man, war das Geld inzwischen um ein Mehrfaches entwertet. Meine Frau hatte ein von ihr geerbtes Mietshaus in Berlin verkauft. Als sie mit dem Erlös aus diesem mehrstöckigen Haus gerade noch ein blaues Kostüm kaufen konnte, wussten wir ungefähr, woran wir waren.

Pommer erklärte, Vertrag sei Vertrag und war von diesem Standpunkt nicht abzubringen. Als ich schließlich drohte, die Arbeit zu verweigern, erklärte er mir, in diesem Fall würde er sämtliche gezahlten Vorschüsse zurückverlangen. Ich rechnete mir aus, dass das auf zehn Dollar kommen würde. Es waren zwar Tausende und Abertausende von Mark, aber umgerechnet waren es nur zehn Dollar. Ich besorgte sie mir von irgendwo und zahlte sie Pommer lächelnd zurück. Damit war die jahrzehntelange Freundschaft, die uns später miteinander verbinden sollte, erst einmal auf das Heftigste unterbrochen.

Ich habe mich oft gefragt, wie das möglich war, und bin zu einem merkwürdigen Resultat gekommen, konnte mir das aber erst viel später erklären. Pommer, der nie in seinem Leben auch nur die kleinste Unregelmäßigkeit oder irgendeine Ungerechtigkeit geduldet hätte, war zu allem fähig, wenn er sich hinter den Interessen der »Firma«, in diesem Fall der Eclair, verschanzen konnte. Ich habe überhaupt gefunden, dass Verbrechen geschäftlicher Natur ohne Weiteres begangen werden, wenn sie im Namen der »Firma« begangen werden können. Auch später in Amerika habe ich beispiellose Gemeinheiten erlebt, zu denen der jeweilige Täter als Privatmann niemals imstande gewesen wäre und die er auch nicht gutgeheißen hätte, die aber, da sie im Namen der »Firma« nötig schienen, ohne Weiteres durchgeführt wurden. Ob das auch für die uns immer noch unverständlichen Zustände unter Hitler zutrifft?

Obwohl ich mit der Herstellung eines Films eigentlich nichts zu tun hatte, lernte ich doch sehr viel bei meiner Tätigkeit für Pommer. Es wurde mir klar, wie ein Drehbuch in Szenen eingeteilt werden muss, wie die einzelnen Szenen wieder nach Einstellungen gruppiert werden und wie diese Einstellungen vom Gesichtspunkt der vorhandenen Dekoration, der bereits aufgestellten Kamera, des bereits arrangierten Lichts zu Komplexen geordnet werden. Ich lernte die einzelnen Arbeitsgänge aus nächster Nähe kennen und war dadurch für meinen späteren Beruf als Filmkomponist einigermaßen vorbereitet. Ich verstand, wie das bei allen Berufen nötig ist, die Grundlagen des Handwerks. Das ist sehr wichtig, bevor man in diesem Handwerk zum Künstler zu werden versucht. Die Tatsache, dass die alten Meister ihre Farben selber rieben, ihre Leinwand selber aussuchten, über die Qualität des Holzes Bescheid zu wissen hatten, wenn sie schnitzen oder auch auf Holz malen wollten, all das hat nicht ohne Grund zu den Meisterleistungen geführt, die wir heute bewundern.

Die Arbeit beim Film war außerordentlich anstrengend und vergnüglich zugleich. Wendhausen gab das Signal zum Beginn der Aufnahme durch Abschießen einer Pistole und ritt außerdem den ganzen Tag auf einem ihm nicht immer gehorchenden Pferd in der Gegend herum, und je betrunkener er wurde, umso weniger parierte das Pferd. Wir tranken den ganzen Tag. Das war damals eine Berufskrankheit beim Film. Es gab ein Getränk, das Decla-Sekt genannt wurde, und im Wesentlichen aus Zitronenlimonade, Sekt, Steinhäger und Zucker bestand – eine Art individuelle »Kalte Ente«, auch etwas Mosel war dabei. Wir tranken es in rauen Mengen vom frühen Morgen bis zum Schluss der Aufnahmen.

Einmal kam ein furchtbares Unwetter und fegte sämtliche Dekorationen, die im Freien aufgebaut waren, vom Erdboden. Die Dreharbeiten mussten für Wochen unterbrochen werden, und in dieser Zeit wurde meine finanzielle Situation vollends unhaltbar, bis es zum Bruch mit Pommer und seiner Eclair-Gesellschaft kam, die später als UFA wieder auferstehen sollte.

Da meine Tätigkeit in Neubabelsberg beendet war, zog ich wieder nach Berlin in die Bodenkammer von Trude Hesterberg, die eifrig dabei war, ihr Kabarett »Die Wilde Bühne« aufzubauen. Ein Kabarettdirektor zu sein ist eine ganz besondere Wissenschaft, die Trude Hesterberg erst lernen musste, und ich lernte dabei mit. Wenn man einen passenden Saal gefunden hat, finanziert man das Unternehmen dadurch, dass man einen Pächter hineinsetzt, der für Speisen und Getränke sorgt. So ein Pächter muss erst einmal die Einrichtung des Saales finanzieren, das heißt, es müssen eine Bar aufgebaut, die notwendigen Leitungen für Bier, Druckluft, Wasser gelegt werden, Kästen für Eis, Gläser, Geschirr, Besteck, vor allem Stühle müssen angeschafft werden. Dazu verbindet man sich am besten mit einer Brauerei. Die Brauerei stellt das alles normalerweise gegen einen Exklusivvertrag und die damit verbundenen Umsatzmöglichkeiten. Es dauerte wochenlang, bis schließlich der präsumtive Pächter – ich glaube, es war in diesem Fall Schultheiss/Patzenhofer – überredet war, in das Unternehmen gewissermaßen mit einzusteigen. Dazu mussten wir manchmal sogar für einen Brauereibesitzer oder dessen Verwaltungsdirektor Probe spielen.

Es war eine aufregende Zeit, denn Trude Hesterberg hatte wenig Geld, und schon gar keines für die Bestuhlung eines Raumes. Schon das Finden einer geeigneten Lokalität war nicht leicht. Wir fanden einen Keller im Theater des Westens, damals ein sehr gut gehendes Operettentheater. Von den Operettenbesuchern, die keinen Platz mehr gefunden hatten, profitierten wir dann später auch.

Trude Hesterberg meint in ihren 1971 veröffentlichten Memoiren, Heymann sei, während sie »Die Wilde Bühne« vorbereitete, zur Uraufführung seiner Sinfonie in Wien gewesen, aber rechtzeitig zur Eröffnung

»mit einer Riesenportion Selbstbewusstsein und mit einer neuen Frau, die etwas sehr blond und etwas sehr mager war« nach Berlin zurückgekommen. Sie verwechselt das mit der Uraufführung des Streichquartetts bei Stefan Zweig im Juni, die den 25-jährigen Heymann allerdings nicht weniger erfolgsbewusst gemacht haben wird.

Ebenso irrt sie mit Heymanns »neuer Frau«, die kam erst zehn Jahre später. Wenn, wie Trude Hesterberg des Weiteren erzählt, Heymann »und auch ›Madame‹ versuchten, in unser Team Breschen zu schlagen, indem sie uns einredeten, alles besser zu wissen«, dann muss es sich um Lo gehandelt haben. »Das trieben wir ihnen schnellstens aus«, fährt Trude Hesterberg fort, »indem ich Hausverbot für alle Verwandtschaften ersten und zweiten Grades erließ. Sein Selbstbewusstsein ließen wir ihm, solange es nicht über die Ufer trat. Diesen Pegelstand überschritt er noch ein paar Mal, aber er scheiterte an unserem eisernen Willen, keine diktatorischen Einzelgänger zuzulassen, und dann war er so großartig und einmalig, dass die Wilde Bühne ohne ihn nie dieses musikalische Gesicht bekommen hätte.«

Eröffnet wurde »Die Wilde Bühne« im September 1921.

Kabarett wird oft als Kleinkunst bezeichnet, man müsste es eigentlich »Kurzkunst« nennen. Man hat nämlich beim Kabarett keine Zeit. Das wesentlichste Merkmal der Dichtung und Musik fürs Kabarett scheint mir zu sein, dass man mitten hineinspringen muss, dass man keine Zeit hat vorzubereiten, sondern mit beiden Füßen sofort in der zu beschreibenden oder zu erlebenden dramatischen Situation drin sein muss. Das gilt für den Darsteller wie für den schaffenden Künstler. Wenn Frank Wedekind dichtet »Ich war ein Kind von fünfzehn Jahren, ein reines, unschuldsvolles Kind ...«, dann ist das alles, was er sagen kann. Er kann nicht umständlich erzählen, ob das Kind gut erzogen oder schlecht erzogen ist, ob es aus einem reichen oder armen Milieu kommt, ob es blond oder braun ist, sondern es wird sofort um den Leib gefasst und ihm wird auch gleich was ins Ohr geflüstert. Diese Plötzlichkeit, die Unmittelbarkeit ist der große Vorzug, aber auch die große Schwierigkeit jedes Chansons.

Zum Personal eines Kabaretts gehören nicht nur die darstellenden Künstler, sondern auch Vorhangzieher, Beleuchter, Garderobieren, Kassierer. Viele dieser Funktionen erfüllten wir in Personalunion.

(Trude Hesterberg an der Abendkasse muss man erlebt haben!!!) Ansonsten waren es fast immer Leute, die das als Nebenberuf ausübten und ihre freien Abende gegen ein bescheidenes Entgelt der guten Sache zum Opfer brachten. Unser Vorhangzieher zum Beispiel war tagsüber Totengräber. Das kam uns einmal sehr zustatten. Als Wilhelm Bendow, genannt Lieschen, im Weihnachtsprogramm einen Engel darstellen sollte, der in der einen Hand eine Reisetasche mit politisch aktuellen Dingen, in der anderen einen Palmwedel halten sollte, versorgte er uns täglich mit frischen Palmzweigen, die er offenbar von einem Grab gestohlen hatte.

Trude Hesterberg, die außerordentliche pädagogische Fähigkeiten besaß, entdeckte im Übrigen fast täglich neue Typen, neue Gesichter, neue Talente, neue Dichter, neue Komponisten, und sie hatte ein offenes Ohr für jeden, der irgendeinen interessanten Vorschlag machte, der aus dem Rahmen fiel. So kam es, dass Joachim Ringelnatz, Kate Kühl, Annemarie Hase bei uns zuerst auftraten und allmählich in die großen Rollen hineinwuchsen, die sie in der Entwicklung des deutschen Kabaretts spielen sollten.

Eines Tages brachten mir irgendwelche Leute einen merkwürdigen Mann mit tiefen Stirnfransen, der eine Ballade »Vom Mörder Apfelböck« zu einer Klampfe vortrug. Ich schleppte ihn sehr erschüttert sofort zu Trude Hesterberg und wir hatten auf diese Weise Bert Brecht entdeckt, den bis dahin noch kein Mensch kannte.

Brecht war im November 1921 nach Berlin gekommen, um einen Verleger für sein Stück *Trommeln in der Nacht* zu finden, das auf Empfehlung Feuchtwangers von den Münchner Kammerspielen zur Uraufführung angenommen worden war.

In seinem Tagebuch vermerkte Brecht am 23. Dezember 1921: »Zarek schleppt mich zur Hesterberg, und ich schließe ab für sechs Tage (500 Mark). Ich singe auf der Wilden Bühne Soldatenballaden.« Otto Zarek war ein Dramaturg und Schriftsteller, den Brecht im theaterhistorischen Seminar der Münchner Universität kennengelernt hatte.

Nach Trude Hesterbergs Erinnerung hat Walter Mehring – und nicht Heymann – ihr Brecht »persönlich angebracht«. Wer von den dreien Brecht nun tatsächlich »entdeckt« hat, lässt sich kaum mehr feststellen. Wahrscheinlich waren alle drei irgendwie beteiligt. Jedenfalls trug Brecht im Januar 1922 in der Wilden Bühne seine »Ballade vom Jakob Apfelböck« vor, die Geschichte eines Knaben, der seine Eltern umgebracht hat, ihre Leichen in einen Schrank sperrt und dort verwesen lässt:

> Und als sie fragten, warum er's getan
> Sprach Jakob Apfelböck: Ich weiß es nicht.

Danach gab Brecht noch »Die Ballade vom toten Soldaten« zum Besten, dessen verweste Leiche im vierten Kriegsjahr wieder ausgegraben wird, weil dem Kaiser die Soldaten ausgegangen sind.
Der Auftritt endete im Tumult des Publikums. Trude Hesterberg:

> Ich musste notgedrungen den Vorhang fallen lassen, um dem Radau ein Ende zu machen, und Walter Mehring ging vor den Vorhang und sagte jene bedeutsamen Worte: »Meine Damen, meine Herren, das war eine große Blamage, aber nicht für den Dichter, sondern für Sie! Und Sie werden sich noch eines Tages rühmen, dass Sie dabei gewesen sind!« Ich glaube nicht, dass sich je einer gerühmt hat, denn es war zufällig, und das hatten wir damals alle vergessen, die »Grüne Woche« in Berlin. Also waren es weder Brecht noch seine Texte, noch seine Musik. Schuld an dem Skandal waren lediglich die Herren mit dem ach so beliebten Gamsbart am Hut.

Ob die weiteren Abende dieses Skandals wegen annulliert wurden, ist nicht ganz klar. Dass Brecht nicht wie vereinbart an sechs Abenden aufgetreten ist, könnte auch an seiner angegriffenen Gesundheit gelegen haben. Denn am 23. Januar musste er wegen einer Nierenerkrankung in die Charité eingeliefert werden. Im November 1922 erhielt er für seine noch unveröffentlichten Dramen den Kleist-Preis.

Kurt Gerron kam direkt von der gynäkologischen Abteilung der Universität zu uns und trug mit seinen, wie wir immer sagten, »Gebärfingern« schauerliche Balladen vor. Unsere Dichter waren hauptsächlich Mehring und Tucholsky, zu denen sich Klabund und ein alter Journalist namens Leo Heller gesellten.
Schließlich stieß noch Friedrich Hollaender zu uns und brachte ein merkwürdiges junges Mädchen mit, der er ein herrliches Repertoire gedichtet und komponiert hat: Blandine Ebinger. Hollaender war nämlich inzwischen auch unter die Dichter gegangen und komponierte seine eigenen Texte, die mindestens so gut und originell waren wie seine Musik.

Blandine Ebinger trug in der Wilden Bühne Hollaenders »Lieder eines armen Mädchens« vor, Chansons um die Kunstfigur Lieschen Puderbach, für die wohl die androgyne Else Lasker-Schüler und der schwindsüchtige Klabund Vorbild waren.

Unter diesen Umständen war es nicht verwunderlich, dass »Die Wilde Bühne« sich allmählich ein Stammpublikum erwarb und auch von der Kritik mehr und mehr beachtet wurde. Es kam so weit, dass nicht wenige mehrmals im Monat zu uns kamen, zumal wir auch dauernd neue Nummern einschoben und ausprobierten. Wir hatten fast jeden Monat ein völlig neues Programm, in dem wir immer stärker auf aktuelle Dinge eingingen. Die wichtigsten Journalisten der Stadt waren wochenlang beinahe allabendlich bei uns, und viele Freundschaften mit Berliner Journalisten verdanke ich der Tatsache, dass ich in diesem Lokal Klavier spielte. Denn ich musste jeden Abend am Klavier sitzen, was mir in Anbetracht meiner geringen pianistischen Fähigkeiten gar nicht leichtfiel, und es hat lange, lange Zeit gedauert, bis endlich Hollaender und ich, die wir beide nicht sehr gerne auf dem Podium begleiteten, einen Pianisten engagieren durften.

Die monatlich wechselnden Programme hatten manchmal bis zu zwanzig von mir komponierte Nummern, die aber nicht nur komponiert, sondern mit den Dichtern und Trude Hesterberg besprochen, mit den Darstellern einstudiert, auf der Bühne ausprobiert und schließlich von mir begleitet werden mussten. Es war für alle Beteiligten eine sehr anstrengende Tätigkeit. Mein Gehalt war minimal, und auch Trude Hesterberg dürfte an der Wilden Bühne nicht viel verdient haben, eher hat sie noch von eigenem und fremdem Geld dazugebuttert.

Inzwischen schritten Inflation und allgemeiner Währungsverfall in Deutschland weiter fort. Mein Gehalt wurde nicht mehr in Mark, sondern im Gegenwert einer bestimmten Zahl von Eintrittskarten festgelegt. Walter Mehring und ich erhielten als inzwischen fest angestellte literarische und musikalische Direktoren zweieinhalb Vorderplätze der teuersten Kategorie. Nach der Vorstellung bekamen wir den jeweiligen Gegenwert dieser Plätze ausgezahlt und rasten damit am frühen Morgen zum Bäcker, zum Fleischer und so weiter. Der Einkauf musste vor zwölf erledigt sein, weil mittags der neue Dollarkurs herauskam und dann das Geld schon nichts mehr wert war.

Im Herbst 1923 brannte während eines auswärtigen Gastspiels von »Fräulein Direktor«, wie wir Trude Hesterberg nannten, »Die Wilde Bühne« ab. Irgendjemand hatte vergessen, nach der Vorstellung den Hauptstromschalter abzustellen. So versiegte auch diese kleine Einnahmequelle. Es kam mir deshalb sehr gelegen, dass Eugen Robert, den ich von der »Tribüne« kannte und der inzwischen das Theater an der Königgrätzerstraße (ab 1930 Stresemannstraße) übernommen hatte, ein Stück ansetzte, zu dem er mich brauchte: *Franziska* von Wedekind, mit Tilla Durieux in der Hauptrolle. Es war Bestandteil der Inszenierung, dass sich rechts auf der Bühne, fast in der Kulisse, ein kleines Orchester befand. Da saß ich mit ein paar Musikern jeden Abend und begleitete Tilla Durieux und andere Mitwirkende bei den Wedekind'schen Chansons, die teils in *Franziska* enthalten sind, zum Teil eingelegt wurden.

Die Aufführung fand Anfang 1925 statt, Tilla Durieux war gerade von einem Amerikagastspiel zurückgekommen. In ihrer Autobiografie *Eine Tür steht offen* erinnerte sie sich 1954, dass der Regisseur Karl Heinz Martin die Inszenierung, die vor Berlin schon in Wien gezeigt worden war, zu einer Sensation gemacht habe. »Die Bühnenbilder waren bloß angedeutet, was damals vollkommen ›neu‹ war, und die Aufführung untermalt von der Musik eines kleinen Jazzorchesters.«

Eines Abends brach auf der Bühne nach einem Platzpatronenschuss ein kleines Feuer aus und ich zischte dem neben mir stehenden Feuerwehrmann »Vorhang runter!« zu. Der hatte nichts bemerkt, gehorchte mir aber. Flink wie ein Wiesel sprang ich die zum Bühnenbild gehörende Wendeltreppe hinauf, riss das in Brand geratene Dekorationsstück ab und zertrampelte die Flammen mit den Füßen. Dann zischte ich dem Feuerwehrmann zu: »Vorhang rauf!«. Kein Mensch hatte etwas bemerkt, selbst von den Mitwirkenden kaum jemand. Eine Panik hatte ich verhindert, aber mit dem Klavierspielen war an diesem Abend nicht mehr viel, da ich Blasen an den Fingern hatte.

Der Kinokapellmeister

Eines Tages kam mein Vetter Heinz Goldberg zu mir, der inzwischen des Öfteren bei Filmen Regie führte und überhaupt viele Verbindungen zum Film hatte, und fragte mich, ob ich nicht Lust hätte, tagsüber mit dem kleinen Orchesterchen, das ich mir für die Theateraufführung zusammengestellt hatte, ein bisschen Stimmungsmusik im Filmatelier zu machen.

Es gab in der Stummfilmzeit viele Schauspieler, die die notwendigen schmerzverzerrten oder freudeerfüllten Gesichtsausdrücke mit Musikbegleitung schneller und einfacher zuwege brachten. Da der Film noch stumm war und man nicht hörte, was während der Aufnahme geschah, wurde Stimmungsmusik gemacht, um die Schauspieler in die erforderliche Gemütslage zu bringen. Margarethe Kupfer etwa musste immer *Tosca* hören, wenn sie weinen sollte, und so hatte jeder seine speziellen Vorlieben. Ich machte das mehrere Monate lang und dann geschah wieder ein Wunder.

Ein junger Musiker namens Hans Landsberg hatte das Glück gehabt, die Tochter eines Generaldirektors der damals im Entstehen begriffenen UFA zu heiraten. Er gab mir folgende Information: Aus Amerika käme ein Kinokapellmeister und der benötige einen Assistenten, der von der Fuge bis zum Jazz alles können müsse, was es gibt. Er empfahl mir, mich um diesen Posten zu bewerben. Ich konnte mir darunter gar nichts Rechtes vorstellen, denn ein Kinokapellmeister war gewöhnlich ein Mann, der an einem Klavier saß und von da aus vielleicht noch ein paar Geigen und ein Harmonium dirigierte. In den großen amerikanischen Kinopalästen wurden Filme jedoch nicht nur von einem großen Orchester begleitet, das jede kleinste Nuance der Handlung zu untermalen hatte, sondern es fanden außerdem vorher und nachher Ballett, Varieté oder Konzerte statt. Ernö Rapée hatte in einem der größten Kinos von New York, dem Roxy, ein Neunzig-Mann-Orchester und ein Hundert-Personen-

Ballett unter sich, mit großen Bühnendekorationen und allem, was dazugehörte. Er war mit der fantastischen Gage von 600 Dollar die Woche nach Berlin engagiert worden. Der Mann, der das alles auf die Beine stellte, war ein verrückter Film-Impresario namens Sam Rachmann, der mit 27 Automobilen in Berlin eingefahren war. In diesen Automobilen saß seine ganze Familie mit allen Anhängseln: seine Söhne, seine Töchter, die Verhältnisse der Söhne, die Verhältnisse der Töchter, die Schwiegermütter – er war sicher mehrfach geschieden –, die Schwiegerväter, die Eltern, die Großeltern, die Hunde, die Katzen. Und die ganze Entourage zog ins Hotel Adlon. Es war ein Riesenzirkus – und es waren Menschen, die ich in keiner Weise verstand. Sie feilschten um jeden Pfennig und schmissen gleichzeitig mit Tausenden von Dollar wie die Wahnsinnigen um sich. Sie engagierten Ballettmädchen für Hungerlöhne, zeigte eines privatim aber einiges Entgegenkommen, bekam es sofort einen Nerzmantel. Kurzum, dies war meine erste Berührung mit Hollywood, das mir damals schon unverständlich war und das ich auch nach den vielen Jahren, die ich dort gelebt habe, immer noch nicht ganz verstehe.

Der Filmkaufmann und Theateragent Samuel Rachmann hatte als Geschäftsführer der 1919 gegründeten Atlantic Cinema Corporation die Rechte von mehr als tausend amerikanischen Filmen der großen Hollywoodstudios für den Export in die ehemaligen europäischen Feindstaaten erworben. Seine Agentur Famous Players schloss Globalverträge mit deutschsprachigen Autoren zur Vermarktung ihrer Werke in England, den USA und Australien ab, unter ihnen Gerhart Hauptmann, Arthur Schnitzler, Franz Lehár, Heinrich Mann, Ludwig Ganghofer und Stefan Zweig. Er verpflichtete außerdem Max Reinhardt für Inszenierungen in den USA.

Ich war auf Capri durch Grammofonplatten zum ersten Mal mit dem Jazz in Berührung gekommen und dadurch überhaupt mit Tanzmusik, mit Schlagern oder wie das Gewerbe der heiteren Musik auch immer heißen möge. Schon vorher hatte ich mich durch Weinberger mit moderner Operette zu beschäftigen gehabt. Es war also unausbleiblich, dass ich mich damit auseinandergesetzt und auf diesem Gebiet sogar ein paar Gehversuche unternommen hatte.

Als Trude Hesterberg eines Tages eine Nummer von mir brachte, die weiter nichts war als ein Foxtrott, der abwechselnd einen Takt in Dur und einen Takt in Moll stand, wurde das Stück sogar gedruckt. Weil er von der Hesterberg sehr effektvoll als Silhouette gegen eine weiße Leinwand herausgebracht worden war, nannten wir ihn «Schattenfox».

Auch vorher schon hatten Musikverlage Chansons oder andere Sachen aus dem Repertoire der »Wilden Bühne« herausgebracht, und ich hatte dadurch verschiedene Verleger kennengelernt. Mein Fehler war, dass ich immer viel zu ehrgeizig war, und wenn ich banal zu sein versuchte, derart banal war, dass mir das Resultat nicht gefiel. Infolgedessen ist aus dieser Zeit kaum etwas Wichtiges zu vermelden. Der Dur-Moll-Foxtrott war auch ein missglückter Versuch, Tanzmusik zu schreiben: Die Ambition war viel zu groß. Damals nahmen wir das alles noch sehr ernst; ich besinne mich, dass ich ganze Abende mit Kollegen wie Felix Petyrek oder Ernst Krenek zu Hause zubrachte und mich mit dem Problem Jazzmusik auseinanderzusetzen versuchte.

Ernst Krenek, vier Jahre jünger als Heymann, Kompositionsschüler von Franz Schreker, war seinem Lehrer 1920 nach Berlin gefolgt, wo er mit der musikalischen Avantgarde in Berührung kam und einen eigenwilligen Stil entwickelte, der ihn bald bei Anhängern und Gegnern als radikalsten Vertreter der musikalischen Moderne gelten ließ. Kreneks Jazz-Oper *Jonny spielt auf*, an der er zur Zeit der Begegnung mit Heymann arbeitete, wurde 1927 am Leipziger Opernhaus von Gustav Brecher, der Heymanns *Rhapsodische Sinfonie* in Berlin erstaufgeführt hatte, mit sensationellem Erfolg herausgebracht. Sie wurde prägend für die in den Zwanzigerjahren entstehende »Zeitoper«.

Felix Petyrek, 1892 in Brünn geboren, war ebenfalls ein Schüler Schrekers und 1921 als Klavierlehrer an die Berliner Hochschule für Musik gekommen. Er gehörte damals zu den eher gemäßigten Komponisten der »Neuen Musik«.

Der »Schattenfox« erinnert mich an eine sehr nette Geschichte. Ich wurde 1925 einem sogenannten großen Meister auf dem Gebiet der leichten Muse vorgestellt oder besser vorgeführt; er hieß Robert Stolz. Da er wusste, dass ich eine Sinfonie geschrieben

Titelblatt *Schattenfox*, 1921.

hatte, nannte er mich in seiner wienerischen Art nur »Sinfoniehengst«. Als ich ihm das erste Mal die Nummer vorgespielt hatte, sagte er: »Ja sag amal, Sinfoniehengst, dös is ja fabelhaft. Spiel dös noch a mal!« Und immer wieder musste der Sinfoniehengst die Nummer noch einmal spielen. Schließlich, nach dem vierten oder fünften Mal, sagte Robert Stolz: »Ja weißt, Sinfoniehengst, dös komponier i murgen!«

Robert Stolz hatte nach dem internationalen Erfolg seiner Operette *Der Tanz ins Glück* 1924 in Wien ein Varietétheater in der Annagasse zwischen Staatsoper und Stephansdom erworben, das er im Herbst 1924 nach kostspieligem Umbau als Robert-Stolz-Bühne wiedereröffnete. Die Premiere wurde durch Bühnenpannen zum Fiasko. Nach drei Monaten als Theaterdirektor musste Stolz mit 250.000 Schillingen Schulden Konkurs anmelden. Seine Frau, eine Soubrette, für die er in erster Linie dieses Wagnis eingegangen war, brannte nach der Pleite mit einem Liebhaber durch.

Infolge dieser doppelten Niederlage fühlte Stolz sich in Wien überall von heimlichem Gelächter und höhnischen Blicken verfolgt. Er floh Ende 1924 nach Berlin und schrieb, um seine Schulden abzutragen, was das Zeug hielt: Operetten, kleine Stücke fürs »Kabarett der Komiker«, Chansons.

Obwohl Robert Stolz als Operetten- und später auch als Filmkomponist die glanzvollste Karriere gemacht hat, die man sich vorstellen kann, nagte bis ins hohe Alter der Stachel an ihm, von den »seriösen« Kollegen nicht ernst genommen zu werden. Als seine liebsten Werke bezeichnete er immer seine Oper *Die Blumen der Madonna* und den Zyklus *20 Blumenlieder* nach Texten von Bruno Hardt-Warden, den er zur Zeit der Begegnung mit Heymann als sein »opus 500« veröffentlichte.

Anfang 1926 trat ich also den Weg zu Ernö Rapée an, um mich um den Assistentenposten zu bewerben. Es gab, wie mir gesagt wurde, noch achtzig andere Interessenten. Unterm Arm trug ich meine Sinfonie, mein Streichquartett und ein paar gedruckte heitere Nummern von mir. Ernö Rapée war ein sehr lustiger, kleiner ungarischer Jude, der sich mit mir in seinem nicht ganz einwandfreien Deutsch, untermischt mit Ungarisch und Amerikanisch, unterhielt. Als Aufgabe gab er mir, bis zum nächsten Morgen zehn Uhr ein Arrangement von »Tea for Two« für ein Neunzig-Mann-Orchester zu machen, »mit alle Tricks!«.

Es war sieben Uhr abends. Ich ging nach Hause, ließ mir eine große Kanne Kaffee brauen, die ich nebst einer Flasche Cognac auf meinen Arbeitstisch stellte. Beides habe ich die Nacht über ausgetrunken und in der Zeit eine quasi Strawinsky'sche Partitur zu »Tea for Two« geschrieben, die später auch aufgeführt wurde, denn ich wurde engagiert.

Rapée fragte mich, wie viel ich verdiene, und ich log ganz frech: »1000 Mark im Monat« – in Wirklichkeit verdiente ich 300. Er sagte mir: »Ich werde Sie zur Probe engagieren, auf vierzehn Tage für 750 Mark im Monat. Wenn Sie gut sind, werde ich nach den zwei Wochen Ihr Gehalt verdoppeln. Wenn Sie nicht gut sind, werde ich Sie entlassen. Wenn es Ihnen bei mir gefällt, werden Sie bleiben. Wenn es Ihnen nicht gefällt, werden Sie sagen: Leck mich am Arsch, Herr Rapée. Das werde ich nicht tun, aber Sie können dann gehen.«

Nach vierzehn Tagen wurde mein Gehalt verdoppelt und ich blieb.

Die Aufgaben, die mich erwarteten, waren so neu und so fremdartig, dass ich sie erst einmal beschreiben muss, damit man sie heute, wo kein Mensch mehr etwas vom Stummfilm weiß, überhaupt begreifen kann.

Rapée war engagiert worden, um im UFA-Palast am Zoo, einem 2000-Plätze-Theater, ein modernes amerikanisches Kino einzurichten. Die UFA befand sich damals zum Teil im Besitz von Amerikanern. Der Obermacher dieser Ära war der bereits erwähnte Sam Rachmann, und Rapée war von ihm aus dem Roxy-Theater in New York nach Deutschland gebracht worden, um hier nach amerikanischem Muster die Premieren der großen Stummfilme aufzuziehen. Also: Bühnenschau, Orchestervorspiel, Film. Dazu gehörte erst einmal das Engagement eines Neunzig-Mann-Orchesters. Die Regeln, die mir Rapée gab, waren charakteristisch für ihn und auch für Amerika. Er hatte sich davon überzeugt, dass ich von Instrumentalisten ziemlich viel verstand, da ich als kleiner Junge jahrelang selbst in einem Orchester gespielt hatte. Er gab mir folgende Richtlinien: Alle Geiger, überhaupt die Streicher, sind entweder Juden, Russen oder Zigeuner, eventuell Österreicher oder Italiener, keinesfalls Deutsche; alle Holzbläser möglichst Franzosen, Holländer oder Belgier; alle Blechbläser möglichst Deutsche. Keine Musiker ohne Haare, Kahlköpfe sehen auf der Bühne schlecht aus. Nach diesen und ähnlichen Prinzipien erfolgte die Auswahl des Orchesters. Vergebens wies ich darauf hin, dass das doch Vorurteile seien; er war unbeugsam.

Mein erster Konzertmeister war übrigens Boris Kroyt, der im Anbruch-Quartett, das mein Streichquartett uraufgeführt hatte, die erste Geige gespielt hatte und später jahrelang im Budapester Streichquartett als Bratschist wirkte.

Kroyt war auch in dem Konzert des Berliner Philharmonischen Orchesters, in dem Heymanns *Rhapsodische Sinfonie* erstaufgeführt wurde, als Solist im Violinkonzert von Julius Conus aufgetreten.

Zum Probespiel der Musiker verwandten wir, wenn es sich um Klarinetten handelte, das Till-Eulenspiegel-Motiv von Richard Strauss. Und so hatte Rapée für jedes Instrument seine Lieblingsvorspielpassage. Aushilfsdirigenten wählte er aus, indem er ihnen irgendein Orchesterstück zu spielen gab, das mit einem Auftakt beginnt. Beherrscht der Dirigent den Auftakt, kann er meist das

Übrige auch. So haben sehr viele Dirigenten, die später bei uns engagiert wurden, nur die ersten zwei Takte von, sagen wir mal, dem ersten Satz der 5. Sinfonie von Beethoven vorspielen müssen.

Rapée selbst war für mich ein ganz neuer Typ von Musiker. Ungeheuer geschickt, ein recht guter Dirigent und ein vorzüglicher Musiker in jeder Richtung. Außerdem war er noch ein erstklassiger Show-Mann. Er verstand einfach alles vom Theater: Beleuchtung, Regie, Effekte. Nach seinen Angaben wurde das Kino umgerüstet, sodass der UFA-Palast am Zoo schließlich eines der am modernsten eingerichteten Theater von ganz Berlin war. Es wurde ein riesiges Ballett engagiert, das unter Leitung des Ballettmeisters Alexander Oumansky stand und große Revueszenen als Bühnenschau vor den Filmen aufführte, die thematisch mit dem jeweiligen Film zusammenhingen.

Alexander Oumansky war ein Jahr älter als Heymann, stammte aus Russland und war als Mitglied von Diaghilews »Ballets Russes« 1911 nach Amerika gekommen. Kurze Zeit war er auch Sekretär von Nijinski gewesen. Neben Choreografien für die New Yorker Filmpaläste hatte er 1923 eine Revue am Broadway und 1925 im Londoner Prinz-Edward-Theater inszeniert.

Rapée hieß eigentlich Rappaport. Er hatte gründlich Musik studiert und wurde in Amerika ein sehr bekannter Dirigent. Außerdem komponierte er leichte Musik. Der beliebte Walzer »Charmaine« ist von ihm.

Rapée war nach dem Studium an der Budapester Musikakademie als Korrepetitor und Kapellmeister an die Dresdner Staatsoper gegangen, danach wurde er Erster Kapellmeister in Magdeburg und Kattowitz. 1912 unternahm er eine Konzerttournee durch Mittel- und Südamerika und leitete anschließend in New York die Hungarian Opera. Schließlich wurde er Dirigent am Rivoli-Theater, dem ersten amerikanischen Filmpalast mit Sinfonieorchester. Für den amerikanischen Stummfilm *What Price Glory* komponierte er 1926 als Klavieruntermalung einen langsamen Walzer »Charmaine«, der sehr populär war und 1927 als »The Great American Waltz Song« auch in Deutschland gedruckt wurde. Der deutsche Text stammte von Frank Rainer.

Lass dich nur einmal betören, Charmaine, o Charmaine,
o fühle mein heißes Begehren, Charmaine, nur du Charmaine.
Ich will meine Liebe dir geben, will tief ins Herz dir schaun,
ich kann ohne dich nicht mehr leben, Charmaine,
denn du bist die schönste der Frau'n.

Rapée gehörte zu den elegantesten Männern im Berliner Filmbetrieb. Am 18. Dezember 1925 dirigierte er im UFA-Palast am Zoo eine der glanzvollsten Premieren der Filmgeschichte. Mit einem Neunzig-Mann-Orchester begleitete er den Stummfilm *Ein Walzertraum* mit Willy Fritsch, Mady Christians und Lucie Höflich, den Erich Pommer produziert hatte.

Rapée hatte auch unzählige sogenannter Kinomusiken zusammengestellt. Diesen Begriff muss ich näher erklären.

Die für uns verwendbare Musik wurde nach Stimmungen klassifiziert und in einer riesigen Bibliothek alphabetisch angeordnet. Unter »A« gab es adagio, agitato, alpin, andante, es ging dann über Ballett, grausam, grotesk, pastoral bis zu ganz besonderen Musikstücken, etwa für Tiere. Es gab eine enorme Literatur auf diesem Gebiet.

Ernö Rapée hatte 1925 in New York ein Buch unter dem Titel *Encyclopedia of Music for Pictures* veröffentlicht, dessen Untertitel lautete *As Essential as the Picture*. Es ist ein Katalog von brauchbaren Musikstücken für alle nur denkbaren Filmsituationen, von »Aeroplane« bis »Wedding«, der neben populärer amerikanischer Musik auch klassische Werke enthält. So ist unter »Aeroplane« zum Beispiel *Das Spinnrad der Omphale* von Camille Saint-Saëns verzeichnet, unter »Wedding« natürlich der Hochzeitsmarsch aus Mendelssohn-Bartholdys *Sommernachtstraum*-Musik. Das Buch erschien 1926 auch in einer deutschen Version.

Einer der besten Vertreter des Genres war der Berliner Kinokapellmeister Giuseppe Becce, ein Italiener von ungeheurer Lebenskraft und Melodik, der immer noch im Kino aktiv ist.

Giuseppe Becce, 1887 in Italien geboren, studierte nach der Promotion zum Dr. phil. in Berlin Musik bei Ferruccio Busoni und Arthur Nikisch.

1913 wurde er wegen seiner Ähnlichkeit mit Richard Wagner als Hauptdarsteller für Carl Froelichs Stummfilm über den großen deutschen Komponisten engagiert, für den Becce auch die Musik schrieb. Ab 1918 war er für die UFA tätig. Weitverbreitet war seine zehnbändige Sammlung von Musikarrangements zur Begleitung typischer, in Stummfilmen immer wiederkehrender Situationen und Stimmungen.

Becce komponierte in den Dreißigerjahren die Musik zu den Bergfilmen von Leni Riefenstahl und Luis Trenker (u. a. *Berge in Flammen, Das blaue Licht, Der Kaiser von Kalifornien, Tiefland*). In den Fünfzigerjahren war er ein bevorzugter Komponist des deutschen Heimatfilms (*Bergkristall, Der Herrgottschnitzer von Ammergau, Der Jäger von Fall*). Er starb 1973.

Aus den Kinotheken, wie wir es nannten, wurden bruchstückweise die Musiken zu den stummen Filmen zusammengestellt. Wir spielten ein Stück so lange, wie es zum Bild passte. War die Musik länger, machten wir Sprünge, und es wurde durch Übergänge, die hinzukomponiert werden mussten, zu einem anderen Stück übergeleitet. Manchmal haben wir auch zum Scherz einen Film leitmotivisch untermalt, was allerdings viel Komponieren, Schreiben und Orchestrieren erforderte. Das war ein Teil meiner Arbeit und ich habe, wie ich einmal nachgerechnet habe, in dem Jahr, das ich bei Rapée zubrachte, ungefähr 3000 Seiten große Orchesterpartitur geschrieben. Ich habe am Zeigefinger ein Hühnerauge, das noch immer von meiner damaligen Tätigkeit Zeugnis ablegt.

Gearbeitet wurde Tag und Nacht. Sowie ein Film gekommen war, musste ich eine Aufstellung der Stücke machen, die wir voraussichtlich verwenden wollten. Aber erst mussten alle Noten, die bei uns ankamen – und es kamen Tausende und Abertausende von Musikstücken, aus Amerika und auch von deutschen Verlegern eingeschickt –, eingeordnet, klassifiziert, alphabetisch registriert, in Aktendeckeln abgelegt werden. Und ich musste sie mir ansehen, um sie kennenzulernen. All das kostete Zeit und Schweiß. Ich musste um neun im Büro sein und wir arbeiteten bis spät in die Nacht hinein, manchmal die ganze Nacht hindurch. Je nachdem, wie ein Film lief, wurde er nach zwei oder drei Wochen abgesetzt, und für den neuen musste dann wieder für das ganze Orchester Material vorhanden sein. Als das System einschlug, hatte ich 120 Kinos mit Musik zu versorgen. Die Materialien wurden komplett bei uns hergestellt, Verbindungsstücke mussten (natürlich von Hand!) kopiert und die Noten für neunzig Mann ausgeschrieben werden. Zwischendurch gab es noch Proben für die neue Bühnenshow oder für Solisten, die in dem Programm auftraten, und ich tobte von der Hinterbühne in die vorderste Parkettreihe, wo Rapée saß, und wieder zurück, um seine Befehle an die Bühne weiterzugeben oder sie auch nur aus seinem Ungarisch-Amerikanisch ins Deutsche zu übersetzen.

Als wir einmal eine Dekoration ausprobierten und Rapée sie ausleuchten wollte, sollte ich mich als Lichtdouble für einen Solisten an einen Flügel, der hinten auf der Bühne stand, setzen. Da Rapée im Parkett saß, setzte ich mich an ein anderes Klavier, das weiter vorne stand und weigerte mich, trotz seiner wiederholten Anordnungen, wieder nach hinten zu gehen. Wenige Augenblicke später fiel ein viele Zentner schweres Versatzstück, das im Schnürboden hing, herunter und zerschmetterte den Flügel, an dem ich hätte sitzen sollen. Rapée hatte Tränen in den Augen und umarmte mich in rührender Weise.

Unsere Arbeitsräume befanden sich in einem Trakt des damaligen UFA-Palastes, der direkt auf den Zoo hinausschaute. Mein Arbeitszimmer war direkt gegenüber dem Elefantenhaus. Es gab damals eine heftige Liebesaffäre zwischen einem großen Elefanten und einer wesentlich zarteren Elefantin, eine sehr hitzige und brutale Liebesaffäre. Der Elefant bearbeitete seine Frau manchmal mit den Stoßzähnen, bis sie blutete, und diese brutale Liebe der Riesentiere erweckte unerhörtes Interesse. Das ganze Ballett ging in meinem Zimmer aus und ein, nur um den Elefanten beim Liebesspiel zuzusehen, und es war außerordentlich vergnüglich, die Reaktionen dieser zarten jungen Mädchen und auch die der Besucher des Zoos auf diese Vorgänge zu beobachten.

Meine Tätigkeit bei Rapée hatte meine Lebensumstände völlig verändert. Bis dahin hatte ich ein bohemehaftes Leben geführt, das sich meist im Kaffeehaus abspielte, wenn ich nicht gerade im Kabarett oder für mich selbst arbeitete. Nun konnte ich mir endlich ein Motorrad leisten. Da ich gut Rad fahren konnte, machte ich mir um das Motorradfahren in der Großstadt keine Sorge. Ich ließ mir zeigen, wie man das Fahrzeug anstellt, schwang mich hinauf und fuhr strahlend davon. Ich wohnte in einer möblierten Wohnung im Par-

Um 1928.

terre des Hauses, in dessen zweitem Stock mein Bruder Hans lebte. An meiner Wohnungstür prangte der Name des eigentlichen Mieters, der Bröseke hieß. Wenn Besucher mich fragten, was das bedeute, gab ich stets zur Antwort, das sei mein richtiger Name, der mir aber zu jüdisch klinge. Ich hätte deshalb meinen Namen in Heymann umgeändert. Ob das wohl einer geglaubt hat?

Ich fuhr also mit dem neuen Motorrad zu meiner Wohnung. Wildes Hupen rief meine Frau ans Fenster. Sie traute ihren Augen nicht, als ich stolz vorbeifuhr. Laut hupend fuhr ich noch ein paar Mal hin und her. Ich hatte nämlich vergessen, mir zeigen zu lassen, wie man das verdammte Ding wieder abstellt. Als ich es durchaus nicht zum Stehen bringen konnte, stemmte ich schließlich kurz entschlossen beide Füße auf die Erde. Dummerweise tat ich das vor den Fußrasten. Ich brachte das Rad zwar zum Stehen, hatte aber zwei tiefe, blutende Löcher im Muskel zwischen Wade und Ferse. Das war meine erste Ausfahrt. Die zweite riskierte ich, nachdem man mich verbunden hatte. Dabei lernte ich eine andere Tücke des Gefährts kennen. Es hatte angefangen zu regnen und mit nassem Asphalt kannte ich mich noch nicht aus. Als mir am Kaiserdamm ein Bankbote über den Weg lief, bremste ich kurz und wollte einen Bogen um ihn machen. Wie mir Augenzeugen berichteten, habe ich mich mitsamt dem Rad dreimal in der Luft überschlagen. Diesmal war meine einzige Verletzung ein tiefer Riss im Daumen.

Ein paar Wochen übte ich noch fleißig, dann kam der große Tag der Führerscheinprüfung in der Technischen Hochschule Am Knie (heute Ernst-Reuter-Platz). Als ich in den Hof einfuhr, riss der Treibriemen. Derart bewegungsunfähig gemacht, blieb ich am Tor stehen. Den Prüfer, der bald darauf in einem Auto an mir vorbeifuhr, gefolgt von fünfzig Kandidaten, machte ich durch Schwenken des Treibriemens auf mein Missgeschick aufmerksam. Nach einer halben Stunde kam er zurück, hielt aber nicht bei mir an, sondern fuhr, von der Meute gefolgt, stolz an mir vorbei. Traurig, weil ich die Prüfung nicht hatte machen können, schob ich mein Rad nach Hause. Wer beschreibt mein Erstaunen, als ich mit der Post zehn Tage später einen Führerschein für Motorräder erhielt, ordnungsgemäß ausgestellt mit Bild, Stempel und Unterschrift! Er hat mir jahrelang gute Dienste geleistet.

Nach einem halben Jahr bei Rapée konnte ich mir ein richtig großes Motorrad kaufen, sogar eins mit Seitenwagen, sodass ich an den seltenen Ruhe- und Feiertagen endlich ein bisschen an die Luft kam. Ich war sehr mager in dieser Zeit und ewig gehetzt. Mein Spitzname war »die Droschken-Gazelle«.

Rapée war inzwischen dazu übergegangen, das Leben etwas leichter zu nehmen, das heißt, für sich. Für mich wurde es schwerer. Es begann damit, dass er mich alle unwichtigen Vorstellungen dirigieren ließ. Das war eine gute Schule. Ich habe durch meine Dirigententätigkeit im Kino ein sicheres Ohr für den Erfolg oder Misserfolg eines Films bekommen. Das Ungeheuer, das aus 2000 Menschen bestand und hinter meinem Rücken seufzte, lachte, weinte, jaulte, schwatzte, hustete, war für mich wie ein offenes Buch, in dem ich nach Belieben lesen konnte.

Die vielen amerikanischen Noten, die Rapée sich schicken ließ, bedeuteten für mich eine schwere zusätzliche Arbeit. Ich musste sie sämtlich uminstrumentieren, da die gedruckten Exemplare aus Amerika meistens eine andere Instrumentalbesetzung aufwiesen, als wir sie hatten. Da er die Proben auch von mir leiten ließ, bedeutete es für mich fast regelmäßig Arbeit bis tief in die Nacht hinein. Vor jeder Premiere eines Films pflegten die Producer und Regisseure bei Rapée zu erscheinen, um ihm ihre privaten Wünsche vorzutragen. Ich lernte auf diese Weise die ganze Berliner Filmbranche kennen. Auch viele Amerikaner waren dabei.

Das hatte seinen besonderen Grund: Um die UFA entbrannten damals heiße Machtkämpfe. In die Details der Affären wurde ich nicht eingeweiht, aber eines Tages war die UFA wieder rein deutsches Eigentum geworden. Ein großmächtiger Herr namens von Stauß war plötzlich der Obermacher. Er war, wie ich später erfuhr, der Exponent der Deutschen Bank.

Im Herbst 1926 teilte Rapée mir mit, dass ich den *Faust*-Film von Murnau nunmehr allein machen müsse, da sein Vertrag gekündigt sei und er nur noch bis zur Auflösung seiner Wohnung und der Abfahrt des nächsten Schiffs nach Amerika in Berlin bleiben werde. Ich wurde offiziell sein Nachfolger und musste von einem Tag zum anderen den Riesenbetrieb, in dem ich bis dahin nur ein kleines Rädchen gewesen war, allein übernehmen. Es war ja nicht nur der UFA-Palast, sondern es waren ungefähr 120 zusätzliche Theater, die ich mit Musik zu beliefern hatte und deren gesamtes Orchesterpersonal mir jetzt unterstand.

Der *Faust*-Film wurde für mich in mancher Hinsicht bemerkenswert. Eines Tages erschien Emil Jannings bei mir und trug mir seine Wünsche für die Musikgestaltung des Films vor: »Also weeßte, mein Junge, wenn ick dann mit der Marthe Schwertlein so uff de Bank sitze, und es wird so'n bißken schwül und ick se an de Titten fass', dann spielste den Faust-Walzer.« Das tat ich keineswegs. Die musikalische Gestaltung des Films machte mir großes Kopfzerbrechen und Gounod war nicht die Antwort auf mein Problem.

Die Uraufführung von Murnaus *Faust* mit Emil Jannings als Mephisto, Yvette Guilbert als Marthe, Gösta Ekman als Faust und Camilla Horn als Gretchen fand am 14. Oktober 1926 statt. Das *Berliner Tageblatt* schrieb:

> Der durch viel Gerede hin und her schon vorzeitig in den Vordergrund geschobene Faust-Film wurde gestern zum ersten Mal öffentlich gezeigt, unter großer Aufmachung, mit Ehrengästen, mit dem Riesenorchester und mit Chorgesang. Der Erfolg war groß, wenn

Emil Jannings als Mephisto und Yvette Guilbert
als Marthe in *Faust*, 1926.

auch nicht stürmisch, es gab Hervorrufe. Wer Emil Jannings auf seiner Höhe sehen will, hier ist er's. Und die ganze Aufmachung ist pompös, mit Vorspiel auf gotischer Szene, großem Orchester, Musik von Werner Richard Heymann, mit Chorgesang, oratoriumhaft, festspielmäßig, Weltstadtsache.

Das Glück wollte es, dass in dieser Zeit die »Universal Edition« Bearbeitungen einiger Werke von Richard Strauss, Gustav Mahler und Anton Bruckner herausbrachte, die ich im Film herrlich verwenden konnte. Ich werde nie das geradezu verzauberte Gesicht von Rapée vergessen, als er zu einer bestimmten »Reigen«-Szene mich den 2. Satz der 2. Sinfonie von Mahler spielen hörte. Ein überirdisches Entzücken spiegelte sich in seinem Gesicht und er kam ganz aufgeregt an die Rampe gestürzt, um zu fragen, von wem diese himmlische Musik sei. Das war Rapées erste Berührung mit Gustav Mahler.

Rapée besorgte sich vor seiner Abreise Partituren sämtlicher Werke von Mahler, die er auftreiben konnte. In New York wurde er Dirigent des Orchesters im Roxy-Filmtheater und 1931 Generalmusikdirektor der Rundfunkgesellschaft NBC. Als 1932 die Radio City Music Hall eröffnet wurde, war er Musikdirektor der bald legendären New Yorker Kino-Kathedrale.

Um zu beweisen, dass er nicht nur der Komponist von »Charmaine« war, machte Rapée in einer wöchentlichen Rundfunksendung »The Music Hall of the Air« ganz Amerika mit klassischer europäischer Musik bekannt, und zur Feier der 500. Sendung führte er im April 1942 mit 100 Orchestermusikern und 300 Chormitgliedern Mahlers 8. Sinfonie auf.

Am 26. Juni 1945 starb er in New York. Am Tag nach seinem Tod spielten alle amerikanischen Rundfunksender zu seinem Gedenken »Charmaine«.

Als Rapée die UFA 1926 verließ, hatte meine Gage 2000 Mark monatlich erreicht, aber das war nicht alles. Ich kam hinter das Geheimnis der vielen Produzenten- und Regisseurbesuche vor den Premieren ihrer Filme. Die Herren brachten außer der Liste ihrer Wünsche jedes Mal sehr bemerkenswerte Schecks mit, um damit meinen guten Willen und meine Sorgfalt anzufeuern. Selbstverständlich hatte ich die Direktion gefragt, ob ich solche »Trinkgelder« annehmen dürfe, und es war mir erlaubt worden. Am besten bezahlten die Amerikaner, am schlechtesten Richard Eichberg. Dafür kargte er nicht mit »guten« Ratschlägen und »bemerkenswerten« Suggestionen. Das schönste Beispiel dafür war ein Pensionatsfilm mit folgendem Vorschlag von Eichberg: »Werner, sag mal, wenn die beeden da so uff de Bank sitzen und es wird 'n bisschen schummrig und de Sinnlichkeit erwacht in ihr, meckerste da ooch 'n bissken Cello?!«

Zu dieser Zeit traf ich auch zum ersten Mal Lilian Harvey, ein süßes blondes Pummelchen. Sie war noch ein ganz kleines Mädchen, ohne Staralüren, ein patenter Kerl.

Nach einem ersten Stummfilm in Österreich drehte Lilian Harvey für die Eichberg-Filmgesellschaft in Berlin seit 1925 mehrere Filme, bei den meisten war Eichberg auch Regisseur. Heymann stellte die Musik für ihren Film *Vater werden ist nicht schwer* in der Regie von Erich Schönfelder zusammen, der am 30. Dezember 1926 Premiere hatte.

Inzwischen wechselte die UFA wieder ihren Besitzer. Der neue Inhaber hieß Alfred Hugenberg und mit ihm begann auch eine neue Ära. Die jüdischen Angestellten fingen an, schüchtern Eiserne Kreuze im Knopfloch zu tragen, wenn sie sie denn hatten, und um ihre Stellung zu zittern. Ich wurde in aller erdenklichen Weise schikaniert. Man schickte mich zu Premieren und zur Vorbereitung der Musik in Kleinstädte und in Vorortkinos, außerdem setzte man meine Gage auf 1200 Mark monatlich herab, das heißt, man wollte. Ich ging darauf nicht ein, nahm meinen Hut und verließ trauernd die Fleischtöpfe der UFA, um einer unsicheren Zukunft entgegenzugehen. Aber ich hatte wohl meinen eigenen Schutzengel – meine Anständigkeit.

Fräulein Mayer, die langjährige, unermüdliche und fast allmächtige Sekretärin des Deutschen Theaters in Berlin, hatte bei mir angerufen und mich gebeten, Herrn Dr. Robert Klein anzurufen. Dr. Klein war der wirklich allmächtige, ebenso langjährige und ebenso unermüdliche Chef der Reinhardt-Bühnen, wenn Reinhardt nicht in Berlin weilte, und das war meistens der Fall. Als ich anrief, sagte mir Dr. Klein, er müsse mich dringend sprechen, ich dürfe aber nicht zu ihm kommen, da er mit einer schweren Angina im Bett liege. Ich erklärte ihm kurz, davor hätte ich keine Angst, und war eine halbe Stunde später bei ihm. Er lag im Bett und empfing mich nur widerstrebend. Als ich nach wiederholter Warnung trotzdem auf seinem Bettrand saß, rückte er schließlich mit der Sprache heraus. Er habe eine große Bitte an mich, könne mir aber auf keinen Fall mehr als tausend Mark zahlen. Er brauche eine Bearbeitung von Edvard Griegs *Peer-Gynt*-Musik für kleines Orchester. Der *Peer Gynt* sollte von Berthold Viertel inszeniert werden, mit Werner Krauß in der Titelrolle, und dazu brauche man diese Musik. Er könne aber wirklich nicht mehr zahlen als tausend Mark. Ich sagte ihm sofort rundheraus, dass ich das dafür nicht machen könne. Er schwor, dass er wirklich nicht mehr als tausend Mark dafür hätte. Ich wiederholte bestimmt, für den Preis sei das leider unmöglich. Er, noch einmal, mehr als tausend Mark habe er wirklich nicht, und er wäre auf den Rücken gefallen, wenn er nicht schon gelegen hätte, als ich ihm erklärte, dass ich es deshalb nicht machen könne, weil man Griegs *Peer Gynt*, für kleines Orchester bearbeitet, in jeder Musikalienhandlung für drei Mark fünfzig kaufen könne. Er konnte sich nicht genug tun im Staunen über meine »Anständigkeit« und bat mich, bei der Einstudierung der Musik etwas behilflich zu sein. Als Gegenleistung verlangte ich zwei Freikarten für die Premiere in seiner Loge, die ich auch erhielt.

Ich hatte den Vorfall schon fast vergessen, als Fräulein Mayer eines Tages wieder bei mir anrief und mich zu einer sofortigen Rücksprache im Deutschen Theater aufforderte. Diesmal empfing mich Dr. Robert Klein aufrecht und erklärte mir, Max Reinhardt käme in Bälde nach Berlin zurück und wolle ein amerikanisches Stück mit Musik, *Artisten*, herausbringen. Ich solle die musikalische Leitung übernehmen und allfällige Kompositionen liefern. Er könne mir aber nicht mehr zahlen als 3000 Mark. Ich blickte ihn mit stummem Vorwurf an. Er senkte schuldbewusst die Augen und offerierte mir statt der 3000 Mark zwei Prozent Tantiemen. Ich überlegte mir die Vorzüge des Angebots – Arbeit mit Max Reinhardt an einem großen musikalischen Stück, die erste Reinhardt-Premiere nach jahrelanger Abwesenheit – und fragte Dr. Klein rundheraus, wozu er mir raten würde. Er riet mir zu den Tantiemen. Ich nahm an. Er gab mir einen Vorschuss und bestellte mich auf einen bestimmten Tag vormittags zehn Uhr ins Deutsche Theater. Als ich dort ankam, war der ganze Hof gefüllt mit Schauspielern, Sängern und Ballettpersonal. Für das Ballett hatte man Alexander Oumansky, meinen Mitarbeiter aus der Rapée-Zeit, engagiert, den ich mit großer Freude wiedersah. Als Reinhardt erschien, wie immer umgeben von einem Stab überaus diensteifriger Jasager, erregte Oumansky maßloses Aufsehen, als er auf Reinhardt zutrat, ihm die Hand schüttelte und mit lauter Stimme für alle vernehmbar sagte: »Grüß Gott, Herr Professor, Sie sind ja auch ein Jehude.«

Nach Oumansky begrüßte Reinhardt noch den wunderbaren Negertänzer Douglas und dessen wunderschöne Frau, eine Enkelin des weltberühmten Negerkomponisten William Handy, der den *St. Louis Blues* geschrieben hat, und schließlich auch mich.

Louis Douglas war 1926 mit der »Revue Nègre«, der auch Josephine Baker angehörte, nach Berlin gekommen. Er trat in dem Stück als

»Douglas, ein Steptänzer« auf. Seit Mai 1928 tanzte er außerdem am Deutschen Theater in einer Revue von Mischa Spoliansky mit Marlene Dietrich und Hubert von Meyerinck das Solo »Der Warenhausboy«. 1931 war er in dem Film *Niemandsland* als »Negro« zu sehen.

Ich probte viele Wochen lang und sah zum ersten Mal Max Reinhardt bei der Arbeit. Die bestand größtenteils aus geflüsterten Alleinunterhaltungen mit den Schauspielern, die wie gebannt an seinem Mund hingen, während er ruhig mit ihnen sprach. Nur manchmal, wenn er einem Schauspieler etwas vormachte, fuhr es wie ein Blitz durch seinen ganzen Körper. Er hatte die enorme parodistische Fähigkeit, sich ganz – nicht nur in die Seele, sondern fast auch in den Körper – des betreffenden Schauspielers hineinzudenken, und spielte jedem Schauspieler seine Rolle so vor, wie er sie im Idealfall hätte spielen können. Es war ein einzigartiges Phänomen. Sein Verhältnis zu mir war auch recht merkwürdig. Er führte Regie, korrigierte mich, schilderte mir, was er wollte, durch Telepathie. Er steckte die Zunge in eine Backe und sprach etwa folgendermaßen: »Also, die erste Szene, öh ... aber die zweite Szene, öh ... und bei der dritten Szene, da sollte man vielleicht, öh ...« Merkwürdigerweise kam dabei klar heraus, was ich zu tun hatte, um ihn zufriedenzustellen.

Er hatte ungeheures Musikmaterial aus Amerika mitgebracht, das eigentlich nur noch einzurichten war. Zu komponieren hatte ich nur ein gewollt schmalziges, übersentimentales Lied, das ich mit dem Textdichter Marcellus Schiffer in wenigen Minuten auf dem Klavier in der Kantine des Deutschen Theaters improvisierte und ihm lachend vorspielte, da weder der Text noch die Musik mir ideal erschienen, nur um den Typ der Komposition vorzuschlagen. Trotz der kitschigen Musik und des völlig idiotischen Textes gefiel das Lied Max Reinhardt, Grete Mosheim und allen übrigen Anwesenden so sehr, dass an eine Änderung nicht mehr zu denken war. Das Lied wurde ein Welterfolg: »Kennst du das kleine Haus am Michigansee?« Ohne es zu wollen, hatte ich einen wirklichen Schlager geschrieben, worum ich mich seit Jahren erfolglos bemüht hatte.

Die Premiere war ein rauschender Erfolg. Das Stück wurde über hundert Mal gespielt, und die zwei Prozent Tantiemen wurden zu

12.000 Mark. Meine »Anständigkeit« gegenüber Dr. Klein hatte sich glänzend bezahlt gemacht.

Das Lied, das mir so viel Geld einbrachte, hatte den blödesten Text, den ich je komponiert habe:

> Kennst du das kleine Haus am Michigansee? –
> Dahin fuhren wir zwei
> einst im Mai.
> Und lag auch noch der Schnee
> auf dem kleinen Haus am Michigansee,
> schuf die Liebe uns zwei
> ew'gen Mai.

Der Text war eigentlich unentschuldbar blöde, und doch wurde es ein melancholisch süßer Song.

Artisten von George Waters und Arthur Hopkins hatte am 9. Juni 1928 Premiere. Die Schauspieler waren Grete Mosheim, Jakob Tiedtke, Hans Moser und Paul Hörbiger. Das Stück spielt im Varietémilieu der USA. Deshalb wirkten neben dem Steptänzer Douglas noch Akrobaten und ein Clown mit. Den Kritikern war das nicht seriös genug, sie reagierten eher mäkelig, das Publikum aber strömte. Im November 1928 wurde die Aufführung mit Heymanns Musik vom Theater an der Wien übernommen.

Im Dezember beauftragte Dr. Klein für ein Honorar von 220 Mark Heymann mit Zusammenstellung und Komposition der Bühnenmusik zur Uraufführung von Carl Zuckmayers *Katharina Knie* im Lessingtheater. Albert Bassermann spielte in der Regie von Karl Heinz Martin den alten Knie, Direktor einer Seiltänzertruppe. Zuckmayer bezeichnete sein Schauspiel als »Seiltänzerstück«. Alfred Kerr bemerkte in seiner Besprechung dazu: »Aber nicht (wie das Bühnenwerk *Artisten*) voll Tricks, mit unromantischer Sachlichkeit: sondern bei Zuckmayer dörflich, mit mehr deutscher Sentimentalität.«

Kleiner Exkurs über das Kaffeehaus

Es gab in den Zwanzigerjahren eine Einrichtung, die es heute kaum noch oder gar nicht mehr gibt, deren überragende Bedeutung für das künstlerische und geistige Leben kaum überschätzt werden kann, das Café. In fast allen großen Städten gab es Kaffeehäuser oder kleine Restaurants, in denen sich regelmäßig die geistige Elite des Landes zu treffen pflegte. Ein junger Schriftsteller, Maler oder Musiker brauchte nur in ein solches Café zu gehen, um über kurz oder lang alle Leute zu treffen, die für ihn künstlerisch, menschlich, geschäftlich wichtig oder interessant waren oder werden konnten. In Wien waren es das Café Central und später das Café Herrenhof, in Paris La Rotonde und später das Café Les Deux Margots, in Berlin das Café des Westens und später das Romanische Café. Wenn man niemanden kannte, war jemand da, der von dir gehört hatte und dich überall einführte, der dir sagte, an welchen Tagen welche Leute um welche Zeit dort sein würden, und der dich mit einem Schlag mit all den Leuten bekannt machte, die du kennenlernen wolltest oder solltest. Es waren geistige Treffpunkte allerersten Ranges. Es waren gleichzeitig auch geistige Börsen. Es war fast unvermeidlich, die Leute zu treffen, mit denen du zumindest geistig eine Sprache sprachst, und nur durch das Vorhandensein dieser Lokale ist es zu erklären, dass gewisse Kunststile, Probleme, Geschmacksrichtungen in ganz Europa verbreitet waren und mehr oder minder gleichzeitig auftauchten. Kein Wunder also, dass man den größten Teil seiner Zeit dort zubrachte, diskutierte, Pläne schmiedete, polemisierte. Heute noch kennen sich alle Mitglieder dieser Stammtische. Wenn nicht persönlich, so wissen sie doch genau, wo der andere hingehört. Da saßen wir also und prägten – in aller Unbescheidenheit sei das mal gesagt – das künstlerische Gesicht der Epoche. Nicht nur das künstlerische, sondern sehr oft auch das politische. Es gab keinen Politiker von wirklicher Bedeutung, der nicht unter diesem Völkchen zu weilen pflegte und sicher auch viele Anregungen aus diesen Kreisen empfing. Lenin wurde direkt aus einem Züricher Kaffeehaus vom deutschen Generalstab in einen plombierten Eisenbahnwagen nach Russland gebracht und dort ausgesetzt. Trotzki war ein alter Kaffeehausstammgast in der Schweiz gewesen. Im Café des Westens, im Romanischen Café in Berlin verkehrten Breitscheid, der französische Botschafter François-Poncet – die Liste ließe sich endlos fortsetzen.

Trotzdem war die Zahl derjenigen von uns, die praktisch in die Politik einstiegen, verhältnismäßig klein. Das lag wohl zum großen Teil daran, dass schaffende Menschen meistens Individualisten sind, um nicht zu sagen, Aristokraten. Wir tendierten alle nach links. Es war die einzige Möglichkeit, unsere Unzufriedenheit mit den bestehenden Verhältnissen auszudrücken. Trotzdem sind nur wenige von uns orthodoxe Kommunisten gewesen oder geworden. Wir schreckten fast alle zurück vor dem Schlagwort »Diktatur des Proletariats«. Die bloße Tatsache, dass einer arm war, bedeutete noch kein Wissen. Wir wussten instinktiv um die Ambivalenz aller Dogmen. Und wir glaubten nicht an Allheilmittel. Wir befolgten unbewusst die amerikanische Regel »Es ist besser, eine kleine Kerze anzuzünden, als sich über die Dunkelheit zu beschweren.« Ich selbst pflegte damals zu sagen: »Nach der Revolution der Armen gegen die Reichen kommt die Revolution der Hässlichen gegen die Schönen, der Pechvögel gegen die Masselmölche.«

Die Diskussionen über diese Themen nahmen kein Ende. Auch mit Johannes R. Becher habe ich mich darüber niemals einigen können. Viele ehemals gute Freunde von mir sitzen heute in der Ostzone und wir werden uns wohl nie wiedersehen. Auch meine viele Jahre lang während Freundschaft mit Rudolf Leonhard ging darüber in die Brüche. Ich wollte und will es nicht wahrhaben, dass irgendein politisches System wie zum Beispiel der Sozialismus dem Menschen das Recht gibt, alle divergierenden Stimmen durch Zwangsmaßnahmen oder gar Totschlag zum Schweigen zu bringen. Auch nicht, dass irgendeine wirkliche Verbesserung der existierenden Verhältnisse ohne eine Besserung der Menschen nachhaltigen Erfolg haben kann, wobei ich unter »Besserung« keineswegs nur die äußere Befolgung irgendwelcher religiöser Moralprinzipien verstehe. Und wie die Bergpredigt durch die Inquisition kompromittiert wurde, so wurden die Prinzipien des Kommunismus durch Stalin für ewige Zeiten kompromittiert. Dabei wäre es so einfach, eine allgemeingültige Religion aufzustellen. Sie müsste nur auf den alten Satz zurückgehen: Was du nicht willst, das man dir tu, das füg auch keinem andern zu! Das ist das ganze Gesetz und die Propheten. Die Religion bräuchte keine anderen heiligen Geschichten als die folgende:

Ein persischer Philosoph träumte eines Nachts, er sei gestorben und käme in den Himmel. Dort fand er zwei Türen. Auf der einen stand: »Die von Allah Geliebten«, auf der anderen: »Die von Allah Verworfenen«. Der Philosoph ging zuerst durch die Tür, auf der »Die von Allah Verworfenen« stand, und sah einen riesigen Raum, in dessen Mitte ein riesiger Tisch stand. Um diesen Tisch saßen Tausende von Menschen, alle auf Armsesseln. An die linke Lehne war ihre linke Hand gebunden, an ihre rechte Hand gebunden war ein Löffel. Der Tisch war mit den herrlichsten Speisen gedeckt, die es auf der Welt nur gab. Der an die rechte Hand gebundene Löffel war so lang, dass sie in alle Speisen, die auf dem Tisch standen, hineinlangen konnten. Aber er war auch so lang, dass sie ihn nicht in den Mund stecken konnten, und alle waren verzweifelt.

Nachdem der Philosoph sie gebührend bedauert hatte, ging er durch die zweite Tür, auf der »Die von Allah Geliebten« stand. Auch dort fand er einen riesigen Saal, in dessen Mitte ein riesiger Tisch stand, der gedeckt war mit den schönsten Speisen, die es auf der Welt nur gab. Auch an diesem Tisch saßen Tausende von Menschen auf Lehnsesseln. An die linke Lehne war ihre linke Hand gebunden, an die rechte Hand gebunden war ein Löffel, der so lang war, dass sie ihn nicht in den Mund stecken konnten. Also fütterte jeder seinen Nachbarn, und alle waren zufrieden.

Man muss bedenken, wie klassenlos diese Welt des Kaffeehauses war. Durch ihre Besucher kam man mit den unterschiedlichsten Kreisen der Bevölkerung zusammen und gewann einen wirklichen Einblick in den ungeheuren Abwechslungsreichtum der menschlichen Rasse. Wenn ich heute die Augen schließe und im Geist zurückdenke an die unzähligen Bekannten und Freunde aus dieser Zeit, dann ergibt sich eine unglaublich gemischte Welt von hungrigen Dichtern, ebenso hungrigen Malern, Mitgliedern der Jeunesse dorée, Hohenzollern und anderen Fürsten, Bühnenarbeitern, Mechanikern, Ingenieuren, Strichmädchen, Journalisten, Filmleuten, Schauspielern, Musikern, Sängern, Instrumentalisten, Jobbern, Glücksrittern.

Ein paar Erinnerungen aus dem Kaffeehaus: Der Bildhauer R., der sich seinen Lebensunterhalt fünfzigpfennigweise von uns zusammenpumpte, nie Geld hatte und wohl auch nie welches verdiente, erschien eines Tages im Café des Westens und lud uns alle zum Essen in einem schicken, nahe gelegenen Restaurant ein. Er erklärte uns, dies sei sein Abschied von der Boheme und sein Weg, uns seine Schulden abzutragen. Das Essen bestand aus Hummer, Kaviar, Austern, Gänseleberpastete und allen erdenklichen Feinschmeckereien. Er werde sich verheiraten und seine Künstlerlaufbahn beenden. Er zeigte uns auch das Bild einer alten und maßlos hässlichen Schlachtermeisterwitwe, die sich diesen wunderschönen, riesenhaft großen Mann gekauft hatte. Als ich nicht lockerließ und ihn fragte, wie er diese Ehe zu vollziehen gedenke, sagte er: »Weißt du, Werner, wenn ich das Licht auslösche, sie auf den Bauch lege und an das viele, viele Geld denke, dann wird's schon gehen.«

Ein unsagbar schönes junges Mädchen, die Tochter eines der höchstbezahlten Berliner Karikaturisten, die so schön war, dass alle ihr sagten, sie müsse zum Film, trat schließlich die Rundreise durch die zahllosen Filmbüros der Friedrichstraße an. Nachdem sie ein paar Dutzend Mal gefragt worden war, was sie am Abend vorhätte, wurde es ihr zu bunt. Sie stemmte die Arme in die Hüften und brüllte den erschrockenen Produzenten an: »Hören Sie mal, wenn ich mich bereit erklären würde, mit alten, dicken, hässlichen Männern ins Bett zu gehen, dann brauchte ich doch nicht außerdem noch zu filmen!«

Ich war dabei, als Gustav von Wangenheim, der prächtig aussehende Sohn des Reinhardt-Schauspielers Eduard von Winterstein, der alternden Schauspielerin Adele Sandrock vorgestellt wurde. Sie besah sich den Burschen, schwarzhaarig, rotbäckig und weißhäutig, wie er war, von Kopf bis Fuß durch ihr Lorgnon, das sie schließlich mit den Worten zuklappte: »Gustel, Gustel, Gustel, vorrr drrreißig Jahrrren wärrren Sie mirrr aberrr auch nicht ausgekommen!«

Einer der schönsten Menschen aus dieser Zeit war so arm, dass er an der Ecke Joachimsthalerstraße/Kurfürstendamm, wo das Café des Westens war, als Strichjunge zu stehen pflegte. Er wurde später einer der berühmtesten Schauspieler der Welt.

Eine reizende Geschichte passierte damals einer zu unserem Kreis

Adele Sandrock, 1921 (im Stummfilm
Die Schuld des Grafen Weronsky).

gehörenden jungen Dame – nennen wir sie Fräulein A. –, die von einem jungen, reichen Lebemann seit Jahren belagert wurde, ohne einzuwilligen. Eines Tages kam dieser junge Mann ins Café und erzählte: »Also, Kinder, gestern hat es endlich geklappt. Aber ich war maßlos enttäuscht. Sie ist ganz schlecht im Bett.« Diese taktvolle Bemerkung des Herrn B. wurde Fräulein A., die nach seinem Weggehen ebenfalls im Café erschien, natürlich brühwarm mitgeteilt. Sie sagte gar nichts. Die Rache folgte in wenigen Wochen. Sie teilte Herrn B. mit, dass sie ein Kind von ihm erwarte. Sämtliches Leugnen half nichts. Sie hatte mindestens zwanzig Zeugen, dass er selbst zugegeben habe, mit ihr geschlafen zu haben. Es hat monatelang gedauert, in denen Herr B. vor Angst aus den Pantinen kippte, bis sie ihn endlich aus der Zange ließ.

[Hier endet die 1958 von Werner Richard Heymann diktierte Autobiografie. Die Fortsetzung seiner Lebensgeschichte basiert auf Interviews, Zeitschriftenartikeln und Briefen. Damit erkennbar bleibt, welche Passagen aus der Erinnerung erzählt und welche aus dem aktuellen Erleben geschildert sind, wurden die Brieferzählungen in der Gegenwartsform belassen.]

Die Tonfilm-Operette

Im Herbst 1928, kurz nachdem ich für Max Reinhardt die Bühnenmusik zu dem Stück *Artisten* geschrieben hatte, erhielt ich ein Angebot der »Tobis«, an den ersten Versuchs-Tonfilmen mitzuwirken. Ich machte Versuche und verwirklichte selber fünfzehn kleine Filme, schuf das Szenario, die Inszenierung, die Musik, die Montage und war mein eigener Kameramann. So wie ich alle Zweige der Musik kannte (da ich komponiert, vier Jahre als erster Violinist gespielt und Orchester dirigiert hatte), so wollte ich auch alles vom Kino, seiner Technik, seiner allgemeinen Ästhetik wissen.

Das Ganze fand bei einer Firma statt, die »Tri-Ergon« hieß. Das bedeutet »das Werk von dreien«, und diese drei hießen Massolle, Vogt und Engl.

Der Tontechniker Hans Vogt, der Physiker Jo Engl und der Feinmechaniker Joseph Massolle hatten 1919 mit der Entwicklung eines Licht-Ton-Systems begonnen und am 17. September 1922 eine erste öffentliche Tonfilm-Vorführung in Berlin veranstaltet. Grundlage ihrer Erfindung war die Umwandlung von Schallwellen in Lichtschwankungen, die auf Film festgehalten und zugleich mit dem Bild übertragen werden konnten. Die drei Erfinder entwickelten auch die für ihr Verfahren notwendigen Geräte, darunter ein neuartiges Mikrofon und den ersten echten Lautsprecher – es gab bis dahin nur Kopfhörer oder Grammofontrichter. Da sich ihr Tonfilmsystem in Deutschland nicht durchsetzen ließ, verkauften die drei ihre Patente in die Schweiz, von wo aus eine Lizenz in die USA an die Fox Film Corporation vergeben wurde. Nach dem erfolgreichen Start der ersten amerikanischen Tonfilme wurde 1928 in Berlin das »Tonbild-Syndikat« (Tobis) gegründet. Die Finanzierung erfolgte überwiegend mit dem Geld einer holländischen Kommanditgesellschaft. Massolle wurde technischer Direktor der Tobis.

Diese frühen Tonfilme waren natürlich äußerst primitiv. Das Wunder, dass die Figuren auf der Leinwand richtig sprechen und sogar musizieren und singen konnten, war so groß, dass man sich um eine Story überhaupt nicht kümmerte.

Die Handlung bestand zum Beispiel aus einem »Lever«, also der Morgenstunde am Hofe des Sonnenkönigs. Da saß dann irgendein König auf dem Thron, mit einem Ding in der Hand, das sollte sein Zepter sein, und neben dem Thron stand eine wunderschöne Schäferin im Reifrock. Außerdem waren da noch ein Flötist und eine Sängerin. Jemand spielte Viola d'Amore oder Viola da Gamba – ich erinnere mich nicht mehr genau, was es war – und ein anderer Harfe. Die Frau sang ein französisches Schäferlied – und das war dann schon der ganze Film. Er dauerte etwa zehn Minuten.

Mitte Januar 1929 zeigte die Tobis in Berlin, Hamburg, Düsseldorf und Leipzig ein Programm mit kurzen Tonfilmen. Zu den Titeln *Paganini in Venedig* **und** *Des Haares und der Liebe Wellen* **hatte Heymann die Musik komponiert, im Venedig-Film sang der Tenor Wilhelm Gombert von Bruno Walters Charlottenburger Opernhaus das »Lied des Gondoliere«.**

Die große Schwierigkeit war, dass es noch keinen Tonfilm-Schneidetisch gab. Wir konnten auf dem Tonstreifen ja nicht sehen, wo ein Lied anfängt und wo es aufhört; und wenn wir das endlich herausgefunden hatten, wussten wir noch immer nicht, wo wir den Ton schneiden konnten. Das ging nämlich nur bei einer Atempause. Wir haben einen sehr komplizierten Apparat konstruiert, den ich erfunden habe. Er bestand aus einem Schlauch, an dessen einem Ende ein Gummiball war, am anderen ein Pinsel, der in rote Tinte getaucht wurde. Wenn wir ein Lied aufgenommen hatten, sahen wir es uns im Vorführraum an. Durch die Tür führte der Schlauch zum Projektionsapparat. Kam ein Atmer, habe ich auf den Gummiball gedrückt, und der rote Pinsel machte einen dicken Klecks auf den Film. An dieser Stelle haben wir dann nachgesehen, wo die schwächsten Tonaufzeichnungen waren, und da konnten wir schneiden.

Eines Tages kam der Aufsichtsrat der Tobis, die die Tri-Ergon übernehmen wollte. Das waren lauter holländische Bankiers, die nicht nur vom Tonfilm, sondern überhaupt vom Film keinerlei Ahnung hatten. Sie fragten mich, was ich da mache. Als ich sagte: »Ich schneide Ton«, waren sie sprachlos. »Sie schneiden Ton? Wie geht denn das?« – »Ich reihe Tonstreifen aneinander, sodass eine logische Folge entsteht, und an Stellen, wo ich unterbrechen kann, schneide ich.« Einer fragte: »Ja, wie wissen Sie denn, dass Sie unterbrechen können?« Ich sagte: »Das ist ganz einfach. Ich ziehe den Streifen an meinem Ohr vorbei und wenn ich die Stelle gefunden habe, an der ich schneiden muss, dann schneide ich da.« Ein anderer fragte ganz erstaunt: »Ach, das kann man hören?« Und ich antwortete: »Natürlich, wenn man ein feines Gehör hat.« Und er sofort: »Lassen Sie mich auch mal hören.« Ich führte also den Streifen an seinem Ohr vorbei. Er horchte mit größter Anstrengung. »Ich habe nichts gehört.« – »Na ja, man braucht ein bisschen Übung«, antwortete ich.

Der erste Tonfilm der UFA, *Melodie des Herzens*, spielte in Ungarn. Der damals noch ziemlich unbekannte Budapester Operettenkapellmeister Paul Abraham erhielt deshalb den Auftrag, für Willy Fritsch den Schlager »Bin kein Hauptmann, bin kein großes Tier« zu komponieren. Heymann wurde engagiert, wie zuvor für die Stummfilme illustrierende Musik zusammenzustellen.

Als ich die musikalische Leitung des Films *Melodie des Herzens* übernahm, fragte man mich, ob ich mit ungarischer Musik vertraut sei. Ich bejahte in der Überzeugung, durch die Kenntnis von Liszt, Bela Bartók, der *Zigeunerweisen* von Sarasate, der *Ungarischen Tänze* von Brahms, der Operetten von Kálmán hinreichend ungarisch vorgebildet zu sein. Und einige Wochen später machte ich die Entdeckung, dass ich von ungarischer Musik keine Ahnung hatte. Was wir Westeuropäer davon zu hören bekommen, ist für den Konzertgebrauch frisiert und hat mit ungarischer Musik nur noch eine oberflächlich melodische Verwandtschaft.

Wir sind 2500 Kilometer kreuz und quer durch Ungarn gefahren. Der Regisseur Hanns Schwarz und der Kameramann Günther Rittau suchten Bilder, ich suchte Klänge. Zuerst verstand ich gar nichts. Ich hörte Bauern singen und hörte Zigeuner spielen. Es klang wunderbar süß und unsagbar schön, aber ich wusste nicht, wie ich es anpacken sollte. Die Melodien schienen nicht zu greifen, die Harmonien nicht zu packen zu sein. Ein Rhythmus, eine Taktart war kaum erkannt und schon dem Zugriff des notierenden Bleistifts entglitten.

Heymann schrieb neben der Hintergrundmusik für den Film auch zwei kleine Lieder, »Das Lied vom Lenz ist alt und schlicht« und »Heut' komm ich zu dir, mein Mädel«. Bei der Premiere am 16. Dezember 1929 im UFA-Palast am Zoo gab es nach den beiden von Willy Fritsch gesungenen Liedern Szenenapplaus.

Melodie des Herzens wurde in einer deutschen, französischen, englischen und ungarischen Sprachversion herausgebracht, daneben auch als Stummfilm, da erst wenige Kinos eine Tonfilmapparatur hatten.

Für den zweiten Tonfilm der UFA, *Liebeswalzer*, sollte aufgrund des Erfolgs von *Melodie des Herzens* wieder Paul Abraham die Musik machen. Aber aus irgendeinem Grund lieferte er nicht ab; wahrscheinlich war er zu beschäftigt mit seiner neuen Operette, *Viktoria und ihr Husar*, die im Februar 1930 in Budapest uraufgeführt werden sollte. Erich Pommer kam Anfang Oktober 1929, zwei Tage vor Drehbeginn, sehr aufgeregt zu mir und fragte mich, was er machen solle. Ich meinte: »Versuchen Sie es doch mit mir!« Darauf er: »Sie können keine populäre Musik schreiben, Sie sind doch ein ernster Komponist!« Ich wandte ein, dass ich immerhin den Schlager »Das kleine Haus am Michigansee« geschrieben hätte. Darauf sagte er nur: »Ach, das war ein Zufall!

Ich setzte mich hin und komponierte den Liebeswalzer und »Du bist das süßeste Mädel der Welt«, und daraufhin hat er es mir geglaubt.

Im Februar 1930 wurde *Der Liebeswalzer* im Berliner Gloria-Palast uraufgeführt. Der von Wilhelm Thiele inszenierte Film erzählt die Geschichte eines etwas trotteligen Erzherzogs, der mit einer Prinzessin verheiratet werden soll. Aber nicht er, sondern sein Freund, der Sohn eines amerikanischen Automobilfabrikanten, führt sie heim. In den Nebenrollen tummeln sich Hofmarschälle, regierende Fürstinnen, Erzherzoginnen, Generäle mit Orden, strammstehende Kellner. Der Kritiker der *Vossischen Zeitung* beschrieb in der Ausgabe vom 9. Februar, was zu einem nicht unwesentlichen Teil den Erfolg der UFA-Filme der frühen Dreißigerjahre ausmachte: die fast vollständige Ausblendung der Wirklichkeit, die von permanenter Regierungskrise, dem Erstarken des Faschismus und steigender Arbeitslosigkeit geprägt war:

Nachher, wenn man das Theater verlässt, den Kurfürstendamm betritt, die Zeitungshändler ihre Zeitungen ausrufen hört, die Überschriften liest: »Young-Plan« – »Nationalsozialisten im Sportpalast«, so fassen wir uns an den Kopf. Das gibt's doch alles gar nicht, denken wir; in Wirklichkeit regiert doch die reizende Julia Serda als Fürstin von Lauenburg, und wie können Gegensätze unter dem Volk sein, wo doch der ebenso elegante wie nonchalante Georg Alexander als Erzherzog anlässlich der Hochzeit der Prinzessin soeben die ganze Bevölkerung mit Freibier und Freiwürstchen traktiert hat!

Neben der Filmkritik brachte die *Vossische* einen weiteren Artikel mit der Überschrift »Die Musik zum *Liebeswalzer*«:

Werner R. Heymann ist der Komponist des *Liebeswalzers*, der ersten deutschen Tonfilmoperette. Hofzeremoniell, liab weanerischer Einschlag, Beschaulichkeit einer kleinen Residenz stoppt ihm bald das Tempo vom schmissigen Fox und Onestep zum schmachtenden Walzer ab. Der Publikumserfolg dieses Tonfilms hat der Musik viel zu danken. Sie hat sich bei aller Unaufdringlichkeit keine Gelegenheit entgehen lassen, um Laune ins Spiel zu bringen. Das Harmonika-Quartett der vier Piccoli vom »Weißen Schwan« ein guter Einfall. Der Radetzky-Marsch in seiner Abstufung vom Summen bis zur karikierenden Instrumentierung beste Illustration. Das Geschickteste an dieser Operettenpartitur sind die unmerklichen Übergänge vom unbegleiteten zum begleiteten Spiel, von Illustrationsmusik zur Komposition. Diese Übergänge fließend zu halten, vor allem still zu sein, wenn die Handlung spricht, ist die schwerste und dringlichste Aufgabe für den Musiker. Sie ist von Heymann vorzüglich gelöst worden. Er ist überdies einer der wenigen Komponisten mit dem Talent zur Lustigkeit. Von diesem Talent, von der guten Laune der Musik hat der Film profitiert. Mit dem *Liebeswalzer* hat die Tonfilmkomposition einen energischen Schritt vorwärts getan.

Der Film etablierte ein Traumpaar des deutschen Films: Lilian Harvey und Willy Fritsch. Da in der Anfangszeit des Tonfilms Synchronisationen in andere Sprachen technisch sehr schwierig waren, wurde der Film parallel in einer englischen Fassung gedreht (*Love-Waltz*), für die

Willy Fritsch und Lilian Harvey
in *Liebeswalzer*, 1929.

als Partner Lilian Harveys der aus Neuseeland stammende John Batten engagiert wurde.

Erich Pommer plante nach dem großen Erfolg mehrere Ausstattungstonfilme für den internationalen Markt, darunter eine Verfilmung der *Fledermaus*-Version Max Reinhardts, die als »Operette für Schauspieler« seit 1929 mit sensationellem Erfolg am Deutschen Theater lief. Die Musik für die Bühnenversion hatte Erich Wolfgang Korngold bearbeitet und dirigiert. Ihn verpflichtete Pommer auch für die Verfilmung; außerdem engagierte er Korngold für die musikalische Leitung eines weiteren Großfilms: *Der Kongress tanzt*, eine Geschichte aus der Zeit des Wiener Kongresses. Offenbar hatte Pommer noch nicht erkannt, dass er in Heymann bereits den bestmöglichen Filmkomponisten in seinem »Stall« hatte.

Im Mai 1930 wurden beide Produktionen abgesagt. Bei der *Fledermaus* gab es Probleme mit den Autorenrechten. Außerdem waren Zweifel aufgetaucht, ob die Tonfilmlizenzen, die die UFA erworben hatte, eine Auswertung der Produktionen auch außerhalb Europas erlaubten.

Wie aus einem im Korngold-Archiv Hamburg aufbewahrten Brief Pommers an den jungen Komponisten hervorgeht, hielt er unter diesen Umständen eine adäquate Verfilmung von *Der Kongress tanzt* für zu riskant: »Bei den momentan noch immer herrschenden Patentschwierigkeiten ist das Absatzgebiet unserer Filme ein sehr beschränktes, und so wäre es ein großes Risiko, einen so teuren Film zu produzieren, der allein in Europa amortisiert werden müsste.«

Stattdessen ließ Pommer einen Gegenwartsstoff entwickeln, der keinen allzu großen Aufwand erforderte. Drei junge leichtsinnige Freunde, denen das Geld ausgegangen ist, verkaufen ihr Auto und erwerben vom Erlös eine Tankstelle. Dort widmen sie sich vornehmlich dem Flirt mit einem hübschen Mädchen, das ab und zu in seinem Sportwagen auftaucht.

Für diesen kleinen Film griff Pommer dann wieder auf Heymann zurück. Der sah sich nach einem Textdichter um, der ihm für das etwas dünne Drehbuch einige zündende Songtexte schreiben sollte. Da das Auto in diesem Film eine große Rolle spielte, kam ihm ein gerade populäres Lied in den Sinn. Er erkundigte sich nach dem Textautor dieses Lieds und rief ihn ziemlich spät in der Nacht an. »Ich möchte Robert Gilbert sprechen!« – »Am Apparat, und außerdem sehr müde«, war die Antwort. Das störte Heymann nicht. »Sind Sie der Mann, der den Liedtext ›Ich hab' kein Auto, ich hab' kein Rittergut‹ geschrieben hat?« – »Bin ich«, war Gilberts Antwort, »Und mit wem habe ich das Vergnügen, so mitten in der Nacht?« – »Mit Werner Richard Heymann, und ich möchte, dass Sie morgen früh um 9 Uhr im Büro von Erich Pommer in der UFA sind. Sie sollen die Gesangstexte für meinen nächsten Film schreiben!«

Bevor Gilbert etwas erwidern konnte, hatte Heymann aufgelegt. Die beiden trafen sich am nächsten Morgen in Babelsberg und es begann eine Zusammenarbeit, aus der ein Hit nach dem anderen hervorging. Das allererste Lied, das Gilbert für Heymann schrieb, hieß »Liebling, mein Herz lässt dich grüßen«.

Anfangs war Pommer unsicher, ob aus der eher simplen Geschichte wirklich ein erfolgreicher Film entwickelt werden könnte. Er setzte deshalb eine Leseprobe mit allen Mitwirkenden an, bei der Heymann auch seine bereits komponierten Lieder vorspielen sollte. Ein Lied riss die Schauspieler geradezu von den Stühlen. Es begann mit dem Signal einer Autohupe, ging dann weiter mit der Zeile »Autofahren, Autofahren ist die größte Schwäche jeder kleinen Frau ...«, und hatte den Refrain »Hallo, du süße Frau, fahr nicht allein!« Es war sofort klar, dass der Stil des Films aus diesen heiteren, unbeschwerten Liedern entwickelt werden musste.

Der zwischen dem 17. Juni und 31. Juli 1930 in Babelsberg produzierte Film *Die Drei von der Tankstelle* sollte ein neues Genre begründen: die Tonfilm-Operette. Die Szenen wurden nicht nachträglich vertont, sie zeigten inszenierte Melodien und bebilderte Musik.

Regisseur war wieder Wilhelm Thiele, erneut spielten Lilian Harvey und Willy Fritsch die Hauptrollen. Als jüngster der drei Freunde wurde der knapp dreißigjährige Heinz Rühmann engagiert, der bis dahin nur in dem 1926 gedrehten Stummfilm *Das deutsche Mutterherz* auf der Leinwand in Erscheinung getreten war, dort als gewalttätiger Sohn, der seine Mutter verprügelt. Es blieb die einzige unsympathische Rolle

Titelblatt *Le Chemin du Paradis* mit Henry Garat und Lilian Harvey in einer Szene aus *Die Drei von der Tankstelle*, Éditions Salabert, 1930.

seiner langen Filmkarriere. Inzwischen hatte er sich an den Münchner Kammerspielen zum Publikumsliebling emporgespielt und sollte das auch im Film werden.

In der französischen Version war Henry Garat der Partner Lilian Harveys. Der 28-jährige Schauspieler war in Frankreich so gut wie unbekannt. Mit 16 Jahren hatte ihn die Mistinguette in einem Pariser Revuetheater entdeckt und verführt, einige Jahre lang trat er im von ihr geleiteten »Moulin Rouge« auf. Pommer engagierte Garat eigentlich nur, weil er zufällig für die französische Version eines anderen Films in Berlin war und eine gewisse Ähnlichkeit mit Willy Fritsch hatte.

Durch *Die Drei von der Tankstelle*, in Frankreich unter dem Titel *Le Chemin du Paradis* herausgebracht, wurde Garat zum Star, zum umjubelten jugendlichen Liebhaber im französischen Kino der Dreißigerjahre. Die Begeisterung mancher Frauen ging so weit, dass sie die Reifen seines Autos küssten. »Ein Freund, ein guter Freund« wurde als »Avoir un bon copain« in Garats Version zum Schlager der Saison und ist bis heute in Frankreich gleichsam ein Volkslied.

Der *Film-Kurier* schrieb in einer Kritik vom 16. September 1930, der Film wolle bewusst »leicht-sinnig« sein.

> Da trifft Witz und Können aller überwältigend zusammen. Jeder Takt sprühend, treibend. Der Illustrator Werner Richard Heymann, der dann am schöpferischsten wirkt, wenn er seine eigenen Einfälle auswerten und steigern kann und die Linie seiner Schlager parodistisch umbiegt – ein expressives Lied und der flotte Freundschaftsmarsch sind darunter, die bestimmt populär werden, oder vielleicht werden sogar alle vier Stücke die große Runde machen, herzlichen Glückwunsch dafür.

Erst danach würdigt die Rezension Regisseur und Schauspieler.

In seinem 1947 in Princeton erschienenen Buch *Von Caligari bis Hitler* beschreibt Siegfried Kracauer, in den Dreißigerjahren Berliner Korrespondent der *Frankfurter Zeitung*, die Prägung dieser Filmoperette durch die Musik:

> Der Film war ein verspielter Tagtraum aus dem Material des Alltagslebens. Die erfrischende Idee, das Operettenparadies von seinem traditionellen Schauplatz auf die offene Straße zu verlegen, wurde durch den exzentrischen Einsatz der Musik unterstützt. Launisch

durchkreuzte die Musik andauernd die halbwegs vernünftige Handlung und riss Personen und selbst Objekte dazu hin, sich ausgelassen zu benehmen. Ein unmotivierter Walzer lässt die Arbeiter, die die unbezahlten Möbel der Freunde abtransportieren, sich in Tänzer verwandeln, und wann immer der verliebte Zweisitzer naht, lässt die Hupe ein paar Takte erklingen, die sich mit der Beharrlichkeit eines echten Leitmotivs durch den Film ziehen.

Ein Fabrikant von Autohupen kopierte das Heymann-Signal und machte damit gute Geschäfte. Lebkuchenherzen auf Jahrmärkten waren mit der Textzeile »Liebling, mein Herz lässt dich grüßen« verziert. *Die Drei von der Tankstelle* war der wirtschaftlich erfolgreichste deutsche Film der Saison 1930/31.

Es war ein langer Weg dahin. Inzwischen war die Technik sehr vervollkommnet worden, aber noch nicht so weit, dass man bei einem Film praktisch nur das Bild aufnahm und dann im Atelier die Schauspieler zu den Mundbewegungen den Text sprachen. Was es im Film an Ton geben sollte, musste während der Dreharbeiten an Ort und Stelle aufgenommen werden.

Oskar Karlweis und Lilian Harvey in *Die Drei von der Tankstelle*, 1930.

Bei einem geschwind gespielten, rapiden Tanzfilm wie *Die Drei von der Tankstelle* gab es enorme Schwierigkeiten. Das Orchester war direkt neben der Szene platziert, aber schon die hundert Meter bis zu den Schauspielern machten einen Unterschied von einer Drittelsekunde gegenüber der Aufnahme durch das Mikrofon aus, das direkt im Orchester hing. Es war sehr schwer, bis wir das allmählich ausgleichen konnten.

Die Musik bereitete nicht nur technische Probleme. Auch ästhetisch betrat Heymann Neuland. Es gab keine Vorbilder, an denen er sich hätte orientieren können. Im November 1930 formulierte er einige grundsätzliche Überlegungen über die Musik im Tonfilm.

Es war doch völlig neues Land, in das ich Einzug hielt, als ich zum ersten UFA-Tonfilm *Melodie des Herzens* die Musik schrieb. Damals habe ich zu einem Film Musik geschrieben. Ich glaubte, die Musik sei das Primäre. Aber ich wurde bald zu der Erkenntnis ge-

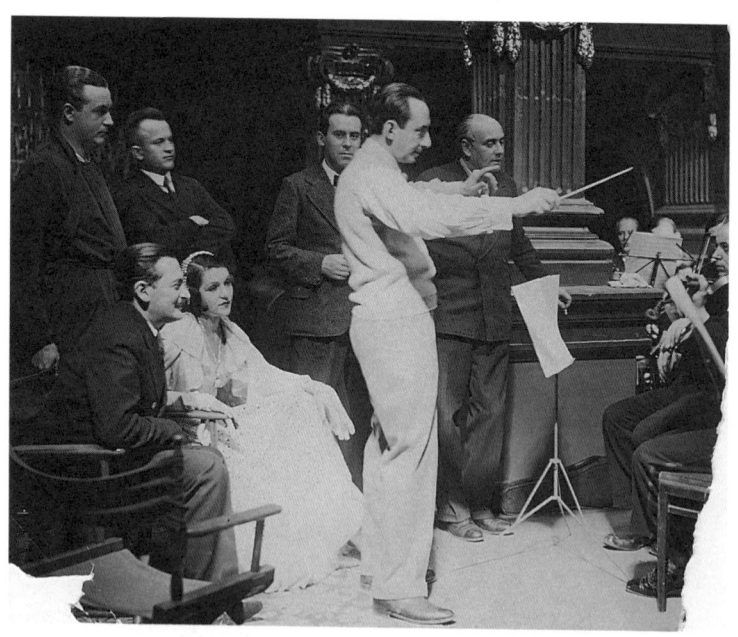

Bei den Dreharbeiten zu *Ihre Hoheit befiehlt* mit Günther Rittau, Willy Fritsch, Reinhold Schünzel und Käthe von Nagy, 1931.

Heymann dirigiert bei Außenaufnahmen auf dem Babelsberger Studiogelände, um 1930.

führt, dass ich mich irrte. Und so beugte ich mich ein wenig unter die technisch-mechanischen Bindungen, die im Reich des Tonfilms herrschen, und schrieb für den *Liebeswalzer* meine Melodien. Auch das war noch nicht genug. Nur wer sich ganz beugt, vermag ganz zu herrschen, und so tat ich denn den letzten Schritt: Ich opferte alte, geheiligte musikalische Traditionen, erhob die Musik aber gleichzeitig wieder auf ihren Herrscherthron, indem ich *mit* einem Film Musik machte. Das heißt, ich versuchte, den Rhythmus der bildhaften Bewegungsvorgänge musikalisch zu erfassen und zu durchdringen. Denn das ist das letzte Ziel der Tonfilmkunst, Ton – also auch Musik – und Bild zu einer organischen Einheit untrennbar miteinander zu verknüpfen. So suche ich das festgesteckte Ziel, das anscheinend heute noch unerreichbar ist und dennoch eines Tages errungen sein wird: das Tonfilm-Musikdrama.

Pommer war inzwischen von Heymanns Qualitäten überzeugt und bot ihm einen festen Vertrag mit einem Monatsgehalt von 5000 Mark an.

Autogrammpostkarte von Ilse Bachmann, um 1930.

Die Tantiemen aus der Verwertung seiner Melodien durch Rundfunk und Tanzkapellen brachten allein für das Jahr 1930 zusätzliche 30.000 Mark.

Am 20. Januar 1931 begannen die Dreharbeiten zu *Ihre Hoheit befiehlt*. In diesem Film war Käthe von Nagy die Partnerin von Willy Fritsch. In der französischen Version *Princesse à vos ordres* spielte Lilian Harvey die weibliche Hauptrolle, erneut mit Henry Garat. Am Drehbuch arbeitete Billie Wilder mit, der seinen Vornamen damals noch so schrieb.

Die Handlung war wieder im Operettenland eines europäischen Fürstentums angesiedelt. Eine vom verstaubten Hofzeremoniell gelangweilte Prinzessin verkleidet sich als einfaches Mädchen und besucht einen Gesindeball. Sie verliebt sich dort in einen jungen Mann, der sich als Verkäufer ausgibt, in Wirklichkeit aber Leutnant in ihrem Leibregiment ist.

In dem Film spielte der 38-jährige Bariton Erik Schütz einen Stimmungssänger. »Komm und tanz mit mir« hieß das Lied, das Heymann für ihn komponierte. Schütz war mit der zehn Jahre jüngeren Schauspielerin Ilse Bachmann befreundet, die in zwei Filmen von Georg Wilhelm Pabst kleine Rollen gespielt hatte, darunter eine der Huren in der Verfilmung der *Dreigroschenoper*. 1924/25 war sie am Stadttheater in Frankfurt am Main in Schauspielen und Operetten aufgetreten.

In welcher Reihenfolge das Folgende passierte, konnten Heymann und seine Frau hinterher selbst nicht so genau sagen. Lo lernte im Februar 1931 während der Dreharbeiten Erik Schütz kennen, und der stellte

Heymann bei irgendeiner Gelegenheit Ilse Bachmann vor. »Du hast mir heimlich die Liebe ins Haus gebracht« lautet eine wieder von Robert Gilbert verfasste Textzeile eines anderen Lieds aus dem Film. Alles ging sehr schnell. Lo verliebte sich in Erik Schütz. Es kam zur Scheidung und bereits am 1. April desselben Jahres heiratete Heymann Ilse Bachmann. Begegnet waren sich die beiden wahrscheinlich schon Ende 1928, denn Ilse Bachmann hat in einem der kurzen Experimental-Tonfilme der Tobis mitgespielt, zu denen Heymann die Musik komponiert hat. Die Hochzeitsreise führte über die Schweiz nach Italien und Südfrankreich. Aus Lausanne und Aosta schickte Ilse Postkarten an ihre Mutter:

> In den Alpen liegt Schnee und wir hatten sehr viel Weiß. Und in den Tälern die blühenden Obstbäume, grüne, gelbe, bunte Himmelswiesen – und blühende Kastanien! Und wir sind noch immer aufgelöst vor lauter Freude.
>
> Wir fahren mit offenem Wagen, immer nach Süden! Heiß ist es, blühende Bäume, im Wald Schneeglöckchen, auch Anemonen. Und

Auf der Hochzeitsreise, April 1931.

wir fressen und saufen und freuen uns des Lebens. Morgen, Mittwochabend in Nizza.

In Nizza bekam ich ein Telegramm von Pommer: »Brauche für nächsten Film französischen Typ Marinemarsch. Bitte lassen Sie sich endlich mal was einfallen. Erich Pommer.« Das »Bitte lassen Sie sich endlich mal was einfallen« war bei Pommer zu einer ständigen Redewendung geworden, nachdem ich seit *Liebeswalzer* für jeden Film mit maschinenmäßiger Sicherheit mindestens einen Hit produziert hatte.

Ich konnte mir unter »französischer Typ Marinemarsch« nichts Rechtes vorstellen. Bei einem französischen Marsch hätte ich an die Marseillaise oder etwas Ähnliches gedacht. Was aber ist ein französischer Marinemarsch? Zufällig las ich in der Zeitung, dass am nächsten Tag der französische Präsident den Kreuzer Soundso besuchen würde, der auf der Reede von Villefranche, nur wenige Kilometer von Nizza in Richtung Monte Carlo, lag. Ich mietete mir ein Motorboot und kreiste um diesen Panzerkreuzer herum. Da hörte ich die Signalhörner, sah die Trikolore, hörte die Salutschüsse, die Kommandos und die Pfiffe, also alles, was bei einer Marinebesichtigung dazugehört. Noch am Abend komponierte ich die Melodie von »Das ist die Liebe der Matrosen«. In Berlin zeigte ich die Noten Robert Gilbert, der seinen Text dazu machte, und ich brachte das Lied zu Pommer. Der war zufrieden, alles schien in Butter zu sein, doch am nächsten Tag sagte er: »Heymann, es tut mir sehr leid, wir müssen den Film verschieben. Wir machen jetzt einen ganz berlinischen Film, also brauche ich einen typisch berlinischen Marsch.«

Ich rief Robert Gilbert an. »Wir müssen einen neuen Marsch machen, die Musik ist zu französisch und wir brauchen jetzt einen berlinischen Marsch.« – »Wieso ist die Musik französisch?«, fragte Gilbert. – »Na, ich habe ihn doch in Frankreich gemacht.« Und ich erzählte ihm die Geschichte mit dem Panzerkreuzer. Er meinte: »Ach wo, das liegt nur am Text. Ich mache einen berlinischen Text drauf, und dann ist das ein Berliner Marsch!«

Diesen Text kennt keiner, aber ich bin sicher, der Marsch wäre mit ihm genauso populär geworden wie mit dem Text »Das ist die Liebe der Matrosen«. Er ging so:

Hans Albers und Heinz Rühmann in *Bomben auf Monte Carlo*, 1931.

Marie, wir wollen in'en Wald jeh'n,
denn de Bäume sind so jrien, ach de Bäume sind so jrien!
Marie, wir wollen aber bald jeh'n,
weil de allerjriensten Bäume sonst verblieh'n.
Wat nützt uns denn der janze Friehling,
wenn du de Liebe nich vastehst!
Marie, wir wollen in'en Wald jeh'n,
denn im Walde merkste balde
worauf hin de mit ma jehst!

Der Film *Bomben auf Monte Carlo* wurde dann doch gemacht. Es gab eine englische und eine französische Version und das Lied ist in Frankreich mit dem Text »Voilà, les gars de la marine« so etwas wie der offizielle Marsch der französischen Marine geworden.

Ein Jahr später kam im Film *Der Sieger* auch der Berliner Marsch für Hans Albers. Er war ganz anders, aber immerhin war er total berlinisch: »Hoppla, jetzt komm ich!«

Heinz Rühmann war in *Bomben auf Monte Carlo* der Erste Offizier auf dem Schiff von Kapitän Hans Albers. Er erinnert sich in seinem Buch *Das war's*, dass er bei den Außenaufnahmen, die im Juni 1931 in Monte Carlo stattfanden, mit Hans Albers aus einer Barkasse an Land springen und frohgemut schlendernd eine hohe Treppe zum Kai hinaufgehen musste – das Ganze im Takt der Melodie von »Das ist die Liebe der Matrosen«. »Herr Heymann war zu diesem Zweck extra aus Berlin angereist, um uns die paar Takte vorzupfeifen. Es war ja ein Großfilm!«

Im Juli 1930 waren auf einer internationalen Tonfilmkonferenz in Paris die Streitigkeiten um die Lizenzen beigelegt worden. Dadurch wurde auch das Projekt *Der Kongress tanzt* wieder aktuell: eine musikalische Komödie um die Liebe von Zar Alexander zu einer Handschuhverkäuferin.

Als Regisseur verpflichtete Pommer einen Film-Neuling, Erik Charell, der im November im Berliner Großen Schauspielhaus einen sensationellen Erfolg mit der Inszenierung von Ralph Benatzkys *Im Weißen Rössl* im Stil einer großen Ausstattungsrevue gehabt hatte. Die Texte der Musiknummern stammten zum größten Teil von Robert Gilbert, das Couplet »Was kann der schöne Sigismund dafür, dass er so schön ist ...« hatte er auch komponiert.

Im Frühsommer 1931 saß ich eines Abends mit Robert Gilbert auf dem Balkon meiner Berliner Wohnung und wir hatten gerade eine Flasche Frankenwein ausgetrunken. Wir sollten für den Film *Der Kongress tanzt* ein optimistisches Lied machen, das war die ganze Vorgabe. Von Gilbert, der außerordentlich produktiv war, kam ein Einfall nach dem anderen. Lauter gute Textanfänge, aber ich war nicht so recht überzeugt. Als ich wieder einmal den Kopf schüttelte, sagte er fast resignierend: »Das gibt's nur einmal, das kommt nicht wieder.« Da habe ich gesagt: »Das ist großartig, einen Moment!«, bin zum Flügel gegangen und habe den Refrain gespielt. Das hat alles in allem vielleicht zwei Minuten gedauert. Innerhalb von fünf Minuten hatte er den Text dazu formuliert, in weiteren fünf Minuten war die Vormusik fertig. Wir hatten ein komplettes Lied, das wunderschön zu sein schien.

Plötzlich sagte Gilbert: »Das ist herrlich. Aber was ist das? Das gibt es doch schon!« Ich fand auch: Diese großartige Sache kann dir nicht eben erst eingefallen sein. Die musst du irgendwo gehört haben. Man hat als Komponist immer eine furchtbare Angst, dass das schon da gewesen ist, vor allem, wenn man glaubt, einen besonders populären Einfall zu haben. Ich sah Gilbert also traurig an und sagte: »Ja, das muss es schon geben. Es ist undenkbar, dass eine so simple Tonfolge ...«

Es war inzwischen vielleicht zehn Uhr abends und wir haben bis zwei Uhr morgens zusammengesessen und uns das Hirn zermartert, haben aber nichts gefunden, woraus ich die Melodie gestohlen haben könnte.

Am nächsten Morgen bin ich von neun Uhr früh bis drei Uhr nachmittags durch die Büros aller Berliner Musikverleger gezogen und habe ihnen die Melodie vorgesungen. Alle sagten, dass sie die Melodie nicht kennen. So kam ich allmählich zu dem Schluss, dass sie wirklich von mir war. Erst dann sind Gilbert und ich zur UFA gefahren. Ich habe es Pommer vorgespielt, er war begeistert und sagte: »Das ist wunderbar. Aber woraus ist das?« Und wir konnten ihn beruhigen, dass wir das inzwischen geklärt hatten.

Am Abend kam Charell. Pommer pfiff ihm die Melodie vor und Charell sagte: »Das wird der Mittelpunkt meines ungeborenen Films.«

Die Kutschfahrt zum Lied »Das gibt's nur einmal« aus *Der Kongress tanzt*, 1931.

Willy Fritsch und Lilian Harvey in *Der Kongress tanzt*, 1931.

Das Lied wurde mehr als das, es wurde zum musikalischen Synonym für eine ganze Epoche. »Das gibt's nur einmal, das kommt nicht wieder, das ist zu schön, um wahr zu sein« begleitet eine endlose Fiakerfahrt Lilian Harveys, ohne Schnitt – ein Meisterstück von Carl Hoffmann, dessen Kamerakunst Heymann seit ihrem ersten Zusammentreffen bei dem Film *Der Steinerne Reiter* bewundert hatte. Die Szene soll drei Wochen Vorbereitungszeit gekostet haben. Auf dem Freigelände der UFA war von den Filmarchitekten Robert Herlth und Walter Röhrig, die schon den *Steinernen Reiter* ausgestattet hatten, eine Straße mit Marktplatz, Fachwerkhäusern, einer Kirche und Geschäften gebaut worden. 2000 kostümierte Komparsen tummelten sich in der Dekoration. Sie machten das Lied »Das gibt's nur einmal« schon vor dem Filmstart populär. Im Pressematerial der UFA wird Lilian Harvey zitiert:

> So viel darf ich verraten, dass ich laut Manuskript vom Zaren eine Villa geschenkt bekommen habe und dass »meine eigene Equipage« mich durch die singende, klingende Frühlingslandschaft bei Wien zu ihr hinfährt. Ich juble auf dieser Fahrt über die entzückende Überraschung. Ich war begeistert, als ich das Drehbuch zu Ende ge-

lesen hatte. Einige Zeit später kam die Arbeit an diesem Film und schließlich auch an dieser Szene. Und mit ihr eine neue Überraschung: ihre Auflösung im Musikalischen durch Werner Richard Heymann. Mir war schon beim ersten Lesen klar geworden, dass dieser Märchentraum nur zu gestalten ist in unendlich tänzerischer Bewegtheit. Und wie kam diese Musik meiner Auffassung entgegen! Ich war »hingerissen« im wahren Sinne des Wortes. Ich tanzte nicht, es tanzte in mir. Ich sang nicht, es sang in mir ...

1932 lebte Heymanns erste Frau Lo in Kiel, am dortigen Stadttheater war ihr zweiter Mann Erik Schütz als Opernsänger engagiert. An ihre ehemalige Schwägerin Maria schrieb Lo am 4. Februar:

Werners *Kongress* läuft hier sage und schreibe seit Anfang Dezember. In allen Städten stehen die Leute Schlange vor den Kinos. Jetzt gibt es hier einen Faschingsball unter der Devise: »Das gibt's nur einmal«. Bei den Inventur-Ausverkäufen waren alle Schaufenster mit Riesenzetteln beklebt: »Das gibt's nur einmal, das kommt nie wieder!!« – Das Matrosenlied aus *Bomben auf Monte Carlo* ist inzwi-

Matrosentanz aus *Bomben auf Monte Carlo*, 1931.

schen die Nationalhymne der deutschen Marine geworden. Als die »Karlsruhe«, ein Kreuzer, der eine Weltreise unternahm, den Kieler Hafen verließ, mit Riesenklimbim, Reden, Bürgermeister und Tausenden von Menschen, sang die ganze Besatzung aus vollem Halse: »Das ist die Liebe der Matrosen«. Dann stand's in allen Zeitungen.

Der Kongress tanzt wurde erneut erfolgreichster Film der Saison, übertraf an der Kinokasse noch den Sieger des Vorjahres *Die Drei von der Tankstelle*. Nur das NS-Blatt *Der Angriff*, dessen Schriftleiter ein gewisser Dr. Joseph Goebbels war, nörgelte: »Der ganze Film ist eine echt jüdische Chuzpe. Das heißt Frechheit.« Man nahm das bei der UFA wohl nur mit einem mokanten Lächeln zur Kenntnis.

Die Grammofongesellschaft »Kristall« veröffentlichte eine Schallplattenedition der beliebtesten Filmmelodien unter dem Titel *UFA-Tonbomben*. Bis auf Friedrich Hollaenders »Ich bin von Kopf bis Fuß auf Liebe eingestellt« aus dem *Blauen Engel* waren alle Titel von Werner Richard Heymann, eingespielt von Oskar Joost und seinem Orchester, das im Eden-Hotel an der Gedächtniskirche spielte. Kurz darauf nahm auch Marek Weber die Schlager für die Electrola auf. Heymann hatte ihn 1914 am Kurfürstendamm als Barpianist erlebt, jetzt leitete er das Orchester des Hotels Adlon.

Werner Richard Heymann schrieb in den ersten zwei Jahren des Tonfilms einen Schlager nach dem anderen. Dass seine Filme noch heute ein begeistertes Publikum finden, ist fast ausschließlich der Musik zu verdanken, die leitmotivisch ihre Dramaturgie bestimmt. Dabei konnte Heymann sich auf keinerlei Vorbilder stützen. Sein dramaturgischer Einsatz der Filmmusik wurde vielmehr zum Modell für das amerikanische Filmmusical. Im August 1931 zog er ein erstes Resümee.

Während meiner bisherigen Tonfilmarbeit konnte ich in der Praxis eine steigende Bestätigung meiner Ansichten über das Schaffen einer eigenen musikalischen Form des Tonfilms feststellen. Bei jeder neuen Aufgabe, die ich übernahm, erwies sich die Anwendung der bei meiner ersten Tonfilm-Operette *Liebeswalzer* erprobten Methode als äußerst befruchtend und entwicklungsfähig. Von *Liebeswalzer* zu *Die Drei von der Tankstelle* und *Ihre Hoheit befiehlt* war die Form der Filmoperette immer klarer umrissen, immer selbstständiger geworden. Die heikle Frage der Chöre zum Beispiel, die im Film aus der starren, passiven Haltung in der Bühnenoperette herausgerissen werden mussten, um als treibende Faktoren für die Fortentwicklung der Handlung zu dienen, schien bereits im ersten Werk glücklich gelöst zu sein. Man erinnere sich an den Chor der Gäste, der summend den Thronsaal des Lauenburger Schlosses verlässt und damit die Liebesintrige stark unterstreicht. Oder an den Lach-Chor in dem Moment, als der Held der Handlung an seiner Aufgabe zu scheitern droht und von den fernen Klängen dieses sogar unsichtbaren Chors zur Entscheidung getrieben wird. In *Ihre Hoheit befiehlt* ist der Chor noch selbstständiger geworden.

Die Richtlinien, die eine für die Tonfilm-Operette geeignete Form schufen, behalten natürlich ihre Geltung auch für die übrigen Gattungen der filmischen Darstellung. So für die beiden Groß-Tonfilme *Bomben auf Monte Carlo* und *Der Kongress tanzt*. Nur die absolute Verschiedenheit dieser beiden Stoffe ermöglichte mir die gleichzeitige Arbeit an beiden. *Bomben auf Monte Carlo* ist ein musikalisches Tonfilm-Abenteuer und hat in musikalischer Hinsicht alle Vorzüge der Tonfilm-Operette beibehalten, ohne die Vergewaltigung der Logik, die die eigentliche Stilisierung der Operette erheischt. *Der Kongress tanzt*, eine historische Komödie aus der Zeit des Wiener Kongresses, erforderte eine zarte Charakterisierung der Zeitepoche, unter Verwendung von Altwiener Kompositionen und Motiven nach den obigen Prinzipien.

Nach diesen Ausführungen über die neue musikalische Form für den Tonfilm könnte die Frage auftauchen, ob im Tonfilm mit Rücksicht auf das tyrannische Mikrofon auch bezüglich der Instrumentation besondere Grundsätze zu befolgen seien. Nach meiner nunmehr recht reichen Erfahrung vermag jede gute, plastische und klare Instrumentation von der Tonkamera einwandfrei aufgenommen zu werden.

1934 griff Heymann in einem Interview mit der französischen Filmzeitschrift *Pour Vous* seine Gedanken zur Musik im Film wieder auf und erklärte auf die Frage, ob man für das Theater und das Kino verschiedenartig komponieren müsse:

> Für den Film muss die Musik komprimierter, rascher sein. Nicht rasch in der Ausführung, sondern in der Komposition. Sie muss

übrigens so an der Handlung teilnehmen, dass sie selbst Handlung wird. Man darf nicht an dieser oder jener Stelle fühlen, dass da Musik vorhanden ist. Wenn unsere Sinne, die einen Film wahrnehmen, sich vom übrigen Drama trennen können, so ist sie unnütz. Sie muss ein Aktionsmittel, kein Zweck sein.

Ich glaube, dies war es, was wir in *Der Kongress tanzt* getan haben. In keinem Augenblick denkt man daran, dass Musik vorhanden ist – und wenn man sie unterdrücken würde, wäre kein Film vorhanden.

Die Musik muss dem Szenario einverleibt werden. Der Musiker muss sogar mit allen an einem Film Mitwirkenden zusammenarbeiten. Eines Tages sagte mir der Szenenbildner für den Film *Der Sieger*: Geben Sie mir die genaue Anzahl Takte an, die das Stück, das diese Szene begleitet, haben soll. Es handelte sich um eine Stelle, in deren Verlauf Jean Murat* einen Flur durchschreiten, zögern, weitergehen und schließlich vor einer Tür stehen bleiben und sie öffnen sollte. Sein mehrmaliges Zögern sollte von der Musik unterstrichen werden und die Tür sollte sich auf einen Paukenschlag öffnen. Der Szenenbildner musste also die genaue Dauer der Musik kennen, die genaue Dauer dieser Promenade Murats, um zu wissen, welche Dimensionen er seinem Szenenbild geben musste. Die Länge des Flurs hing von der Dauer der Musik ab.

Der Filmarchitekt war Erich Kettelhut, der seit 1919 für den Film arbeitete, unter anderem Fritz Langs Filme *Metropolis* und *Die Nibelungen* ausgestattet hatte. Kettelhut erinnerte sich, dass Pommer während der Vorbereitung von *Der Sieger* zu Heymann sagte: »Das ist, neben einem Stoff für Hans Albers, Ihr Film. Füllen Sie ihn bis zum Rand mit Musik!«

Der Sieger ist ein modernes Märchen um einen kleinen Telegrafenbeamten, der mit dem sprichwörtlichen glücklichen Zufall ein Abkommen schließt, sodass er im Spiel, in der Liebe und im Beruf als Erster durchs Ziel geht: »Hoppla, jetzt komm' ich, alle Türen auf, alle Fenster auf – und wer mit mir geht, der kommt eins rauf!«

Heymann dirigierte die Musikaufnahmen zu seinen Filmen immer

---

* Er spielte in der französischen Version des Films die Partie von Hans Albers.

Käthe von Nagy und Hans Albers in *Der Sieger*, 1931.

selbst. Bei einer dieser Sitzungen war auch Hans Albers dabei, der eine kurze Passage zu singen hatte. Heymann fing an zu probieren: »Also Kinder, gleich zu Anfang bei Dis wie Disharmonie und hinter Des wie Desdemona eine kurze Pause ...« Die Proben zogen sich etwa anderthalb Stunden hin. Albers saß anfangs geduldig da und hörte zu, wie Heymann seine Noten in Telefonbuchstabierung aufzählte. Als er zu einem A wie Anatomie zurückkehrte, stand Albers auf, ging auf Heymann zu und flüsterte ihm ins Ohr: »Lieber Heymann, du bist doch Komponist.« Pause. »Ja, und?« – »Nun, ich bin unmusikalisch. Sag mal, gibt es auch eine Note M wie Monotonie?« – »Aber, Albers«, war Heymanns Antwort, »es geht ja gleich weiter, bloß der dreizehnte Takt, der sitzt noch nicht. Der geht immer irgendwie im Orchester verloren.« »Also, Kinder«, begann Albers eine kurze Ansprache an die Musiker, »der dreizehnte Takt ist verloren gegangen, wer ihn findet, bekommt von mir eine Flasche Wein.« – Neue Probe. Der dreizehnte Takt war plötzlich da, saß großartig. »Sag mal, Heymann, wer von denen hat denn nun den dreizehnten Takt gefunden?« Heymann: »Acht Geiger, sechs Posaunisten, macht vierzehn, vier Trompeter und drei mal drei Streicher: also, lieber Albers, siebundzwanzig Mann à eine Flasche Wein macht siebenundzwanzig Flaschen.« – »Gut«, meinte Albers. »Aber

Bei den Dreharbeiten zu *Ein blonder Traum* auf dem Dach des
Berliner Marstalls mit Willy Fritsch, Lilian Harvey, Willi Forst, 1932.

eins sage ich dir, mein Bester: Ich werde nie wieder verlorene Takte suchen helfen!«

Ein blonder Traum nach einem Drehbuch von Walter Reisch und Billie Wilder wurde von Ende Mai bis Anfang August 1932 mit den Darstellern Willy Fritsch / Henry Garat, Willi Forst und Trude Hesterberg gedreht. In dem Film spielt Lilian Harvey eine Artistin aus dem Wanderzirkus, die von einem Hollywood-Engagement träumt, sich schon als Filmstar der ersten Garde sieht, aber im Augenblick nicht einmal weiß, wo sie am Abend schlafen soll. Die Zeitschrift *Kinematograph* sah in dem Film »das erste große, echte Volksstück im Reich des tönenden

Films ... Schmissig schon der erste Schlager: ›Wir zahlen keine Miete mehr ...‹, der sofort elektrisiert und allergrößte Spitzenpopularität erreichen wird. Werner Richard Heymann kann sich in ultramodernen Rhythmen austoben und zeigen, dass er abseits des Schlagers auch allerhand kann.«

Im Juli 1932 gründete Heymann in Vaduz ein »Institut international de cinéma et du théâtre«, Geschäftszweck: »Auswertung von musikkünstlerischer Betätigung, sowie die Beteiligung an Gesellschaften, welche die Verwertung musikalischer Kunstleistungen zum Gegenstand haben, sowie überhaupt Beteiligungen an Unternehmungen aller Art auf dem Gebiet der Kunst.« Einziges Mitglied der Geschäftsleitung mit Einzelzeichnungsrecht: Werner Richard Heymann, Paris, 11 Rue Labie. Unter dieser Adresse im 8. Arrondissement, ein paar Schritte nordwestlich des Triumphbogens, hatte Heymanns Bruder Kurt für gelegentliche Paris-Aufenthalte eine Wohnung gemietet. Heute würde man Heymanns Gesellschaft als Briefkastenfirma bezeichnen. Sein Steuerberater hatte ihm – wie auch Lilian Harvey, die im gleichen Jahr

Mit Willi Forst, Lilian Harvey, Willy Fritsch und Hund Buffalo bei den Dreharbeiten zu *Ein blonder Traum*, 1932.

Um 1930.

in Liechtenstein eine ähnliche »Stiftung« gründete – zu diesem Schritt geraten. Die neben dem festen Jahresgehalt von 60.000 Mark angefallenen Tantiemen waren 1931 auf 50.000 Mark gestiegen, 1932 sollten sie sogar 70.000 Mark erreichen.

Heymann war beinahe über Nacht zum Großverdiener geworden. Im August 1932 hörte er, dass seine Schwägerin Maria, die Witwe seines gefallenen Bruders Walther, finanzielle Probleme habe. Es war für ihn selbstverständlich, ihr seine Unterstützung anzubieten.

Ich habe in letzter Zeit viele große materielle Erfolge gehabt und wäre sehr froh, wenn Du Dir ein bisschen helfen ließest. Ich habe meine Bank angewiesen, Dir bis auf Weiteres jeden Monat 100 Mark zu überweisen und bitte Dich sehr, Dir damit das Leben etwas freundlicher einzurichten. Außerdem hörte ich, dass Du dringend eine Schreibmaschine brauchst. Ich schicke Dir dieser Tage meine funkelnagelneue Remington Portabel, die ich vorläufig nicht brauche und die Du behalten kannst.

Das böse Ende eines Traums

Henry Garat, nicht zuletzt durch Heymanns Musik in Frankreich zum Star geworden, spielte 1932 auch in zwei französischen Musikfilmen mit, zu denen Albert Willemetz das Drehbuch verfasst hatte. Willemetz war Librettist von mehr als zwanzig französischen Operetten; seine Chansons wurden von Maurice Chevalier gesungen, von Michel Simon, vom jungen Jean Gabin. Seit einiger Zeit war er auch Direktor des 1855 von Jacques Offenbach gegründeten Théâtre des Bouffes-Parisiens im 2. Arondissement zwischen Palais Royal und Grand Opéra.

Wohl durch Garat auf Heymann aufmerksam geworden, suchte Willemetz diesen für die Komposition einer Operette zu gewinnen, an der er gemeinsam mit seinem Schulfreund Sacha Guitry arbeitete. Henry Garat war für die Hauptrolle vorgesehen. Am 31. Januar 1933, einen Tag nach der Ernennung Adolf Hitlers zum Reichskanzler, schrieb Heymann an Willemetz:

> Ich stehe schon mit einem Fuß in Ägypten, bitte alle weiteren Nachrichten nach Le Caire, Mena House. Ich hoffe, Sie bald in Paris besuchen zu können, und wäre sehr froh, mit Ihnen arbeiten zu dürfen.

Am selben Tag stand in mehreren deutschen Zeitungen die Agenturmeldung:

> Werner Richard Heymann, der Hauskomponist der UFA, der Schlagerkomponist der »Liebe der Matrosen«, hat seine erste Operette vollendet. Das dreiaktige Werk betitelt sich *Die Kratzbürste*. Hoffentlich hat er ein gutes Libretto gefunden. Heymann gehört heute zu den kultiviertesten, einfallsreichsten Schlagerkomponisten.

Heymanns erste Bühnenoperette basierte auf einem französischen Stoff, der Komödie *Kiki* von André Picard.

Kiki spukte mir als Idee im Kopf herum, seit ich die junge Käthe Dorsch in dem Stück gesehen habe. Ich wollte immer schon eine musikalische Komödie daraus machen. Es ist die Geschichte eines kleinen Mädchens, das um jeden Preis zur Bühne will und schließlich das Einzige tut, was sie nicht wollte, nämlich sich zu verlieben. Sie kommt nicht zur Bühne, sondern heiratet den Theaterdirektor.

Das Stück war im November 1921 im Berliner Kleinen Schauspielhaus gespielt worden, in der Hauptrolle Käthe Dorsch, die Alfred Kerr ein Jahr zuvor zum neuen Berliner Star erklärt hatte. Der Berliner Korrespondent der *New York Times* berichtete über *Kiki:* »Besorgte Mütter erlauben ihren Töchtern nicht, die Aufführung zu besuchen, aber man könnte sie ruhig gehen lassen, müsste sie nur zwei Minuten vor dem letzten Vorhang nach Hause schicken.«

Robert Gilbert hatte für Heymanns Operettenversion Chansontexte geschrieben, die Berliner Komische Oper das Stück zur Uraufführung angenommen. Die Premiere sollte im Dezember 1933 sein, für die Titelrolle war Grete Mosheim vorgesehen.

Am Abend das 31. Januar fuhr Heymann nach Triest, von dort ging es mit dem Dampfer *Ausercia* des Norddeutschen Lloyd weiter nach Alexandria, zu den Außenaufnahmen für den Film *Saison in Kairo*. In

Leopoldine Konstantin und Gustav Waldau in *Saison in Kairo*, 1933.

Ägypten konnte Heymann zwei unbeschwerte Monate verbringen. Zuerst wurde bei den Pyramiden gedreht, dann in der Wüste und im Tal der Könige bei Theben. Reinhold Schünzel inszenierte eine Komödie um die Eltern zweier junger Leute, die unter die Haube gebracht werden sollen. Leopoldine Konstantin gab die lebenslustige Dame, die nach dem Tod ihres ersten Gatten genügend Kleingeld hat, um ihre Zelte in Kairo aufzuschlagen. Und Gustav Waldau spielte den Papa aus uraltem Adelsgeschlecht so vorgestrig wie irgend möglich. Politische Nachrichten aus Deutschland erreichten das Filmteam nur spärlich.

Als Heymann am 26. März nach Berlin zurückkehrte, hatte sich seine Welt total verändert. Am 13. März 1933 war der 35-jährige Joseph Goebbels Chef des neu eingerichteten »Reichsministeriums für Volksaufklärung und Propaganda« geworden. Zwei Tage nach Heymanns Rückkehr, am 28. März, hielt Goebbels im Restaurant Kaiserhof bei einem Bierabend, zu dem verschiedene Filmverbände eingeladen hatten, eine programmatische Rede:

> Seit vielen Jahren habe ich erkannt, zu welchen Höhen der deutsche Film durch die Kraft und das Ingenium des deutschen Geistes geführt werden kann. Jetzt sind *wir* da. Und selbst der ungläubige Thomas wird davon überzeugt sein, dass wir mindestens vier Jahre an der Macht sind. Das, was ist, bleibt, wir gehen nicht mehr. Nirgendwo kann ein Zweifel bestehen, dass die nationalsozialistische Bewegung in die Wirtschaft und die allgemeinen kulturellen Fragen, also auch den Film, eingreift …
> Je schärfere völkische Konturen ein Film hat, desto größer sind die Möglichkeiten, die Welt zu erobern. Allerdings ist der Publikumsgeschmack nicht so, wie er sich im Inneren eines jüdischen Regisseurs abspielt. Man kann kein Bild vom deutschen Volk im luftleeren Raum gewinnen. Man muss selbst im deutschen Erdreich seine Wurzeln eingesetzt haben. Man muss ein Kind dieses Volkes sein. Die Kunst ist frei und die Kunst soll frei bleiben, allerdings muss sie sich an bestimmte Normen gewöhnen. In einem anderen Land als Deutschland wäre es überflüssig, dies zu betonen …

Am Tag nach dieser Rede beriet der Vorstand der UFA über die Konsequenzen, die zu ziehen seien. »Mit Rücksicht auf die infolge der nationalen Umwälzung in Deutschland in den Vordergrund getretene Frage über die Weiterbeschäftigung von jüdischen Mitarbeitern und Angestellten in der UFA beschließt der Vorstand grundsätzlich, dass nach Möglichkeit die Verträge mit jüdischen Mitarbeitern und Angestellten gelöst werden sollen«, steht im Protokoll der Sitzung.

Zuerst wurde über Erik Charell diskutiert. Der Vorstand beschloss, den Vertrag mit ihm sofort fristlos zu kündigen. Mit Erich Pommer sollte wegen einer Auflösung seines Vertrages verhandelt werden. Zwei Vorstandsmitglieder wurden beauftragt, das »durch persönliche Rücksprache mit Herrn Pommer« zu erledigen. Der Regisseur Erich Engel sollte ebenfalls entlassen werden, da er wegen einer von Fritz Wendhausen kolportierten Äußerung als »krasser Kommunist ... anzusehen sei«. Allerdings sollte Wendhausen zwecks Bestätigung seiner Äußerungen vorher befragt werden.

Der Vierte, über den diskutiert wurde, war Heymann. Das Protokoll der Sitzung hält fest: »Mit Rücksicht auf den anständigen Charakter von Werner Richard Heymann und die Tatsache, dass er als Frontsoldat den Krieg mitgemacht hat, beschließt der Vorstand, sich bei der Regierung für seine Weiterverwendung in den Diensten der UFA einzusetzen, zumal er getauft ist und dem evangelischen Glaubensbekenntnis angehört.«

Danach wurde noch über das Schicksal von zwanzig weiteren Mitarbeitern der UFA entschieden, über Regisseure, Tonmeister, Assistenten, Sekretärinnen. Unter dem Buchstaben »m« verzeichnet das Protokoll: »Gérard Jacobson, der Assistent von Werner Richard Heymann, kann ebenfalls nicht mehr von der UFA weiterbeschäftigt werden. Einwendungen gegen eine Mitarbeit bei Werner Richard Heymann in dessen privaten Diensten sollen nicht erhoben werden.« Der 28-jährige Jacobson hatte seit 1929 Heymanns Filmkompositionen instrumentiert.

Erich Pommer war Anfang Januar 1933 nach New York gereist, um einen Vertrag mit der amerikanischen Fox auszuhandeln, die in Europa, damals auch noch in Deutschland, produzieren wollte. Er kam nach dem 30. Januar zwar nach Berlin zurück, ließ aber seine Frau und seinen Sohn vorsichtshalber in Paris. Wegen seiner USA-Pläne hatte Pommer Anfang Februar der UFA vorgeschlagen, seinen Vertrag aufzulösen, was der Vorstand da noch abgelehnt hatte.

Fritz Wendhausen scheint seine Bemerkung über Erich Engel – die im Übrigen der Wahrheit zumindest sehr nahekam – widerrufen oder abgemildert zu haben. Engel, der bei der Uraufführung der *Dreigro-*

Polizeiliche Abmeldung von Werner Richard und Ilse Heymann
vom 9. April 1933.

schenoper im Theater am Schiffbauerdamm Regie geführt hatte, blieb bis 1945 bei der UFA, drehte in der Folgezeit aber hauptsächlich Unterhaltungsfilme. Wendhausen dagegen emigrierte 1938 nach England und wurde Sprecher bei der BBC.

Welche »Weiterverwendung« die UFA Werner Richard Heymann anbieten durfte, ergibt sich aus einem Brief, den dieser nach dem Krieg von der »Universum-Filmgesellschaft« erhielt:

> Wie wir aus den Kopien der Vorstandsprotokolle entnehmen, ist seinerzeit durch den Vorstand der UFA eine Sondergenehmigung erwirkt worden, wonach es Ihnen möglich war, die Fertigstellung aller Filme vorzunehmen, für die Sie einen Vertrag in Händen hatten. Wie wir aber ebenfalls aus aktenmäßigen Aufzeichnungen entnehmen, ist die zuvor erwähnte Vereinbarung nicht zur Durchführung gekommen, da Sie von sich aus Ihre bestehenden Bindungen zur UFA gelöst haben.

Der einzige Film, für den Heymann 1933 bereits einen Vertrag hatte, war *Walzerkrieg*, die Dreharbeiten waren für Juni geplant. Heymann fragte, was mit den Kollegen sei, mit denen zusammen er in den letzten Jahren einen Erfolg nach dem anderen erreicht hatte. Es war für ihn keine Frage, dass er allein nicht bleiben konnte und wollte.

Am 1. April 1933 lieferte der neue Reichsminister ein Beispiel dafür, was er unter »Volksaufklärung« verstand. Ein Boykott jüdischer Geschäfte wurde organisiert. SA-Männer und Hitlerjungen, die Plakate mit der Aufschrift »Deutsche wehrt euch, kauft nicht bei Juden« trugen, standen vor den Läden, deren Fensterscheiben beschmiert oder eingeworfen waren.

Am 9. April meldete Heymann sich und seine Frau von seinem Berliner Wohnsitz in Charlottenburg, Karolingerplatz 5a (»in Untermiete bei Dr. Kurt Heymann«) polizeilich ab. Unter der Rubrik für die neue Adresse trug er ein: »auf Reisen«. Sie fuhren nach Paris und wohnten in der Rue Labie.

Für den 20. Juli war in Deutschland die Uraufführung von *Saison in Kairo* angekündigt. Am 19. Juli beanstandete Heymanns Rechtsanwalt bei der UFA, »dass die bisherige Reklame für den Film jeden Hinweis auf die Komposition meines Mandanten vermissen lässt. Ich mache ausdrücklich auf die Ihnen vertraglich obliegende Reklameverpflichtung aufmerksam.« Die UFA reagierte nicht auf den Brief und so war es auch keine große Überraschung mehr, dass bald darauf die Berliner Uraufführung von Heymanns Operette abgesagt wurde.

Unterdessen arbeitete er mit Hochdruck an der Komposition der Operette *Florestan Premier* von Sacha Guitry und Albert Willemetz für das Théâtre des Bouffes-Parisiens. Am 30. Oktober 1933 erschien in einer französischen Zeitung ein Interview mit dem Komponisten.

> Ich bin sehr bewegt bei dem Gedanken, in Kürze meine erste Operette in Paris präsentieren zu können, im selben Theater, in dem einst der Mann triumphiert hat, den ich am meisten auf Erden verehre, ich meine den großen Jacques Offenbach.
> Ich möchte mich auf keinen Fall auch nur eine Sekunde mit ihm vergleichen, aber ich finde mich momentan in derselben Situation wie er bei seinem Debüt. Er war Jude, er kam aus Deutschland, es war Paris, wo er seine Meisterwerke geschaffen hat. Es dauerte nicht lange, da gab man ihm die Chance, die französische Staatsbürgerschaft zu erwerben ...

Hoffnung und Resignation zugleich sprechen aus dem letzten Satz. Immerhin war Heymann die Sprache seines Gastlandes seit frühester Kindheit so vertraut, dass ihm nicht nur Worte und Grammatik keine Schwierigkeiten bereiteten, sondern auch ihr Klang ihm in Fleisch und

Blut übergegangen war. Die Chansons in französischer Sprache gelangen mit derselben sicheren Unbeschwertheit wie bisher die deutschen.

Am 9. Dezember, fast am selben Tag, an dem in der Berliner Komischen Oper Heymanns *Kratzbürste* hätte uraufgeführt werden sollen, war in Paris Premiere. Der erste Akt der Operette spielt 1814 in einem Pariser Theater. Ein junger Mann namens Florestan möchte Mitglied der Schauspieltruppe werden, weil er sich in eine der beiden Töchter des Theaterdirektors verliebt hat, wird aber von seiner Mutter, die unerwartet auftaucht, mitten aus einer Probe geholt. Ein Jahr später, Napoleons Truppen sind bei Waterloo endgültig geschlagen, trifft er als Soldat in einem Wirtshaus in der Provinz auf die Komödianten. Sein Engagement wird wieder abrupt beendet, weil er nach dem Tod seines Bruders dessen Nachfolge als Prinz von Monaco antreten soll. Florestan träumt von einem Land, in dem man sich nur dem Vergnügen widmet, nichts von Politik hört, sich nicht um Geschäfte kümmern muss, wo man keine Steuern zahlt, in der Zeitung nur gute Nachrichten findet und die Kinder in der Schule lernen, wie man glücklich wird:

> Amüsiert Euch wie die Verrückten,
> das Leben ist einfach zu kurz!

Florestans Herrschaftsgebiet entpuppt sich als armseliges Nest mit noch nicht einmal einem halben Dutzend Einwohnern. Da kommt ihm die Idee, das gerade erfundene Roulettespiel einzuführen. Allerdings sollen nur Touristen spielen dürfen. Seinen Untertanen will er zu ihrem eigenen Schutz das Betreten des Kasinos verbieten.

Die angesehene Tageszeitung *Excelsior* brachte eine Rezension von Émile Vuillermoz, dem einflussreichsten Musikkritiker Frankreichs. Vuillermoz, Kompositionsschüler von Gabriel Fauré und Maurice Ravel, hatte selbst Operetten komponiert, sich aber seit 1911 fast nur noch als Kritiker und Musikschriftsteller betätigt und verstand sich als Vorkämpfer einer musikalischen Moderne.

Die Musik dieses zauberhaften Werks ist von einem Meister. Ich benutze dieses Wort absichtlich, um ganz deutlich zu machen, dass die Technik des Komponisten, der *Chemin du Paradis*, *Congrès s'amuse* oder die *Gars de la Marine* geschrieben hat, meisterhaft ist. In ihm wohnt eine Kraft der Erfindung so klar, so unfehlbar, sein Handwerk

ist so genau und so charakteristisch, dass die Musik wie aus einem
Guss wirkt, als Werk einer schöpferischen Generation ...
Der Refrain »Amusez-vous« ist ohne Frage einer dieser unbezahlbaren Einfälle, die man nicht verpasst haben will, und so leicht er erscheint, bleibt er trotz allem wie die Themen des beglückten Offenbach und wie die Gewinnzahlen der Nationalen Lotterie nur zu naturgemäß außerhalb der Reichweite unserer Hände.

Das Stück und Henry Garat als Prinz Florestan hatten einen Riesenerfolg. Das Couplet »Amusez-vous« wurde bald auf den Straßen von Paris gepfiffen und gesungen, die Unterhaltungsorchester nahmen es in ihr Repertoire auf, ebenso wie den Marsch »Margot«, den Garat mit zwei Soldatenkameraden zu singen hatte:

> In Quimper habe ich Margot kennengelernt,
> eine hübsche Blondine mit den schönsten Augen der Welt.
> Aber der Kaiser hat befohlen:
> Die Liebe muss warten bis nach dem Krieg.

Während Heymann in Paris die Musik für *Florestan* schrieb, wurde in Hollywood bei der Fox unter dem Titel *Adorable* eine amerikanische

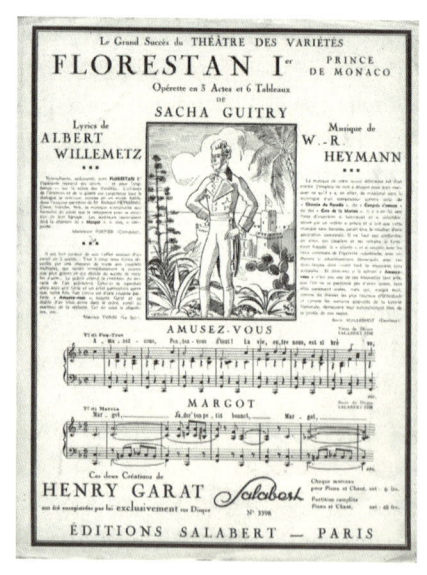

Werbung für die Chansons aus *Florestan Ier*.

Version des Films *Ihre Hoheit befiehlt* produziert – mit Heymanns Musik. Regisseur war William Dieterle, der bereits 1930 von Warner Bros. ein Engagement in Hollywood erhalten hatte, um dort deutsche Tonfassungen amerikanischer Filme zu drehen. Für die männliche Hauptrolle hatte man Henry Garat nach Amerika geholt. Trotz sehr freundlicher Kritiken blieb es dessen einziger amerikanischer Film.

Heymanns Flucht aus Deutschland schien eine neue, vielleicht noch glanzvollere Karriere zu begründen. Erich Pommer leitete inzwischen das europäische Büro der Fox in Paris und konnte ihm Anfang Januar einen Vertrag für einen Film anbieten, den Erik Charell, der Regisseur von *Der Kongress tanzt*, in Hollywood drehen sollte. Der Arbeitstitel lautete *Gypsy Melody*. Die Fox bot Heymann 5000 Dollar Honorar und 1000 Dollar Reisespesen. Bereits am 4. Januar war er auf dem Weg nach Amerika. Gérard Jacobson, Heymanns Assistent bei der UFA, der ihm nach Paris gefolgt war und dem er aus eigener Tasche ein monatliches Gehalt zahlte, sollte sich um das Aufführungsmaterial für *Florestan* kümmern, damit andere Theater das Erfolgsstück nachspielen konnten.

Heymann blieb eine Woche in New York. Er rechnete fest mit einer Aufführung seiner französischen Operette am Broadway und schloss deshalb mit dem aus Budapest stammenden Bühnenagenten Dr. Edmond Pauker, der seit 1922 in New York lebte und Repräsentant zahlreicher europäischer Theaterautoren war, einen Exklusivvertrag ab. Ende Januar traf Heymann mit seiner Frau Ilse in Hollywood ein.

Es ist keine Kleinigkeit, zum ersten Mal in ein fremdes Land zu kommen, dessen Sprache man nicht spricht und in dem die Verhältnisse völlig, aber auch völlig anders sind als in Europa. Von der Ausdehnung der Stadt Los Angeles beispielsweise, die wegen der Erdbebengefahr fast nur aus einstöckigen Häusern besteht, kann sich ein Europäer keine Vorstellung machen. Unendlich anstrengend war die Suche nach einem Haus. Wir haben ungefähr sechzig Häuser angesehen, bevor wir unseres fanden.

Die Arbeit geht gut vonstatten. Ich habe ein paar feine Nummern fertig. Charell ist begeistert von dem hier komponierten Weinlied.

Die Handlung des Films – inzwischen lautete der Titel *Caravan* – ist typisch für eine Operette: Eine junge Baronin kehrt nach jahrelanger Ab-

wesenheit in ihre ungarische Heimat zurück, weil sie am 21. Geburtstag ihr Erbe antreten will, zu dem ein riesiges Weingut in Tokay gehört. Das Testament ihres Vaters bestimmt allerdings, dass sie vorher heiraten muss. Den dafür vorgesehenen Leutnant lehnt sie ab, ohne ihn zu kennen, und heiratet den Vorgeiger einer Zigeunerkapelle, der für die Weinlese ein Lied komponiert hat, eben das Heymann'sche Weinlied »The sweetest thing in life ...«.
Nach der Hochzeit trifft die Baronin auf den Leutnant, ohne zu wissen, wer er ist, und verliebt sich in ihn.

Eigentlich bin ich mit einem gewissen Misstrauen und ohne große Erwartungen nach Amerika gegangen. Ich kann nur sagen, dass ich auf das Angenehmste enttäuscht bin. Das Leben ist so mühelos, alle Menschen sind so nett, wie ich es nie gehofft habe, und die Schönheit des Landes übersteigt einfach alle Begriffe. Die Leute bei Fox sind reizend, auch meine neuen Arbeitskollegen.
Wir sind viel mit unseren alten Freunden zusammen: mit Ernst Lubitsch, Joe May, Hanns Schwarz, Maurice Chevalier. Hollaender habe ich wenig zu sehen bekommen, sein Vertrag bei der Fox ist nicht erneuert worden und er hat seine Ersparnisse und sein Rückreisegeld dazu verwendet, hier seinen »Tingel-Tangel« neu aufzumachen. Er spielt seine alte Revue *Allez Hopp!*, genau wie in Berlin, aber auf Englisch – als organisatorische Leistung und Energiebeweis aller Achtung wert, ganz abgesehen vom Künstlerischen. Er soll einen Film bei Columbia machen, Buch von Franz Schulz und Billy Wilder, die auch hier sind. Lilian hat leider keinen nennenswerten Erfolg und scheint es nicht verstanden zu haben, sich größere Sympathien zu erringen.

Lilian Harvey war bereits 1932 von der Fox engagiert worden. Im Januar 1934 war ihr dritter amerikanischer Film *I am Suzanne* herausgekommen, für den Friedrich Hollaender – der sich jetzt Frederick Hollander nannte – die Songs geschrieben hatte. Die Harvey spielte danach nicht mehr für die Fox, obwohl ihr Vertrag bis 1940 für jedes Jahr mindestens zwei Produktionen vorsah. Sie machte nur noch einen Film für die Columbia und kehrte 1935 nach Europa zurück.
Hollaender hatte 1931 in Berlin in den Räumen von Trude Hesterbergs »Wilder Bühne«, das »Tingel-Tangel-Theater« gegründet, das

mit Kabarettrevuen von sich reden machte, darunter die im Dezember 1931 uraufgeführte »Varieté-Revue in 15 Attraktionen« *Allez-Hopp!*. Am 3. Mai 1934 eröffnete Frederick Hollanders »Tingel Tangel Theatre« am Santa Monica Boulevard in Hollywood mit *Allez-Oop!*.

Franz Schulz war einer der Autoren von *Die Drei von der Tankstelle*. Schon in Deutschland hatte Wilder mit ihm zusammengearbeitet. In Amerika schrieben sie gemeinsam das Drehbuch zu *Lottery Lover*, das Ende 1934 von William – früher Wilhelm – Thiele für die Fox, nicht die Columbia, verfilmt wurde. Die Musik schrieb allerdings nicht Hollaender.

Im April 1934 kam auch Erich Pommer von Paris nach Hollywood, weil die Fox ihre europäische Produktion eingestellt hatte.

Ich habe viel Arbeit und ich hoffe, auch einige Aussicht auf Erfolg. Seit Pommer hierhergekommen ist, weht ein neuer Wind in der guten alten Fox-Film und es warten mehrere musikalische Filme auf mich. Ich habe vorläufig keine Ahnung, wie meine Zukunft aussieht, ob ich hierbleibe oder nach Paris zurückgehe. Durch die politischen Ereignisse in letzter Zeit ist mir Frankreich als Absatzgebiet und Wirkungskreis nicht mehr so sicher, wie ich es vor drei Monaten noch glaubte, und Amerika ist noch nicht erobert. Allerdings bin ich à la longue sehr optimistisch.

Am 11. Februar 1934 hatte Gérard Jacobson Heymann aus Paris berichtet: »Die überaus unruhige politische Lage und der seit 14 Tagen währende Taxi-Streik haben den Theatern erheblich geschadet. Somit war auch das *Florestan*-Geschäft wie abgeschnitten. Die Direktion beabsichtigt, die Operette nur noch bis Ende Februar zu geben.«

Der Streik war Teil der »Stavisky-Affäre«. Kurz nach Heymanns Abreise aus Paris im Januar 1934 hatte sich ein Finanzskandal zur Regierungskrise ausgeweitet. Der aus der Ukraine stammende Alexandre Stavisky hatte in Bayonne eine Bank gegründet, bei der im Dezember 1933 ein groß angelegter Betrug aufflog. Stavisky konnte fliehen, wurde aber am 9. Januar 1934 in seinem Chalet in den Alpen aufgespürt, wo er im Sterben lag, wie die Polizei behauptete. Da gegen Stavisky bereits acht Jahre zuvor eine Anklage wegen Betrugs vorgelegen hatte und sich seitdem das Gerücht hielt, er werde von hohen politischen Kreisen gedeckt, glaubte niemand in Frankreich an die offizielle Version von seinem Tod. Die Polizei wurde verdächtigt, auf Befehl von oben einen Belastungszeugen gegen die politische Klasse beseitigt zu haben. Es kam zu Demonstrationen gegen die Regierung und das parlamentarische System, die am 27. Januar 1934 zum Rücktritt des Ministerpräsidenten führten. Die neue Regierung entließ den Polizeipräsidenten von Paris, der in der Öffentlichkeit der Ermordung Staviskys verdächtigt wurde. Gegen diese Maßnahme riefen rechtsgerichtete Kräfte am 6. Februar zu einer Demonstration auf der Place de la Concorde auf. Am selben Tag veranstaltete der kommunistisch dominierte Frontkämpferbund eine Gegendemonstration. Es kam zu Zusammenstößen, die mehr als 15 Tote und 2000 Verletzte forderten.

Am 16. Februar teilte Gérard Jacobson Heymann mit: »Nach Beruhigung der politischen Lage ist das Theater wieder gut besucht. Aber leider spielt Garat seit einer Woche nicht mehr.« Henry Garat hatte sich wegen der Unruhen krankgemeldet und nahm die Rolle auch nicht wieder auf. Mit der Zweitbesetzung wollte das Stück kaum jemand sehen. *Florestan* wurde abgesetzt. Die Tantiemenabrechnungen belegen den drastischen Rückgang der Zuschauerzahlen. Waren Heymann im Januar 1934 noch mehr als 11.000 Francs überwiesen worden, so sanken seine Erlöse im Februar auf 7000, im März waren es nur noch 1000 Francs. Der Verlag, der bei der hundertsten Aufführung zur Zahlung einer dritten Rate von 15.000 Francs verpflichtet gewesen wäre, verweigerte diese unter dem Vorwand, die druckfertige Partitur nicht rechtzeitig erhalten zu haben.

Trotz dieser Rückschläge blieb Heymann in Amerika zuversichtlich. Wenn er Geld verdiente, gab er es aus, ohne sich darüber Gedanken zu machen. In Berlin war Heymann Stammgast im Prominentenrestaurant von Otto Horcher in der Schöneberger Lutherstraße (heute Martin-Luther-Straße) gewesen. Dort war vor seiner plötzlichen Abreise im April 1933 eine beträchtliche Zeche unbezahlt geblieben und der Wirt hatte einen amerikanischen Rechtsanwalt beauftragt, den Betrag einzufordern.

Im Juni 1934 quittierte Horcher, von Werner Richard Heymann einen Scheck über 331 Dollar und 12 Cent erhalten und somit gegen diesen keine weiteren Forderungen zu haben. Der Rechnungsbetrag machte umgerechnet mehr als 1300 Mark aus – möglicherweise hatte Heymann Ende März 1933 seine Rückkehr aus Kairo bei Horcher großzügig gefeiert.

Neben dem Scheck an Horcher hatte Heymann an dessen amerikanischen Anwalt 100 Dollar zu zahlen und sein eigener Anwalt schickte eine Rechnung über 25 Dollar, sodass noch etwa 500 Mark hinzukamen.

Als Heymann im April 1933 nach Frankreich gereist war, hatte er so gut wie alle Brücken nach Deutschland abgebrochen. Aber doch nicht alle: Mit seiner ersten Frau Lo verband ihn nach der Scheidung ein freundschaftliches Verhältnis. Heymann war verpflichtet, ihr monatlich 500 Mark Unterhalt zu zahlen; so sah es die Scheidungsvereinbarung vor. Freiwillig legte er noch 250 Mark obendrauf. Schließlich verdiente er seit 1931 im Jahr mehr als 100.000 Mark.

Damals hatte er bei der Iduna zugunsten seiner geschiedenen Frau eine Lebensversicherung mit einer Laufzeit von zwanzig Jahren abgeschlossen. Die jährliche Prämie betrug 1300 Dollar, 4000 Dollar waren inzwischen eingezahlt, was etwa 10.000 Mark entsprach.

Da Heymann sich nicht vorstellen konnte, in absehbarer Zeit nach Deutschland zurückzukehren, ließ er durch einen Berliner Freund bei der Iduna vorfühlen, wie viel von dem bereits eingezahlten Geld im Fall einer außerordentlichen Kündigung zurückgezahlt würde. Die Versicherung bot etwas weniger als 5000 Mark an, also knapp die Hälfte des eingezahlten Betrages.

Emigration bedeutete auch, sich mit so banalen und doch nicht unwichtigen Problemen herumschlagen zu müssen und dazu noch aus der Ferne ziemlich wehrlos derartigen Übervorteilungsversuchen ausgesetzt zu sein.

Anfang August 1934 waren die Dreharbeiten zu *Caravan* abgeschlossen. Der Regisseur Erich Charell – der sich jetzt Eric nannte – hatte im Berliner Großen Schauspielhaus erfolgreiche Revuen und Operetten inszeniert, sein Film *Der Kongress tanzt* war zum internationalen Kinoerfolg geworden. Trotzdem war Charell als Filmregisseur genau genommen ein Dilettant. Seine Unsicherheit versuchte er, wie es bei vielen Regisseuren üblich ist, mit Wutausbrüchen und Schuldzuweisungen zu kaschieren. Das schlechte Arbeitsklima wurde von Charells Bruder Ludwig, der ihn als Privatsekretär nach Hollywood begleitet hatte, noch verstärkt. Schon als kaufmännischer Leiter des Großen Schauspielhauses hatte Ludwig Löwenberg (so lautete auch Charells Geburtsname) sich bei den meisten Mitwirkenden äußerst unbeliebt gemacht.

Die Arbeit mit Charell war künstlerisch fruchtbar, menschlich nicht frei von Trübungen und Verstimmungen. Es ist nicht immer ganz leicht, mit ihm auszukommen, und sein Bruder Ludwig ist ein vollkommenes Ekel.

Ich hatte mit ihm während der Dreharbeiten einen schweren Zusammenstoß und wir haben, obwohl ich mich mit Eric zum Schluss wieder gut vertrug, seitdem kein Wort mehr gewechselt. Ludwig ist für seinen Bruder trotz all seiner wirklich rührenden Sorge und Anhänglichkeit meiner Meinung nach ein Unglück. Er redet sich selbst und Charell in eine kritiklose Selbstzufriedenheit hinein, die für dritte Personen, die genau wissen, wie Außenstehende über Charell und seine Leistungen denken, unerträglich ist. In dieser Atmosphäre von Selbstverhimmelung erscheint Charell jeder Einfall genial, jede Kritik als Verrat. Ich glaube deshalb, dass Charell trotz seines schönen Films sich hier wenig Freunde gemacht haben dürfte, wozu auch sein hartnäckiger und überflüssiger Kampf gegen Pommer beigetragen hat, der ihm allgemein schwer verübelt wird.

Ich bleibe vorläufig hier. Die Fox hat mir einen Tag nach Ablauf meines Vertrages einen neuen Film von Raoul Walsh angeboten. Die Verhältnisse in Europa lassen es mir ratsam erscheinen, vorläufig hier das Eisen zu schmieden, so lange es warm ist.

Broadway-Fantasien

Gespannt und voller Erwartung sah Heymann der Premiere von *Caravan* entgegen.

Der Film trägt alle Anzeichen eines kommenden großen Erfolges in sich. Wir haben ihn zweimal vor einem Testpublikum gezeigt, die Reaktion war ausgezeichnet. Die offizielle Premiere soll im Oktober in New York sein. Es schweben recht aussichtsreiche Verhandlungen über neue Verträge im Raum; ich möchte aber gern den Erfolg des Films abwarten, weil ich mir davon erhöhte Nachfrage und Preissteigerung verspreche.

Vielleicht hat Heymann sich damit etwas verspekuliert: Für den Film von Raoul Walsh schrieb ein anderer Komponist die Musik.

Finanziell geht es mir gut, ich habe mir ein paar tausend Dollar sparen können und meine Einnahmen aus Europa sind durchaus erfreulich und unaufgebraucht.

Vorübergehend habe ich geschwankt, ob ich nach Europa zurückgehen sollte. Aber nach reiflicher Überlegung sowie nach Rücksprache mit Pommer und anderen hiesigen Freunden halte ich es für viel richtiger, vorläufig hierzubleiben.

Erstens scheint mir die gesamte politische und finanzielle Situation in Europa außerordentlich unsicher. Dagegen herrscht in den USA eine allgemeine Geschäftsbelebung, die nicht allein durch die Inflation in Europa zu erklären ist. Die hat nur dazu geführt, Geld unter die Leute zu bringen. Buick zum Beispiel hat in den ersten sechs Monaten dieses Jahres mehr Autos verkauft als im ganzen vergangenen Jahr. Es wäre aber falsch, aus diesem und ähnlichen Anzeichen lediglich auf eine Flucht aus dem Geld in die Ware schließen zu wollen. Die Inflation ist tatsächlich für das große Publikum kaum zu spüren, der Dollar hat mindestens dieselbe Kaufkraft wie je, abgesehen von den sehr wenigen Artikeln, die Amerika aus dem Ausland bezieht. So spürt man hier nur eine ständig wachsende Unternehmungslust. Die politischen Schwierigkeiten in Europa und im fernen Osten lassen mehr und mehr Amerika zum lachenden Dritten werden.

Zweitens kann ich in Europa momentan nichts neues Lukratives anfangen, ohne mir selbst Konkurrenz zu machen und ohne mich durch Überproduktion zu entwerten. Meine Hauptschlager aus *Florestan* haben in Paris den »Grand Prix du Disque« erhalten und sind *die* Schlager der Saison geworden. Meine Operette *Kiki* ist vor der Uraufführung in drei verschiedenen Ländern angesetzt. Die Uraufführung findet am 20. September in Wien im Scala-Theater (2000 Plätze) statt. Gleich hinterher folgt Kopenhagen, dann Paris. Im Herbst kommt außerdem in mehreren europäischen Ländern mein Film heraus, der mehrere sichere Schlager enthält. Man wird mich auch in Europa keineswegs vergessen, während ich hier gerade erst bekannt werde und natürlich diesen ersten Erfolg ausnutzen muss.

An der Operette nach der französischen Komödie *Kiki*, die in Deutschland der Zensur zum Opfer gefallen war, hatte ein Schweizer Verlag die Aufführungsrechte erworben. Er vergab das Stück unter dem Titel *Dame Nr. 1 rechts* an die Wiener Bühne. Da Heymann nicht daran denken konnte, zur Uraufführung zu fahren – noch ging es per Schiff von Amerika nach Europa –, gab er dem Kapellmeister schriftlich einige Anweisungen.

Als ich die Musik komponierte, dachte ich, der Premiere beiwohnen zu können. Ich konnte nicht wissen, dass ich 15.000 Kilometer entfernt sein würde. Gestatten Sie mir daher, Sie brieflich auf einiges hinzuweisen, was für den musikalischen Stil der Operette von Wichtigkeit ist.

Die Nummern, mit Ausnahme des Walzers der Germaine, sind für Nichtsänger komponiert und müssen dementsprechend begleitet werden. Die Texte müssen hingeplaudert werden, nicht etwa mit Pathos vorgetragen. Dazu ist die Instrumentation vorläufig durchweg zu dick. Ich hatte mit Absicht in der Partitur »alles drin« und wollte dann bei den Proben durch Weglassen die notwendige Abwechslung erreichen. Es wird natürlich im Wesentlichen von der Größe und der Akustik des Hauses und der Qualität der Stimmen abhängen, wie weit man dabei zu gehen hat. Man wird sich vielleicht manchmal auf die beiden Klaviere und ganz wenige Soloinstrumente beschränken müssen, um einen klaren, unforcierten Vortrag der Lieder zu erreichen. Ich lege den größten Wert darauf, dass man jedes Wort versteht, verzichten Sie also bitte lieber auf irgendeinen noch so schönen Instrumentaleffekt, bevor Sie das Verständnis des Textes und die Mühelosigkeit des Vortrags beeinträchtigen. Dies alles gilt natürlich nicht für die rein musikalischen Passagen, also Ouvertüre, Zwischenspiele, Pantomimen und dergleichen, wo Sie alle Minen springen lassen können. Die Partitur gibt Ihnen auch reichliche Möglichkeiten feiner Jazzwirkungen.

Noch vor der Wiener Premiere wurde die geplante Pariser Produktion des Stücks abgesagt. Es kam nur noch am 10. Oktober 1934 in Kopenhagen auf die Bühne. Beide Aufführungen waren ein großer Publikumserfolg. Am 13. August 1934 schrieb Heymann an die Firma Rust-Oppenheim Waegen & Co. in New York, von der er sich im März für 176 Dollar französische Weine nach Kalifornien hatte schicken lassen:

> Bitte senden Sie mir unverzüglich per Luftpost eine vollständige Preisliste all Ihrer französischen Weine und Spirituosen. Auch lassen Sie mich bitte wissen, ob Sie mir einen Rabatt einräumen, wenn ich eine größere Menge bestelle, und wie hoch er ausfallen würde.

Ende August machten Heymann und Ilse eine Autotour zum Yosemite National Park in der Sierra Nevada. Sie bewunderten die zahllosen Wasserfälle, fuhren nach San Francisco und schließlich entlang der traumhaften Küste zurück nach Los Angeles. Dort stellte sich heraus, dass es für Ilses Nervosität und Mattigkeit, über die sie seit einigen Wochen klagte, ernstere Ursachen gab, als sie beide angenommen hatten.

> Einer der Gründe – neben der Arbeit –, die mich hier noch festhalten, ist der Gesundheitszustand meiner Frau. Sie kränkelte immer etwas, aber in den letzten Wochen hat sich ihr Zustand verschlechtert und sie muss sich Ende September einer Unterleibsoperation

unterziehen. Wir haben lange gezögert, aber es bleibt keine andere Wahl. Glücklicherweise haben wir einen guten Arzt gefunden und sehen deshalb der Operation zuversichtlich entgegen.

Zufällig traf Heymann im September in Los Angeles den 57-jährigen Francis de Croisset, den Autor der musikalischen Komödie Le Bonheur, Mesdames, für die Albert Willemetz die Gesangstexte geschrieben hatte. In Heymanns letzten Pariser Tagen war das Stück mit Michel Simon im Théâtre des Bouffes-Parisiens geprobt worden; die Premiere hatte wenige Tage nach seiner Abreise stattgefunden. Croisset, gebürtiger Belgier, war 1898 als Journalist nach Paris gekommen und in Frankreich zu einem äußerst erfolgreichen Theaterschriftsteller geworden. Er plante, für Grace Moore, die damals als die beste amerikanische Sängerin galt und an der New Yorker Metropolitan Opera engagiert war, eine Operette zu schreiben. Den Kompositionspart bot er Heymann an. Grace Moore war gerade in Los Angeles, wo sie für die Columbia einen Musikfilm gedreht hatte. Croisset brachte Heymann mit ihr zusammen und es stellte sich heraus, dass sie alle seine populären Lieder auswendig konnte.

Schnell war ein Sujet für eine große Broadway-Produktion gefunden: Szenen aus dem Leben von Joséphine, der von Napoleon gekrönten und bald wieder verstoßenen Kaiserin der Franzosen. Voller Enthusiasmus wurde gleich noch eine französische Version geplant, in der Yvonne Printemps die Hauptrolle spielen sollte. Die populäre französische Schauspielerin – zwei Jahre älter als Heymann – war schon mit dreizehn Jahren in Operetten und Revuen aufgetreten und hatte als erste Frau Sacha Guitrys, des Autors von Florestan, neben ihrer glanzvollen Karriere im Theater auch eine in der Pariser Gesellschaft gemacht. 1934 heiratete sie den Schauspieler Pierre Fresnay und spielte an seiner Seite in einer französischen Verfilmung der Kameliendame die Titelrolle. Voller Enthusiasmus schickten Heymann und Croisset ein Telegramm an Albert Willemetz: Er solle sofort damit beginnen, die Bühne seines Theaters zu vergrößern.

Ich fahre im April 1935 bestimmt wieder nach Europa, weil ich der unerschütterlichen Überzeugung bin, dass man immer wieder nach Europa zurückkehren soll, um mit dem dortigen Geistesleben in Kontakt zu bleiben. Außerdem ist mir Theater wichtiger als

Film. Nur ein neuer Krieg könnte mich hier zurückhalten. Allerdings werde ich wahrscheinlich immer wieder nach Amerika zurückgehen.

Der Sommer ist so mild, wie ich noch nie einen erlebt habe, bis auf ganz wenige heiße Sommertage hatten wir ewiges Maiwetter.

Ilse lag noch im Krankenhaus, als Anfang Oktober der Film *Caravan* in die Kinos kam. Es folgte große Ernüchterung: In den geradezu verheerenden Kritiken war von stumpfsinniger Eintönigkeit, von einer weitschweifig ausgewalzten Geschichte die Rede. Charells Inszenierung wurde als typisch europäisch abqualifiziert: teuer, schön und langweilig. Da half es auch nicht viel, dass die Musik als berauschend empfunden wurde. Heymanns Weinlied wurde in Europa sogar für die Weinwerbung verwandt, die französische Version des Films lief in Österreich und Ungarn unter dem Titel *Hochzeitsnacht*. Doch vom Europa-Repräsentanten der Fox kam, wie die *New York Times* berichtete, die Rückmeldung: »Dieser Film ist für alle Mitteleuropäer eine ebenso große Beleidigung, wie es für die USA ein Film wäre, in dem der amerikanische Außenminister eine Affäre mit einer mannstollen Frau hat, die einer farbigen Rasse angehört.« In *Caravan* lässt sich ein Fräulein von Adel mit einem Zigeuner ein. So weit hatte sich der Rassenwahn also auch in Frankreich ausgebreitet.

Ende 1934 holte Heymann erneut seine deutsche Vergangenheit ein. Gegen ihn lag eine Steuerpfändung in Höhe von 49.000 Mark vor. Sein Berliner Konto war längst leer geräumt, sodass die Pfändung ins Leere ging.

Heymann empfand die Forderung des Finanzamts als Unverschämtheit und sah darin pure Schikane dem Emigranten gegenüber. Anfang 1933, als er noch in Deutschland gewesen war, hatte das Finanzamt bei ihm Steuernachzahlungen in Höhe von ungefähr 8000 Mark angemeldet, gegen die er damals Einspruch erhoben hatte. Die Steuerschuld für die Jahre 1931 bis 1933 war inzwischen auf fast 40.000 Mark gestiegen – was vor allem daran lag, dass die erst nach seiner Abreise aus Deutschland an ihn ausgezahlten Tantiemen der Jahre 1932 und 1933 noch nicht versteuert worden waren. Der geforderte Betrag von 30.000 Mark wird deshalb korrekt gewesen sein. Allenfalls die zusätzlichen Verzugszinsen von fast 10.000 Mark könnten als übertrieben angesehen werden.

Heymanns Anwalt riet dazu, einen Vergleich mit der Steuerbehörde anzustreben, und bat darum, ihm einen Betrag zu nennen, bis zu dem er gehen könne. Sonst würden alle Tantiemen bis zur vollen Höhe seiner jetzt festgesetzten Steuerschuld gepfändet, wenn seine Musik in Deutschland wieder aufgeführt werde. Anfang Januar 1935 antwortete Heymann auf diesen Vorschlag:

Sie fragen mich, welchen Betrag ich den Steuerbehörden anzubieten gedenke, damit Sie eine Verhandlungsbasis haben, und dass ich nicht alle Brücken abbrechen soll, ich könne ja nicht wissen, ob meine Operetten und Schlager nicht doch wieder in Deutschland gespielt werden. Aber gerade *das* weiß ich, und zwar weiß ich es *positiv*, dass sie *nicht* gespielt werden.

Im Herbst des Jahres 1933 setzte eine Theaterproduktion meine Operette *Kiki* als Weihnachtsnovität für die Komische Oper in Berlin an, Hauptrollen: Grete Mosheim, Hilde Hildebrand, Georg Alexander. Die Aufführung ist noch vor Probenbeginn verboten worden.

Im Frühjahr des Jahres 1933 wurde mir von der UFA mitgeteilt, dass die veränderten politischen Verhältnisse *mir* die weitere Tätigkeit bei der UFA unmöglich machten und sie deswegen genötigt sei, mich *fristlos* zu entlassen. Da die UFA unter der Oberleitung des damaligen und jetzigen Regierungsmitglieds Alfred Hugenberg stand, muss dieser Schritt der UFA offiziell gebilligt worden sein und dem Geist der neuen Verhältnisse entsprochen haben. Hinzufügen möchte ich noch, dass der Vortrag meiner nicht arischen Kompositionen im Radio offiziell verboten ist.

Nun frage ich Sie, was ich bei Nichtzahlung meiner Steuer noch riskiere. Pfändbares Besitztum in Deutschland habe ich nicht mehr, also: Wozu sollte ich Steuern zahlen?!

Die Steuerpflicht eines Staatsbürgers berechtigt denselben meiner Meinung nach zur freien Ausübung seines bürgerlichen Berufes, die in meinem Fall nicht mehr gegeben ist. Wenn die Steuerbehörde mir mitteilen würde, dass die oben angeführte Kündigung der UFA nicht zu Recht erfolgt ist, könnte ich meine Ansprüche an die UFA zur Deckung meiner Steuerverpflichtungen verwenden. Meine Ansprüche aus dem seinerzeit gültigen Vertrag betrugen noch ca. 30.000 Mark. Wenn mir ferner von behördlicher Seite mitgeteilt würde, dass Aufführungen meiner Operetten in Deutschland in Zukunft nicht nur nicht mehr verboten, sondern sogar gegen etwaige spontane Demonstrationen aus anderen als rein künstlerischen Gründen in vollem Maße geschützt werden würden, so würde sich der Steuer möglicherweise ein weiteres Einnahmegebiet eröffnen.

Warum ich aber Einkommensteuer bezahlen soll, wenn man mich am Erringen eines Einkommens hindert, verstehe ich beim besten Willen nicht. Pflichten ohne Rechte gibt es nicht.

Im Februar 1935, einen Monat nach Ilses Operation, konnte Heymann wenigstens in Bezug auf den Gesundheitszustand seiner Frau aufatmen.

Ilse geht es recht gut, es scheint alles glatt abgelaufen zu sein. Ich bin nun schon seit Monaten bis auf meine Tätigkeit als männliche Krankenschwester ohne Arbeit. Seit *Caravan* habe ich noch nichts Neues machen können, da alle Projekte nicht mehr über das Verhandlungsstadium hinausgehen. Nach Europa wollte ich der politischen Verhältnisse wegen noch nicht zurückkehren, und so sitze ich hier und warte auf bessere Zeiten.

Die Tantiemen der AKM sind momentan meine einzige Einnahmequelle. So hat Ilses Operation mit Vor- und Nachbehandlung bei den hiesigen Arzthonoraren ein gewaltiges Loch in meine Sparbüchse geschlagen.

Auch mit den Tantiemen aus Österreich gab es mittlerweile Probleme. Die Verwertungsgesellschaft der Autoren, Komponisten und Musikverleger AKM leitete sie an Heymanns Liechtensteiner »Stiftung« weiter. In Wien schien es aber nicht mehr ohne Weiteres möglich zu sein, Schillinge in Schweizer Franken zu wechseln. Die Banken berechneten horrende Umtauschspesen. Im fernen Amerika konnte Heymann nicht überprüfen, ob seine Treuhänder in Wien ihn betrogen oder das offiziell noch nazifreie Österreich in vorauseilendem Gehorsam den Emigranten gezielt Schwierigkeiten bereitete.

In Hollywood hatte sich die Situation für deutsche Filmschaffende dramatisch verändert. Bislang hatte man dort die aus Europa engagierten Schauspieler und Regisseure hofiert, alle hatten feste Anstellungsverträge in einem der Studios bekommen. Lubitsch, die Garbo, Marlene

Dietrich, Friedrich Wilhelm Murnau, auch Lilian Harvey waren in die USA geholt worden, um mögliche Konkurrenz in Europa auszuschalten. Sie erhielten Exklusivverträge, die sie daran hindern sollten, für andere Produktionsfirmen zu arbeiten. Für Lilian Harvey wurde auf dem Studiogelände der Fox ein eigener Garderobenbungalow gebaut; trotzdem ließ man sie nach kurzer Zeit fallen wie eine heiße Kartoffel. Bis heute verfolgen die großen amerikanischen Filmgesellschaften diese Taktik, und bis heute gehen fast alle Europäer, die abgeworben werden, geschmeichelt und mit großen Zukunftsträumen auf diese Angebote ein. Nur wenige reüssieren dann in Hollywood tatsächlich.

1934 kamen die Deutschen unaufgefordert nach Hollywood. Man musste sie nicht mehr locken, ihnen keine lukrativen Verträge bieten. Sie standen Schlange: Drehbuchautoren, Regisseure, Schauspieler, Komponisten. Von den Babelsberger Filmkomponisten gelang es nur einem, einen festen Vertrag zu erhalten. Franz Wachsmann, der Hollaenders Musik zum *Blauen Engel* orchestriert und dirigiert, danach nur einen eigenen Film bei der UFA musikalisch betreut hatte, wurde 1935 Musikdirektor bei Universal, wechselte bald zu MGM und war als Franz Waxman über Jahrzehnte einer der erfolgreichsten amerikanischen Filmkomponisten. Alle anderen mussten sich von Film zu Film hangeln.

In dieser Situation, in der Heymann für sich selbst in Amerika bald kaum noch eine realistische Arbeitsperspektive sehen konnte, erhielt er Anfragen von deutschen Emigranten, die noch in Europa waren und sich die Möglichkeiten in den USA und vor allem in Hollywood in den rosigsten Farben ausmalten. Aus London fragte Dr. Klein, der ehemalige Direktor des Berliner Deutschen Theaters, ob es für ihn Chancen in Hollywood gäbe. Nach dem Desaster von *Caravan* war Heymann einigermaßen desillusioniert.

Bleiben Sie um Gottes willen in London. Wenn Sie kein Deutscher wären, wäre alles anders! Aber der Begriff »deutscher Regisseur« ist hier durch den unermesslichen Schaden, den Eric Charell mit seinem ebenso teuren wie erfolglosen Film angerichtet hat, rettungslos und auf lange Zeit kompromittiert. Selbst die besten Leute der deutschen Industrie wie Joe May, Hanns Schwarz, Fritz Lang, G.W. Pabst, Wilhelm Thiele haben entweder bisher überhaupt noch nichts machen können oder unter solchen Schwierigkeiten, dass sie so bald keinen Erfolg erringen werden.

Nicht nur beruflich, auch in Heymanns Beziehung zu seiner Frau Ilse begann es zu kriseln. Im Januar 1935 fragte ein Berliner Freund besorgt nach: »Was mit Dir und Ilse ist, hast Du noch immer nicht verraten. Warum eigentlich nicht? Ist es ein Geheimnis, oder weißt Du es selber nicht?« Wahrscheinlich wusste Heymann es zu diesem Zeitpunkt wirklich selbst noch nicht.

Einziger Silberstreifen am Horizont war, dass Albert Willemetz bei Heymann für 1935 eine Operette für sein Théâtre des Bouffes-Parisiens bestellt hatte.

Ich würde alles für das Theater aufgeben. Ich freue mich auf die Arbeit in Paris, freue mich darauf, den Place de la Concorde wiederzusehen und den Montmartre mit dem Place du Tertre, Notre-Dame und Saint-Julien-le-Pauvre, den Louvre und die Bouquinisten an den Seine-Quais. Mein Verlangen, nach so viel Technik die Kunst wiederzufinden, ist groß.

Offenbar waren Heymanns amerikanische Einnahmen, auch durch die Arzt- und Krankenhauskosten für seine Frau, vollständig dahingeschmolzen und er musste sich das Geld für die Überfahrt nach Europa borgen. Einen Tag vor seiner Abreise schickte Pommer ihm einen Scheck über 500 Dollar, »wunschgemäß leihweise«, zurückzuzahlen bis zum 14. April 1935 »in amerikanischen Dollarnoten« bei der Travellers Bank in Paris, wo Heymann wieder Zugang zu seinem in Liechtenstein deponierten Geld hatte.

Wir haben eine wundervolle Reise vor uns. Wir brechen am 7. März auf und verbringen vier Wochen auf dem Ozean. Wir werden in Guatemala an Land gehen, den Panamakanal durchfahren.

Als das Schiff den Kanal durchquerte, notierte Heymann:

Wir haben eine wundervolle Zeit, tropische Wärme, jeden Tag ein Bad im Meerwasser auf der Schiffsbrücke. Inseln schlafen auf einem azurblauen und ruhigen Meer. Wir werden an Jamaika und den Jungfraueninseln vorbeifahren und nach Fahrplan am 1. April in London und am 3. in Rotterdam sein. Von dort fahren wir mit dem Auto nach Paris.

Hier komponierte Heymann die Musik zu der Operette *Trente et Quarante* nach einer Komödie von Jean de Létraz. Ein dreißigjähriger Bräutigam fährt mit seiner jungen Frau direkt im Anschluss an die Trauung nach Monte Carlo, um im Kasino seiner Spielsucht zu frönen, und lässt seine frischgebackene Ehefrau beim Abendessen allein. Die bittet einen Herrn in den Vierzigern an ihren Tisch, der sie für eine Dirne hält. Mit dem Geld, das er ihr zusteckt, sprengt ihr Mann die Bank. Als er seiner Frau den ganzen Gewinn zu Füßen legt, entscheidet die sich gegen den Dreißigjährigen und gibt dem Herrn in den Vierzigern den Vorzug.

Die Aufführung war nicht sonderlich erfolgreich, trotzdem träumte Heymann weiter vom großen Theatererfolg. Über einen befreundeten Opernagenten ließ er in England vorfühlen, ob und wie eine Bühnenproduktion von *Der Kongress tanzt* im Londoner Westend zu bewerkstelligen sei. Der Agent teilte ihm mit:

> Ich habe wegen *When congress danced* nach London geschrieben, und hier ist die Antwort:
> »Ich habe den Film gesehen und fand ihn sehr unterhaltend. Ob man für ein Musical Interesse wecken kann, dessen Sujet bereits in der ganzen Welt als Film gezeigt wurde, und ob man englische oder amerikanische Manager dazu bringen kann, für eine Inszenierung eine beträchtliche Geldsumme aufzubringen, kann ich nicht wirklich beurteilen. Sie müssen bedenken, dass im Fall einer solchen Theaterproduktion die Filmleute animiert werden könnten, den Film wieder herauszubringen oder sogar eine Neuverfilmung zu machen, damit die Kinos zu fluten und so die Chancen einer Operette zunichte machen. Man müsste erst das Libretto lesen und die Musik hören. Wird das Stück irgendwo produziert, und wenn ja, wann? Ich glaube nicht, dass man es diskutieren kann ohne eine solche Produktion.«

Die Lage in Frankreich änderte sich im Sommer 1935 drastisch. Die linken Kräfte schlossen ein Wahlbündnis, die Front Populaire, und demonstrierten am 14. Juli, dem französischen Nationalfeiertag, gemeinsam unter den Porträts von Marx und Robespierre. Die Regierung versuchte, mit am Parlament vorbei erlassenen Dekreten Lohnkürzungen durchzusetzen. Die Kaufkraft sank, die Arbeitslosigkeit blieb. Anfang August wurde auf mehreren Werften gestreikt, in Brest schlugen dabei Soldaten einen Arbeiter mit Gewehrkolben tot.

Es herrscht in Frankreich eine maßlose Krise, insbesondere in der Vergnügungsindustrie. Die Theatereinnahmen selbst der bestbesetzten Theater sind etwa 1000 Mark pro Abend. Unter diesen Umständen ist es sinnlos, für die Bühne arbeiten zu wollen. Ich bin nach dem vorläufigen Scheitern meiner Pariser Pläne nach London gefahren, habe dort ein paar Filmverbindungen angeknüpft und hoffe, in Bälde dort ein bisschen ins Verdienen zu kommen.

In einem seiner Briefe aus Paris gab Heymann eine Anekdote wieder, die in deutschen Emigrantenkreisen im Umlauf war. Sie zeigt, welcher Pessimismus sich inzwischen unter den Ausgewanderten breitgemacht hatte:

Einige Emigranten sitzen in Paris zusammen. Sie haben kein Geld und keine Pässe, nur ständig ablaufende Aufenthaltsbewilligungen. Einer kommt jubelnd mit einer Schiffsfahrkarte nach Sydney angelaufen. »Wie kannst du nur so weit fortgehen?«, fragen ihn die anderen. Worauf der Sydney-Fahrer zurückfragt: »Weit von wo?«

Eher eine Gelegenheitsarbeit war die Musik zu dem Film *Le grand Refrain*, eine melodramatische Komödie um einen talentierten, aber erfolglosen Pianisten. Er komponiert eine Operette, die durch einen Traum inspiriert ist, an dessen Ende er in einem Salon aufwacht, in dem unzählige Uhren ticken. Ähnlich wie mit der Autohupe in *Die Drei von der Tankstelle* entwickelte Heymann aus den Geräuschen dieser Szene die Musik des Films.

Der Pianist lernt eine junge Frau kennen, die seine Operette durch das Gerücht, der Komponist habe aus Verzweiflung Selbstmord begangen, zu lancieren versucht. Und das Stück hat tatsächlich einen rauschenden Erfolg.

Die Hauptrolle spielte der aus Belgien stammende Fernand Gravey, ein eleganter, gut aussehender 32-Jähriger. Regie führte Yves Mirande, die künstlerische Oberleitung hatte Robert Siodmak, Produzent war André Algazy.

In den Studios von Nizza und an der Côte d'Azur wurde anschließend der Film *The Beloved Vagabond* mit Maurice Chevalier produziert, der den Film später als unbestreitbaren Misserfolg bezeichnete. Seine Rolle war ursprünglich für Cary Grant vorgesehen, der aber nach Lektüre des Drehbuchs abgesagt hatte. Chevalier akzeptierte wohl nur, weil die englische Produktion in Frankreich gedreht werden sollte und er gerade erst von einem mehrjährigen Hollywoodaufenthalt in die Heimat zurückgekehrt war. Regie führte Kurt Bernhardt, der später in Amerika seinen Vornamen in Curtis umwandelte.

Nach den Dreharbeiten besuchte Heymann mit seiner Frau das bretonische Städtchen Quimper, wo die Margot seines Erfolgsliedes aus *Florestan* zu Hause war. Weiter ging es nach Saint Malo und über den Ärmelkanal nach London zur Endfertigung des Films. Die freie Zeit in England nutzte Heymann für die Arbeit an einem neuen musikalischen Bühnenstück, das er im Mai 1936 an Albert Willemetz sandte:

Ich schicke Ihnen anbei die Musik und die Libretti in Englisch und Deutsch von meiner letzten Operette *Little Mary Rose*, deren Premiere im September in Den Haag sein soll und die dann später in London übernommen wird. Es ist eine fröhliche und zugleich sentimentale Operette aus der Zeit von Dickens (1835).

Die beigefügte Synopsis in Englisch ist für einen Film geschrieben. Gestern hatten wir das Vergnügen, Irene Eisinger die Rolle der Mary Rose singen zu hören, bei ihr zu Hause. Sie hat eine süße und deliziöse Stimme, wäre auch die Richtige für Paris. Man sagt mir hier einen Erfolg voraus. Endlich, nach fünf Jahren Arbeit ohne jede Hoffnung auf eine Rückkehr nach Deutschland.

Die Koloratursopranistin Irene Eisinger war seit 1928 am Charlottenburger Opernhaus engagiert, hatte in Wien und bei den Salzburger Festspielen gastiert und seit 1932 einen Vertrag an der Berliner Staatsoper. 1933 musste sie emigrieren, sang am Deutschen Theater in Prag, gastierte in Brüssel und Amsterdam, und 1936 war sie gerade nach England gekommen. Nach einem umjubelten Gastspiel an der Royal Opera in Covent Garden kam sie auch zu den neu gegründeten Festspielen von Glyndebourne. Heymann hatte sie 1930 kennengelernt, als sie die Hauptrolle in der Filmoperette *Zwei Herzen im Dreivierteltakt* gespielt hatte.

Ein weiterer Bühnenerfolg schien zum Greifen nah. In einem Briefentwurf von Heymanns Frau Ilse, der aus dem Sommer 1936 stammen muss, schreibt sie:

Wir wollten jetzt eigentlich an die Riviera fahren, aber wir müssen noch einmal nach London, weil dort sehr wahrscheinlich im Herbst Werners Operette *The happy Island* herauskommt. Arthur Caesar soll die englische Version nach dem französischen Original machen und Werner möchte, dass Irving Caesar die Gesangstexte schreibt. Der Engländer, der die Produktion finanziert, will das Stück später auch in New York herausbringen, aber das muss man abwarten.

Arthur Caesar war ein erfolgreicher amerikanischer Bühnen- und Drehbuchautor, sein jüngerer Bruder Irving hatte die Gesangstexte für die englische Version des *Weißen Rössl* verfasst.

Aus beiden Theaterproduktionen wurde nichts, stattdessen erreichte Heymann das Angebot für einen zweiten Start in Hollywood. Hal B. Wallis, Produzent von Warner Bros., machte mit seiner Frau eine Europareise, die er auch für geschäftliche Kontakte nutzen wollte, und lud das Ehepaar Heymann zu einem Treffen an der Côte d'Azur ein. Der Entwurf eines Briefs an einen Hollywood-Agenten in englischer Sprache von Ilses Hand (Heymann war nur in der französischen Sprache perfekt) referiert den Inhalt der dort getroffenen Vereinbarungen zu einem festen Studiovertrag und zeigt, dass Heymann noch immer glaubte, Bedingungen stellen zu können:

> Werner ist durchaus in der Lage, die gesamte Musik für einen Film zu komponieren, also die Songs und die notwendige Hintergrundmusik. Selbst wenn es in einem Film keinen einzigen Song gibt, würde er die Musik komponieren, aber er würde es nicht akzeptieren, nur die Hintergrundmusik zu schreiben, wenn andere die Songs komponieren. Und natürlich müsste in einem Vertrag stehen, dass er Gelegenheit bekommt, bei den großen Musicals mitzuwirken, die das Studio produziert, oder zumindest wichtige Songs für solche Filme beizusteuern, um zu vermeiden, dass er nur Routinearbeit der Musikabteilung zugewiesen bekommt, ohne die Chance zu richtigen Erfolgsschlagern.
>
> Werner hat mit Herrn Wallis auch darüber gesprochen, dass er die 52 Wochen gern unterbrechen würde für den Fall, dass er Arbeit an einem Theater angeboten bekommt, und der hat dem zugestimmt. Wallis hat von sich aus einen Jahresvertrag mit wöchentlicher Bezahlung vorgeschlagen. Er sagte, er wolle Werner nicht nur als Kom-

ponist für die Songs, sondern auch für die gesamte Partitur haben. (Das wäre für ihn sehr leicht, denn Werner hat das immerzu in der Stummfilmzeit gemacht, damals für zwei Filme pro Woche, und in den 15 großen Tonfilmen, die er gemacht hat, komponierte er Songs und Hintergrundmusik.) Achten Sie also bitte darauf, dass er nicht für Filme komponieren muss, für die andere die Songs schreiben. Denn das würde nicht nur weniger Tantiemen bedeuten, es wäre auch schwieriger für ihn, sich einen Namen zu machen. Natürlich würde er auch zufrieden sein, wenn ein Film kein wirkliches Musical ist.

Werner hat dafür gesorgt, dass eine der ersten Kopien von *Le Grand Refrain* (in etwa 14 Tagen) dem Pariser Manager von Warner übergeben wird, damit er sie sofort an Harry Warner in New York schickt.

Am 15. September fuhr Heymann allein in die USA, seine Frau blieb in Paris, weil noch Probleme mit den europäischen Tantiemen geklärt werden mussten und sie auf eine Rolle in dem Film *Mademoiselle Docteur* von Georg Wilhelm Pabst hoffte. Ilse kannte Pabst seit der Verfilmung der *Dreigroschenoper*, und als der Regisseur 1934 einen Film in Hollywood inszenierte, hatten sich die Heymanns häufiger mit ihm und seiner Frau getroffen. Um ihren Aufenthalt zu finanzieren, hatte Ilse eine Arbeit in einem Modesalon angenommen. Am 19. September berichtete sie ihrem Mann:

> Heute kam nach *enormen* Schwierigkeiten Nachricht aus Wien, dass sie nochmals Unterstützung geben, dass sie uns 15.000 Francs überweisen. Geliebter Schatz, ich beschwöre Dich, sei sparsam! Wehe Dir, *ernstlich!* Du hast einen Wagen genommen, der mit Amortisation mehr als 25 Dollar monatlich kostet! Wir müssen unsere Ausgaben und Einnahmen viel mehr kontrollieren. Zunächst werde ich das übernehmen. Bis ich imstande bin, mehr zu verdienen als eine Sekretärin. Gott, bin ich froh, dass Du in Hollywood bist! Siodmak ist mit Algazy verkracht, hat den *Grand Refrain* nicht mehr gesehen. Ich bin in der Pressevorführung beinahe in Ohnmacht gefallen, denn *nicht* ein Klavierspiel ist synchron. Darauf war ich gestern bei ihm – er hat es nicht bemerkt! Und war im Übrigen völlig hysterisch und schrie ununterbrochen. Ohne jeden Grund. Ich war ganz leise und freundlich. Ich glaube *sehr*, dass die Lieder populär

Auf dem Schiff nach Amerika, 1936.

werden *und*, nicht ganz unwichtig, dass Gravey drüben ganz groß einschlagen wird! Pabstens, besonders er, waren furchtbar nett mit Einladungen etc. Er dreht schon lange und die Rolle ist *noch* nicht besetzt. Inzwischen zählt Bailly ab, wie viele Juden im Pabst-Film arbeiten, nicht Ausländer – sondern Juden. Es ist wirklich nicht mehr schön hier, mein Schatz, und ich glaube, wir können verdammt froh sein!
Meine Kleider sind unwahrscheinlich schön geworden. Ich hab auch einiges Geschick entwickelt, bei der De War hab ich einen *Fetzen* so auf mir drapiert, dass sie mich ihre neue Modellistin nannte, den Fetzen eine création, und ich werde Mittwoch von Man Ray für *Harper's Bazaar* fotografiert.
Einigermaßen erstaunt war ich, dass Du Deine kostbare Zeit in New York an Komödien ausgabst. Warum bist Du in das teure Plaza gegangen? Mein Schätzchen, mein geliebter Musikus, Du fehlst mir schrecklich! Besonders nachts! Aber *trotz alledem* war ich so auf der Höhe, *jeden* Morgen 8 Uhr aus dem Bett, nur Milch, fast gar keinen Wein getrunken. Die ganze Situation momentan ist ja wirklich scheußlich – aber ich hoffe, dass solche *Dämlichkeiten* für die Zukunft vermeidbar sind, besonders, wenn wir schön zusammenarbeiten. Arbeit bekommt mir großartig. Ich muss nicht trinken, um

müde zu sein, sondern bin immer müde. Und bin sehr glücklich, dass Du mich liebst!

Georg Wilhelm Pabst drehte 1936 den Spionagefilm *Mademoiselle Docteur* mit Dita Parlo und Pierre Fresnay. Seine Produktionsfirma bereitete zur gleichen Zeit *Nächte in Neapel* nach einem Roman von Auguste Bailly vor, einem in Frankreich außerordentlich erfolgreichen Romancier und Historiker. Ilse erhielt die erhoffte Rolle nicht.

Man Ray lebte seit 1921 als bildender Künstler in Paris und hatte zum Broterwerb zu fotografieren begonnen. Von 1934 bis 1942 veröffentlichte er regelmäßig Modefotos in *Harper's Bazaar*. Die Aufnahmen mit Ilse Heymann erschienen im Frühjahr 1937.

Zweiter Anlauf in Hollywood

Als Heymann noch in Frankreich war, gab es Meldungen über eine Militärrevolte in Spanien, die sich im Herbst zu einem Bürgerkrieg ausweitete. Heymanns Bruder Kurt, der in der Schweiz im Exil lebte, sorgte sich im Oktober 1936: »In der Welt spitzt sich alles so entsetzlich zu. In Spanien stehen sich nun Vertreter aller Nationen kämpfend gegenüber, ein Krieg unter irgendeiner Maske, aber doch eben ein Krieg. Gut, dass in Frankreich und England alles hält, aber wie leicht kann der Moment kommen, da es übergreift.«

In Frankreich hatten Wahlen stattgefunden und aus dem zweiten Wahlgang waren die Linksparteien als Sieger hervorgegangen. Unter dem Sozialistenführer Léon Blum wurde eine »Volksfront«-Regierung gebildet, die anfangs sozialpolitische Erfolge erzielen konnte und die rechtsextremen Wehrverbände auflöste.

Anfang Dezember erhielt Heymann von seinem Pariser Musikverlag »Editions Coda« gute Nachrichten. Im nächsten Frühjahr würde zur Zeit der großen Ausstellung eine Bühnenversion von *Der Kongress tanzt* in Paris herauskommen. Initiator war Kurt Robitschek, der Mitbegründer des Berliner »Kabaretts der Komiker«. Auch er hatte Deutschland 1933 verlassen und war über Prag und Wien nach Paris gekommen:

> Es scheint so gut wie sicher, dass am 1. April *Congrès s'amuse* mit Henry Garat im Alhambra herauskommt. Henry Garat hat sogar, wie Dir vielleicht bekannt sein dürfte, vorige Woche ein großes Interview darüber gegeben. Robitschek ist in eifrigen Verhandlungen mit ihm. Sie sind nur in der Gagenfrage etwas auseinander und wenn Kurt seine Premiere in London vorüber hat, will er die ganze Geschichte energisch in Angriff nehmen. Die Sache ist diesmal umso seriöser, als sich Robitschek erstens in Engagementsnöten wegen eines Music-Hall-Programms befindet, außerdem verspricht er sich, da im Augenblick keine Operette in Paris ist, von der Aufführung ein

großes Geschäft, zumal die Sache in die Expositionszeit hineinfällt. Nun möchte ich Dich fragen: Wie steht es mit Deinen Plänen? Bleibst Du noch längere Zeit drüben oder hast Du die Absicht, wieder nach Paris zu kommen? Beziehungsweise, wenn Du drüben bleibst, wie kann eine gedeihliche Zusammenarbeit organisiert werden? Ich bitte Dich, mir rasch Aufschluss zu geben, denn nach Erhalt dieses Briefes wird die Angelegenheit sicherlich schon weiter fortgeschritten sein und Robitschek will das begreiflicherweise geklärt wissen.

Sehr erfreut bin ich über Deine Mitteilung, dass Du bereits Beschäftigung gefunden hast, denn das ist ja immer drüben das große Fragezeichen. *Grand Refrain* war im Uraufführungskino nicht der erwartete Erfolg, hingegen läuft er jetzt in den Nachspielkinos mit sehr gutem Erfolg und auch die Einnahmen waren befriedigend. Innenpolitisch hat sich die Sache sehr zugunsten Blums gewendet. Er arbeitet sehr geschickt und hat sich sogar die Achtung seiner Gegner erworben. Leider stören die Kommunisten immer wieder seine Konzepte. Sie haben immer noch nichts zugelernt. Außenpolitisch ist die Situation unverändert. Es wird auf allen Linien immer weiter aufgerüstet. Man weiß daher nie, was der morgige Tag bringt. In Deutschland geht es ja dreckig. Wenig zu essen, schlechte Stimmung, aber gerade das ist gefährlich, so erfreulich es auf der anderen Seite ist.

Ein weiterer Brief der Editions Coda von Mitte Januar 1937 klang nicht mehr ganz so optimistisch, sowohl hinsichtlich der geplanten Pariser Theaterproduktion – inzwischen war Henry Garat abgesprungen – als auch zur Auswertung der Musik aus Heymanns letztem französischen Film:

> Ich kann Dir nur nochmals wiederholen, dass Robitschek absolut gewillt ist, den *Kongress* zur Expositionszeit herauszubringen. Er ist eben erst heute wieder nach London gefahren und wir hatten auch in den letzten Tagen wiederholt und eingehend darüber gesprochen und insbesondere die Mitarbeiter in seiner Direktion bestärken ihn alle, diese Idee auszuführen. Es hängt im Moment alles von dem Gelingen der Besetzung ab. In den letzten Tagen ist die Idee aufgetaucht, Yvonne Printemps und Fresnay für die Hauptrollen zu ge-

winnen. Ich weiß ja nicht, ob etwas aus diesem Projekt wird, aber immerhin ist daraus ersichtlich, dass Robitschek alles für das Stück riskieren will. Über die französische Bearbeitung werden wir uns unterhalten, wenn die Geschichte soweit klargestellt sein wird.
Wegen *Grand Refrain* bin ich leider nicht zufrieden. Die Hauptnummer »Grand Refrain« wird von den Sängern abgelehnt, weil der Umfang zu groß ist, und kein Mensch kann die Nummer stimmlich bewältigen. Die anderen Nummern, die natürlich nicht die Schlagkraft besitzen wie diese Hauptnummer, gehen entsprechend recht gut. Trotzdem ich alle möglichen Publizitätsversuche mache, kann ich nicht sagen, dass sich die Nummern auffällig durchsetzen. Der Film selbst hat ja, wie Du vielleicht erfahren hast, auch nicht den gewünschten Erfolg. Also, alles zusammen klappt nicht, und ich glaube kaum, dass ich aus diesem Geschäft ohne Verlust heraussteigen werde.

Aus England erreichten Heymann ähnlich pessimistische Äußerungen über die Kriegsgefahr in Europa, wie er sie von seinem Bruder gehört hatte. Ein Londoner Agent schrieb ihm im Januar 1937: »Die Situation in England ist gereizter als jemals und alles kann geschehen in nahezu jedem Moment. Ich hoffe, nicht zu beunruhigend auf dich zu wirken, aber wenn ich mit Journalisten rede, die den Finger am Puls der Zeit haben, dann sagen sie, dass ein Krieg vor der Tür steht.«
Obwohl Heymann den Ernst der politischen Situation sah, versuchte er sich einzureden, Europa werde nicht ins Chaos eines neuen Krieges stürzen. Seinem Bruder hatte er auf dessen Befürchtungen im Dezember 1936 geantwortet:

Über die politische Lage dürften wir ja im Großen und Ganzen einer Meinung sein. Es sieht in der Tat sehr böse aus, und nach menschlichem Ermessen erscheint mir ein Krieg fast unvermeidlich. Trotzdem kann ich, auf die Gefahr hin, lächerlich zu erscheinen, nicht umhin, immer wieder zu sagen, dass ich an einen Krieg nicht glaube. Ich glaube nicht an Kriege, auf die sämtliche Beteiligten in allerhöchstem Maße vorbereitet sind, und ich glaube nicht an Kriege, die von Ländern angefangen werden, die nicht einmal genug Geld haben, in Friedenszeiten ihre Einwohner angemessen mit Nahrung zu versorgen. Bei solchen Kriegen hat niemand etwas zu gewinnen, jeder etwas zu verlieren, und das wissen sogar die selbstüberzeugtesten Diktatoren.

Wir haben uns in Beverly Hills außerordentlich hübsch eingerichtet, in einem kleinen und relativ billigen möblierten Haus in der besten Gegend, und wir fühlen uns sehr wohl. Der ganze Garten ist voller Blüten, obwohl mit nur 12 Grad Celsius der bisher kälteste Tag des Jahres ist. Vor einer Woche hatten wir noch 32 Grad und können sie morgen wieder haben.

Ich habe einen schönen großen Film zu machen, *The King and the Chorus Girl*, Regie Mervyn LeRoy, Schwiegersohn und Kronprinz bei Warner Bros.

Der Film war inspiriert von der Heirat Edwards VIII. mit der geschiedenen Amerikanerin W. W. Simpson, deretwegen der englische König bald nach seiner Krönung zur Abdankung gezwungen worden war. Zwar erzählte der Film diese Geschichte nicht direkt nach, aber Fernand Gravey, der in Heymanns französischem Film den Pianisten gespielt hatte, war allein wegen seiner physiognomischen Ähnlichkeit mit Edward VIII. als Hauptdarsteller nach Hollywood geholt worden.

Im Februar 1937 war die Produktion, für die Heymann neben Hintergrundmusik auch zwei Songs zu schreiben hatte, beendet. »For you« wurde zum Schlager oder, wie es in den USA hieß, zum Hit, aber das war es dann auch. Aus dem Jahresvertrag mit Warner war nichts geworden. Heymann verhandelte über neue Projekte – es blieben Projekte. Im Mai 1937 war noch immer kein neuer Film in Aussicht. Obwohl die Aufführung von *Der Kongress tanzt* nicht zustande gekommen war, träumte er weiter vom großen Theatererfolg in Paris. Ideen hatte er genug, aber wie konnte er sie realisieren? All seine Hoffnung setzte er auf Albert Willemetz.

Arrangieren Sie etwas Schönes für mich, das mir erlaubt, nach Paris zurückzukehren. Ich bin leider nicht so reich, dass ich ohne Arbeit kommen könnte. Aber Sie kennen mich gut genug, dass Sie sich vorstellen können, wie ich mich nach dem Land sehne.

Schreiben Sie mir schnell, aber nicht nur in dieser Angelegenheit. Ich möchte über alles unterrichtet sein, was Sie machen. Und wie es in Frankreich ist, wie es mit der Krise steht (man hat mir gesagt, sie sei zu Ende).

Passbilder aus Hollywood, um 1937.

Ich habe ein bisschen bei Warner gearbeitet, ein bisschen bei Paramount, im Moment verhandele ich mit Metro-Goldwyn, das alles ist natürlich nicht allzu amüsant. Es ist immer derselbe Trott, man könnte sagen, derselbe Fox-Trott. Wenn man Arbeit hat, zahlen sie gut, das muss ich zugeben, aber trotzdem ist es nicht lustig. Immer wieder kommt mir der Gedanke, hier alles stehen und liegen zu lassen.

Das »bisschen bei Paramount« waren zwei Filme von Ernst Lubitsch, *Angel* und *Blaubarts achte Frau*, für die Heymann aber nur jeweils ein paar Nummern schrieb; zusätzlich war Friedrich Hollaender für die Musik engagiert worden. Heymanns Verhandlungen mit MGM verliefen ergebnislos.

Die Briefe, die Heymann an seinen Bruder Kurt in die Schweiz schickte, sollten hoffnungsvoll klingen, aber zwischen den Zeilen las Kurt die Verzweiflung des »kleinen« Bruders, und er wollte ihm helfen. In der Schweiz hatte er Clary Sprenger, langjährige Managerin des Pianisten Claudio Arrau, kennengelernt. »Sie kennt fast alle lebenden Künstler der Welt. Sie wohnt jetzt in Lugano und hat sofort überlegt, was sie tun könnte. Sie kennt den Manager der Metropolitan Opera in New York sehr gut und würde ihm sofort schreiben, wenn Du meinst, dass das sinnvoll sein könnte.«

Kurt hatte in der Schweiz auch die Bekanntschaft einer Grafologin gemacht, der er einen Brief seines Bruders zur Schriftanalyse gab. Sie glaubte zu erkennen, dass Werner imstande sei, »in ungewöhnlicher

Schärfe die Dinge zu übersehen, solange sie noch gar nicht so übersichtlich sind, und damit verbunden besäßest Du die Fähigkeit, auch sofort zu handeln, was wenige können. Alles, was wir sonst wissen, sah sie auch sofort. Deine sogenannte Unerziehbarkeit, Unbändigkeit, Spontaneität. ›Er nimmt keine Führung an‹ etc.«

Im Radio hatte Kurt gehört, die Spatzen zwitscherten von den Dächern, bei Werner Richard Heymann sei eine Scheidung im Gange. Immerhin zeigt das, wie bekannt er in Europa noch war, wenn angebliche Eheprobleme der Grund für eine Rundfunkmeldung sein konnten.

Heymann hatte keinen sehnlicheren Wunsch, als nach Europa zurückzukehren, doch von dort erreichten ihn allenfalls Vertröstungen, manchmal gar Vorwürfe, wie die von seinem französischen Musikverleger:

Ich bin überrascht über Deine Mitteilungen. Wenn man die unsicheren Verhältnisse in Europa und dagegen die angenehme Sicherheit in den USA in Betracht zieht, glaube ich kaum, dass eine Entscheidung schwerfällt. Dies gebe ich Dir vor allem zu bedenken. Vielleicht hast Du Dich diesmal drüben schlecht gebettet und da Du doch als Künstler sehr verwöhnt warst und verwöhnt wurdest, kann ich Deinen Pessimismus sehr gut verstehen. Andererseits kann ich mir nicht vorstellen, dass ein Mensch von Deinen Qualitäten in Hollywood nicht erstklassig reüssieren sollte, und wenn das bisher nicht gelang, dann bist Du sicherlich schlecht gemanagt oder vermanagt worden. Mir wäre nichts lieber, als Dich hier zu haben, denn da Du offenbar begriffen hast, worauf es hier ankommt, wäre es leicht, Dich zu beschäftigen, zumal es an Komponisten nottut. Aber, ehrlich gesagt, es ist das erste Mal, dass mir ein Künstler von drüben seine Sehnsucht nach Europa kundtut, ich habe bisher immer nur das Gegenteil in höchster Potenz erfahren. Ich glaube, auch Du, wie jeder von Euch, müsste seine Zeit absitzen. Hätte Hollaender die Flinte ins Korn geworfen, den man wirklich schon begraben hat, wäre er heute in weiß Gott welchen Verhältnissen.

Ich habe mich bemüht, Dir alles zu sagen. Hoffentlich haben Dich meine Schilderungen ins Bild gesetzt. Du sollst nicht glauben, dass es hier ein Eldorado gibt. Wenn Du Dich aber trotzdem für Europa entscheidest und herüberkommst, erwarten Dich wenigstens keine Enttäuschungen.

Auch am Broadway, auf den Heymann jetzt all seine Hoffnungen setzte, bot sich keine Aussicht. Dr. Pauker, sein New Yorker Agent, riet ihm dringend davon ab, ohne einen konkreten Auftrag an die Ostküste zu kommen.

In seiner ihm aussichtslos erscheinenden Situation erhielt Heymann dann auch noch Briefe, in denen verzweifelte Europäer um Rat und Hilfe für einen Neuanfang in den USA bettelten. Selbst sein Pariser Freund Willemetz fragte an, ob es sinnvoll sei, dass sein Sohn Gérard nach Hollywood komme. Heymann verfasste daraufhin im Februar 1938 eine zutiefst pessimistische Analyse vom amerikanischen Kinotraum:

Ich möchte über Gérard, den wir beide sehr lieben, über seine Kinopläne und darüber, was Sie generell zum Film sagen, mit Ihnen sprechen.

Es hängt alles davon ab, ob Gérard eine Tätigkeit als Produzent oder als Regisseur anstrebt oder ob er Autor bleiben will. Wenn er Produzent oder Regisseur werden will, ist es von größter Wichtigkeit, dass er hierherkommt. Wenn er Autor sein will, ist es von gleicher Bedeutung, dass er nicht kommt, zumindest nicht, bevor er eine literarische Persönlichkeit entwickelt hat, die ihn unantastbar für die falschen Doktrinen macht, die hier vorherrschen.

Sie sagen, dass das Kino sich zur Kunst der Zukunft entwickeln wird. Wenn Sie recht haben, dann muss man an der Kunst verzweifeln – und an der Zukunft –, jedenfalls wenn es das Kino von Hollywood sein wird. Aber ich habe Grund zu der Hoffnung, dass Sie sich täuschen.

Wir haben dieselbe Entwicklung in Deutschland und in Amerika gesehen. Und ich bin sicher, dass sich das in Frankreich wiederholen wird. Das Kino hat sich wie alle anderen französischen Erfindungen im Ausland entwickelt und dort Anerkennung gefunden.

Anfangs war es ein Gegenstand des Jahrmarkts, der kleinen Fotografen in den Vorstädten, der Possenreißer, der Schmierenschauspieler, der Pelzverkäufer (Adolph Zukor), der Markthändler (William Fox), der Konfektionsangestellten (Eric Pommer, Ernst Lubitsch, Warner Bros., Louis B. Mayer), die die Keimzellen der Industrie bilden.

Sie sammeln das Geld, sie erwecken die Aufmerksamkeit der Zuschauer, sie versammeln einen Stab von Schauspielern, Szenenbildnern, Autoren um sich. Sie machen beinahe Kunst. Und sie haben Erfolg – zu viel Erfolg.

Die Banken beginnen sich zu interessieren, die großen Industrien (Zelluloid, Papier, Zeitungen, die Schwerindustrie, der Staat) mischen sich ein. Das ganze wächst, man baut große Studios, organisiert sich, bildet Trusts. Die kleinen Studios verschwinden, die kleinen Genies werden große Routiniers, die kleinen Unternehmer werden die Könige der Industrie.

Da haben sie die wahre Geschichte des amerikanischen und deutschen Kinos, und genau so wird es sich in Frankreich entwickeln. Die englischen Versicherungsgesellschaften, die Banken, die Zeitungskonzerne, der Staat werden sich ins französische Kino einmischen und es demoralisieren. Und eines Tages wird man wieder – das Theater entdecken. In Deutschland ist das schon geschehen und hier wird es auch bald so sein.

Man muss langsam verstehen, dass der direkte Kontakt mit der Realität, mit dem Leben, mit dem Menschlichen nicht ersetzbar ist – als Quelle der Kunst. Und dass jede Organisation *zur Vermeidung des Risikos* die Lebendigkeit tötet (wie in der Politik die Sicherheit die Freiheit tötet). Und Sie werden nur noch Unterhaltung sehen, wie man sie zur Zeit hier präsentiert.

Der Preis für ein durchschnittliches Drehbuch liegt zwischen 10.000 und 20.000 Dollar. Der Preis für ein Drehbuch nach einem Theatererfolg liegt zwischen 100.000 und 250.000 Dollar. Man engagiert einen berühmten Schriftsteller. Es gibt nur zwei Möglichkeiten: Wenn es gutgeht, hat er einen Erfolg im Kino – und er wird nie wieder einen Erfolg auf der Bühne haben (wie Ben Hecht, Ernest Vajda, Leo Birinski), oder er kommt hier an und versteht nichts oder will nichts verstehen – und er bleibt ohne Erfolg, ohne neuen Vertrag, verlässt Hollywood wieder – und er hat von neuem Erfolg im Theater, wo man ihm idiotische Preise für seine Stücke zahlt, aber er wird ablehnen, hierher zurückzukommen. Es ist exakt dasselbe wie mit Circe und Odysseus: Die von den Früchten gekostet haben, werden Schweine, die sich verweigern, sind die Odysseuse.

Und die Direktoren der großen Gesellschaften beginnen das auch zu verstehen. Sie wenden sich wieder dem Theater zu. Sie kaufen jedes Stück, das ihnen auch nur den kleinsten Erfolg am Broadway verspricht, sie engagieren jedes dumme Huhn, das ein Star werden könnte, eher als die wahren Theaterschauspieler. Und die Drehbücher, die sie aus Frankreich kaufen, kaufen sie, weil sie aus einem Land kommen, wo die Autoren (die wirklichen, die vom Theater) vielleicht nicht einmal 30.000 Francs in der Woche verdienen, aber wo sie immer noch sprechen, träumen, leben, essen, trinken, lieben können. Und da sind die Stars, die zum Theater zurückkehren, um sich moralisch zu rehabilitieren (mit mehr oder weniger Erfolg). Und da ist Luise Rainer, die bei der Erneuerung ihres Vertrages mit MGM sechs Monate pro Jahr Urlaub verlangt, um auf der Bühne spielen zu können.

Und mindestens sechzig bis siebzig Prozent der Broadway-Produktionen werden von den Filmstudios finanziert, denn diese Industriegesellschaften haben mit Erstaunen festgestellt, dass man zur Fabrikation von Konservenmilch nicht nur Metall braucht, Etiketten und Sterilisationsmaschinen, Reklame, Aktionäre, sondern ganz einfach auch eine Kuh, die von einem Stier gedeckt wird, die grünes Gras auf einer Weide unter der Sonne frisst, Blumen und andere Kräuter.

Nein, das Theater ist nicht tot.

Um die arbeitslosen Schauspieler zu beschäftigen, hat die Regierung vor drei Jahren ein »Bundes-Theater« gegründet, das seine Projekte mit Unterstützung durch Steuergelder finanziert. Man hat im ganzen Land Hunderte von Theatern eröffnet, aus keinem anderen Grund, als die armen Schauspieler daran zu hindern, die Straßen mit ihren Leichen zu beschmutzen, indem sie aus den dreißigsten Stockwerken springen. Der Erfolg ist unerwartet und total: Die Theater sind voll. Zwei der größten Erfolge in New York kommen aus solchen Theatern.

Wenn Gérard die Technik lernen will, dann soll er kommen. Aber er muss sein Engagement *vorher* sichern! Es ist schwer, einen Platz zu finden. Der Sohn von Pommer, der bei seinem Vater Schnitt gelernt hat, und der aus demselben Grund hierhergekommen ist, der Gérard nach Hollywood zieht, ist seit einem Jahr hier, ohne sich eine Position geschaffen zu haben, ja sogar ohne Bezahlung!

Bei mir wird jetzt ein Engagement bei Paramount zu Ende gehen, wo ich die Musik für den neuen Film von Lubitsch gemacht habe.

Die Schulden des Bruders

Heymanns Bruder Hans war mit seinem um 1920 in Berlin gegründeten Versicherungsunternehmen durch stete Expansion Ende der Zwanzigerjahre in finanzielle Schwierigkeiten geraten. Im April 1931 musste er Konkurs anmelden. Das Verfahren zog sich bis zum Sommer 1932 hin. Am 22. Juni wurde das Geschäftshaus in der Dorotheenstraße zwangsversteigert. Werner verdiente in dieser Zeit sehr viel Geld. Es war für ihn selbstverständlich, seinem Bruder dabei zu helfen, sich eine neue Existenz aufzubauen.

Hans emigrierte 1934 nach England. Als Werner für die Endfertigung von *The beloved Vagabond* in London war, besuchte er seinen Bruder. Er dürfte erst bei dieser Gelegenheit erfahren haben, dass Hans seine finanziellen Zuwendungen nicht dazu verwandt hatte, in seinem geschäftlichen Metier neu Fuß zu fassen. Er hatte vielmehr seinen – wie er glaubte – eigentlichen Talenten Raum gegeben, zwei Romane geschrieben, die er immerhin (für 6000 Mark, wie er behauptete) an die in Leipzig erscheinende Zweiwochenschrift *Mein Blatt* verkauft hatte, die sie in Fortsetzungen druckte. Ein Theaterstück war für die Uraufführung angenommen, welche jedoch die Regierungsübernahme der Nationalsozialisten verhindert hatte. Auch die Verbreitung von zwölf Chansons, die Hans komponiert hatte und deren Druckplatten von einem Leipziger Verlag bereits gestochen waren, wurde gestoppt. Ob das alles Wahrheit oder Fantasie war, ließ sich im Exil nicht mehr feststellen.

Seit dem Wiedersehen in England herrschte Funkstille zwischen Heymann und seinem Bruder Hans. Lediglich durch Kurt, der weiterhin in der Schweiz lebte, wusste Werner, dass sein Bruder mit seiner Frau Elly und dem sechzehnjährigen Sohn Hans 1936 nach New York übersiedelt war.

Trotz der damaligen wirtschaftlichen Depression habe, so erinnert sich Hans Heymann jr., eine Gruppe von Geschäftsleuten seinen Vater in Amerika »mit Pauken und Trompeten und rotem Teppich« empfan-

gen. Sie wollten nach seinem Berliner Geschäftsmodell, das anfangs ja sehr erfolgreich gewesen war, eine Haus- und Lebensversicherungsgesellschaft gründen. Hans Heymann wurden ein großzügiges monatliches Salär und ein namhafter Geldbetrag in Aussicht gestellt, sozusagen als Lizenzzahlung für seine auch in einem Buch publizierte Geschäftsidee.
Ende 1937 fühlte sich Werner Richard Heymann mental und ökonomisch vor dem Bankrott. Der Einzige, dem gegenüber er sein Scheitern zu offenbaren wagte, war sein Bruder Kurt. Von dem Brief, in dem er ihm schonungslos seine Situation schilderte, gibt es keinen Durchschlag wie von vielen anderen Briefen, deren Inhalt dadurch überliefert ist. Wahrscheinlich hat Werner ihn mit der Hand geschrieben, auch damit Ilse nichts davon mitbekam. Aus Kurts Antwort vom 14. Dezember 1937 lässt sich Heymanns Verzweiflung erschließen:

> Dein langer Brief heute wirkt doch wie eine kalte Dusche und leider so ganz ohne das Erfrischende. Ich hatte mich schon an den Gedanken gewöhnt, dass es Dir gut gehe und Du auch dort Dein Auskommen gefunden hast ...
> Zuerst leere ich meine Tasche und finde einen 50-Franken-Schein. Der soll Euer Weihnachtsgeschenk sein.

Neben dem Geldschein war im Kuvert auch die Kopie eines Briefes, den Kurt an Hans geschrieben hatte:

> Werner ist seit März ohne richtige Arbeit, abgesehen von 4 Wochen Aushilfe bei Paramount. Du weißt ja selbst, was es in Amerika bedeutet, auf Arbeit warten zu müssen. Er hat mir in seinem Brief sehr genau gesagt, was es ihm in seinem Leben für eine unerhörte Enttäuschung gewesen ist, Dich zusammenbrechen zu sehen, auch hast Du ihm ganz gewiss so mancherlei angetan, was immer noch an ihm nagt. Sollten nun die Schiffe mit Geld angekommen sein, so gib ihm. Gib ihm das ab, was er Dir in den schweren Jahren gegeben hat, ohne mit der Wimper zu zucken, ich meine, es sollten etwa 20.000 Goldmark sein. Schiebe die Sache nicht auf, wenn Du jetzt im Überfluss sitzt, hilf ihm über diese Periode hinweg, die bestimmt einmal ein Ende haben wird. Er hat doch bewiesen, dass er arbeitet, wenn man ihn nur lässt. Mache auch Du einen Strich und sieh zu, dass er nicht verzweifelt. Ich habe den Eindruck, dass er alles schon

zu lange mit sich herumträgt, und dass Du ihn davon befreien kannst. Andererseits fürchte ich auch, dass er zu weit gehen könnte, wenn Du kleinlich sein und ihn schikanieren würdest.

Von Kurt auf diese Weise ermuntert, entwarf Werner einen Brief an seinen ältesten Bruder:

Lieber Hans!

In seinem letzten Brief schreibt mir Kurt ausführlich über Deine Erfolge, Deine neue Stellung, Deinen Fünfjahresvertrag, das Dir ausgezahlte Vermögen und so weiter. Er fährt dann fort: »Nun fragt Hans auch sehr besorgt nach Dir, er höre absolut nichts von Dir, das sei kein gutes Zeichen, es sei schlimm, in Amerika auf Aufträge warten zu müssen.«

Du hast Recht, es *ist* schlimm, *sehr* schlimm. Ich bin finanziell gänzlich fertig. Ich nehme an, dass es nur dieser Zeilen bedarf, um Dich zu veranlassen, das Notwendige zu tun.

Ich freue mich sehr über Deine Erfolge. Du weißt, wie sehr ich mich bemüht habe, Dir zum Aufbau einer neuen Existenz beizutragen. Die großen Summen, die ich Dir – ohne mit der Wimper zu zucken – geliehen habe, waren meine einzigen Barmittel. Du weißt auch – aus meinem jahrelangen gekränkten Schweigen –, wie enttäuscht ich war, dass Du meine Hilfe andern Zwecken zuführtest als die, für die sie gedacht war.

Du schuldest mir rund 20.000 Mark. 12 Monatswechsel à 1000 sind 12.000. Für 6000 Mark habe ich Wechsel für Dich eingelöst, und etwa 2000 habe ich Dir für Anwälte, Reisen und andere Dinge direkt oder indirekt zugesteckt. Das sind etwa 8000 Dollar und ich freue mich herzlichst, dass sie zu guter Letzt doch Früchte getragen haben. Bitte schicke mir sofort 1000 Dollar, bitte by airmail. Für den Rest, bitte, mach Deine Vorschläge. Grüße Elly und die Kinder herzlichst und berichte mir, wie es Dir und ihnen geht. Fröhliche Weihnachten und ein gutes neues Jahr

Dein Werner

Heymann hat diesen Brief nicht abgeschickt, ein zweiter Briefentwurf mit demselben Inhalt stammt wohl vom Januar 1938, jedenfalls fehlen die Weihnachts- und Neujahrsgrüße:

Lieber Hans!

Von Kurt erfahre ich, dass Du Dich nach mir erkundigt hast und gleichzeitig berichtet er mir über Deine neue Stellung. Ich freue mich über Deine Erfolge und bedauere nur, dass Du so spät eingesehen hast, wo Deine Stärke liegt.

Die großen Summen – für mich waren sie groß, denn es waren meine ganzen Ersparnisse –, die ich Dir geliehen habe, waren ja dazu bestimmt, Dir beim Aufbau einer neuen Existenz zu helfen. Es freut mich sehr, dass meine Anstrengungen – wenn auch spät – so doch endlich Früchte getragen haben.

Es folgt eine Aufschlüsselung des Gesamtbetrags von 20.000 Mark wie im ersten Entwurf mit dem Zusatz:

Hierbei sind noch nicht gerechnet die Tatsache, dass ich dieses Geld für Dich versteuert habe (etwa 15 %), noch Zinsen.

Ich habe in den ganzen letzten Jahren nie den Versuch gemacht, dieses Geld von Dir einzutreiben, da ich Dir seinerzeit versprochen hatte, es nicht eher zu verlangen, als bis Dein Einkommen 2000 Mark monatlich überschreite. Wie Du Kurt mitgeteilt hast, erhältst Du jetzt 35.000 Dollar im Jahr, also etwa 1500 monatlich. Außerdem ist Dir ein hoher Barbetrag ausgezahlt worden.

Ich befinde mich momentan in einer absolut verzweifelten Lage. Meine Einkünfte sind durch die Wirtschaftskrise in Frankreich völlig zusammengeschmolzen. Der Neuaufbau meiner Existenz in Amerika geht nicht so reibungslos, wie ich es wünschte. Ich bin nun schon, bis auf eine kurze Aushilfstätigkeit bei Paramount, seit 9 Monaten ohne Stellung und war vorher zwei Jahre lang stellungslos (Juli 34 – Sept. 36). Ich habe noch 40 Dollar auf der Bank, die, bis Du diesen Brief erhältst, durch die am Monatsanfang fälligen Zahlungen auch aufgebraucht sein werden.

Wahrscheinlich ist es bei diesen Entwürfen geblieben, weil Hans seinem Bruder mit einem Brief zuvorkam. In diesem erklärte er, dass er das Geld, von dem Kurt berichtet habe, zwar erwarte, es aber noch nicht habe. Hans fuhr fort:

Ich habe immer gefühlt, dass Ilse Dich mir total entfremdet hat. Ich hörte hier von Deiner Scheidung, ferner, dass man Dich und Ilse öfters mit Alkohol gesehen hätte. Ich gebe nichts auf das, was man hört, will auch nicht in Deine privaten Angelegenheiten eindringen. Ich weiß, wie hart Amerika ist, aber bemühe Dich jetzt mit aller Kraft, Dich noch kurze Zeit über Wasser zu halten, ohne Dich kaputt zu machen.

Lass mich Dir zum Schluss nochmals sagen, dass Du von nun an meine Hauptsorge bist, und dass ich Dir ausgiebig und dauerhaft helfen werde, so schnell es irgend geht.

Das unzutreffende Gerücht über die Scheidung von Heymann und Ilse hatten also nicht nur die Schweizer Spatzen von den Dächern gepfiffen, auch in den New Yorker Emigrantenkreisen ging es um.

Ende Februar kam ein langer Brief von Hans, in dem er ausführlich auf seine verschiedenen künstlerischen Begabungen einging (»auch auf malerischem Gebiet hätte ich etwas leisten können«), um dann ausführlich über seine bisherigen Kompositionsversuche zu berichten:

Ich habe ca. 600 Musiksachen in meinem Koffer liegen – ungenutzt. Ich hatte hier in New York bis November '37 nichts Musikalisches unternommen. Da brachte mich der Agent Pauker mit Russell Janney zusammen, Producer von *Vagabond King* und vielen anderen Operetten. Ein feinsinniger Künstler erster Güte. Ich habe mich im Lambs Club, wo ich oft verkehre, bei vielen Leuten nach ihm erkundigt – beste Klasse.
Er hörte einen Abend bei Paukers, von Elly gesungen, einiges aus meinen letzten drei Operetten und sagte: Beste kontinentale Musik – fast zu gut für die Operette –, aber vollkommen sein Geschmack. Hiernach entwickelte sich mein neuer Plan, der vorläufig ganz vertraulich zu behandeln ist und natürlich – ich mache mir keine Illusionen – ganz von meiner Kasse abhängt.
Wir, Pauker, Janney und ich wollen im Frühjahr eine permanent arbeitende Operettengesellschaft gründen mit einem Kapital von 50 bis 60.000 $, die vor Ausschüttung eines Gewinns zuerst zu amortisieren sind. Beteiligung: ich 50/50, Pauker erhält von jeder Seite 5–10 %. Personal ca. 85 Personen, davon 25 Musiker (Orchester).

Sie planten, so Hans weiter, drei Operetten zu produzieren, eine Wiederaufführung von *Vagabond King* – 1925 mit großem Erfolg am Broadway gespielt und 1930 verfilmt –, eine Wiener Operette, voraussichtlich von Kálmán, und schließlich eine neue Operette von Hans Heymann.

Für den größten Teil dieser Operette habe ich die Musik parat. Der Rest kann schnell von mir gemacht werden. Es ist das beste Buch, das ich bisher in die Hände bekam. Die Geschichte einer Kellnerin, die einen Prinzen liebt, der sie abfinden muss. Schließlich wird der Prinz dishwasher in San Francisco und sie Star in Hollywood. Das Happy End ist geschmackvoll und das Ganze, so trivial es mit ein paar Worten Erklärung klingen mag, sehr publikumswirksam. Filmverkauf ist ohne Zweifel auch schon gesichert.

Nun denken wir gar nicht an den Broadway in erster Linie, sondern die drei Operetten werden in Detroit, Chicago, Cleveland, Toledo, Montreal etc. ausprobiert. Dort werden vorher Platzverkauf mit Garantie der Kommune vorbereitet, sodass das Risiko gleich null ist. Janney kennt überall den Bürgermeister, Banken etc., hält Vorträge über Kunst, Musik, Operette etc. Macht Vertrag mit Radio, Film etc. Erst wenn eine der drei Operetten ein Erfolg ist, geht man zum Broadway. Schließlich soll sich Amerika an diese Dauereinrichtung gewöhnen und damit die gute Operette wieder lieb gewinnen.

Nun zu Dir! Ich habe mit Pauker und Janney gesprochen. Du könntest a.) eine Deiner Operetten als vierte anbieten b.) erster Kapellmeister sein. Wenn eine Operette an den Film verkauft wird, kannst Du sie einrichten etc.

Wann wir so weit sind, dass wir mit Dir verhandeln könnten, ist nicht vorauszusehen. Ich hoffe im März/April; aber es kann genauso bis zum Frühherbst dauern.

Heymann war irritiert. Sollte seinem Bruder gelungen sein, worum er sich die ganzen letzten Jahre in Paris, in London, in Amerika bemüht, was er nie erreicht hatte? Er machte sich diesmal keine großen Hoffnungen, befürchtete vielmehr, die Reputation, die er sich in den letzten drei Jahren in Hollywood erworben hatte, könne beschädigt werden. Er forderte den großen Bruder auf, ein Pseudonym zu wählen, sollte er als Komponist an die Öffentlichkeit treten. Hans sagte das zu. Die Vorsicht war überflüssig, aus all den großen Plänen wurde nichts. 1939 kehrte Hans Heymann zur Ökonomie zurück, diesmal im akademischen Bereich. Bis zu seinem Tod 1949 wirkte er in den USA als Professor für Wirtschaftswissenschaft.

Europa verschwindet im Nebel

Das Jahr 1938 begründete für Heymann nicht die von seinem Bruder in Aussicht gestellte neue Karriere als Operettenkapellmeister, es wurde für ihn zum Katastrophenjahr. Es gab keinen einzigen Auftrag für einen Film und im März wurde mit dem »Anschluss« Österreichs an das Deutsche Reich ein zumindest in der Fantasie noch immer bestehendes Refugium für ihn versperrt. Und das war noch nicht alles.

Die Besetzung Österreichs durch Hitler brachte für mich einen vollkommenen finanziellen Zusammenbruch, da meine Einnahmen aus der ganzen Welt aus 22 Jahren nicht ganz erfolgloser Komponiererei in Österreich zentralisiert waren und nun Hitler in die Hände fielen.

Die österreichische Verwertungsgesellschaft AKM wurde liquidiert oder, wie es im NS-Jargon hieß, »gleichgeschaltet«. Sie ging in der deutschen »Staatlichen Agentur für Musik- und Aufführungsrechte« (STAGMA) auf. Die Bürokratie funktionierte noch: Auch an die emigrierten Mitglieder der AKM wurde eine Benachrichtigung über diesen Vorgang geschickt, verbunden mit der Bitte, ihr Einverständnis zu erklären, dass sie in Zukunft von der STAGMA vertreten würden. Die in Kalifornien lebenden AKM-Komponisten – darunter Erich Wolfgang Korngold, der inzwischen ebenfalls in Hollywood seinen Lebensunterhalt verdiente, und Franz Waxman – beauftragten Heymann mit der Wahrnehmung ihrer Interessen gegenüber der American Society of Composers, Authors and Publishers (ASCAP). Es gab einen Kooperationsvertrag zwischen AKM und ASCAP, der eine Mitgliedschaft in beiden Organisationen ausschloss. Deshalb weigerte sich die amerikanische Gesellschaft, die Emigranten aufzunehmen. Im November schickte Heymann eine Kopie seiner Austrittserklärung aus der AKM an die Zentrale der ASCAP:

Vielleicht beeindrucken die ASCAP ja auch die antisemitischen Ausschreitungen der letzen Woche in Deutschland. Im Übrigen: Wie ist es möglich, dass sich die ASCAP an Vereinbarungen mit einer Gesellschaft gebunden fühlt, die gar nicht mehr existiert? Und wie können wir immer noch als Mitglieder dieser Gesellschaft betrachtet werden?

Von den Filmproduzenten erhielt Heymann nur noch Absagen: »Es tut uns sehr leid, dass wir nichts für Sie tun können, ungeachtet der Tatsache, dass wir in höchstem Maße Ihre Fähigkeit als außerordentlicher Musiker schätzen. Wir hoffen inständig, dass Sie bald das Engagement bekommen, das Sie verdienen ...« Am 21. Februar 1938 hatte es einen kleinen Lichtblick gegeben. Boris Morros teilte Heymann mit, er wolle die von ihm eingesandte Komposition in sein nächstes Radioprogramm aufnehmen. Morros war Musikdirektor der Paramount und hatte Heymann im Vorjahr den Auftrag für ein paar Musiknummern in zwei Lubitsch-Filmen erteilt. Zu den Paramount-Studios gehörte auch ein Rundfunksender. »Ich werde Dir Nachricht geben, wenn es geprobt wird, damit Du dabei sein kannst. Ich gehe es durch, während ich diesen Brief diktiere, und auf den ersten Blick kann ich sagen, dass es mir gut gefällt, abgesehen davon, dass ich traurige Rhythmen hasse. Aber beim Weiterlesen gefällt es mir wieder. Sobald wir es proben, hörst Du von mir.«

Kurt Heymann versuchte, seinem Bruder in seiner Niedergeschlagenheit Mut zuzusprechen: »Ein neuer Auftrag, ein guter Schlager im Radio, und Du bist wieder so gottvoll größenwahnsinnig, wie nur ein echter Komponist im Erfolg es sein kann. Zweifle nie an *Dir!* Zweifle an dem Geschmack Deiner Umwelt und gib ihnen, was sie fressen wollen, komponiere etwas Satire hinein und lach sie aus.«

Der einzige Hoffnungsschimmer war, dass Ilse in Los Angeles ein Theaterengagement bekommen hatte und im März 1938 in einem Stück mit dem Titel *Cleopatra* eine größere Rolle spielen durfte. Sie erhielt so gute Kritiken, dass sie beschloss, nach New York zu fahren und bei Broadway-Produzenten vorzusprechen. Heymann verschaffte ihr eine Unterkunft bei der Familie seines Bruders Hans. Ende Juni traf Ilse in New York ein. Zwei Monate später fiel Heymann buchstäblich aus allen Wolken, als er erfahren musste, dass Ilse seinen kaum achtzehnjährigen Neffen zu verführen versucht hatte. Sie wurde regelrecht aus dem Haus geworfen. Heymann reichte die Scheidung ein. Gekriselt hatte es in der Ehe bereits seit dem zweiten Frankreichaufenthalt.

Erst im Mai 1939 gab es ein neues Filmengagement, wieder für einen Lubitsch-Film, der diesmal von MGM produziert wurde: *Ninotschka*. Am 11. August 1939 berichtete der österreichische Komponist Artur Guttmann, der gelegentlich für MGM arbeitete, über emigrierte Kollegen in Los Angeles: »*Werner Richard Heymann*, dem es schon sehr schlecht ging, ist jetzt bei uns *engagiert mit kl. Gage*. Schönberg unterrichtet, Klemperer ist Dirigent des Philharm. Symphonie Orchesters. Er ist ein alter Mann geworden.«

Die Musik zu *Ninotschka* entstand im Rahmen eines Vertrags, der mir, unter widrigen Umständen vollzogen, für eine unspezifizierte Tätigkeit einen lächerlichen Lohn aussetzte.

Wie bei allen Garbo-Filmen war die jeweilige Szenerie rundum meterhoch mit schwarzen Tüchern abgeschirmt, kein Unbeteiligter durfte das Set betreten. Als eine Tanzszene mit Musik gedreht wurde, wollte ich Lubitsch irgendetwas Wichtiges sagen, wagte es

Kopisten-Abschrift des Ninotschka-Walzers, 1939.

aber nicht, einfach in die Szene zu gehen. Ich spähte durch einen Spalt, um gegebenenfalls das Auge Lubitschs auf mich zu lenken, verschwand aber immer sofort, wenn Greta Garbo in meine Richtung sah. Auf einmal hörte ich schallendes Gelächter. Ich wurde hineingerufen, kam zögernd näher. Lubitsch sagte: »Heymann, Frau Garbo will Sie kennenlernen. Sie fragte: Wer ist eigentlich der nette Mann, der sich immer sofort versteckt, wenn ich ihn ansehen will?«

Die als äußerst menschenscheu geltende Greta Garbo suchte während der restlichen Drehzeit Heymann mehrmals unangemeldet zu Hause auf und ließ sich von ihm den Ninotschka-Walzer vorspielen, den sie so sehr liebte. Und Heymann nannte der Garbo zu Ehren seine beiden Setter Nina und Notschka.

Ninotschka ist die Geschichte einer linientreuen russischen Funktionärin, die in Paris den Genüssen des Kapitalismus verfallene Genossen überwachen soll und sich dabei in einen Franzosen verliebt. Als der Film in die Kinos kam, war in Europa Krieg ausgebrochen. Im Vorspann erschien als Texteinblendung: »Dieser Film spielt in Paris in den wundervollen Tagen, als man unter einer Sirene noch eine Brünette verstand und ein Franzose, wenn er das Licht ausknipste, das nicht wegen eines Luftangriffs tat.«

Der Schock über den Beginn des Krieges wurde für Heymann vielleicht etwas abgemildert, da es für ihn in Hollywood endlich beruflich aufwärts ging. Ende 1939, nachdem er die amerikanische Staatsbürgerschaft erworben hatte, wurde er ordentliches Mitglied der ASCAP und erhielt seinen ersten Tantiemenscheck.

Von September 1939 datiert ein Vertrag, den Heymann mit dem »Montmartre Theatre Hollywood« abschloss. Für seine Mitwirkung an der Revue *Hit and Run* sollte er zwei Prozent der Kasseneinnahmen erhalten, mit fünfzig Dollar Garantie.

Kurt Robitschek, dem es in Paris nicht gelungen war, die Operette *Der Kongress tanzt* zur Aufführung zu bringen, lebte inzwischen in Los Angeles. Er war die treibende Kraft des Montmartre Theaters. Als Korrepetitor beim Einstudieren der Songs und Begleiter der Ballettproben verpflichtete er den damals achtzehnjährigen Georg Kreisler, der 1938 mit seinen Eltern aus Wien in die USA emigriert war. Kreislers Vetter Walter Reisch, der mit Billie Wilder das Drehbuch zu *Ein blonder Traum* geschrieben hatte, wird ihm das Engagement verschafft haben.

Für Robitscheks Show wurde eine Art Scheune mit großem Aufwand in ein Theater verwandelt. Zur feierlichen Eröffnung war eine Galapremiere mit viel Hollywood-Prominenz angekündigt. Als alle in ihrer prächtigen Abendkleidung Platz genommen hatten, trat – so erinnert sich Kreisler – »ein Mann vor den Vorhang und erklärte: ›Meine Damen und Herren, die Feuerpolizei hat die Aufführung leider nicht erlaubt.‹ All die eleganten Menschen erhoben sich von ihren Plätzen und gingen nach Hause.«
Heymann, der bei Vertragsabschluss an seine Prozentvereinbarung mit Dr. Klein vom Deutschen Theater in Berlin gedacht haben mag, die ihm 12.000 Mark eingebracht hatte, erhielt nicht einmal die Garantie von fünfzig Dollar. Robitschek floh vor seinen Gläubigern nach New York. Dort gelang ihm 1941 die erfolgreiche Neugründung seines Berliner »Kabaretts der Komiker« unter dem Namen »Continental Comedy Theatre«.
Die MGM engagierte Heymann für *The Earl of Chicago* von Richard Thorpe. Eigentlich war die Produktion für die Studios in England vorbereitet worden, aber wegen des Krieges wurde sie kurzfristig nach Hollywood verlegt. Die Dreharbeiten begannen im Oktober, und bereits im November drehte Lubitsch für MGM einen neuen Film, für den er wieder Heymann verpflichten ließ: *The Shop around the Corner*. Lubitsch gab ihm auch ein Empfehlungsschreiben an Hal Roach. Für die Musik zu dessen Film *One Million B. C.* sollte Heymann 1940 seine erste Oscarnominierung erhalten. Dadurch war Morris Stoloff, der Musikchef der Columbia, auf ihn aufmerksam geworden und engagierte ihn für den Alexander-Hall-Film *He stayed for Breakfast*.

Ganz typisch für Hollywood ist, dass man zwischen geistiger Arbeit und der Arbeit eines Tagelöhners keinen Unterschied kennt, außer dass der geistige Arbeiter sehr viel höher bezahlt wird. Arbeit ist Arbeit, Vertrag ist Vertrag; und wenn ein Mann noch so viel Geld verdient: Er muss seine Stunden absitzen. Er muss zwar nicht gerade an der Stechuhr vorbei, aber es ist beinahe so. Er hat morgens gegen zehn zu erscheinen und darf abends erst gegen sechs nach Hause gehen.
Der am höchsten bezahlte Mann in Hollywood war damals Sidney Buchman, Produzent und Drehbuchautor bei der Columbia. Buchman hat einige der brillantesten Filmkomödien geschrieben, darun-

ter Frank Capras *Mr. Smith Goes to Washington*, Alexander Halls *Here Comes Mr. Jordan* (Urlaub vom Himmel) oder George Stevens' *The Talk of the Town* (Die Frau, von der man spricht).

Die Columbia gehörte Harry Cohn, einem außergewöhnlichen Mann deutsch-polnischer Abstammung, der 1920 mit seinem Bruder eine Filmgesellschaft gegründet hatte, die sich 1924 zu Columbia Pictures ausweitete. Die Columbia gehörte Cohn wirklich, alle anderen Studios waren Aktiengesellschaften. So war er der absolute Herrscher »über Leben und Tod« in seinem Studio. Er war wegen seines anmaßenden Verhaltens den Angestellten gegenüber gefürchtet, aber er war ein fantastischer Kerl.

Cohn bezahlte Buchman die für die damalige Zeit märchenhafte Gage von 8000 Dollar pro Woche. Eines Nachmittags um vier Uhr dachte sich Buchman, er habe genug gearbeitet, und ging nach Hause. Am Eingang zum Studiogelände lief ihm Harry Cohn über den Weg. »Wo gehen Sie denn hin?«, fragte der. »Nach Hause«, sagte Buchman. – »Sind Sie verrückt geworden? Ich zahle Ihnen 8000 Dollar die Woche, also bleiben Sie gefälligst Ihre acht Stunden hier!« Buchman blieb nichts anderes übrig, als in sein Büro zurückzugehen.

Allerdings rächte er sich kurze Zeit später. Es gab ein Riesenproblem im Studio, ich weiß nicht mehr, was es war. Harry Cohn versammelte seine wichtigsten Mitarbeiter um sich, Regisseure, Producer, Autoren. Keinem fiel eine Lösung ein. Am nächsten Tag ging Buchman in Cohns Büro. »Ich hab's!« – »Wunderbar, rück raus damit«, sagte Cohn. – »Ich kann's dir nicht sagen.« – »Warum denn nicht?« – »Ist mir heute um halb neun beim Rasieren eingefallen!« Der Film stockte weiter, jeder Tag kostete 60.000 Dollar, aber Buchman soll Cohn noch vier Tage zappeln lassen haben.

Diese Geschichte erzählte man sich, als ich bei der Columbia engagiert war. Ich weiß nicht, ob sie wahr ist. Aber sie charakterisiert beide, Cohn ebenso wie Buchman.

Nach Fertigstellung meines ersten Films, den ich für die Columbia gemacht habe, gab es die übliche Preview, eine Geheimpremiere. Ohne Ankündigung und ohne Vorreklame wird in irgendeinem kleinen Kino einem unvorbereiteten Publikum, das nicht etwa eingeladen ist, sondern sich zufällig im Kino befindet, der neue Film vorgeführt. Nur der Regisseur, ein paar technische Mitarbeiter vom Studio und ein paar Journalisten sind eingeladen. Während der Vorführung wird von Sachkundigen ganz genau gemessen, an welchen Stellen die Leute lachen oder weinen, ob sie genug weinen oder lachen, und es werden Karten ausgegeben, auf denen sie ankreuzen müssen, welche Szenen und welche Schauspieler ihnen gefallen haben. Die Karten werden ausgewertet, der Film entsprechend umgeschnitten. Ich war neu bei der Columbia, außer dem Musikchef Morris Stoloff kannte ich eigentlich niemanden dort. Wir fuhren in einem halben Dutzend Autos zu der Preview in Santa Barbara, ungefähr 150 Kilometer von Los Angeles entfernt.

Der Film war ziemlich gut beim Publikum angekommen, wir standen im Vestibül herum. Zu unserer Gruppe kam ein Mann, der wie ein Möbelpacker aussah, und machte Stoloff gegenüber ein paar treffende Bemerkungen über die Musik. Das heißt, er lobte sie, deshalb fand ich seine Bemerkungen so treffend. Ich fragte Stoloff: »Wer ist denn dieser Kerl? Der ist sehr gescheit!« Stoloff lief blaurot an und sagte: »Entschuldigen Sie bitte, Herr Heymann, darf ich Sie mit Harry Cohn bekannt machen?« Und genierte sich entsetzlich. Auch Cohn lief blaurot an, aber vor Wut, dass es einen Menschen gab, der ihn nicht kannte.

Cohn hat mich nie mehr gegrüßt. Ich habe noch viele Filme für die Columbia gemacht, aber wenn ich ihm auf dem Studiogelände begegnete, sah er immer durch mich hindurch. Wir sind danach mehrfach gemeinsam im Auto zu einer Preview gefahren und dann hat er zu Stoloff gesagt: »Wenn Sie den Heymann sehen, sagen Sie ihm bitte, dass die Musik sehr gut war.« Obwohl ich neben ihm saß. Und ich habe dann mitgemacht und gesagt: »Wenn Sie Herrn Cohn sehen, sagen Sie ihm bitte, dass es mir große Freude gemacht hat, bei diesem Film mitzuarbeiten«. Wir haben nie mehr ein Wort miteinander geredet. Aber immerhin hat er mich weiter bei der Columbia arbeiten lassen.

Am 14. Juni 1940 zogen deutsche Truppen über die Champs-Élysées.

Die Eroberung von Frankreich hat mich völlig aus der Bahn geworfen. Ich musste von vorn anfangen, ganz von vorn. In Hollywood richtet sich dein Verdienst nicht nach deinem Wert, sondern danach, was du ablehnen kannst. Wenn du also einen Wochenlohn von fünfzig Dollar annehmen musst – was ein bisschen mehr ist, als verhungern zu müssen –, dann musst du es eben annehmen. Es dauerte einige Zeit, bis ich wieder auf den Füßen stand, besonders, nachdem meine Exfrau die Freundlichkeit hatte, einen unverhältnismäßigen Betrag an Unterhaltungszahlung aus mir auszusaugen. Es gab einen langwierigen, schwierigen, schmierigen Prozess mit Ilse.

Das Scheidungsverfahren zog sich bis ins Jahr 1940 hinein, weil Ilse alles, was ihr vorgeworfen wurde, abstritt. Heymann musste seine Verwandten bitten, als Zeugen gegen seine Frau aufzutreten. Hans und seine Frau konnten ihre Aussagen vor einem Notar in New York machen, Heymanns Neffe musste als Kronzeuge nach Los Angeles kommen und wurde vor Gericht in Gegenwart von Ilse vernommen. Für ihn muss das ebenso widerwärtig gewesen sein wie für Heymann das Zuhören. Es war die erste Begegnung mit seinem Neffen seit Januar oder März 1933, aus dem dreizehnjährigen Jungen war ein junger Mann von knapp zwanzig Jahren geworden. Als Fünfjähriger hatte er seinen Onkel bewundert, wie der auf seinem Motorrad mit Rasanz um die Ecken gefahren war. Als er einmal als Beifahrer mitfahren durfte, sei sein Kindermädchen, so erinnerte er sich als über Achtzigjähriger, geradezu in Ohnmacht gefallen.

Nach der Scheidung hatte Heymann nie wieder Kontakt zu Ilse. Sie kehrte nach dem Krieg nach Deutschland zurück und lebte – wieder verheiratet – bis 1974 in Berlin. 1985 starb sie in Frankfurt am Main.

Heymanns Bruder Kurt fühlte sich nach der Eroberung Frankreichs in der Schweiz nicht mehr sicher. Er fand eine Möglichkeit, nach Santiago de Chile zu emigrieren, benötigte dazu aber 2000 Dollar. Es gelang ihm, den größten Teil des Geldes in Europa zusammenzubetteln, unter anderem von seiner Schwiegermutter, die ihren Beitrag aber davon abhängig machte, dass auch seine Brüder sich beteiligten. 330 Dollar waren noch offen. Im September 1940 schrieb Hans, dass er nur Ersparnisse in Höhe von 82 Dollar habe, die für einen Wintermantel gedacht seien, den er bei der Kälte in New York eigentlich auch dringend benötige. Dennoch wolle er sie opfern, sodass für Werner noch knapp 250 Dollar blieben. Der hatte gerade einen Vertrag mit der Columbia abgeschlossen. Er überwies das Geld und schickte Hans seinen noch aus Deutschland stammenden Wintermantel. Im warmen Klima Kaliforniens sei der ja wirklich überflüssig.

Der neue Film, wieder von Alexander Hall inszeniert, hieß *This Thing Called Love*. Und die Sache, die man Liebe nennt, riss Heymann aus seinen Depressionen.

Nachdem ich mich vom Schlagerkomponieren gänzlich abgewandt habe und mich völlig auf Untermalungsmusik zu Filmen konzentriere, fängt es an, mir wieder gut zu gehen. Auch mein Privatleben hat sich eingerenkt, seitdem ich eine bezaubernde junge Dame namens Eva kennenlernte, sie vor zwei Monaten vom Fleck weg heiratete und maßlos glücklich bin.

Die Hochzeit fand am 25. Oktober 1940 statt. Eva Heymann war eine Cousine der ersten Frau seines Bruders Kurt und hatte denselben Nachnamen, ohne blutsverwandt zu sein. Bereits im Mai 1937 hatte Kurt seinen Bruder gebeten, der jungen Schauspielerin bei ihrem Versuch, in Hollywood Fuß zu fassen, behilflich zu sein. »Dass sie auch so heißt, dabei mit uns verwandt ist und auch wieder nicht, stört hoffentlich nicht.« Sie nannte sich in Amerika Eva Hyde und schlug sich hauptsächlich mit Gelegenheitsjobs durch. Nur zweimal vor ihrer Heirat spielte sie jeweils eine winzige Nebenrolle in einem Columbia-Film.

Hans, ebenso wie Kurt in zweiter Ehe verheiratet, gratulierte, wohl noch in Euphorie über den geschenkten Wintermantel, mit der Versicherung: »Eva, glaube mir, keiner von uns Heymanns eignet sich so sehr für eine monogame Ehe wie Werner. Er wird Dich auf Händen tragen.«

Wir bewohnen ein kleines, bescheidenes Häuschen in den Bergen und haben zwei Hundchen und eine Katze. Ich arbeite sehr erfolgreich, aber mit großen Unterbrechungen, da ich ohne feste Anstellung bin. Dank der Tatsache, dass Eva zwei Halbtagsjobs als Sekretärin bei zwei Psychoanalytikern hat, kommen wir gerade so durch. Vorher hat sie in einer Flugzeugfabrik gearbeitet und ist fast anderthalb Jahre Taxi gefahren.

Vielen deutschen Emigranten gelang nach der Besetzung Frankreichs die lebensrettende Ausreise nur, wenn ein US-amerikanischer Staatsbürger bereit war, eine Unterhaltsverpflichtung zu übernehmen. Auf diese Weise gelangten Evas Eltern nach Hollywood, die erst einmal im Haus der Heymanns untergebracht werden mussten. Noch immer gab

Eva Heymann in Hollywood, um 1938.

es für Werner keinen festen Vertrag bei einem Studio. Zwar arbeitete er in den Vierzigerjahren etwas kontinuierlicher, vor allem für die Columbia, aber seine Verträge waren jeweils nur auf einen Film beschränkt. Jederzeit konnte er von einem Tag auf den anderen herausfliegen, und jedes Projekt, auf das er sich eingelassen und für das er schon vorgearbeitet hatte, konnte wieder platzen. Am 30. September 1941 wurde Heymann Mitglied der Academy of Motion Picture Arts and Sciences, die den Oscar vergibt.

Nach vielen langen Monaten völliger Arbeitslosigkeit habe ich endlich wieder zu tun. Wir haben allerhand schweren Zores. Die Eltern wohnen immer noch bei uns. Evas Schwester und Schwager sitzen mit amerikanischem Visum in Marseille fest und können nicht raus.

Nach dem Kriegseintritt Amerikas schrieb eine amerikanische Radiostation im März 1942 einen Preis für einen »German Song of Freedom« aus, der täglich nach Europa ausgestrahlt werden sollte. »Er soll den tapferen Männern und Frauen, die im deutschen Untergrund kämpfen, Kraft geben und ihren Glauben an die Ideale der Freiheit stärken. Er wird außerdem den Nazi-Tyrannen zeigen, dass die Stimme der Freiheit lauter ist als die Nazi-Lügen. Das Lied könnte die Hymne eines befreiten Deutschland werden.«

Heymann war jetzt »jemand« in Hollywood: Gemeinsam mit so bekannten Emigranten wie Albert Bassermann, Fritz Busch, Friedrich Hollaender, Fritz Lang, Lotte Lehmann, Ernst Lubitsch, Thomas Mann, Friedelind Wagner, Bruno Walter, Kurt Weill und Carl Zuckmayer wurde er in die Jury für den Preis berufen.

Ende 1942 kam es bei den Dreharbeiten zu der sarkastischen Komödie *Sein oder Nichtsein* zu einer Kontroverse zwischen Heymann und Lubitsch. Heymann hatte für die hochdramatische Szene der Zerstörung Warschaus eine Musik geschrieben, die die Bewegungen der Darsteller wie bei einem Trickfilm nachäffte. Das entsprach zwar dem satirischen Charakter des Films, schien Lubitsch aber an dieser Stelle unpassend. Er zitierte Miklós Rózsa, den Musikdirektor der Produktionsfirma, herbei und kanzelte ihn ab, weil er seine Kontrollpflicht vernachlässigt habe. Das Orchester saß bereits im Aufnahmestudio. Rózsa sah sich die Szene an, ging in sein Büro und komponierte in kürzester Zeit eine neue Musik von etwa drei Minuten, die sofort aufgenommen wurde. Heymann schenkte Rózsa zum Dank dafür, dass er ihn aus dieser Situation herausgepaukt hatte, eine kleine Boxerpuppe.

Der Film über eine polnische Schauspielertruppe, die nach dem Verbot eines neuen Stücks durch die deutschen Besatzer die dafür hergestellten Kostüme und Requisiten einer Widerstandsgruppe gibt, fand eine zwiespältige Aufnahme. Zwar war das ganze Ausmaß der Verbrechen noch nicht bekannt, ihr Höhepunkt auch noch nicht erreicht, trotzdem wurde heftig darüber gestritten, ob man gegen den Faschismus mit den Mitteln der Farce kämpfen sollte oder durfte. Heymanns Musik zu dem Film wurde 1942 – wie im Jahr zuvor die für den Lubitsch-Film *That Uncertain Feeling* – für den Oscar nominiert. Seine Freundschaft zu Lubitsch blieb zwar bestehen, aber er hat Heymann nach dem Zwischenfall nicht wieder engagiert. Dennoch waren die beiden letzten Kriegsjahre die einzigen, in denen er sich nicht über einen Mangel an Aufträgen beklagen konnte. Für jeweils fünf Filme pro Jahr hatte er die Musik zu komponieren.

Eva bekam 1943 noch einmal eine kleine Rolle in dem Kriegsfilm *The Purple V* von George Sherman, in dem Fritz Kortner sein Filmdebüt in Hollywood hatte.

Der Krieg ist vorbei

Nach dem Ende des Kriegs erlebte Heymanns Bruder Hans zusammen mit seiner Frau eine der New Yorker Siegesparaden am Times Square. Elly berichtete ihrem Schwager:

> Wir schlenderten über den Broadway in Höhe der 42. Straße. Genau vor dem Times-Hochhaus war eine Nachbildung der Freiheitsstatue aufgestellt, und in ihr spielte eine Band. Über Lautsprecher wurde die Musik nach draußen übertragen und war meilenweit rund um den Times Square zu hören. Du ahnst nicht, was sie spielten! »Das gibt's nur einmal!« Leider gaben sie weder den Titel noch den Namen des Komponisten bekannt, so hatten wir nicht die Genugtuung, mit stolzgeschwellter Brust einherzuschreiten. Aber im Stillen haben wir uns sehr gefreut.

Auch in Deutschland wurde das während der NS-Zeit verbotene Lied wieder gespielt. In einer amerikanischen Zeitschrift las Heymann unter der Überschrift »Berlin, Capital of Hell« einen Artikel über den 8. Mai 1945 im befreiten Berlin:

> Kein elektrischer Strom, kein Radio. In Berlin, der einst modernsten Stadt Europas wusste man nicht, dass der Krieg zu Ende war, bis endlich die verwirrten Einwohner aus den Bunkern und Kellern in die Maisonne hervorkrochen, in Straßen, auf denen zwischen zerstörten Panzern und Gewehren die Leichen von Deutschen und Russen lagen. Beim Bahnhof Zoo, vor dem Eingang zum Zoologischen Garten, spielte ein russischer Lautsprecherwagen die Melodie von »Das gibt's nur einmal, das kommt nicht wieder ...«, und dann sagte ein Sprecher: »Ich bitte um Ihre Aufmerksamkeit für eine wichtige Mitteilung: Alle deutschen Truppen haben die Waffen niedergelegt und bedingungslos kapituliert. Der Krieg in Europa ist vorbei.« Hitlers Deutschland war tot, sein Grabgesang war eine populäre Melodie.

Nach und nach fiel in den nächsten Wochen und Monaten der Schleier der Ungewissheit um das Schicksal derer, die in Europa geblieben waren, ob oder wie sie das Inferno überlebt hatten. Im Juni 1945 bot Heymann seinen Freunden in Frankreich in einem Rundbrief seine Unterstützung beim Start in ein neues Leben an.

In den fünf Jahren der Leiden und des Elends, die ihr durchlebt habt, habe ich oft, sehr oft an Euch gedacht und habe in tiefstem Herzen gewünscht, dass Ihr stärker sein mögt als das Unglück und dass Ihr ohne Schaden aus dieser schrecklichen Bedrängnis hervorgeht. Ich habe nicht vergessen, wie sehr Ihr mir während meines Exils in Paris geholfen habt, und ich stehe zur Verfügung, wenn ich Euch jetzt in irgendeiner Weise helfen kann.

Lasst mich damit beginnen, Euch zu fragen, was ich Euch schicken soll. Seit dem 1. Juni sind Pakete mit 5,5 kg erlaubt. Wollt ihr Kaffee, Schokolade, Reis, Rasiercreme, Rasierklingen, Crème Simon, Kosmetika, Seife, Brillengläser, Konfitüre, Konserven, Käse, Bindfaden, Wolle, Nadeln, Kleider, Tabak, Zigarren, Zigaretten?

Geniert Euch nicht und sagt es frei heraus. Ich erwarte Eure Bestellungen und brenne darauf, sie auszuführen. Wenn ich etwas vergessen habe, sagt es mir.

Wenn ihr Eure Aufträge erteilt habt, schreibt mir ausführlich, wie es Euch geht, wie es Euch in der entsetzlichen Katastrophe ergangen ist und auch, ob ich Euch über die einfache Versorgung hinaus in irgendeiner Art helfen kann.

Ich selbst war zunächst durch den Einmarsch in Österreich völlig ruiniert. Alle Tantiemen waren beschlagnahmt und ich hatte in den USA keinen Pfennig Geld in der Tasche. Nachdem ich die amerikanische Staatsangehörigkeit angenommen hatte, konnte ich der ASCAP beitreten und komponiere viel Filmmusik. Augenblicklich beende ich gerade eine musikalische Komödie und hoffe, dass sie am Broadway herauskommt. Von der Frau, die Ihr kennt und die sich mir, als ich pleite war, von allen ihren Seiten gezeigt hat, habe ich mich scheiden lassen. Ich bin aufs Neue mit einer charmanten jungen Frau verheiratet und seit viereinhalb Jahren der glücklichste aller Ehemänner. Wie alle in Hollywood wohne ich in einem schönen Haus mit zwei Hunden, zwei Katzen, einem Garten, einem herrlichen Blick und Freunden aus aller Herren Länder.

Diesen Brief schickte Heymann an insgesamt neun Personen, unter ihnen Albert Willemetz, Jean de Létraz, Jean Boyer, Emile Vuillermoz, sogar an seinen Verleger Francis Salabert, der ihm Anfang 1934 die dritte Rate des Honorars für die Operette *Florestan Ier* schuldig geblieben war. Salabert antwortete am 15. Juli 1945:

> Es wird Sie sicher amüsieren zu erfahren, dass »Margot«, Ihre »Margot« aus *Florestan Ier*, das Regimentslied der Armee von General Leclerc geworden ist. 1938 hatte ich dem Bandleader einer Zuaven-Kapelle vorgeschlagen, daraus einen schnellen Marsch zu machen, und nach und nach wurde Ihr Marsch so populär, dass die großen Siege der Armee von Leclerc, auf die alle Franzosen so stolz sind, mit »Margot« gefeiert worden sind. Erst gestern, am französischen Nationalfeiertag, marschierte die Armee bei der Parade zu den Klängen von »Margot« über die Champs-Élysées.

Im Februar 1946 gab Lilian Harvey in der Town Hall von New York ein Konzert. Heinrich Eduard Jacob besprach es in der Emigrantenzeitung *Der Aufbau*: »Lilian Harvey, die Engländerin, sang alte Tonfilm-Erinne-

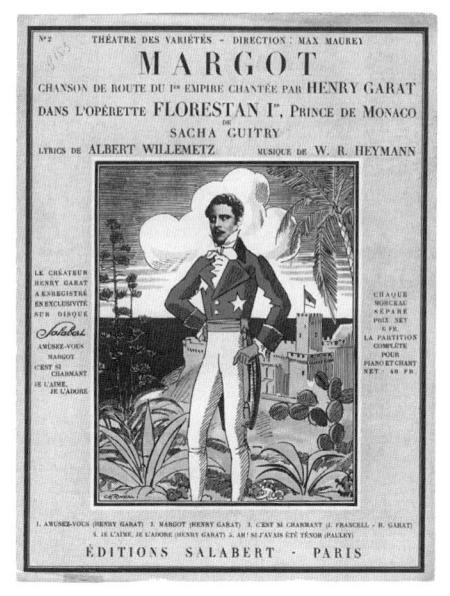

Titelblatt des Marsches »Margot« aus *Florestan Ier*
mit Porträtfoto von Henry Garat, Éditions Salabert, 1933.

rungen von Werner Richard Heymann (Warum bist Du so verschollen, Werner?) ...« Heymann schrieb daraufhin an den Herausgeber der Wochenzeitung, Manfred Georg, den er aus Berlin kannte:

Als Antwort auf eine Bemerkung von Heinrich Eduard Jacob in der letzten Woche übersende ich Dir einen offenen Brief an ihn. Wenn Du ihn drucken willst, kannst Du es natürlich gern tun, ansonsten gib ihn bitte zusammen mit meiner Adresse an ihn weiter!

Offener Brief an Heinrich Eduard Jacob

Lieber Heinrich Eduard,
die Legende berichtet, dass eines Tages ein findiger Journalist entdeckte, dass in Sesenheim ein altes Mütterchen lebte, welches als kleines Mädchen die Friederike von ebendort gekannt hatte. Er suchte sie auf, brachte das Gespräch auf Goethe und hörte Folgendes: »Ja, ja der Herr Goethe! Wir hatten immer gedacht, er und die Friederike würden mal ein Paar werden. Aber eines Tages ist er dann nach Frankfurt gefahren, und *kein Mensch hat je erfahren*, was aus ihm geworden ist!«

Nun bin ich bestimmt kein Goethe. Aber andererseits bist Du kein altes Mütterchen und lebst vor allem nicht in Sesenheim. Verschollen? – *Ich protestiere!*

Seit wir uns zum letzten Mal in Wien sahen, habe ich in Amerika Musik zu etwa 30 Filmen geschrieben. Sechs davon für Ernst Lubitsch. Meine letzten vier: *Together again, Hail the Conquering Hero, Our Hearts were Young and Gay, Hold the Blond* – vier Bestseller.

Und das nennst Du verschollen?

Schäm Dich, geh ins Kino und tu was für Deine (musikalische) Bildung. Und schreibe baldigst statt *über* mich *an* mich.

Herzlichst Dein alter Werner Richard Heymann.

Heymann schwamm durchaus nicht im Geld, seine Frau Eva musste noch immer hinzuverdienen. Im Sommer 1945 etwa tippte sie für Heinrich Mann seinen neuen Roman *Empfang bei der Welt* ab. Sie quittierte ihm am 2. August »für Steuerzwecke« 81 Dollar und 10 Cent für das Abschreiben von 293 Manuskriptseiten, »einschließlich der Ausgaben für Papier und Farbband«. Trotz aller finanziellen Engpässe wurden nahezu pausenlos Päckchen nach Europa geschickt, zu Freunden in Paris und London. Einer der so Beschenkten schrieb Heymann, dass der Inhalt nach Aussagen seiner Frau, »die eine Expertin für amerikanische Päckchen ist, an Sorgfalt der Auswahl und Qualität alles in den Schatten stellt, was bisher aus dem Land des Überflusses gekommen ist«. Heymann schickte Pakete nach Deutschland an seine erste Frau Lo, deren Adresse er ausfindig gemacht hatte – sie hatte inzwischen Erik Schütz geheiratet, wodurch Werner der Zahlung seiner Unterhaltsverpflichtung ledig geworden war –, und an die Malerin Maria Heymann, die Witwe seines gefallenen Bruders Walther, sowie deren Tochter Evalore. Diese bedankte sich im September 1946 aus München:

Inzwischen haben wir Euer liebes Paket in Händen, teilweise sogar schon im Magen. Ihr habt uns wieder eine große Freude damit gemacht, es ist nur schade, dass Ihr nicht dabei sein könnt, wenn so ein Paket ankommt. Ihr würdet einige echte Indianertänze zu sehen bekommen. Der umfangreiche Speck machte uns ganz sprachlos und ist uns umso wertvoller, als wir einer neuen Fettrationskürzung entgegengehen: 300 g pro Kopf und Monat. Sehr entzückt war ich auch von »malted milk«. Diesmal war alles richtig vorhanden, und nur ein Unglück war geschehen: Das Seifenpulver hatte sich mit dem Zucker vermischt. Die Rasierklingen hatten sich selbstständig gemacht und die Tüten verletzt. Da aber alles andere so reichlich ist und gerade von Hans aus New Brunswick etwas Zucker kam, haben wir den Verlust verschmerzen können. Wenn ihr uns ab und zu (augenblicklich haben wir reichlich) die ausgezeichnete »Ivory Soap« schickt, brauche ich kein Seifenpulver mehr. Mutter dankt sehr für die Farbe. Ich weiß nicht, ob Ihr in normalen Paketen künftig Farbe schicken dürft. Aber es ist ihr schon sehr geholfen, und sie meint auch, Lebensmittel seien vielleicht doch noch wichtiger. Sie zieht im Laufe der nächsten Wochen in diese Wohnung und sie hofft auch, hier in der Malerstadt wieder mehr Material zu bekommen.
Mitte September werden wir nach Zwiesel umziehen. Der Hausbesitzer ist Kohlengroßhändler, sodass wir wahrscheinlich im Winter nicht zu frieren brauchen. Das ist wichtig, da wir dort ja im »Gebirge« sind und das Klima ziemlich rau.
Mein Mann Leo hat viel Arbeit. Man hat ihm kürzlich das Amt eines Spruchkammervorsitzenden angetragen (eine Art Richter über die Nazis), aber er hat abgelehnt, da für ihn als Schulrat kein Ersatz zu

finden war. Meines Erachtens sind jetzt die Kinder auch wichtiger als die ollen Nazis.
Ich kann Euch nur immer wieder versichern, dass wir jedes Stück Eures Pakets genossen haben, alles aufzuzählen würde zu lange dauern. Könntet Ihr uns, da es bald gegen Weihnachten zu geht, einige »Spices« (Vanille, Zimt) schicken und etwas Backpulver? Hast Du, lieber Werner, vielleicht für Leo eine Krawatte, vielleicht eine alte aus Deinen Beständen?

Auch in den Nachkriegsjahren hangelte Heymann sich weiter von Film zu Film. Es gelang ihm nicht, einen festen Vertrag mit einem Studio abzuschließen. Lediglich Morris Stoloff, der Musikchef der Columbia, engagierte ihn mit gewisser Regelmäßigkeit.

Am 25. Oktober 1947 veranstaltete Heymann ein großes Fest zum siebten Jahrestag seiner Hochzeit mit Eva. Auf der Einladungsliste standen Curtis Bernhardt, Douglas Sirk, Erich Pommer, Erich Wolfgang Korngold, Ernst Lubitsch, Franz Waxman, Friedrich Hollaender, Fritz Kortner, Fritz Lang, John Sturges. Noch am selben Abend schlug das »verflixte siebente Jahr« zu. Eva fing mit einem der Gäste ein Techtelmechtel an, aus dem eine ernste Liebelei wurde. Wie in solchen Fällen üblich, wusste bald halb Hollywood davon, Heymann erfuhr es als Letzter. Er entschloss sich schweren Herzens, Eva freizugeben. Am 29. Juli 1948 verschickten beide die lakonische Mitteilung:

Liebe Verwandte und Freunde, wir haben nach sehr langer, reiflicher Überlegung beschlossen, uns scheiden zu lassen. Bitte behaltet uns getrennt so lieb, wie wir uns zusammen hatten. Beileidsbriefe dankend verbeten. Herzlichst Eva und Werner.

Eva hatte unter ihrem Künstlernamen Eva Hyde kurz vor der Trennung in Jacques Tourneurs Film *Berlin Express* eine Nachtklub-Hostess gespielt, 1953 tauchte sie noch einmal in einer wenige Sekunden langen Einstellung als Dienerin der Herodias in William Dieterles *Salome* auf. Danach verliert sich ihre Spur.

Die Trennung von Eva warf Heymann aus der Bahn, auch wenn er es anderen gegenüber nicht zugeben wollte. 1949 lernte er eine Sängerin kennen, eine schreckliche Frau, wie sich sein Neffe Hans, der inzwischen in Los Angeles lebte, erinnert: »eine richtige Hexe, aber sehr attraktiv.

Bei einer Musikbesprechung in Hollywood mit Morris Stoloff, um 1945.

Sie hieß Sigrid, war eine Baroness oder so etwas, betrog Heymann mit einer Art Maharadscha, mit dem sie nach Indien gehen wollte.« Heymanns berufliche Situation war wieder einmal katastrophal, er wusste kaum, wie er die Miete bezahlen sollte. Ein Selbstmordversuch mit Morphium und Schlaftabletten wurde nur dadurch vereitelt, dass zufällig am selben Tag von einer Hühnerfarm frische Eier geliefert wurden. Heymanns Neffe, telefonisch alarmiert, kam sofort zum Haus seines Onkels und traf dort auf Sigrid, die Heymann sterben lassen wollte. »Haben wir denn das Recht einzugreifen?«, fragte sie ungerührt. Hans Heymann sorgte dafür, dass sein Onkel ins Krankenhaus eingeliefert wurde. Er erholte sich nur langsam, später wollte er nie mehr über diese Zeit reden.

In demselben Jahr wurde in den Vereinigten Staaten die Kommunistenjagd verstärkt. Einige von Heymanns Freunden gerieten in das Visier des »Komitees gegen unamerikanische Umtriebe«, das kurz vor Kriegsende vom Parlament als ständiger Ausschuss eingesetzt worden war. Zu den Verdächtigten gehörte Heymanns Komponistenkollege Hanns Eisler, der in Pacific Palisades lebte, einen Lehrauftrag an der University of Southern California hatte und gelegentlich auch Filmmusik komponierte.

Eislers Bruder Gerhart, 1941 als Immigrant aus dem besetzten Frankreich in die USA gekommen, hatte bei der Einreise seine Mitgliedschaft in der Kommunistischen Partei verschwiegen. Durch eine Denunziation seiner Schwester geriet er ins Visier des Komitees, das auch gegen Hanns Eisler ein Verfahren einleitete. Er hatte in den Dreißigerjahren einige Brecht-Gedichte vertont, darunter das »Lob des Kommunismus«. Am 31. Oktober 1947 wurde Brecht als Zeuge verhört. Er leugnete seine Freundschaft zu Eisler und erklärte, soweit er Verbindung zu Leuten gehabt habe, die ihm als Kommunisten bekannt gewesen seien, habe sich diese prinzipiell auf den künstlerischen Bereich beschränkt. Der Vorsitzende der Untersuchungskommission lobte Brecht ausdrücklich für seine gute Zusammenarbeit: »Die anderen Zeugen sollten sich an Ihnen ein Beispiel nehmen!« Heymann konnte den Bericht über Brechts Vernehmung in der Zeitung lesen.

Im März 1948 wurde Hanns Eisler aus den USA ausgewiesen. Über Prag und Wien reiste er nach Ost-Berlin. Heymann schrieb in demselben Jahr als Kommentar zu den Machenschaften der Kommunistenhatz eine Chormusik auf einen eigenen Text, »dedicated to the Memory of Franklin D. Roosevelt« (den 1945 verstorbenen US-Präsidenten), mit Zitaten aus der amerikanischen Nationalhymne:

> Let us keep our land the "land of the free"
> let's keep it the "home of the brave",
> let's remain that "land of liberty"
> where speech is free and thought is free
> and no one is master or slave ...

Einer der eifrigsten Unterstützer der Kommunistenjagd in Hollywood war der damalige Präsident der Schauspielergewerkschaft, ein junger, nicht sonderlich erfolgreicher Schauspieler namens Ronald Reagan. Im Juni 1949 veröffentlichte die Kommission eine lange Liste von Künstlern, die »über einen langen Zeitraum dem Programm der Kommunistischen Partei nahestanden«, darunter Charles Chaplin, Lion Feuchtwanger, Katherine Hepburn, Dashiel Hammett, Danny Kaye, Gene Kelly, Thomas Mann, Frederic March, Gregory Peck, Frank Sinatra und Orson Welles.

Derartige »Schwarze Listen«, Ausweisungen und Berufsverbote erinnerten Heymann an seine letzten Wochen in Deutschland 1933. Er musste zwar nicht befürchten, vor den Ausschuss geladen zu werden, aber es betraf viele Menschen in seiner Umgebung, Kollegen und Freunde.

Heymann bemühte sich in dieser Zeit darum, aus Heinrich Manns *Die kleine Stadt* ein Musical zu machen. Der 1909 erschienene Roman erzählt davon, wie eine italienische Provinzstadt durch eine gastierende Operntruppe aus den Fugen gerät. Die Anwesenheit der »Komödianten« und die sinnliche Macht der Musik lassen verdeckte Leidenschaften aufbrechen, erotische und politische. Heinrich Manns Bruder Thomas hatte den Roman bei Erscheinen als »das hohe Lied der Demokratie« bezeichnet.

Während seines zweiten Frankreichaufenthalts hatte Heymann im Juli 1936 an Heinrich Mann geschrieben, der sich damals in Sanary-sur-Mer an der Côte d'Azur aufhielt: »Nach der neuerlichen Lektüre der *Kleinen Stadt* habe ich sämtliche Reisepläne umgestoßen und fahre morgen im Auto nach Italien, um durch sämtliche alte kleine italienische Städte zwischen Florenz und Rom zu vagabundieren.«

Im Januar 1949 schloss er mit Heinrich Mann einen Optionsvertrag über die Theaterrechte ab. William Dieterle sollte das Libretto schreiben; im Stück wollte Heymann für die Aufführung der Wandertruppe Motive aus der Oper *Cavalleria rusticana* verwenden.

Anfang 1949 fragte Heymann in Deutschland an, ob seine Tantiemen während der NS-Zeit korrekt abgerechnet worden seien. Die Nachfolgegesellschaft der UFA antwortete am 14. Februar, die Finanzbuchhaltung sei vollständig erhalten geblieben und aus ihr ergebe sich, dass bis Anfang 1934 alle Abrechnungen ordnungsgemäß erfolgt und der damaligen Gepflogenheit entsprechend pünktlich zur Erledigung gekommen seien.

> Ich kann daher als sicher vorausschicken, dass ein Abrechnungsguthaben für Sie nicht besteht und auch ein solches Guthaben in der Zeit nach 1934 zusätzlich nicht entstanden ist, da der Verkauf von Noten Ihrer Werke in Deutschland spätestens mit dem genannten Zeitpunkt eingestellt worden ist. Die von Ihnen komponierten Filme sind im Ausland verwendet worden und gingen nach Auffassung der in Frage kommenden Sachbearbeiter in Frankreich ziemlich gut, sodass also auch in diesem Gebiet Musik verkauft worden ist. Die Firma Salabert hat eine Reihe von Kompositionen mit französischem Text herausgebracht und auch darüber abgerechnet.

Diese Abrechnungen liegen nicht mehr vor, sie sind durch die Kampfhandlungen um Berlin mit vernichtet worden, wie überhaupt das ganze Archiv der UFA der Vernichtung anheimgefallen ist. Die französischen Notenverkaufsabrechnungen waren aber nicht sehr hoch, da das Papiergeschäft in Frankreich noch schlechter war als in Deutschland. Der Hauptanteil der Erträgnisse floss aus der Verwertung der Aufführungs- und Schallplattenrechte. Diese Erträgnisse werden aber, wie Ihnen ja bekannt ist, nicht seitens der Verlage, sondern durch die entsprechenden Autorenschutzgesellschaften des Landes, in welchem die Verwertung stattfindet, abgerechnet.

Die UFA hatte also in der Zeit von Heymanns erstem Exil in Frankreich noch kräftig an der Auswertung seiner Filme verdient.

Auch wenn er für sich selbst nichts zu befürchten hatte, fühlte sich Heymann doch in der Atmosphäre der Verdächtigungen in Amerika nicht mehr wohl. Max Ophüls, zeitweilig sein Nachbar in Hollywood, war nach Frankreich gegangen und bemühte sich in Paris um eine Verfilmung von Heymanns Operette, die dort 1933/34 einen so großen Erfolg auf der Bühne gehabt hatte. Am 14. November 1950 schrieb er: »Einen Moment lang war das Projekt *Florestan I.* sehr akut, augenblicklich nicht mehr. Ich werde alles tun, dass der Film wirklich entsteht und wir Sie herüber bekommen.«

Auch beruflich lief es nicht mehr gut in Hollywood, wie Hans Heymann jun. sich erinnert. Sein Onkel habe das ihm gegenüber allerdings nie durchblicken lassen und auch nicht aufgehört, anderen Menschen gegenüber großzügig zu sein. Und obwohl die letzten Monate in Hollywood hart für ihn waren, habe er immer gute Laune gezeigt.

Im Dezember 1950 erhielt Heymann einen Brief von Sigrid, deretwegen er im Jahr zuvor den Selbstmordversuch gemacht hatte und die ihn sterben lassen wollte. Sie war inzwischen nach Deutschland zurückgekehrt (mit dem »Maharadscha« war es nichts geworden) und lebte in Pöcking am Starnberger See:

> Die Alpen werden weißer mit jedem Tag, der See glitzert und es ist so richtig einsam hier draußen, das Radio spielt einen herrlichen Strauss-Walzer. Das Leben in general ist very gay, der Film arbeitet sehr, die Menschen sind so anders, genau das Gegenteil von L.A.

Man *bekommt* alles. Herrliche Restaurants, *schöne Frauen*, das wird Dich interessieren, *man lebt!* ...
Möchtest Du nicht einmal schauen kommen, wie es sich hier lebt? All Deine alten Lieder könntest Du verwenden und jeder kennt einen Werner Heymann. Dies zu deiner Orientierung.

1951 eröffnete die ehemalige UFA-Dramaturgin Elli Silman in München eine Künstleragentur. Sie war nach Exiljahren in Holland und Frankreich 1940 nach Hollywood gekommen und hatte dort bei einem Agenten eine Anstellung gefunden. 1945 war sie als Filmzensorin in die amerikanisch besetzte Zone Deutschlands geholt worden. Sie teilte Heymann mit, Richard Eichberg sei wieder als Filmproduzent tätig und wolle ihn für die Musik eines neuen Films engagieren. Mit dieser konkreten Aussicht entschloss sich Heymann, die Reise nach Europa zu wagen.

Er deponierte bei seinem Neffen einen oder zwei Koffer, um nicht mit zu viel Gepäck in Europa anzukommen. Von dem Moment an, in dem er die Entscheidung getroffen hatte, nach Europa zu fahren, sei er beinahe euphorisch gewesen, so erinnert sich Hans Heymann jun. Sein Onkel sei mit dem Gedanken abgereist, in Europa zu bleiben. Zwar habe er sicher die Absicht gehabt, nach Amerika zurückzukehren, aber nur als Besucher.

Rückkehr nach Europa

Am 18. Mai 1951 schickte Werner Richard Heymann einen ersten Bericht an seine Freunde in Amerika:

Es ist heute genau zwei Wochen her, dass ich von Hollywood abgeflogen bin. Plötzlich war nur noch ein großes Lichtermeer zu sehen, das wie mit einem Messer abgeschnitten aufhörte. Ich verstand es zuerst nicht, und dann sah ich: Es war das wirkliche Meer, über dem wir langsam umdrehten, und ich sah ganz klein die weiße Brandung mit den vielen, vielen Laternen. Letzter Gruß vom Strand von Santa Monica, den ich so sehr liebe.

Dann der immer wieder unvergessliche und fast atemberaubende Anblick dieses riesigen Los Angeles mit seinen unendlichen Boulevards und Milliarden von Lichtern, die allmählich dunkler und kleiner werden, je höher wir steigen. Noch einmal ein Städtchen, wahrscheinlich Pasadena, und dann nur noch schwarze Nacht. Wir sind schon in einer Höhe von 19.000 Fuß und fliegen über die Berge. Die Nacht ist pechschwarz und bleibt so bis zum Sonnenaufgang, die kleinen Ortschaften schwirren wie beleuchtete Boote oder kleine Jahrmarktinseln in diesem dunklen Meer.

Sehr früh morgens Chicago. Furchtbar viel Militär in viel zu kleinen Büfett-Räumen. Man muss lange warten, bis man sein Frühstück bekommt. Dann über den Michigansee, wo ich vergeblich nach dem von mir besungenen kleinen Häuschen suche, weiter nach New York.

Der Reichtum des Landes ist erschütternd. Die endlosen Farmen, Tausende von Fabriken – und schließlich New York.

Hansi Wetzel, die alte Freundin meines Bruders Kurt, holte mich am Flughafen ab und ich traf viele Freunde wieder, den Dichter Walter Mehring mit seiner Frau, den Maler Erich Godal, die Schauspielerin Resi Langer mit Dr. Meisel, dem ehemaligen Feuilletonredakteur der *Vossischen Zeitung*, der jetzt in Michigan Professor für Politische Wissenschaften ist. Heinrich Eduard Jacob und Manfred Georg riefen an, konnten aber nicht kommen.

Ich fuhr mit Frau Wetzel durch ganz New York, erst mit der Untergrundbahn, dann mit einem Taxi hinauf zu den Cloisters und am Wasser entlang wieder hinunter zur Staten-Island-Fähre, dann mit der Fähre an der Freiheitsstatue vorbei. Die Fahrt war so abgepasst, dass wir das Lichteranknipsen überm Meer erwischten. Am Abend (platzen sollt ihr vor Neid!) ein herrliches Dinner bei Manny Wolff und dann zu Bett. Ich hatte die Nacht im Flugzeug überhaupt nicht geschlafen und schlief in dieser auch nicht, weil alle 15 Minuten ein Stadtbahnzug durch mein Zimmer fuhr. Es erinnerte mich an den alten deutschen Emigrantenwitz: »There is a train in my room.«

Am nächsten Mittag ging es weiter, ein Nonstop-Flug mit Air France von New York direkt nach Paris, in acht (!!) Stunden. Das Flugzeug war fabelhaft, viel besser als die air-coach von Los Angeles, die unbequemer ist als ein Greyhound-Bus. Es hatte weite, bequeme Sitze, es gab ein Menü wie auf der Île-de-France und beliebig viel freien Champagner (Mumm, Cordon rouge, Brut). Ich schlief wieder nicht, weil jedes Mal, wenn ich einschlief, das Geräusch des Flugzeugs aufhörte, worüber ich so erschrak, dass ich sofort wieder aufwachte. Das war also die dritte Nacht hintereinander ohne Schlaf.

Ich traf am Montag um sieben Uhr früh in Paris ein, zwei Stunden früher als vorgesehen. Ich wurde daher meinem Vorsatz untreu, niemanden in Paris anzurufen, und weckte gemeinerweise um 8 Uhr früh meinen Freund Jean Boyer oder, besser gesagt, seine Frau, weil er schon im Studio war. Ich traf sie eine Stunde später auf der deutschen Botschaft, wo ich vollkommen verheult eintraf. Der Anblick von Hunderten von Kastanienbäumen und Fliedersträuchern plus Paris war ein bisschen zu viel auf einmal. Auf der Botschaft wurde mir mitgeteilt, es würde vier Tage dauern, bis ich meinen Sichtvermerk bekäme. Ich erklärte der Dame, ich müsste noch am selben Tag in München sein, und als sie darauf erwiderte, das sei unmöglich, verlangte ich, den Botschafter zu sprechen. Sie fragte mich, ob ich ihn kenne, und ich antwortete sehr frech und bestimmt: »Nein, aber er kennt mich!«

Eine Minute später war ich in seinem Büro, wurde wie ein König behandelt und bekam mit unzähligen Verbeugungen mein Visum, das sonst vier Dollar kostet, umsonst. Dann fuhr ich mit Frau Boyer auf die Champs-Élysées, saß fünfzehn Minuten lang auf einer Pariser Café-Terrasse, fuhr bis Notre-Dame und auf dem anderen Seine-Ufer wieder zurück. Ich habe während der ganzen Zeit vor lauter Heulen kaum sprechen können.

Um zwölf Uhr flog ich nach Zürich, wo ich zu meinem großen Verdruss erfuhr, dass das Flugzeug nach München an diesem Tag ausfiel. Ich musste also in Zürich übernachten.

Zürich, das ich noch nicht kannte, ist eine blendend hübsche Stadt. Die Alpenkette leuchtete vorschriftsmäßig über dem See und auch hier blühten die Kastanien und der Flieder. Die Preise sind sehr hoch. Mein sehr mäßiges Zimmer in einem guten Hotel kostete etwa vier Dollar. Was ich in den Schaufenstern sah, war nicht billiger als in Amerika. Das Einzige, was wesentlich billiger ist, ist das Essen. Am nächsten Vormittag fuhr ich noch zum See hinaus, machte ein paar Besorgungen, ließ mir die Haare schneiden, aß in einem bezaubernden alten Stadtviertel unter blühenden Bäumen zu Mittag. Ein komplettes Menü mit offenem Wein kostete nur etwa 50 Cents.

Das Flugzeug ging nachmittags um drei Uhr und um fünf Uhr traf ich in München ein. Am Bahnhof holten mich mein alter Freund und zukünftiger Textdichter Kurt Schwabach und der Regisseur des Films, Rudolf Schündler ab.

Es ist eine merkwürdige Sache. Man kann sich zehntausendmal innerlich sagen: Sie haben es ja so gewollt, sie haben den Krieg angefangen, sie haben sechs Millionen Juden vergast – es hilft alles nichts: Wenn man die ersten zerschossenen Stadtteile sieht, überfällt einen der Gedanke, was es für ein Wahnsinn ist, dass Menschen sich so etwas antun können, und ich habe wieder einmal heulen müssen. Nicht aus Mitleid, sondern aus Verzweiflung, dass 2000 Jahre nach der Bergpredigt so etwas immer noch möglich ist.

Die ganze Woche über bin ich überhaupt nicht zum Verschnaufen gekommen. Dutzende von Interviews, Dutzende von Fotografen, zwei Stunden beim Münchner Rundfunk, wo sie eine Heymann-Stunde vorbereitet haben. Sie machten ein fast halbstündiges Interview mit mir, unterbrochen von einem wirklich wunderbaren, extra produzierten Arrangement meiner sämtlichen Schlager. Dazu immer wieder alte Freunde, die sich melden ließen, neue Freunde, die ich kennenlernte. Und ununterbrochen dinieren, toasten, immer wieder das Blitzlicht. Es ist ein unbeschreibliches Wunder, wie populär ich immer noch bin. Wenn ich meinen Namen sagte, fragten die Leute: Sind Sie *der* Heymann? Dass meine Melodien sich 18 Jahre wie Volkslieder gehalten haben, obwohl sie 12 Jahre lang mehr oder weniger verboten waren, ist unbegreiflich.

Zum Wochenende besuchte ich Eichberg in Bad Gastein, wo er und auch meine Agentin Elli Silman zur Kur sind. Ich habe sofort nach der Ausfahrt aus München, als die Gegend anfing, salzburgisch zu werden, mein erstes neues Lied geschrieben.

Wir hatten in Bad Gastein ein paar reizende Tage, weil auch Hildegard Knef da war. Zusätzlich zu ihren sensationellen Erfolgen als Schauspielerin ist sie ein ausgesprochen netter Kerl. Nach 15 Minuten war ich mit ihr per Du. Mit ihr in der Hauptrolle soll ich einen Pommer-Film machen, Buch von Fritz Rotter und Käutner.

In München hatten inzwischen Freunde von mir in einer komfortablen Pension ein Zimmer gefunden. Lustigerweise hatte bis dahin meine alte Freundin Olga Tschechowa in dem Zimmer gewohnt, sie war zwei Tage vorher ausgezogen. Es ist sehr groß und geräumig, hat fließendes Wasser, aber weder Bad noch Toilette, dazu muss man auf den Flur hinaus. Es kostet pro Tag 12,00 DM (3 Dollar), ist also beträchtlich teurer als meine letzte Wohnung. Im Keller des Hauses ist eine elegante Bar mit einem funkelnagelneuen Spinett. Dieser Raum und das Instrument stehen mir tagsüber unentgeltlich zur Verfügung. Bis sieben Uhr abends kann ich dort ungestört arbeiten.

Die Preise für die meisten Dinge sind in Deutschland und Österreich ungefähr dieselben wie in Amerika, mit einer sehr wichtigen Ausnahme: Essen und Trinken kosten in Mark, was es dort in Dollar kostet. Ein Wiener Schnitzel, das etwa 8 quadr. inch groß ist, mit Gemüse, Kartoffeln und Salat 2,00 DM (45 Cents), ein Schoppen Wein (ein Viertelliter) 20 Cents (im Restaurant). Hotels und das Wohnen überhaupt ist für das, was geboten wird, eher teurer als in Amerika. Reisen kostet etwa die Hälfte (außer im Flugzeug).

München ist entsetzlich zerschossen, allerdings nicht so wie Berlin, wo ganze Stadtteile einfach fehlen sollen. In München steht noch alles, aber die Hälfte ist kaputt. Da ich München nicht sehr gut kannte, kann ich nicht beurteilen, ob die mir etwas fragwürdig erscheinende Architektur dadurch gewonnen oder verloren hat. Auf alle Fälle sehen die zerstörten Museen und Königspaläste, die immer schon sehr hässlich gewesen sein müssen, im Mondlicht sehr romantisch aus. Die Kirchen, die wirklich schön sind, stehen dagegen fast alle und sind wenig beschädigt. Die Naturschönheit ist unbeschreiblich. Ich komme immer noch nicht darüber hinweg, wie saftig alles ist, das Blütenmeer von Obstbäumen und immer wieder Flieder und Kastanienblüten. Es ist zum Verrücktwerden schön. Etwas ganz Merkwürdiges passiert mir dauernd. Wenn an einem Nebentisch im Restaurant oder von Leuten auf der Straße deutsch gesprochen wird, fahre ich jedesmal herum, weil man in Hollywood doch immer denkt, dass es Bekannte sein müssen.

Am Mittwoch ging ich in die Münchner Filiale der Columbia. Dort lagen viele Filme von mir, die in Deutschland noch nicht herausgebracht worden sind. Der beste von ihnen, *Tell it to the Judge*, der hier *Flitterwochen mit Hindernissen* heißen wird, soll wegen der tollen Reklame, die mein Eintreffen in Deutschland gebracht hat, mit einer Galapremiere herauskommen. Dazu wird das Bayerische Rundfunkorchester meine alten Schlager spielen. Durch die Columbia-Leute habe ich aus Amerika die Partituren meiner wichtigsten Filme angefordert, aus denen ich ein Filmmusik-Potpourri zusammenstellen werde, das ich dann selbst dirigieren will. Außerdem macht die Columbia, um ihre eingefrorenen Devisen auszunutzen, innerhalb des nächsten Jahres vier Filme in Europa, die ich auch alle machen soll. Ich werde wie ein Wahnsinniger zu arbeiten haben.

Inzwischen Regiesitzungen, Einladungen, Verhandlungen über den Ankauf eines Autos, endlose Telefongespräche, Briefe, und Hunderte von alten Freunden aus ganz Deutschland: darunter fünfzigjährige Jugendflammen. Ich bin halbtot. Ich habe noch nicht eine Nacht länger als 5 Stunden geschlafen und fühle mich merkwürdigerweise so jung, so tatkräftig und so gesund wie noch nie. Morgen fahre ich auf drei Tage nach Salzburg, um mir wieder einmal etwas einfallen zu lassen.

Was Heymann seinen Freunden in Hollywood im ersten Bericht noch verschwieg, war eine Begegnung, die er am dritten Tag seines Aufenthalts in München gehabt hatte. Am Abend zuvor hatte er sich beim Essen in einem Schwabinger Lokal umgeschaut und festgestellt, es gäbe

Mit Elisabeth Millberg, 1951.

offenbar in München keine schönen Mädchen mehr. Alle Anwesenden hatten protestiert und gemeint, die junge Schauspielerin Elisabeth Millberg, die in dem geplanten Film *Betragen ungenügend* eine Hauptrolle spielen solle, werde ihm sicher gefallen.

Der Drehbuchautor Georg Fraser, den Heymann aus seiner Berliner Zeit kannte, als er noch August Hermann Zeiz hieß, brachte die Schauspielerin am nächsten Abend mit in den Schwabinger Siegesgarten, und sie wurde ganz selbstverständlich neben Heymann platziert. »Ich hatte eine innere Abwehr gegen Filmleute und deren Annäherungsversuche, war also in Harnisch«, erinnerte sie sich später. »Und dann ... Heymann erzählte und lachte. Beim Lachen wurden seine großen schwarzbraunen Augen zu Halbmonden und ich beobachtete ihn fasziniert. Es war mitreißend. Durch diese meine Beobachtung blickten wir uns immer tiefer in die Augen, mein Harnisch war geschmolzen und wir sahen nur noch uns. Es war wie ein Märchen. Bald saßen wir Hand in Hand – verzaubert.«

Heymann verabredete sich mit Elisabeth Millberg für den nächsten Tag im Bayerischen Hof, wo er abgestiegen war, und nahm sie zu dem von ihm in seinem Brief erwähnten Interview beim Bayerischen Rundfunk mit. Als sie ins Hotel zurückkamen, lagen dort zwei Karten für eine Vorstellung der Kammerspiele. Heymann meinte, fürs Theater

müsse er sich umziehen, und fragte die Schauspielerin, ob sie in der Hotelhalle auf ihn warten wolle, was sicher sehr langweilig sein würde, oder ob sie mit auf sein Zimmer kommen wolle. Elisabeth Millberg meinte, alles wäre aus gewesen, bevor es angefangen hatte, wenn er auch nur den leisesten Annäherungsversuch unternommen hätte. Doch er habe sich benommen wie im Bilderbuch.
Zehn Tage später fuhren die beiden nach Salzburg. Elisabeth Millberg war dort nach ihrer Schauspielprüfung 1942 für zwei Spielzeiten am Landestheater engagiert gewesen und Heymann hatte hier die private Uraufführung seines Streichquartetts erlebt. Am 31. Mai 1951 zog Elisabeth Millberg in die Schwabinger Pension, in der Heymann inzwischen wohnte.

Die *Süddeutsche Zeitung* berichtete:

München findet er begeisternd, die Arbeitskraft und der Optimismus, mit dem hier zu Werke gegangen wird, das hat ihn stark beeindruckt. Er ist glücklich, wieder nach 18 Jahren in der Heimat weilen zu können, braungebrannt, von Tatendrang erfüllt und sehr gerührt von dem Empfang, den ihm seine Freunde hier bereitet haben. Bald werden wieder die Spatzen von den Dächern seine Lieder pfeifen, wie damals, als er »Das gibt's nur einmal, das kommt nicht wieder« geschrieben hat. Er aber ist wiedergekommen und das ist schön.

Inzwischen hatte sich auch Heymanns »Chefin« aus der Berliner Kabarettzeit gemeldet. Trude Hesterberg gastierte gerade in Berlin am Schlossparktheater. In der Zeitung hatte sie gelesen, dass Heymann in München sei. »Wenn ich zurück bin, wirst Du wahrscheinlich wieder fort sein. Ob wir uns wohl noch einmal in diesem Leben sehen werden? Deine alte, noch immer junge Trude Hesterberg, die Dich nicht vergessen hat.« Damit der Brief den Adressaten sicher erreichte, gab sie ihn vorsichtshalber ihrem Bruder, der sie in Berlin besucht hatte, nach München mit.

Heymann erhielt eine Einladung zu den 1951 erstmals veranstalteten Filmfestspielen in Berlin. Zur Eröffnung war im Sommergarten am Funkturm eine internationale Starparade geplant, bei der ein Orchester bekannte Filmmelodien spielen sollte. Als einer der bekanntesten und erfolgreichsten deutschen Filmkomponisten wurde Heymann gebeten,

Nach der deutschen Premiere von *Tell it to the Judge – Flitterwochen mit Hindernissen*, München 1951.

bei dieser Gelegenheit ein Potpourri seiner Lieder von zehn bis fünfzehn Minuten Dauer selbst zu dirigieren.

Anfang Juni fuhr ich als Gast des Senats zu den Berliner Internationalen Filmfestspielen. Ich hätte es nicht für möglich gehalten, dass man in einer Stadt, in der man, wenn auch mit Unterbrechungen, mehr als zwanzig Jahre gelebt hat, auf einer Hauptstraße stehen kann und keinerlei Ahnung hat, wo man sich befindet. Die Häuser, die ich kannte, standen nicht mehr, und die Häuser, die noch standen, kannte ich nicht mehr. Ich war am ersten Abend auf dem Kurfürstendamm und glaubte mich in einer fremden, völlig gespenstischen Stadt. Ich wusste nicht *einen* Menschen, den ich hätte anrufen können.

Am nächsten Tag berichteten Radio und Zeitungen, dass ich in Berlin sei, und jetzt brach buchstäblich die Hölle los. Ich habe in den zehn Tagen, die ich in Berlin war, tagsüber nicht eine ruhige Minute gehabt. Vier Radiointerviews auf vier verschiedenen Stationen – die Tonwagen kamen ans Hotel gefahren, ein Mikrofon mit

Während der ersten Berliner Filmfestspiele, 1951.

einer langen Leitung wurde in die Bar geschleppt, am Flügel interviewten mich die jeweiligen Journalisten, unterbrochen von den von mir gespielten musikalischen Reminiszenzen. Dazwischen unzählige Interviews von sämtlichen deutschen Tageszeitungen, Fachzeitungen, Radiozeitungen. Dutzende von alten Freunden und Bekannten riefen mich an oder kamen: meine erste Frau und ihr Mann, die Mutter meiner zweiten Frau, uralte Freunde, Kollegen, Musiker aus dem früheren UFA-Orchester, die Fotos mitbrachten, Freunde meiner Familie und wildfremde Königsberger, die sich nur noch unseres Namens erinnerten. Sie brachten Königsberger Wappen, Bilder, selbst gemachtes Königsberger Marzipan. Dazu die Filmgesellschaften, die sich über künftige Pläne unterhalten wollten. Der Oberbürgermeister Dr. Reuter, der zweite Bürgermeister, mehrere Senatoren, alle mit Bitten und Wünschen, etwas für den Wiederaufbau der Berliner Filmindustrie zu tun. Die Direktoren der zwei größten Grammofonkonzerne wegen zukünftiger Platten. Die Radioleute wegen zukünftiger Musikstreifen aus Filmen. Musikverleger, darunter der Drei-Masken-Verlag, der alle Bühnenrechte für *Bomben auf Monte Carlo* besitzt und mich gebeten hat, daraus eine Operette zu machen. Alte Jugendlieben von mir und meinen Brüdern, alle nun schon an die fünfzig und sechzig.

An einem Abend wurde ich durch Berliner Nachtklubs geschleift, wo ich mit Jazzkapellen und veritablen Nutten posieren sollte.

Dazu zwei Proben mit einem Fünfzigmannorchester, und schließlich dirigierte ich an einem Sonntagnachmittag im Sommergarten am Funkturm vor 25.000 Menschen ein Potpourri aus meinen alten Filmen. Ich wurde über Lautsprecher sehr liebevoll angesagt und bekam vorher und nachher donnernden Applaus.

Wegen schlechten Wetters war die Freiluftveranstaltung auf den 17. Juli verschoben worden. Lilian Harvey war dabei und in dem Konzert trat ein Koloratur singendes Wunderkind auf, das den Frühlingsstimmenwalzer von Johann Strauss zum Besten gab. Während des Vortrags donnerte ein Flugzeug über den Sommergarten hinweg. Die Sängerin brach deshalb ab und beugte sich zum Mikrofon: »Das lassen wir erst mal vorbei!« Dann bedeutete sie dem Dirigenten, noch einmal anzufangen. Es handelte sich um die elfjährige Anja Silja, die neun Jahre später in Bayreuth ein sensationelles Debüt als Senta im *Fliegenden Holländer* gab.

Der letzte Satz des Briefs, mit dem Heymann von Alfred Bauer, dem Leiter der Filmfestspiele, nach Berlin eingeladen worden war, hatte gelautet: »Selbstverständlich sind Sie während der Zeit Ihres Aufenthalts in Berlin Gast der hiesigen Stadt.«

Am 20. Juli schrieb der Festspielleiter erneut einen Brief:

Sehr geehrter Herr Heymann,
nach den Rechnungslegungen der Internationalen Filmfestspiele Berlin 1951 ist Ihnen ohne Rücksicht auf die Ihnen von Herrn Dr. Wallner-Basté geleistete Vorschusszahlung in Höhe von DM 100,00 (hundert) der Spesenbetrag für Ihren Hotelaufenthalt und für die Hin- und Rückreise unverkürzt bewilligt worden. Bei der Kassenübernahme durch die Kämmereiverwaltung des Berliner Senats haben sich dadurch Schwierigkeiten ergeben. Ich wäre Ihnen außerordentlich dankbar, wenn Sie die Güte haben wollen, die DM 100,00 dem Büro der Internationalen Filmfestspiele wieder zur Verfügung zu stellen. Ihre Zahlung kann auf das Konto Nr. 95472 Dr. Alfred Bauer, Sonderkonto Festspielkomitee bei der Berliner Bank oder auf dem

Postweg an die Adresse der Internationalen Filmfestspiele Berlin 1951, zu meinen Händen, Berlin W. 30, Kleiststraße 10–12 erfolgen. Ich hoffe gern, dass Sie die in Berlin verlebten Tage in angenehmer Erinnerung behalten und verbleibe mit den besten Wünschen für den Wiederbeginn Ihres künstlerischen Wirkens in Deutschland mit vorzüglicher Hochachtung Ihr sehr ergebener
Dr. Alfred Bauer.

Heymann wurde auf diese beinahe rührende Art wieder mit der deutschen Bürokratie vertraut gemacht. In den frühen Fünfzigerjahren waren finanzielle Transaktionen generell noch sehr kompliziert, und diese Komplikationen vervielfachten sich, wenn ein Nichtdeutscher in Deutschland arbeiten wollte oder Verträge abschloss. Und Heymann hatte ja inzwischen einen US-amerikanischen Pass.

Meine finanziellen Verhältnisse, so günstig sich alles anlässt, sind außerordentlich schwierig. Hätte ich nicht ein paar tausend Mark Tantiemen für Aufführungsrechte von der GEMA, wäre ich nie durchgekommen. Da ich Ausländer bin, müssen meine Verträge von den Behörden genehmigt werden. Alle bisher abgeschlossenen Verträge – zum Teil sind sie bereits vor mehreren Wochen unterzeichnet und angemeldet worden – sind immer noch nicht genehmigt. Deshalb gehen alle Zahlungen auf ein Sperrkonto, von dem ich nur 75 Mark pro Tag abheben darf. Ich habe meine paar Dollars, die ich mitgebracht habe, verpfänden müssen, habe von Freunden illegal Vorschuss bekommen und mir damit ein altes Auto aus dem Jahr 1939 gekauft, das natürlich dauernd kaputt ist.

Liebe macht jung

Elisabeth, Kastanien, Flieder, Salzburg, Tegernsee, Bad Gastein, Schliersee, Berlin, Starnberger See, Walchensee, Staffelsee, Kochelsee – all das ist offenbar nicht spurlos an mir vorübergegangen. Ich habe im Verlauf von zwei Monaten neun neue Lieder geschrieben, die bereits in Filmen untergebracht sind.

Eine weitere Nummer, ein Walzer »Elisabeth!«, Text und Musik von mir, wird wahrscheinlich von Hans Albers in dem Pommer-Film *Nachts auf den Straßen* gesungen.

Mit Erich Pommer, um 1954.

Erich Pommer, der 1944 die amerikanische Staatsbürgerschaft angenommen hatte, war bereits 1946 als »Filmoffizier«, der die Reorganisation der deutschen Filmwirtschaft in die Wege leiten sollte, nach Deutschland zurückgekehrt. 1950 hatte er hier eine eigene Produktionsgesellschaft gegründet. Heymann traf Pommer in der Hotelhalle des Bayerischen Hofs. Wie jetzt eigentlich immer befand sich Elisabeth Millberg an seiner Seite. Pommer war bei Heymanns zweiter Eheschließung 1931 in Berlin Trauzeuge gewesen, als dieser Hals über Kopf Ilse Bachmann geheiratet hatte. Sie war damals eine junge Schauspielerin von 29 Jahren. Und jetzt sah Pommer ihn wieder mit einer Schauspielerin von 29 Jahren. Heymann wollte den Freund mit Elisabeth bekannt machen, doch der ignorierte die Frau einfach und demonstrierte so offen sein Misstrauen in das Gelingen einer solchen Beziehung. Heymann bemerkte es nicht – oder er wollte es nicht bemerken.

Am 25. August 1951 dirigierte er auf dem Sommerfest der Münchner *Abendzeitung* die Uraufführung seines neuesten Walzers.

Elisabeth, Ein Gassenhauer
Flottes Walzertempo, für Elisabeth Millberg

Als ich neulich durch München ging,
auf der Suche nach einem Sündchen ging,
sah ich ein Mägdlein steh'n
so jung und wunderschön,
sie lächelte freundlich immerzu,
ich wusste, mein Herz findet nimmer Ruh,
ich sprach sie an am Siegestor
und flüsterte ihr ins Ohr:

Elisabeth, Elisabeth, komm mit, wir spazieren am Isarbett,
Elisabeth, Elisabeth, am Isarbett da ist's schön.
Es wäre zwar schöner, Elisabeth,
wenn ich Geld für 'ne Reise nach Pisa hätt',
doch da wir's nicht haben, Elisabeth,
wird's auch noch so mal geh'n.
Elisabeth, Elisabeth, komm mit, wir spazieren am Isarbett,
Elisabeth, Elisabeth, am Isarbett, da ist's schön.

Seit jenem Tage, da ich sie traf,
bin ich vor Liebe ganz ohne Schlaf,
denn die Elisabeth
ist einfach himmlisch nett
und selbst das Liedl, das ich ihr sang,
verfolgt mich Tage und Nächte lang,
an jedem Platz, in jedem Raum,
ich sing es sogar im Traum:
Elisabeth, Elisabeth ...

Hans Wyneken, Sohn des damaligen Chefredakteurs der *Königsberger Allgemeinen Zeitung* und Bruder von Heymanns Kinderschwarm Anne-Lise, brachte sich durch einen Brief in Erinnerung, in dem er seiner Verwunderung Ausdruck gab, dass Heymann die »ernste« Musik offenbar völlig aufgegeben habe. Heymann antwortete am 7. August 1951:

Mein Interesse an ernster Musik ist in keiner Weise erloschen, zumal ich während meines 18-jährigen Aufenthalts in Amerika überhaupt keine »Schlager« komponiert, sondern die symphonische Begleitmusik zu 39 zum Teil sehr ernsten Filmen geschrieben habe. Meine Lieblingskomponisten unter den modernen sind Prokofjew und Bartók, obwohl ich mich stilistisch nie so weit modernisiert habe. Auch einer meiner kommenden Filme (Erich Pommer: *Nachts auf den Straßen* mit Hans Albers und Hildegard Knef in den Hauptrollen) wird mehr durchaus seriös-sinfonische Passagen beinhalten. Dass ich mich, bis auf Filmmusik, als ernster Komponist nicht *konzertmäßig* betätigt habe, liegt daran, dass ich mich für einen besseren Liederkomponisten halte als Sinfoniker.

Die Musik für den Hans-Albers-Film *Nachts auf den Straßen* schrieb Heymann dann doch nicht, und auch die von der Columbia geplanten Filme wurden nie produziert. Heymann hatte in Deutschland zu tun, aber durchaus nicht wie ein Wahnsinniger. Die Film- und Unterhaltungskomponisten, die in der NS-Zeit von der Vertreibung ihrer jüdischen Kollegen profitiert hatten, konnten sich weiter auf ihre Netzwerke mit Produzenten und Regisseuren verlassen. Für den im Herbst 1951 gedrehten Hans-Albers-Film wurde Werner Eisbrenner als

Elisabeth Milberg.

Komponist engagiert, der 1944 auch die Musik zu *Große Freiheit Nr. 7* geschrieben hatte.

Seine Verliebtheit machte den 55-jährigen Heymann wieder jung. An die angebetete Elisabeth schrieb er Verse:

»Für Dich, Elisabeth«

Es ist eine so unendliche Süße
Um Dich, mein geliebtes Kind,
Eine frühlingsduftende Süße.
Und meine Seele hebt
Ihre immer noch nicht zu müden Füße
Und tanzt im Wind
Mit fast erfülltem Sehnen
Und schwebt
In leichter Luft.
Du bist wie der Duft
Von Linden, unter denen
Schöne Menschen gegangen sind.
Nur den Tod kannst Du mir nicht geben,
Denn den muss ich selber erleben.

Im August 1951 bekam Heymann einen Anruf von Ethel Le Vane, einer amerikanischen Autorin, die 1949 für den Film *A Kiss for Corliss* den Walzer »Light and Bright« und den Song »French Perfume« getextet hatte. Sie war inzwischen eine von mehreren Freundinnen Jean Paul Gettys, der als der reichste Mann der Welt galt. Der Sechzigjährige wollte Vorstellungen der erstmals nach dem Krieg wieder veranstalteten Bayreuther und auch der Salzburger Festspiele besuchen sowie die Schlösser Ludwigs II. besichtigen. Mit seiner Begleiterin war er in München im Hotel »Vier Jahreszeiten« abgestiegen.

Ethel fragte Heymann nach dem besten Restaurant in der Umgebung und der schlug das »Undosa« am Starnberger See vor. Paul Getty fuhr samt Ethel und Chauffeur in einem riesigen Cadillac in Grünwald vor, wo Heymann mit Elisabeth Millberg eine kleine Wohnung bezogen hatte. Die Türgriffe des Autos waren aus purem Gold.

In der schlichten Wohnung wurde ein Aperitif genommen; Heymann und Elisabeth freuten sich schon, in dem schicken Wagen fahren zu können, da entschied Paul Getty: »Wir fahren mit Ihrem Wagen, der braucht weniger Benzin!« Heymann hatte einen alten BMW von 1939. Der Chauffeur musste warten, bis sie von dem Ausflug zurück waren. Ethel erzählte Heymann, dass sie von Paul Getty nie etwas geschenkt bekommen habe, nicht einmal eine Streichholzschachtel. Sogar ihr Hotelzimmer bezahle sie selbst. Getty habe geradezu panische Angst, nur seines Geldes wegen geliebt zu werden.

Einige Tage später machten die Paare gemeinsam einen Bummel durch Schwabing. Sie begannen um neun Uhr in einem Lokal, das »Zu den Sieben Schwabingern« hieß. Getty bekam Angst, erkannt und vergiftet zu werden, sodass Ethel sein Getränk vorkosten musste. Er wartete einen Moment, dann erst trank er selbst. Beim Essen erwähnte Getty, dass er einen jährlichen Reingewinn von 800 Millionen Dollar mache. Heymann fragte ihn, was er denn damit anfange. »Selbstverständlich stecke ich das alles wieder in meine Geschäfte«, war die Antwort. Heymann meinte, wenn er so viel Geld verdienen würde, dann würde er reisen und dabei Ausschau halten, wo ein Kindergarten fehlt oder ein Altersheim, wo ein Spielplatz oder wo ein Krankenhaus. Die würde er bauen lassen und könnte es sogar von der Steuer absetzen, da es für wohltätige Zwecke sei. Als Antwort stöhnte Paul Getty nur: »Haben Sie eine Ahnung, mein Lieber! Ich werde ohnehin schon von allen betrogen. Jeder Mensch will nur Geld, Geld, Geld.«

Obwohl er sich sehr eigenartig benahm, hatte Getty doch einen unwiderstehlichen Charme und war ein brillanter Unterhalter. Am wohlsten fühlte er sich im »Studio 15«, einem Studentenlokal, das sie nach dem Essen noch besuchten. Es war gesteckt voll. Getty taute richtig auf, wurde fast übermütig und legte mit Elisabeth Millberg eine kesse Sohle aufs Parkett, so kess, dass die Studenten bewundernd für den alten Herrn Platz machten.

Während Elisabeth mit Getty tanzte, erzählte Ethel, sie habe ihm kürzlich vorgeschlagen, einem Kunstsachverständigen, der ihn beim Kauf einer Antiquität beraten habe, zum Dank ein paar Seidenkrawatten zu schicken. Als er sah, dass sie auf die Begleitkarte »von Paul und Ethel« geschrieben hatte, habe er darauf bestanden, dass sie die Krawatten zur Hälfte bezahle. »Du bekommst ja auch die Hälfte des Danks!«

Ein paar Jahre später las Heymann in der Zeitung, Getty habe sich einen Tudor-Landsitz in England gekauft und dort alle Telefonapparate mit Schlössern absperren lassen, zu denen nur er die Schlüssel hatte. Der arme reiche Mann tat Heymann unendlich leid.

Inzwischen erlebe ich einen typisch deutschen Sommer mit abwechselnd drückender Hitze und regnerischer Kälte. Fast jeden Tag gibt es Gewitter. Es wirkt auf mich nach dem kalifornischen Klima völlig neu und ungewohnt.

Ich fühle mich fantastisch wohl und bin in jeder Hinsicht, künstlerisch und menschlich, völlig glücklich.

Im Herbst reiste Heymann zu den Außenaufnahmen für den Film *Heidelberger Romanze* über die Tochter eines Millionärs aus Chicago, der vor dem Ersten Weltkrieg in Heidelberg studiert hat. Sie lernt einen jungen Mann kennen, für den die Studentenzeit nicht mehr so zackig und lustig ist, wie sie in den Erinnerungen der »Alten Herrn« erscheint. Die Hauptrollen waren mit O. W. Fischer und der 22-jährigen Liselotte Pulver besetzt. Im Hof des Heidelberger Schlosses dirigierte Heymann ein großes Orchester. Die Zuschauer saßen mit Fackeln im Schlosshof. Der Film, der in den Fünfzigerjahren einen eher verstaubten Eindruck machte, hat sich inzwischen zumindest in Heidelberg zum Kultfilm entwickelt.

Auf dem Heimweg von den Dreharbeiten sah sich Heymann – wie immer in Begleitung von Elisabeth Millberg – den Dom von Speyer an.

Elisabeth Millberg mit Gert Wilden und O. W. Fischer während der Dreharbeiten zu *Heidelberger Romanze*, 1951.

Dann fuhren sie über Wimpfen und Jagsthausen, am Schloss derer von Berlichingen vorbei, über die Romantische Straße nach Feuchtwangen und schließlich nach Dinkelsbühl, wo sie im Oktober im Hotel »Deutsches Haus« neben dem Dom übernachteten. Heymann nannte es später »das alte Pfefferkuchenhaus«.

Der Hotelprospekt, der sich in seinem Nachlass befindet, preist das Gebäude als »schönsten Profanbau der 1000-jährigen Stadt, erbaut im Jahr 1440 von Hans von Drechsel-Deufstetten. Das Deutsche Haus bietet inmitten sagenhaften Mittelaltertums modernsten Hotel-Komfort. Sehenswerte, künstlerisch ausgestattete Innenräume, on parle français, english spoken.«

Nach dem Ausfüllen der Anmeldeformulare setzten sie sich in die Halle, um einen Kaffee zu trinken. Es war ein prachtvoller Raum, mit Rundbögen, Nischen und Dekorationen aus der Ritterzeit. Die Ecke, in der sie saßen, war mit Hellebarden und Morgensternen dekoriert.

Der Hotelbesitzer brachte stolz das Gästebuch, das in einer geschnitzten Holzschatulle lag. Es war in Leder gebunden und bestand aus handgeschöpftem Büttenpapier mit Goldschnitt – eine Kostbarkeit. Heymann schlug es auf und gleich auf der ersten Seite stolperte

Beim Dirigieren im Hof des Heidelberger Schlosses während der
Dreharbeiten zu *Heidelberger Romanze*, 1951.

er über die offensichtlich nachträglich eingeklebte und in riesigen Buchstaben vermerkte Eintragung: »Wer gegen den Juden kämpft, ringt mit dem Teufel – Julius Streicher, 1939«. Nach dem Herausgeber des antisemitischen Hetzblatts *Der Stürmer* hatten auf den nächsten Seiten weitere NS-Größen ihre Sprüche hinterlassen.

Heymann studierte das Buch daraufhin sehr genau. Aus den Kriegsjahren gab es verklausuliert defätistische Äußerungen wie: »Heil Hitler, hier ist der einzige Platz, wo ich in Ruhe meinen Urlaub verbringen kann« – Dinkelsbühl wurde als Kulturdenkmal im Krieg nicht bombardiert. Er selbst schrieb auf eine schöne neue Seite in großen Buchstaben: »Meine Antwort zu Seite 1: Den gab's nur einmal, der kommt nie wieder, doch tausend Streicher spiel'n noch meine Lieder – Werner Richard Heymann, Hollywood/München«.

Gleich in den ersten Monaten nach seiner Rückkehr in die Heimat lernte Heymann, dass es in der deutschen Filmproduktion nicht anders zuging als in Hollywood, zumindest, was die Verlässlichkeit der Produzenten anbetraf. Für *Heidelberger Romanze* hatte er mit der Wiesbadener Meteor-Film einen Vertrag über 12.000 Mark abgeschlossen, die in vier Raten im Abstand von jeweils fünfzehn Tagen zu zahlen waren. Bereits die ersten beiden Raten gingen nicht pünktlich ein; als die dritte Rate zum festgelegten Termin wieder ausblieb, schrieb Heymann dem Produzenten:

Wäre ich so rücksichtslos wie Sie, hätte ich die Angelegenheit dieses Briefes gestern Abend zur Sprache gebracht (in Gegenwart der Leute vom Schorcht-Verleih). Leider Gottes besitze ich aus Vor-Hitler- und Amerika-Zeiten ein gewisses Maß an Anständigkeit. Aber es wird dem Geschäftsgebaren deutscher Filmproduzenten, so wie Sie einer sind, bald gelingen, mir das abzugewöhnen. Es ist jetzt das dritte Mal, dass Sie mich durch Nichteinhaltung vertraglich festgelegter Zahlungstermine in maßlose Verlegenheit bringen, und ich sehe mich nunmehr genötigt, es *Sie* einmal spüren zu lassen, wie es tut, wenn man sich auf andere Leute nicht verlassen kann.

Ich ersuche Sie, mir die seit 14 Tagen überfälligen 3000 DM auf mein bekanntes Sperrkonto bei der Bayerischen Vereinsbank tele-

Programm zu *Heidelberger Romanze* mit Liselotte Pulver und Gunnar Möller, 1951.

grafisch zu überweisen. Gleichzeitig bitte ich Sie um Vorauszahlung der nächsten 3000 DM in bar, ebenfalls telegrafisch an die Adresse des Briefkopfes (Robert-Koch-Straße 5, Gastheim-Geiselgasteig). Sie sind dazu aufgrund der behördlichen Genehmigung meines Vertrages berechtigt.

Nach Erhalt dieser Summe werde ich drei Wochentage dazu verwenden, meine Finanzen zu regeln, mir einen Flügel zu mieten und generell das Terrain so vorzubereiten, wie ich es für eine unverkrampfte Arbeit brauche. Selbst dann wird es noch schwierig sein, die von Ihnen gründlich verdorbene gute Laune wieder zu finden. Erwarten Sie mich also bitte in Wiesbaden nicht früher als drei Wochentage nach Erhalt Ihrer Zahlung.

Erst am 25. Oktober 1951 genehmigte die Bank Deutscher Länder den Vertrag mit der Eichberg-Film für *Betragen ungenügend*, in dem Elisabeth Millberg mitspielen sollte. Es war ein Honorar von 5000 Mark vereinbart, zuzüglich Reisekosten von 5000 Mark, zahlbar in wöchentlichen Raten von je 600 Mark. Doch Eichberg wurde Ende des Jahres krank und löste seine Firma auf. Der Film, für den Heymann nach Deutschland zurückgeholt worden war, wurde nie realisiert.

Im Frühjahr 1952 rekapitulierte Heymann in einem Brief an seine amerikanischen Freunde die Ereignisse vom Herbst und Winter des vergangenen Jahres, hatte aber noch bedeutsamere Neuigkeiten zu berichten:

Liebste Freunde, schon mehrmals wollte ich Euch schreiben, wenn irgendetwas Interessantes oder Wichtiges passierte. Aber immer bereitete sich etwas *noch* Interessanteres oder Wichtigeres vor und immer sagte ich mir: »Na, das wartest Du noch ab!« Jetzt aber stehe ich an einem der großen Einschnitte meines Lebens und habe Zeit zurückzublicken und vor allem auch Zeit, Euch zu schreiben.

Im Herbst war ich viel unterwegs: München, Wiesbaden, Heidelberg. Im November fuhren wir auf etwa 5 Wochen nach Berlin, wo ich die Synchronisation des Films *Heidelberger Romanze* dirigierte und das Mischen überwachte. Ich hatte ein herrliches 60-Mann-Orchester, wunderbare Solisten und großen Chor und wurde von allen stürmisch gefeiert. Die Reste der alten UFA, alte Musiker von früher, alte Tonmeister, selbst alte Kellner kamen gelaufen, überall (auf dem UFA-Gelände Tempelhof) kamen sie an mit altem Gedenken und – vor allem der Aufsichtsrat der in Neugründung befindlichen UFA – mit neuen Plänen. Dazu alle Regisseure und Produzenten aus den Nachbarateliers, Mitglieder des Senats und des Kulturamts Berlin, kurz, es war ein großer persönlicher Erfolg.

Dann hatte ich noch sehr viel Arbeit mit der Erledigung meiner Wiedergutmachungsansprüche. Ich werde etwa 40.000 Mark kriegen, aber es wird lange dauern.

Kurz vor Weihnachten Rückkehr nach München und der erste Schnee. Mein erster Winter nach langer Zeit. Sehr schön, aber manchmal lästig, insbesondere wenn man fürs Auto (immer noch mein alter BMW, aber mit neuem Motor für $200) keine Garage hat und weit draußen wohnt mit Glatteis und tief verschneiten Chausseen. Wir wollten Elisabeths Vater zu den Feiertagen in Wien besuchen, aber es kam ein katastrophaler Schneefall. So verbrachten wir Weihnachten ganz allein und aßen zu zweit eine von mir persönlich überwachte *ganze* Gans! Kurz nach Weihnachten wollten wir zu Neujahr nach Wien. Aber da kam ein Münchner Theater, die »Kleine Komödie«, mit einem verrückten Anliegen zu mir: ich möchte Ihnen Musik machen (5 Chansons) zu einer Bühnenbearbeitung des Heinrich-Mann-Romans *Professor Unrat*, der als Film *Der blaue Engel* hieß. Ich wehrte mich zunächst, versprach, Ihnen die Hollaender'sche Musik zu besorgen. Aber sie wollten es ganz anders: Bei uns ist die Dame nicht von Kopf bis Fuß auf Liebe eingestellt, sondern auf 20 Mark. Also als dreckiges Hafen-Tingeltangel mit ganz frechen, modernen Songs. Nun: Ich ließ mich breitschlagen, zumal ich Robert Gilbert als Textdichter kriegte und – in der Valetti-Rolle – die Hesterberg. Am 24. Januar war Premiere. Ein sensationeller Bombenerfolg vor allem für die Songs. Die Zeitungen schrieben Riesenüberschriften »mehr Hey- als Heinrich Mann«. Das Stück lief 75-mal und wurde – wegen anderweitiger Dispositionen – bei ausverkauften Häusern abgesetzt. Es kommt – bis jetzt – nach Hamburg, Berlin, Wien. Willemetz will es für Paris (Bouffes-Parisiens). *Drei* Offerten liegen vom Broadway vor. Unter anderem, so erzählte mir Zuckmayer, will Marlene selbst es am Broadway spielen. Allerdings hat auch Hildegard Knef (Neff) gekabelt, dass *sie* es spielen will. Ansonsten ist es nach Buenos Aires abgeschlossen.

Am 24. Januar hatte *Professor Unrat*, in der Bühnenfassung von Erich Ebermeyer, Premiere, bis zum 26. März war die »Kleine Komödie« ständig ausverkauft. Carl Wery spielte den Professor und Mady Rahl die Lola Lola. Besonders Trude Hesterbergs Lied »Mir liegen die älteren Jahrgänge« wurde in jeder Vorstellung begeistert beklatscht.

Die Überschrift »Mehr Hey- als Mann« stand über der Kritik der Münchner *Abendzeitung:* »Regisseur Gerhard Metzner hat den Komponisten Werner Richard Heymann und den Textdichter Robert Gilbert bewogen, das schwache Stück mit frechen Chansons zu stützen. Dass dann eigentlich nur noch diese Stützen übrig blieben, war ein Triumph des Kabaretts, aber die Kapitulation der Literatur.«

Als Elisabeth Millberg an ihrem Zeitungsstand zehn Exemplare der *Abendzeitung* kaufen wollte – Kopierer gab es damals noch nicht –, meinte die Zeitungsfrau erstaunt: »Wozu brauchen Sie die, Sie sind doch nicht die Mady Rahl?« – »Nein«, sagte Elisabeth Millberg, »aber der Hey ist mein Mann!«

Die von Heymann erhofften Aufführungen in Paris, New York und Buenos Aires kamen nicht zustande, im Ausland wurde das Stück nur vom flämischen Theater in Antwerpen gespielt.

Bereits im November 1951 hatte Heymann an seine geschiedene dritte Frau Eva in Hollywood geschrieben:

Liebe Eva, ich brauche dringend meine Scheidungsurkunde! Ich würde es besonders reizend von Dir finden, wenn Du sie mir so schnell wie möglich besorgen und schicken könntest. Die Ereignisse haben in logischem Ablauf dahin geführt, dass Du eine Nachfolgerin bekommst.

Und deshalb ging sein Brief an die Freunde in Amerika so weiter:

Kurz nach der Premiere fuhren wir nach Wien, um endlich mal zu heiraten. Wieder Interviews in Zeitungen und Radio und ein irres Herumgerenne wegen Dokumenten und Warten, Warten, Warten, Warten, bis endlich aus Hollywood meine – *unbeglaubigte* – Scheidungsurkunde kam. Und nun wieder Herumgerase mit eidesstattlichen Versicherungen beim amerikanischen Konsulat, beim Österr. Justizministerium, Dispens von dem Dispens für das, und noch ein Stempel, und noch ein Affidavit, alles kriegte Stempel (selbst mein

Mit Trude Hesterberg und der Journalistin Paula Elges bei der Vorbereitung von *Professor Unrat*, München 1952.

amerikanischer Reisepass trägt eine Österr. Stempelmarke) und alle Stempel kosten Geld (an die 100 $ nur für Stempel). Alles für das Ehefähigkeitszeugnis, das jeder Österreicher, der einen Ausländer heiratet, beibringen muss. Ich sagte in einem Interview: »Ein 56-jähriger Mann heiratet eine 28-jährige Frau und SIE muss ein Ehefähigkeitszeugnis beibringen!«

Solltet Ihr, liebe Leser, etwa noch stehen, dann setzt Euch bitte *jetzt sofort hin!!*

Wir feierten vergnügte Hochzeit am 5. März. Drei Tage später kam es uns zum Bewusstsein, dass gewisse regelmäßige Ereignisse sehr unregelmäßig geworden waren, was wir abwechselnd auf Ortsveränderung, Aufregung, Schneefall, Tauwetter, Frost etc. geschoben und – in der Aufregung – manchmal auch vergessen hatten. Elisabeth ging zum Arzt. Um es kurz zu sagen: Ich werde, wenn alles glatt geht, Ende Oktober Vater sein!

So, jetzt könnt Ihr wieder aufstehen – wenn Ihr könnt.

Zurück nach München am 9. März. Am Horizont für Mai ein

Hochzeit mit Elisabeth Millberg, Wien, 5. März 1952.

großer Revuefilm mit Albers für Pommer. Aber noch unbestimmt. Kurz vor der Weiterreise hierher Abschluss meiner Operette *Kiki*. Ein neues Münchner Theater wird damit Anfang Oktober eröffnet. Damit habe ich nun mein Pensum für das erste Jahr beendet. Deutschland ist für Film und Theater mir wiedergewonnen. Und das Radio München hat soeben *zwei* Werner-Heymann-Potpourris herausgebracht, jedes 15 Minuten lang. Siebzig Mann Orchester, Rundfunkchor, Solo-Quartett (à la Comedian Harmonists) und von mir ausgesuchte Solisten. Sie hatten mir einfach gesagt: »Was wünschen Sie sich?« und haben's dann getan.

Mein Pensum für das nächste Jahr ist, außer den bereits erwähnten Dingen, die Wiederaufschließung Frankreichs. Wir ruhen uns jetzt erst hier an der Côte d'Azur noch bis nach Ostern aus (wir sind mit dem Auto hier) und fahren dann nach Paris auf 3 Wochen. Unsere Adresse in Paris c/o American Express.

In Paris traf Heymann viele Freunde wieder, die er fast zwanzig Jahre lang nicht gesehen hatte, so den Librettisten seiner Operette *Trente et Quarente*, Jean de Létraz, und Betty Stern, die in Berlin einen »Salon« geführt hatte, in dem sich Maler, Schriftsteller und Schauspieler trafen. Betty Stern besaß eigentlich nichts, was zum Führen eines Salons prädestiniert. Sie war nicht schön, sie war nicht elegant, sie war nicht reich – ihr unscheinbarer Mann Gustav war Einkäufer in einem Textilgeschäft. Ihr »Salon« bestand aus zwei Zimmern im zweiten Stock einer Mietwohnung in der Schöneberger Barbarossastraße. Aber sie schaffte es, dass jeder, der in Berlin etwas auf sich hielt, am Donnerstag zu ihren Soireen kam. Jeder Gast brachte etwas mit, Alkohol oder Kuchen. Die beiden Zimmer waren immer total überfüllt. Betty Stern kannte die Stars vom Theater, vom Film, alle Journalisten, alle Schriftsteller. Und sie kannte die Beziehungen aller zu allen. Ihren größten Triumph erlebte sie, als Marlene Dietrich 1932 aus Hollywood zu einem Besuch nach Berlin kam. Wer Marlene treffen wollte, musste in ihren »Salon« kommen, und so drängte sich an einem Donnerstagnachmittag ganz Berlin in ihren zwei Zimmern.

1933 emigrierte Betty mit ihrem Mann Gustav und einer Tochter nach Frankreich. Als der Krieg ausbrach, wurde sie, wie viele andere Emigranten auch, von einem Internierungslager ins andere verschoben. Ihr Mann starb 1942 in einem dieser Lager. Nach dem Krieg gründete sie in Paris eine Theater- und Filmagentur.

Elisabeth Heymann beschreibt Betty Stern als klein, rund, schrecklich hässlich und ungeheuer lieb. Die Produzenten hätten sich vor ihr geradezu gefürchtet. Wenn sie einen ihrer Schützlinge in einem Filmvorhaben unterbringen wollte, ging sie in das Büro des jeweiligen Produzenten, und der machte einen Vertrag, selbst wenn der Typ gar nicht zur Rolle passte. Denn andernfalls fing Betty an zu weinen. Und das war entsetzlich, einfach herzzerreißend. Der Situation angepasst, weinte sie mal laut, mal leise.

Auch Mischa Spoliansky, Heymanns Freund und Kollege aus der Berliner Kabarettzeit, der die NS-Jahre in England überlebt hatte, war aus London nach Paris gekommen und die Heymanns nahmen ihn auf dem Rückweg nach München im Auto mit. Kurz hinter Verdun platzte der rechte Vorderreifen. Heymann war ein ausgezeichneter Fahrer. Er brachte den Wagen gekonnt zum Stehen und alle drei betrachteten die Bescherung. Es war ein glühend heißer Sommertag, der Asphalt der Landstraße beinahe geschmolzen. Weit und breit war kein Baum zu sehen, der etwas Schatten geboten hätte. Heymann konnte Sonne überhaupt nicht vertragen. Er musste sich in den Wagen setzen. Mischa Spoliansky hob verlegen seine feinen Pianistenhände:»Ich muss sie schonen, ich lebe davon!« So musste die hochschwangere Elisabeth den Reifen wechseln. Spoliansky wollte ihr die Arbeit erleichtern und legte rund ums Auto Zeitungspapier aus, damit ihre Füße nicht mit dem heißen Asphalt in Berührung kamen. Dann stand er getreulich neben ihr und nahm Schraube um Schraube in seine kostbaren Hände.

Noch vor seiner Hochzeit hatte Heymann eine Kontroverse mit der GEMA begonnen, der »Gesellschaft für musikalische Aufführungsrechte«. Sie wollte für das Lied »Das muss ein Stück vom Himmel sein« keine Tantiemen an Heymann weiterleiten, da die Musik von Josef Strauss sei. Heymann schrieb am 28. Februar 1952 an die GEMA:

> Die Nummer »Das muss ein Stück vom Himmel sein« ist zwar, wie auch im Manuskript angegeben, auf einem Thema von Josef Strauss aufgebaut, ist aber durch die Variierung und durch die Komposition der Vormusik zu einer künstlerischen Neuschöpfung geworden und als solche von sämtlichen Urheberrechtsgesellschaften anerkannt.

Am 27. März 1952 antwortete die GEMA:

> Die Nummer »Das muss ein Stück vom Himmel sein« aus dem Tonfilm *Der Kongress tanzt* wurde uns seinerzeit als Bearbeitung angemeldet. Als Komponist wurde Josef Strauss angegeben. Ohne Zweifel stellt der Refrain eine Bearbeitung der ersten Nummer des Walzers »Mein Lebenslauf ist Lieb und Lust« op. 263 von Josef Strauss dar. Aufgrund der Tatsache, dass die Vorstrophe, wie Sie uns in Ihrem Schreiben vom 28. 2. erklären, von Ihnen komponiert wurde, sind wir bereit, das Werk mit dem halben Komponistenanteil zu verrechnen.

Heymann schrieb daraufhin der GEMA am 9. Juni 1952:

Ich kann mich keinesfalls damit einverstanden erklären, dass mir für die Musik des Liedes »Das muss ein Stück vom Himmel sein« nur der halbe Komponistenanteil angerechnet werden kann. Dieses Lied ist von der SACEM, der ASCAP, der AKM, der PRS als künstlerische Neuschöpfung anerkannt worden. Ich finde, ehrlich gesagt, Ihren Standpunkt ein bisschen merkwürdig. Sie sind doch eigentlich dazu verpflichtet, *meine* Ansprüche zu wahren und nicht die von Josef Strauss.

Zwei Wochen später stellte die GEMA abschließend fest: »Der Urheberrechtsausschuss hat in seiner Sitzung vom 28.7.1952 bestätigt, dass die Abrechnung des Werkes ›Das muss ein Stück vom Himmel sein‹ mit dem halben Komponistenanteil zu Recht besteht.«

Vielleicht saßen in dem Ausschuss noch Leute, in deren Bibliothek das *Lexikon der Juden in der Musik* stand, 1940 herausgegeben vom Institut der NSDAP zur Erforschung der Judenfrage. Darin wird zu »Heymann, Werner Richard« vermerkt: »Seine gefälligen Melodien stellte er z. T. skrupellos aus der klassischen Literatur her.«

Ähnlich gedacht haben mag der damals sechzigjährige Erwin A. Ludwig, ein mäßig erfolgreicher Unterhaltungskomponist, der in den Dreißigerjahren Tanzmusik und eine Orchestersuite in drei Sätzen mit dem Titel *Nordische Heimat* geschrieben hatte. Er glaubte, in Heymanns Musik zum 1952 produzierten Film *Alraune* vier Takte aus seinem Ballett *Schneeflocke* wiederentdeckt zu haben. Gegenüber der Filmproduktion machte Ludwig seine vermeintlichen Urheberrechte geltend. Heymann schrieb ihm darauf einen langen Brief:

Bevor ich mich mit Ihnen sachlich auseinandersetze, muss ich Sie erst einmal ein bisschen zurechtweisen. Sie glauben doch wohl nicht im Ernst, dass ich, ich meine ICH, 4 Takte einer unbekannten Komposition aus einem unbekannten Ballett, das auf einem seit vielen Jahren nicht mehr existierenden Radiosender gesendet wurde und in einem in weiten Kreisen unbekannten Musikverlag erschienen ist, *benutze.*

Zur Etablierung eines Plagiats brauchen *Sie* drei Feststellungen: Erstens müssen *Sie* nachweisen, dass nach menschlichem Ermessen Ihr Thema so bekannt war, dass anzunehmen ist, dass ich es gekannt habe. Zweitens müssen *Sie* nachweisen, dass das Thema Ihr schöpfe-

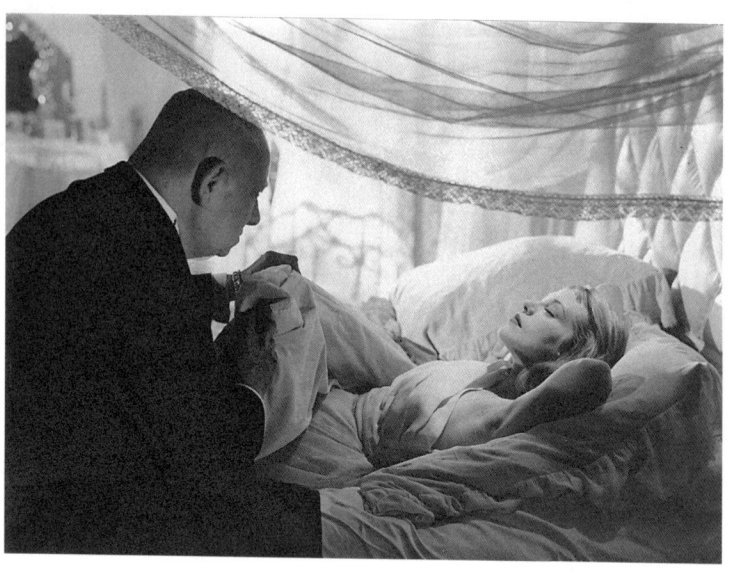

Erich von Stroheim und Hildgard Knef in *Alraune*, 1952.

risches Eigentum ist. Drittens müssen Sie nachweisen, dass und in welcher Höhe Ihnen durch meine Wiederverwendung ein Schaden erwachsen ist.

So weit hatte ich diesen Brief gestern Abend diktiert. In der letzten Nacht hatte ich einen Traum: Giacomo Puccini erschien in Schlapphut und Querschlips. Er bat mich um die Adresse von Herrn Ludwig. Er wollte ihn verklagen, weil der in seinem Ballett *Schneeflocke* ein Thema von ihm benutzt habe. Es handele sich um das Thema aus der großen Arie der Tosca »Vissi d'arte / Nur der Schönheit weiht' ich mein Leben«. Das Thema dieser Arie sei bis auf rhythmische Unterschiede identisch mit dem Thema aus *Schneeflocke*. Kaum hatte ich ihn auf oben drittens hingewiesen, verschwand er plötzlich mit ärgerlichem Gemurmel, um auf magische Weise vom Komponisten des weltberühmten Negerwiegenliedes »Schlaf mein Liebchen!« abgelöst zu werden. Der behauptete, dass Herr Ludwig vier Takte von ihm benutzt hätte. Besonders die Stelle »Dein Vater ist im Baumwollfeld« sei wörtlich, bis auf rhythmische Unterschiede, identisch mit dem Hauptmotiv aus *Schneeflocke*. Auch ihn vertröstete ich, so gut ich konnte. Aber dann läutete plötzlich das Telefon, und schweißgebadet wachte ich auf.

Am Apparat war Robert Gilbert, mein langjähriger Textdichter. Der hatte am Nachmittag Ihren Brief und Ihre Noten bei der Carlton Film gesehen und wollte mich dazu bewegen, eine Klage gegen Sie einzureichen. Wir haben nämlich vor Jahren einen sehr bekannten Schlager geschrieben: »Ein Freund, ein guter Freund«. Er fühlte sich durch den Text Ihres Liedes plagiiert und erst mit dem Hinweis auf Beethovens Neunte (»Wem der große Wurf gelungen, eines Freundes Freund zu sein«) gelang es mir, ihn zu beruhigen.

Lieber Herr Ludwig, es gibt ein Gemeingut der Sprache genauso wie ein Gemeingut der Musik. Die Zeile »Ich liebe dich« ist eben so wenig schützbar wie der Ausdruck »Ein guter Freund« wie eine normale Kadenz oder, wie in unserem Falle, der absteigende Pentakkord. In einem Aufsatz in der BZ am Mittag habe ich einmal geschrieben: »Es ist nicht der Vorteil und nicht der Nachteil, sondern das Wesen eines Schlagers, dass er an bekannte Dinge anklingt.« Das ist Ihnen passiert, das ist mir passiert, und wird auch immer wieder, und mit vollem Recht immer wieder, passieren.

Und wenn Sie das beherzigen und in Zukunft weniger aggressiv sind, werden Sie es nicht mehr nötig haben, Nummern zu schreiben

Hildegard Knef in *Alraune*, 1952.

mit dem Text »Man sehnt sich oft im Leben nach einem guten Freund ...«. Im Gegenteil, Sie werden ihn vielleicht finden. Aber so leicht ist das Geldverdienen nicht!

Der Film *Alraune*, eine Produktion der Carlton-Film, wurde von Arthur Maria Rabenalt inszeniert. Die Hauptrollen spielten Hildegard Knef, Erich von Stroheim, Trude Hesterberg und Karlheinz Böhm. Schon in der Stummfilmzeit war die Geschichte einer künstlich gezeugten Frau mit Brigitte Helm verfilmt worden. Für Hildegard Knef komponierte Heymann zwei Lieder: »Heut gefall ich mir« und, im Stil einer französischen Sarabande, »Das Lied vom einsamen Mädchen«.

Während der Produktion von *Alraune* traf Heymann häufig mit Erich von Stroheim zusammen, der bereits 1906 in die USA emigriert war. Er hatte in zahllosen Filmen mitgespielt und als Regisseur einen eigenen visuellen Stil entwickelt. Von Stroheim, der eigentlich einer bürgerlichen Familie entstammte, hatte sich schon zu Beginn seiner Filmkarriere das Image des adligen ehemaligen k. u. k.-Offiziers zugelegt, das er auch mit 65 Jahren noch pflegte. Von München gab er sich begeistert:

Hier ist wirklich alles fabelhaft. Wenn ich nur an die Schlagsahne denke. Ich muss gestehen, ich nehme schon morgens Schlagsahne zum Kaffee. Auch vormittags ist eine Torte mit Schlagsahne nicht schlecht, und mittags als Dessert die wunderbaren Mehlspeisen! Und dann die Jause mit der herrlichen Schlagsahne! Es ist wirklich fabelhaft. Nur eure Reinigungen sind miserabel. Alle meine Anzüge sind eingelaufen!

Durch die Schwangerschaft seiner Frau sah Heymann eine neue Verantwortung auf sich zukommen. Über Nacht bekam Geld eine andere Bedeutung, und es ergriff ihn fast Panik, nicht so für das Kind sorgen zu können, wie er es für selbstverständlich hielt. Am 5. November 1951 stellte er beim Finanzamt einen Antrag auf pauschale Besteuerung:

1925 kam ich als Musikalischer Leiter zur UFA-Filmgesellschaft Berlin und war dort bis 1933 tätig.
Es ist bekannt, dass unter der Nazi-Gesetzgebung im Interesse der Reinhaltung der deutschen Kultur alle jüdischen Kunstschaffenden als artfremd radikal ausgemerzt wurden. Da ich Nichtarier bin,

musste auch ich im Jahre 1933 meinen Posten aufgeben und Deutschland verlassen. Damit wurde mein bereits existierendes Lebenswerk mit teilweise einzigartigen Erfolgen vernichtet. Ich bin dann nach Amerika gegangen, habe aber den Rhythmus der Musiksprache des Landes nie so verstanden, wie es mir in Deutschland gelungen war. Es ist mir in den letzten Monaten nahegelegt worden, das Zentrum meiner Tätigkeit wieder nach Deutschland zu verlegen und ebenso meinen Wohnsitz. Jetzt, nach 18-jähriger Abwesenheit, muss ich in Deutschland mein ganzes Lebenswerk noch einmal aufbauen. Alle gedruckten Noten und Grammofonplatten meiner Werke sind vernichtet, die Druckplatten zerstört, die Grammofonmatrizen eingeschmolzen. Kurzum, ich muss im Alter von 55 Jahren genau dort beginnen, wo ich vor 19 Jahren aufhörte. Meine Kollegen, die hierbleiben durften, sind inzwischen wohlhabende Männer mit Vermögen und Grundbesitz.

Ich würde es als eine Form der Wiedergutmachung betrachten, wenn Sie mir durch die Genehmigung meines Antrages beim Wiederaufbau meiner Existenz behilflich wären. Der Schaden, den meine Seele erlitten hat, ist sowieso nicht wiedergutzumachen.

Im März 1951 hatte in Berlin das »Entschädigungsamt für Opfer des Nationalsozialismus« seine Arbeit aufgenommen. Aus politischen, rassischen oder religiösen Gründen Verfolgten stand ein Schadensersatzanspruch zu, wenn sie an ihrem beruflichen Fortkommen gehindert worden waren. Dazu musste Heymann seine Einkünfte vor der Vertreibung nachweisen. Er bemühte sich bei der UFA um einen Nachweis seiner Gagen aus den Jahren 1930 bis 1933, doch die Unterlagen waren dem Bombenkrieg zum Opfer gefallen, und die Nachfolgefirma war nicht bereit, Schätzungen abzugeben. Noch einmal erwies es sich als segensreich, dass Heymann seine Tantiemen über die österreichische AKM hatte laufen lassen, denn deren Unterlagen waren noch vorhanden. Demnach konnte er für die Jahre 1930 bis 1933 bei einem Gesamtbetrag von 316.000 Schilling ein durchschnittliches Jahreseinkommen von 79.000 Schilling nachweisen. Bei einem Durchschnittskurs von 49,22 Reichsmark für 100 Schilling in diesen Jahren ergab das ein durchschnittliches Jahreseinkommen von 35.700 Reichsmark allein aus Aufführungstantiemen. »Hinzu kommen Einkünfte aus Grammofonaufnahmen, für die keine Unterlagen mehr vorliegen, die aber mindestens dieselbe Höhe erreicht haben«, teilte er dem Entschädigungsamt mit.

Die Einkünfte aus seinem Vertrag bei der UFA waren schwieriger nachzuweisen. Am 19. Dezember 1951 erhielt Heymann die Mitteilung, die Unterlagen der Personalabteilung seien verloren gegangen, sodass die Höhe der laufenden Gehaltsbezüge, sofern solche für ihn seinerzeit in Frage gekommen seien, nicht bestätigt werden könnten.

Mit einer allgemein gehaltenen Bestätigung können Sie nichts anfangen, denn wir wissen aus Erfahrung, dass alle Angaben in derartigen Anträgen so glaubwürdig nachgewiesen werden müssen, dass der Aussteller der Beweisunterlagen seine eigenen Angaben eidesstattlich versichern kann.

Nach einigem Hin und Her machte Heymann der Universum Film AG Mitte Juli 1952 folgenden Vorschlag:

Ich möchte konstruktiv vorgehen und Sie bitten, mir einen Brief zu schreiben, in dem sie die zweifellos feststehenden und von Ihnen mir bereits selbst mitgeteilten und daher wohl auch beweisbaren Punkte zusammenfassen. Ich erlaube mir, Ihnen im Folgenden einen Brief aufzusetzen, wie ich ihn gern von Ihnen haben möchte:
Sehr geehrter Herr Heymann!
In der Angelegenheit Ihrer Wiedergutmachungsansprüche teilen wir Ihnen Folgendes mit:
Wir bestätigen Ihnen, dass Sie im Vertragsverhältnis mit der Universum Film Gesellschaft die folgenden Tonfilme komponiert haben: ...* Die Hauptmusiknummern aus diesen Filmen sind im UFA-Tonverlag, einer Tochtergesellschaft von uns, erschienen.
Das gesamte Archiv unserer Rechtsabteilung und der Hauptbuchhaltung ist während der Kampfhandlungen in Berlin vernichtet worden, lediglich das Material unserer Finanzbuchhaltung ist erhalten geblieben, aus dem hervorgeht, dass Ihnen in den zwei Jahren vom 1. Juni 1931 bis 1. Juni 1933 der Betrag von 72.000 RM ausgezahlt worden ist.
In dieser Aufstellung sind Ihre in der Zeit von 1930 und 1931 komponierten Filme also nicht enthalten. Es handelte sich bei die-

* Es folgen hier die Titel der Filme.

sen fünf Filmen um die größten musikalischen Spitzenfilme unserer Produktion etwa im Format von *Der Sieger* und *Ein blonder Traum*, für die Sie 18.000 und 16.500 RM respektive erhielten. Es ist demnach anzunehmen, dass Sie in den Jahren 1929/30 und 1930/31 zumindest nicht weniger verdient haben dürften als in den zwei nachfolgenden Jahren.

Was Ihre Einnahmen aus dem UFA-Tonverlag angeht, so schätzen wir dieselben auf etwa RM 10.000 per anno. Leider sind wir auch hier auf Schätzungen angewiesen, weil die dortigen Unterlagen nicht vorliegen. Die Buchführung des Musikverlags ist nämlich früher von der Hauptbuchhaltung unserer Firma mit erledigt worden.

So, meine Herren, das ist der Brief, den ich von Ihnen erbitte. Ich nehme an, dass es nicht zu viel verlangt ist, wenn ich Sie ersuche, einem so langjährigen Angestellten (1925–1933), der so viel zum künstlerischen und finanziellen Erfolg der UFA beigetragen hat wie ich, diesen Dienst zu erweisen.

Postwendend kam von der UFA die Antwort:

Wir müssen Ihnen auf ihre Ausführungen höflich erwidern, dass wir Ihren uns geäußerten Wünschen nicht in dem Umfang Rechnung tragen können, wie Sie Letzteres glauben ...
Wir sind gern bereit, Ihnen anhand der hier noch vorhandenen Aufzeichnungen schriftlich zu attestieren, welche Zahlungen an Sie geleistet wurden, aber die Abgabe von Erklärungen, wie Sie diese in Ihrem Schreiben vom 15.7. anfordern, müssen wir aus grundsätzlichen Erwägungen heraus ablehnen.

Heymann wurde nervös, er brauchte das Geld, und zwar schnell. Er erkundigte sich in Berlin, was er tun könne, um Bearbeitung und Auszahlung zu beschleunigen. Die Antwort lautete:

Da das Entschädigungsamt sehr schleppend arbeitet und über 80.000 Anträge eingegangen sind, können Sie nur Folgendes tun, um schneller zum Zuge zu kommen: Sie schreiben einen Einschreibebrief, dass Sie sich wegen Schadensersatz im beruflichen Fortkommen einigen würden, und geben dafür einen plausiblen Grund an. Die Höchstsumme beträgt Mk. 15.000, die Sie evtl. in einigen Jahren in Ratenzahlungen erhalten würden. Bei einer Einigung bekommen

Sie die Höchstsumme von Mk. 13.000, sofort alles auf einmal. Ihr Antrag wird dann beschleunigt erledigt. Die anderen Schäden, außer Freiheitsschäden und beruflichem Fortkommen werden noch nicht bearbeitet, da sich die hohen Herren noch nicht einig sind, ob das Entschädigungsamt oder das Wiedergutmachungsamt dafür infrage kommt. Einfach lächerlich, es ist aber so.

Heymann hatte beim Entschädigungsamt die Antragsnummer 14.387 (»bei allen Zuschriften anzugeben«). Er war sofort bereit, den für ihn unvorteilhaften Vergleich einzugehen. Er schrieb an das Amt:

In der Angelegenheit meines Schadenersatzanspruchs im beruflichen Fortkommen würde ich mich gern auf die Summe von 13.000 DM einigen, falls diese Summe sofort und auf einmal ausgezahlt werden kann. Die Gründe für die Dringlichkeit sind folgende:
1. Meine Frau erwartet im Monat Oktober ihr erstes Kind. Die damit verbundenen Kosten und Anschaffungen sowie die notwendige Erwerbung einer Wohnung (wir wohnen vorläufig noch in einer Pension, die Kinder nicht aufnimmt) werden erhebliche Baraufwendungen nötig machen.
2. Meine berufliche Tätigkeit als Bühnen- und Filmkomponist bringt es mit sich, dass ein großer Teil meiner Einnahmen, die aus Beteiligungen und Tantiemen bestehen, sich erst jahrelang später auswirken. Es ist daher gerade jetzt, im Anfangsstadium des Wiederaufbaus meiner Existenz, von größter Wichtigkeit für mich, dass ich über genügend Barmittel verfüge, um diese Wartezeit überdauern zu können.

Dann tauchte ein neues Problem auf: Heymann war amerikanischer Staatsbürger geworden, sodass er nachweisen musste, in Deutschland gelebt zu haben. Im Oktober 1952 teilte er dem Entschädigungsamt mit:

Meine letzte Adresse war Charlottenburg-Westend, Karolingerplatz, Ecke Frankenallee, die Nummer weiß ich nicht mehr, ich glaube 6a, die Hälfte eines von Erich Mendelsohn gebauten Doppelhauses. Ich war bei meinem letzten Berliner Aufenthalt auf dem Einwohnermeldeamt, sämtliche Unterlagen sind offenbar vernichtet.

Tatsächlich hatte Heymann den amtlichen Beleg seiner polizeilichen Abmeldung vom 9. April 1933 zu allen Stationen seines Exils mitgenommen. Er befand sich in einem Koffer, der bei seinem Neffen in Los Angeles stand, aber das wird er zu diesem Zeitpunkt nicht mehr gewusst haben. Seine Frau schrieb am 2. Oktober 1952 an Lo und Erik:

Werners Wiedergutmachungsantrag scheint endlich überprüft zu werden und er müsste seinen letzten Meldezettel vorlegen. Natürlich hat er den nicht mehr und auch auf dem zuständigen Einwohnermeldeamt in Berlin sind aus dieser Zeit alle Unterlagen vernichtet. Nun ist er auf Zeugenaussagen angewiesen und wir haben Euch beide als Zeugen seinem Sachbearbeiter angegeben. Ihr erinnert Euch doch sicher, dass Werners letzte Wohnung in Berlin-Charlottenburg-Westend, Karolingerplatz, Ecke Frankenallee gewesen ist. Die Hausnummer hat Werner leider vergessen, er glaubt, es war 6 a, ist aber nicht sicher. Lo wird bestimmt auch bestätigen können, dass Werner von 1912 bis 1916 und von 1918 bis 1933 in Berlin gewohnt hat.
Sollet Ihr also in den nächsten Tagen eine Aufforderung zur Zeugenaussage erhalten, bitten wir Euch herzlich, dieser Folge zu leisten und alles zu sagen, was Ihr aus dieser Zeit noch wisst über den Wohnort von Werner. Es war ein von Erich Mendelsohn gebautes Doppelhaus und Werner bewohnte die eine Hälfte.
Wir sind inzwischen nach Salzburg übersiedelt und bewohnen den ersten Stock eines süßen kleinen Bauernhäuschens. Auch die Einrichtung ist echt bäurisch – alles helles Lärchenholz. Haben uns hier schon recht eingelebt und fühlen uns sehr zu Hause. Die Gegend und die Stadt ist ja so zauberhaft schön und Werners ganze Liebe ist unser kleiner Balkon, der direkt auf den Untersberg schaut.
Nun erwarten wir also in den nächsten Tagen oder Wochen unser Baby. Wir sind schon rasend neugierig, was es sein wird. Eigentlich soll es am 25. Oktober kommen, aber sowohl Hebamme als Arzt haben uns gesagt, dass wir wahrscheinlich früher damit rechnen müssen. Dabei sind wir noch mitten in den Anschaffungen für die Babyausstattung. Man glaubt gar nicht, was man alles braucht und

wie teuer das alles ist. Außerdem müssen wir auch noch vieles für die Wohnung anschaffen, da es ja die vielen Kleinigkeiten sind, die man im täglichen Leben besonders braucht und die erst eine Wohnung persönlich und gemütlich machen. Dazu kommt noch, dass Werner als Ausländer noch immer diese Schwierigkeiten mit der Auszahlung von Geld an ihn hat und wir daher viele Außenstände haben, auf die wir schon sehr sehnsüchtig warten.
Werner muss derzeit wie ein Rasender arbeiten, da er in kürzester Zeit die Partitur für *Alraune* fertig haben muss, beinahe eine Stunde Musik. Es sind auch zwei sehr hübsche und ganz besondere Lieder im Film, beide werden von der Knef gesungen. Nun ist Werner natürlich überhaupt nicht zu sprechen. Erst abends erholt er sich ein bisserl, tagsüber sprechen wir kaum zwei Worte zusammen, weil ich ihn ja auch nicht stören darf.
Hoffentlich kommt das Kind nicht gerade, wenn Werner in München zur Synchronisation ist, denn mitfahren kann ich jetzt nicht mehr.

Im Frühjahr 1952, Heymann war etwa ein Jahr wieder in Deutschland, verglich er die aktuelle Filmproduktion, die nach der Zerschlagung der UFA durch die Alliierten auf viele kleine Produzenten aufgeteilt worden war, mit den Jahren, in denen er an der Entwicklung des Tonfilms mitgewirkt hatte. Damals hatte der deutsche Film eine internationale Ausstrahlung und beeinflusste auch das Filmschaffen in Hollywood nachhaltig.

Die UFA war durch Erich Pommer sehr auf amerikanische Produktionsmethoden eingestellt, die sehr viel teurer waren als Filmproduktion heute. Mit dem Geld der UFA, mit dem großen Theaterpark im Hintergrund konnte ganz anders gearbeitet werden. Man hatte mehr Zeit, es wurde viel sorgfältiger vorbereitet. Heute muss man überall sparen. Der Film von heute, der sich im Land, noch dazu in einem geteilten Land, rentieren und bezahlt machen muss, muss natürlich auf niedrige Kosten und auf Gängigkeit abgestellt werden. Und es ist nicht so leicht, wenn man nur ein oder zwei Filme produziert. Wenn ein Produzent das nötige Geld zusammenbringt, kann er es nicht riskieren, dass einer dieser Filme schiefgeht. Er wird sich also vor Experimenten scheuen und wird versuchen, auf Nummer sicher zu gehen. Das führt natürlich dazu, dass man das Gängige, das schon Dagewesene, das Unkomplizierte machen wird. Die UFA konnte riskieren, dass etwas schiefging. Da waren zwanzig Filme – wenn drei nichts wurden, waren die anderen siebzehn gut. Ich würde es deshalb begrüßen, wenn es zwei, drei große Konzerne gäbe, die jeder zwanzig oder dreißig Filme im Jahr machen könnten.

Denn der erfolglose Film kann der künstlerisch wertvollere sein und kann Anregungen geben, die durch den erfolgreichen nicht gegeben werden.

Dass meine Sachen nach so langer Zeit und nach fast fünfzehnjährigem Verbot noch so lebendig sind, liegt daran, dass ich nie versucht habe, einen Schlager zu schreiben. Ich habe immer versucht, Volkslieder zu schreiben.

Stolzer Vater

In Anif bei Salzburg fühlte Heymann sich auf Anhieb sehr wohl.

Wir leben in einem Vorort von Salzburg, etwa zehn Autominuten von der Stadt, in einem kleinen Bauernhäuschen, das wir einem großen Bauern, der unser Nachbar ist, abgemietet haben. Wir haben vier Zimmer und Zubehör, eins der Zimmer ist von den übrigen separiert – da werden die Kinderschwester und das Baby wohnen. Anif liegt in einem großen Tal, umgeben von 2000 bis 3000 Meter hohen Bergen und wir haben eine herrliche Aussicht. Mit dem Auto können wir in einer Stunde all die herrlichen Seen und Plätze erreichen, die die weitere Umgebung von Salzburg ausmachen: St. Wolfgang, St. Gilgen, Ischl, Mondsee, Attersee, Königssee, Reichenhall, Berchtesgaden etc. Außerdem haben wir es per Autobahn nur knapp zwei Stunden bis München.

Das Baby kam nicht früher als erwartet, wie es Arzt und Hebamme vermutet hatten. Heymanns Geduld wurde auf eine harte Probe gestellt. Erst zehn Tage später als berechnet, am 3. November 1952, setzten bei Elisabeth die Wehen ein.

Heymann wollte bei der Geburt dabei sein, was damals überaus ungewöhnlich war. Die Ärzte warnten ihn: »Sie dürfen zwar mit in den Kreißsaal kommen, sollte Ihnen aber schlecht werden, kann sich keiner von uns um Sie kümmern!« Er bekam eine weiße Arztmütze und weiße Hüllen für die Schuhe. Mit den Ärzten besprach er, dass seine Frau als Narkosemittel Pentotal bekam, damit er mit ihr in Kontakt bleiben konnte.

Schon während der Wehen hatte er hin und wieder einen Schluck aus einer Cognacflasche genommen, und als alles vorbei war, sagte er voller Stolz zu den Ärzten: »Na, meine Herren, wer ist denn hier umgefallen?!« Dann griff er sich die Hebamme und ging mit ihr feiern.

Bei der Premierentour von *Alraune* mit Elisabeth Heymann,
Hildegard Knef und Kurt Schwabach, 1952.

Es war eine Steißgeburt; an die französischen Freunde schrieb der stolze Vater, ihm sei eine »gigantische Tochter« geboren worden:

Fille géante, 56 centimètres, 4 kilos et sept grammes: une amazone! Avec un certain dédain, aidée probablement par un scepticisme bien justifié, elle insistait à présenter au monde d'abord son petit derrière.*

Am Tag nach der Geburt fuhr Heymann zur Uraufführung von *Alraune* nach München. Bei der Premierenfeier wurde nur von seiner Tochter gesprochen. Als er am nächsten Tag zurück war, besuchte ein Pastor Elisabeth Heymann, weil er gehört hatte, dass sie evangelisch getauft sei. Er wollte salbungsvoll seine Sprüche ablassen, wurde aber sofort unterbrochen: »Es ist gut, dass Sie kommen, Herr Pfarrer, Sie ersparen mir dadurch einen Weg. Ich bin konfessionslos, meine Frau ist evangelisch, und wir wollen das Kind auch evangelisch taufen lassen. Wir ha-

---

* Mit einer offenkundigen Abneigung, vielleicht einer überaus gerechtfertigten Skepsis entsprungen, bestand sie darauf, der Welt zuerst ihren kleinen Hintern zu zeigen.

ben aber katholische Taufpaten. Sollte Ihnen das nicht passen, können wir nur jüdische anbieten.«

Der Pfarrer lachte schallend und bei der Tauffeier am 30. November im »Friesacher« in Anif erzählte er die schönsten jüdischen Witze. Als Namen für das Kind hatten die Eltern sich auf Elisabeth Charlotte geeinigt, weil dieser Name unzählige Möglichkeiten offenließ, je nach der späteren Entwicklung des Kindes. Würde das Mädchen zu einem Vamp werden, dann passte Lola, eine schlichte pummelige Hausfrau wäre Betty, die Naive Lieserl, und auch eine kesse Lilo wäre möglich. Erst einmal aber sollte es Liselotte gerufen werden.

Anfang Dezember wurde Heymann mitgeteilt, dass es in Entschädigungsfragen seit einigen Wochen keine Vergleiche mehr gebe. Er beantragte deshalb einen Vorschuss auf die zu erwartende Entschädigung von 9000 Mark, der auch bewilligt wurde. Schon nach wenigen Wochen war das Geld auf Heymanns Konto.

Mitte Dezember kam Werners Schwiegervater aus Wien nach Salzburg, um seine Enkelin zu sehen. Er war hingerissen von ihren blauen Augen und gab ihr deshalb den Kosenamen »Kucki« – Augen nennt man in Wien »Kuckerln«. Da das Kind wie sein Vater die amerikanische Staatsbürgerschaft hatte, war dieser Name unmöglich, denn im Amerikanischen bedeutet »cooky« auch »Süße für alle«, also »Hure«.

Bei der Taufe der Tochter Elisabeth Charlotte am 30. November 1952 in Salzburg mit Gert Wilden, Edith Mill, Elisabeth Heymann.

Ein Buchstabe wurde verändert und Elisabeth Charlotte hieß fortan »Kiki«. Das passte gut, schrieb Heymann doch gerade an einer Neufassung seines musikalischen Lustspiels von 1933, das jetzt den Titel *Kiki vom Montmartre* haben sollte. Das Stück, das die Nationalsozialisten in Berlin verboten hatten, das in Wien 1934 in Heymanns Abwesenheit erfolgreich uraufgeführt worden und dann in den europäischen Wirren versunken war – nach zwanzig Jahren hatte Heymann selbst endlich die Chance, es auf einer Bühne zu sehen und seine Musik zum ersten Mal zu hören.

Im Staatstheater Stuttgart, wo *Kiki* 1954 Premiere feiern sollte, fand eine Konzeptionsbesprechung statt, an der neben Regisseur und Schauspielern auch Heymann und Robert Gilbert teilnahmen. Im Protokoll wurde die Charakteristik der Titelfigur festgehalten:

> Kiki hat noch nie auf einer Bühne gestanden und macht alles falsch, wenn sie in Reih und Glied mit den anderen Girls tanzen muss. Sie muss ein kleiner Elefant im Porzellanladen sein, charmant und süß, aber doch immer ein bisschen Tollpatsch. Um das Verhältnis zwischen Kiki und dem Theaterdirektor Max begreiflich zu machen: Kiki muss, wenn sie Max zum ersten Mal sieht, vollkommen dahinschmelzen und ihm von diesem Moment verfallen sein. Ihre ganze Frechheit verschwindet, sie himmelt ihn an und versucht immer wieder, sich hinter ihrer Kaltschnäuzigkeit zu verstecken, aber es gelingt ihr nicht.

Kiki wurde von der 1921 in Weimar geborenen Schauspielerin Karin Schlemmer gespielt, Tochter des Malers und Bildhauers Oskar Schlemmer, der im Jahr vor ihrer Geburt an das neu gegründete Bauhaus berufen worden war. Schlemmer hatte in den Zwanzigerjahren auch Bühnenbilder für Opern von Hindemith und Schönberg entworfen; sein in Stuttgart aufgeführtes *Triadisches Ballett* erlangte Weltruhm. Nach 1933 wurde er als »Kulturbolschewist« gebrandmarkt und musste in einem Anstreicherbetrieb seinen Lebensunterhalt verdienen.

Am 5. Juni 1954 war Premiere. Heymann saß in seiner Loge, jede Fiber bis zum Zerreißen gespannt. Trotzdem wirkte er nach außen völlig ruhig. Der Vorhang ging auf: In einem Lichtstrahl stand Karin Schlemmer in schwarzer Hose und schwarzem Pulli da und sang zu Ziehharmonikabegleitung das für Stuttgart neu komponierte Auftrittslied, einen Musette-Walzer:

Ich bin Kiki, so nennt man mich,
und in Paris da kennt man mich,
wenn ich auch lang' nicht
so pompös wie die Pompadour bin!

Schon nach diesem ersten Lied gab es donnernden Applaus. Heymann lehnte sich zurück, die Tränen liefen ihm die Wangen hinunter und glücklich murmelte er: »Ich hab sie, ich habe mein Publikum.«
Die Stuttgarter *Abend-Zeitung* schrieb:

> Das Stück hat als harmlose Komödie von einem Pariser Mädel, das beim Theater Karriere machen will, doch vor dem wankelmütigen Künstlerruhm die Seligkeit der Liebe kennenlernt, vermutlich schon die Generation unserer Väter unterhalten. Nun ist aber ein Team von Zauberern über diesen alten, braven, romantischen Text geraten, der Chanson-Poet Robert Gilbert, der den noblen Tick hat, zu glauben, Liedtexte brauchten nicht unbedingt banal zu sein, und sein Freund, der Komponist Werner Heymann, der als Schöpfer eingängiger Filmmusiken und vieler weltbekannter Schlager diesen Optimismus mit ihm teilt und die Freude an singbaren Melodien sogar in Hollywood nicht verloren hat.

Mit Robert Gilbert während der Proben zu *Kiki vom Montmartre*, Stuttgart 1954.

Es folgten Aufführungen am Thalia Theater Hamburg, in Heilbronn und 1959 in Braunschweig.

Ebenso gut wie die Bühnen-Kiki entwickelte sich auch die Tochter Elisabeth:

Unserer kleinen Kiki geht es gut. Seit ihrem zehnten Monat kann sie aufrecht stehen, ein paar Worte sprechen, und sie ist überhaupt ein richtiger Schatz. Sie schreit praktisch nie und schaut einen entweder ernsthaft neugierig oder mit einem strahlenden Lächeln an. Sie hat die wundervollen blauen Augen ihrer Mutter und den wundervollen großen runden Kopf ihres Vaters.

Ich mache jetzt eine Arbeit für das amerikanische Außenministerium. Musik für einen Film, der die Geschichte Amerikas am Beispiel von Bauwerken beschreibt. Regisseur und Produzent ist Curt Oertel, Oscarpreisträger für den wundervollen Film *Der Titan* über Michelangelo.

Oertel hatte 1925 als Kameramann bei Georg Wilhelm Pabsts *Die freudlose Gasse* mit dem Star Asta Nielsen und der noch unbekannten Greta Garbo mitgewirkt. Sein Michelangelo-Film entstand 1940. Der Dokumentarfilm *Neue Welt* mit dem Untertitel *Vom Wigwam zum Wolkenkratzer* wurde im Juni 1954 bei den Berliner Filmfestspielen uraufgeführt. Oertel wollte in seinem Film ein halbes Jahrtausend Kultur im Wandel der Architektur spiegeln. Er begann beim Wigwam der Indianer und endete bei den modernen Wolkenkratzern von New York, wobei er den Blick besonders auf die Bauten europäischer Architekten wie Walter Gropius, Ludwig Mies van der Rohe und nicht zuletzt Erich Mendelsohn richtete, in dessen Haus Heymann in seinen letzten Berliner Jahren vor der Vertreibung durch die Nationalsozialisten gelebt hatte.

In München fand Elisabeth Heymann nicht weit vom Englischen Garten eine geräumige Wohnung, in die die Familie am 30. Oktober einzog. Jetzt konnten die Heymanns auch in München ihre Tochter immer bei sich haben.

Im Bayerischen Hof traf ich im November 1954 Theo Lingen. Ich hielt ihm sofort ein Foto unseres damals zweijährigen Töchterchens vor die Nase, mit der Frage, ob er so was Süßes schon einmal gesehen habe. Wortlos zückte Lingen seine Brieftasche, entnahm ihr ein Babyfoto und schob es mir mit einem triumphierenden »mhm« hin. Ich fragte: »Ah, Ihr Jüngstes?« – »Nein, wo denken Sie hin – mein Enkelkind!« Darauf ich: »Ha, da sehen Sie mal, ich mach mir meine Enkelkinder selber!«

In dieser Zeit war Heymann von einem ungebremsten Schaffensdrang erfüllt. Seine Frau Elisabeth erinnerte sich:

Die Musik quoll geradezu aus ihm heraus. Wenn er unterwegs in einem Hotel auf den Balkon ging und eine schöne Landschaft sah, setzte er diese Schönheit sofort in Musik um. War kein Stück Papier zur Hand, auf dem er die Melodien, die ihm dabei einfielen, notieren konnte, nahm er aus den im Hotel gewaschenen Hemden die Pappversteifer heraus, malte schnell ein paar Notenlinien darauf und schrieb. Oft ließ er mitten im Gespräch ein »Sch!« hören, wurde ganz still, ging zum Klavier und spielte eine wunderschöne neue Melodie oder notierte sie, wenn kein Klavier da war.

Wenn Heymann für die Ablieferung einer Komposition einen Termin hatte, stand er um 6 Uhr in der Frühe auf, machte sich schnell einen Kaffee und setzte sich ans Klavier, das man leise stellen konnte. Er war ein absoluter Morgenmensch. Nach 4 Uhr nachmittags hat er nie mehr etwas gearbeitet. Wenn es wegen Zeitdrucks unbedingt erforderlich schien, hat er das am Abend Komponierte am nächsten Morgen immer weggeworfen und völlig von vorn begonnen.

Wenn er komponierte, sah man ihm an, dass er die Melodien gehört hat. Am Flügel spielte er nur einzelne Töne, um diese oder jene Stelle exakt festzuhalten und sich gleichsam zu vergewissern, dass richtig war, was er mit dem inneren Ohr hörte.

Man durfte ihn beim Komponieren nicht ansprechen, und auch seine kleine Tochter stellte sich völlig darauf ein. Wenn man ihr sagte, »pst, leise, Papi arbeitet«, konnte sie lange Zeit mucksmäuschenstill sitzen und ihn mit großen Augen anstaunen. Sie war allerdings etwas enttäuscht, wenn er am Klavier nur einzelne Töne anschlug und keine ganze Melodie herauskam. Deshalb spielte er manchmal extra für sie die Melodien und dann blickte sie ihn mit großen, glänzenden Augen und einem strahlenden Lächeln an, was ihn wiederum beflügelte.

Mit Tochter Kiki und Elisabeth Heymann, 1955.

In der *Frankfurter Illustrierten* erschien Mitte der Fünfzigerjahre ein Beitrag, in dem die Herkunft des Wortes »Marzipan« erklärt wurde. Heymann schrieb einen skeptischen Leserbrief:

Liebe Frankfurter Illustrierte!

Ein alter Weiser pflegte immer, wenn man ihm etwas wirklich Unglaubliches erzählte, zu sagen: Eh' ich mich so sehr wundere, glaub' ich's lieber nicht!

So geht es mir mit Deiner Geschichte über Marzipan, das angeblich seinen Namen seiner Verpackung verdankt, einer hölzernen Schachtel mit einer ruhenden Figur. »Sitzen, ruhen« heiße im Arabischen »wataba«, und aus »wataba« sei Marzipan geworden.

Ich stamme aus Königsberg, einer alten Ordensritterstadt, der Heimat des Marzipans. Dort wird die Erfindung des Marzipans in folgender Legende erzählt:

Eines Tages wurden die Ordensritter wieder einmal von den Prussen belagert. Als ihnen das Mehl ausging und der Bruder Koch kein Brot mehr backen konnte, fiel er in seiner Verzweiflung auf die Delikatessen zurück, die noch vorhanden waren. Er verrieb Mandeln, Zucker und *Rosenöl*, ein wichtiger Bestandteil des Marzipans, den die Ordensritter, vielleicht aus den Kreuzzügen, zu rituellen Zwe-

cken noch besaßen. Das resultierende Gebäck servierte er zum ersten Male am Tage des heiligen Markus.
Daher der Name Marzipan – MARCI Panis – Brot des Markus.
Mir klingt das etwas glaubhafter.
Wer hat recht?
Werner Richard Heymann
Hollywood – Salzburg

Für eine Sendung zu Heymanns sechzigstem Geburtstag bat ihn ein Rundfunkjournalist um ein paar Anekdoten. Seine Antwort:

Anekdoten über mich mag ich nicht erzählen. Anekdoten beleuchten entweder die Vorzüge oder die Fehler eines Menschen. Meine Vorzüge sollen andere preisen. Über meine Fehler zerknirsche ich mich lieber privat.

Das Jubiläum wurde am 14. Februar 1956 in München gefeiert. Mehr als fünfzig Gäste kamen, die ersten um neun Uhr morgens, die letzten gingen um drei Uhr in der Frühe. Als nachträgliches Geburtstagsgeschenk gönnte Heymann sich im April eine Fahrt mit seiner Frau zu den Loireschlössern. Danach ging es weiter nach Spanien. In Madrid

Am 60. Geburtstag mit seiner Frau Elisabeth.

Bei »Horcher« in Madrid, 1956.

fiel Heymann in der Nähe des Prado gegenüber dem Retiro-Park ein Restaurant ins Auge, das »Horcher« hieß – nicht gerade ein spanisch klingender Name. Er erkundigte sich und erfuhr, der Inhaber sei 1943 aus Berlin nach Madrid gekommen und das »Horcher« sei das teuerste Restaurant der Stadt. Heymann beschloss, dort zu essen. Als Otto Horcher Werner Heymann sah, schrie er auf und kam sofort zu ihm. Vergessen war die Auseinandersetzung um die nicht bezahlte Zeche von 1933. Horcher erzählte, in der NS-Zeit habe Hermann Göring, der für seine schwelgerischen Gelage bekannt war, diese immer von ihm ausrichten lassen. 1943 befand Goebbels, in seinem »totalen Krieg« sei ein Luxusrestaurant fehl am Platze. Er sorgte deshalb für eine nächtliche »spontane« Aktion des »gesunden Volksempfindens«, bei der alle Scheiben des Restaurants eingeworfen wurden. Göring war wütend und erklärte, er würde das Restaurant notfalls als Luftwaffenklub weiterführen. Kurz darauf wurde es von einer Bombe getroffen. Da habe er, Horcher, es vorgezogen, Berlin zu verlassen, und sei nach Madrid gegangen.

Wir erhielten von Horcher Extrapreise. Ganz gleich, was wir bestellt haben, wir mussten immer nur zehn Dollar bezahlen, was manchmal nur ein Viertel des Preises auf der Karte war. Es war die beste Küche, die ich je erlebt habe.

Der Traum vom großen Musical

Im Juli 1956 fuhr Heymann mit seiner Frau nach Forte dei Marmi an der italienischen Westküste zwischen La Spezia und Pisa. Zufällig machten im selben Hotel Helmut Käutner und seine Frau Ferien. Käutners Verfilmung des *Hauptmann von Köpenick* mit Heinz Rühmann hatte gerade einen Riesenerfolg nicht nur an der Kinokasse, sondern auch bei der Kritik gefeiert. Der Regisseur schien überhaupt von der Filmkrise der Fünfzigerjahre kaum berührt zu werden: Seine Filme – *Ludwig II.* mit O. W. Fischer, *Des Teufels General* mit O. E. Hasse, *Die letzte Brücke* mit Maria Schell und Bernhard Wicki – fanden ein Millionenpublikum, obwohl sie im Gegensatz zum Gros der bundesdeutschen Filmproduktion dieser Zeit nicht seicht waren.

Zehn Tage lang trafen sich die beiden Paare täglich am Strand. Käutner war euphorisch, weil er demnächst zwei Filme für die Universal in Hollywood machen sollte. Deshalb war er wohl besonders an der Gesellschaft Heymanns interessiert, der ihm viel von dort erzählen konnte. In heiterer Ferienstimmung entwickelte Käutner die Idee eines modernen Musicals, die Heymann begierig aufgriff.

Der deutsche Film hatte ihm bisher kein echtes Betätigungsfeld geboten. Eine musikalische Komödie mit dem Buch des erfolgreichsten deutschen Filmregisseurs musste ein Hit werden! Zurück in München arbeitete Heymann mit Volldampf an der Musik. Abgesehen von Käutners Projekt war auch kein anderer Auftrag in Sicht. Es gab Verhandlungen über zwei Filme, aber es war ungewiss, ob und wann sie produziert würden. (Sie wurden nie produziert.)

Das Musical sollte auf der gerade einsetzenden Mode, im Urlaub zu campen, basieren – noch gab es in den heutigen Urlaubsgebieten Oberbayerns nur wenige Ferienunterkünfte. Ausgangspunkt der Geschichte war ein Großbrand in einem Gasthof. Zwei fixe Großstadtjungen, die dort logiert haben, schlagen dem Besitzer vor, aus dem Unglück Kapital zu schlagen und die Obstbaumwiese, die sich bis zum Seeufer erstreckt, in einen modernen Campingplatz zu verwandeln. Wie sich später herausstellte, nahm Heymann die Musicalidee sehr viel ernster als Käutner, der eher von einer glanzvollen Hollywoodkarriere träumte. Er reiste nach Amerika ab, ohne sich noch einmal bei Heymann zu melden. Der schrieb ihm Ende Oktober:

Dieser Brief dient im Wesentlichen dazu, Dich schonend darauf vorzubereiten, dass ich unsere musikalische Idee keinesfalls aufgegeben habe. Ich war natürlich ein bisschen enttäuscht, dass du abfuhrst, ohne mir eine Skizze zu schicken. Aber ich verstehe sehr gut, dass Du wahrscheinlich nicht mehr dazu gekommen bist. Ich habe inzwischen außer den Dir bereits vorgespielten Einfällen zum Insektenballett zwei besonders starke Nummern fertig. Die eine mit der Idee »Camping am See« (sehr jazzig, sambaartig), die andere auf die Zeile »Ich möcht' mich diesen Sommer nicht verlieben, damit es nächsten Winter nicht so weh tut.«

Heymann bekam auf seinen Brief keine Antwort. Am 25. November schrieb er erneut an Käutner, der inzwischen wieder in Deutschland war:

Sollte Dich die ganze Idee nicht mehr interessieren, dann schenk sie mir oder überlasse sie mir mit oder ohne Nennung Deines Namens und einem kleinen erschwinglichen Prozentsatz. Zwei Dinge aber sind es, die ich unter keinen Umständen haben möchte: Ich möchte nicht weiter müßig herumsitzen müssen, und ich möchte nicht, dass Du mit mir Verstecken spielst. Dazu ist bei unseren freundschaftlichen und herzlichen Beziehungen und bei der – wie ich hoffe, gegenseitigen – künstlerischen Wertschätzung nicht die geringste Ursache vorhanden.

Käutner reagierte bestürzt darüber, dass Heymann das »lose Gespräch« in Forte dei Marmi so ernst genommen habe und inzwischen sogar in der Presse von dem gemeinsamen Musicalprojekt berichtet worden war: »Ich habe dadurch beträchtlichen Ärger und Schwierigkeiten gehabt, viele gute Freunde sind mir böse. Ich will Dich nicht mit Einzelheiten belasten.« Heymann wollte den Musicalplan trotz Käutners Absage nicht ganz aufgeben. Am 7. Januar 1957 schrieb er dem Freund:

Schade, dass wir nicht zusammenkommen können. Unsere Idee hat ohne unser beider Mitarbeit nicht mehr so viel Wert. Mit Dir zusammen würde ich mich getrauen, selbst aus der Logarithmentafel ein spannendes Musical zu machen.
Ich verstehe Deine Vorwürfe betreffs Presse nicht ganz. Es vergeht, wie Du Dir denken kannst, kein Tag, an dem ich nicht von irgendjemandem gefragt werde, was ich für Pläne habe. Wenn ich dann erwiderte, dass ich die Absicht habe, mit Dir ein Musical zu machen, so basiert das keinesfalls auf, wie Du es nennst, »losen Gesprächen« und auch nicht auf, wie Du es nennst und sich jetzt leider herausstellt, »unhaltbaren Versprechungen«. Du wusstest vielmehr ganz genau, wie sehr ich mich für unsere Idee enflammiert hatte,

Handschriftliche Kompositionsskizze zum Musicalprojekt *Camping*, 1956.

wie sehr sie mich beschäftigte; ich hatte Dir sogar schon einiges daraus vorgespielt, was Dir sehr zu gefallen schien. Außerdem hattest Du mir fest zugesagt, mir den Aufriss der Story noch aus Europa oder spätestens aus Hollywood zuzusenden. Ein Gehirn, ein Talent wie das deinige hätte dazu bestimmt nicht viel Zeit gebraucht.

Ganz unverständlich ist mir aber, dass Du, wie Du schreibst, dadurch beträchtlichen Ärger und Schwierigkeiten gehabt hast und viele gute Freunde mit Dir böse sind. Ich habe keine *guten* Freunde, die mir böse sein würden, wenn ich mit Dir, statt mit ihnen, ein Musical machen würde. Alle *meine* guten Freunde stehen auf dem Standpunkt, dass für mich das Beste gerade gut genug ist.

Nun denn – allein (Elektra).

Für die Überlassung Deines Anteils schlage ich Dir eine 5-prozentige Beteiligung von allen auf die Autoren anfallenden Einnahmen vor. Bitte schreibe mir, ob Du einverstanden bist.

Und zum Schluss: Ich grolle nicht, und wenn das Herz auch bricht! Du bist jetzt ganz oben, und Du musst Heu machen, solange die Sonne scheint!

Das Musical wurde nie geschrieben. Von den bereits komponierten Nummern existieren nur noch Fragmente und Skizzen.
Im Frühjahr 1956 riet ein Arzt Heymann wegen seiner Leberwerte dringend zu einer Kur. Er reiste allein nach Montecatini Terme zwischen Florenz und Pisa, wo er im Grand Hotel »La Pace« abstieg, noch heute das erste Haus am Platze. Gegründet 1870, sollte sein Name dem Wunsch Ausdruck geben, dass der Krieg zwischen Deutschland und Frankreich nicht auf Italien übergreifen möge. Am 23. Mai schrieb Heymann an seine Frau, die mit der Tochter in München geblieben war:

Zimmer zum stillsten Teil eines völlig einsamen, herrlich tropischen Parks, über dem abends – in etwa einem Meter über dem Boden – Millionen von Glühwürmchen fliegen. Das Wetter ist bald schön, bald Gewitter, gestern ein gewaltiger Hagelschauer. Publikum sehr wohlhabend, viel Nerze. Essen ist fabelhaft – wie auf einem Dampfer kannst Du Dir praktisch alles bestellen, was Du essen willst – oder darfst. Da ich abnehmen will, esse ich meist nach der Carta di Cura leicht, fettlos.

Schon nach wenigen Tagen hielt er es nicht mehr aus, beschwor seine Frau nachzukommen. Sie werde sicher jemanden finden, der sich um die Tochter kümmern könne, vielleicht die Schwägerin Maria oder das frühere Kindermädchen Renate. Um geschäftliche Dinge könne sich sein Rechtsanwalt Börner kümmern. Der Brief, in dem er Elisabeth detaillierte Reiseinstruktionen gab, zeigt nicht nur, wie besorgt er um sie war, er dokumentiert zudem, woran man alles bei einer Italienreise in den Fünfzigerjahren denken musste – noch dazu eine mit dem Auto alleinreisende Frau (Elisabeth war 34).

Mein Schatz!!!
Unter der Voraussetzung, dass alles klappt, hier noch einige wichtige Punkte!

1) Nimm Dir 900 Mark mit für die Reise, 200 *davon* in Lire, die Du schon bei der Bank in München einwechseln kannst. *Außerdem* kaufe, auch bei der Bank, 150-Liter-Benzinbons (Super). Carnet nicht vergessen!

2) Lass Maria bzw. Renate genug Geld da für mindestens 2 Wochen. Informiere auch Börner, der notfalls alles Dringende erledigen evtl. auch vorlegen soll. Gib allen beiden unsere und Börners Adresse.

3) Bring alle schönen Kleider mit. *Kein* Abendkleid. Auch Deine zwei Paar langen Hosen, und Badesachen nicht vergessen. Auch nicht den Fuchs!!!! Und die weiße Jacke. Hier ist Sommer. Nimm aber auch den leichten grauen Mantel mit. Und den seidenen schwarzen. Nimm lieber zu viele Koffer und Säcke als zu wenige. Vielleicht kaufen wir hier noch was.

4) Wenn Du kannst, fahre schon ein bisschen an: bis Garmisch oder Mittenwald. Oder fahre über Kufstein-Innsbruck, es ist bequemer und schneller, da Autobahn bis Rosenheim und Kufstein-Innsbruck gute, gerade Straße. Ob Du über Brenner, Brixen, Bozen, Trento, Verona, Modena, *Bologna* oder über Brenner, Brixen, Cortina, Pieve di Cadore, *Treviso*, Mestre, Autobahn Padova, Ferrara, *Bologna* fahren willst, überlass ich Dir. Letzteres ist bequemer, aber weiter! *Auf alle Fälle* fahre von Bologna nicht über Florenz, sondern die *direkte* Straße Bologna-Pistoia, dann rechts (die *Autobahn?* Richtung Lucca) nach Montecatini, das aber schon vor Lucca liegt. Von Bologna bis hier rechne 2 $^1/_2$ bis 3 Stunden. Tentativer Fahrplan:

nachmittags bis Garmisch (Abstecher zu Königs?) oder Mittenwald oder Kufstein, nächster Tag bis *Verona* (Hotel Colomba d'Oro), Mittag Bressanone (Brixen) Hotel Elefante. Oder noch besser: Hotel San Lorenzo nach dem Fluss (Adige) hinaus, Abendessen *Tre Corone*. Nächster Tag vormittags bis Bologna, Mittagessen: Tre Galli d'Oro, nachmittags/*abends* bei *mir*!!

Fahre am besten so! Ich schicke Dir den Michelin *nicht*, da es zu lange dauern würde. Italien ist teuer. Eine Mahlzeit 10 Mark (1.500 Lire), Frühstück 4–5 Mark, Einzelzimmer 12–15 Mark ist normal. Trinkgeld ist überall einbegriffen. Koffer-Hausknecht 200 Lire. Tanke vor Abreise voll, damit kommst Du bis Italien. Von da ab benutze die Super-Benzin-Coupons, die auf jeweils 10 Liter lauten. Da man Dir nicht »herausgeben« kann, tanke immer 10 oder 20 oder 30 Liter. Nie zu viel. Lieber öfter, wegen Scheibe abputzen (Mai-Juni-Käfer!).

Wenn Maria wirklich kommt, kannst Du vielleicht doch schon Sonntag fahren.

Ich bin ganz einfach schon zu alt, um so lange ohne Dich zu sein. Man wird geizig, mit jedem Blick, mit jedem Wort, mit jeder Nacht, wenn man alt wird. Jetzt hab ich Dich schon fast 2 Wochen nicht gesehen. Die gehen ab – wenn man nicht mehr weiß, wie viele es noch sind.

Und nun ist es mit allem Nachschlagen im Italien-Buch, das *ich* mithabe, und im Michelin 1 Uhr nachts geworden.

Komm bald! Komm *langsam*, aber sicher!

Donnerstagvormittag

Nimm die italienische Straßenkarte mit. Telegrafiere, wann Du abfährst, und telefoniere aus der Stadt, wo Du in Italien übernachtest.

Auf Wiedersehen! Ich liebe Dich!
Werner

Am 19. Januar 1957 besuchte Boris Morros die Heymanns in ihrer Münchner Wohnung. Heymann kannte den gebürtigen Russen, seit er von diesem vor genau zwanzig Jahren zusammen mit Friedrich Hollaender für die beiden Lubitsch-Filme *Angel* und *Blaubarts achte Frau* engagiert worden war. Morros war 1917 aus Russland emigriert, 1922 in die USA gegangen, wo er Kapellmeister am Broadway und später Manager der Paramount-Kinos in New York war. 1935 ging er als Musikdirektor und Produzent der Paramount nach Hollywood, wo er für etwa 400 Filme verantwortlich zeichnete.

Morros war ein Jahr älter als Heymann. Er liebte es, Geschichten aus seiner Jugend zu erzählen, behauptete, als musikalisches Wunderkind Schüler von Rimski-Korsakow gewesen zu sein und 1911 mit sechzehn Jahren bereits das Kaiserliche Sinfonieorchester in St. Petersburg dirigiert zu haben. Eines seiner Konzerte habe der Wundermönch Rasputin besucht, und der sei so begeistert gewesen, dass er ihm eine Bernsteinkette zum Präsent gemacht habe. Natürlich hatte er in seinem Haus in Hollywood eine solche Kette vorrätig, die er etwaigen Zweiflern sofort präsentierte.

Heymann mochte Morros, der vor Temperament nur so sprühte und immer interessant zu erzählen wusste. Im Dezember 1953 hatte er ihn in Wien zufällig wiedergetroffen und war von ihm zusammen mit Elisabeth spontan zu einer Silvesterfeier in eine überaus elegante Wohnung am Opernring eingeladen worden, die Morros mit Marion, einer jungen und auffallend schönen Rumänin bewohnte. Viele Prominente aus Politik und Kultur waren an dem Abend gekommen. Elisabeth Heymann, die eine ausgezeichnete Chansonsängerin war, musste, von ihrem Mann begleitet, die Lieder aus *Professor Unrat* singen. Zurück in Salzburg erhielt Heymann einen Brief von Morros:

> Am Tag, nachdem Ihr Wien verlassen habt, hatten Marion und ich ein Mittagessen mit Ernst Haeussermann. Ich habe Ernst erzählt, wie sehr mir *Professor Unrat* gefallen hat. Ich habe ihm auch gesagt, dass ich bereit wäre, am Josefstädter Theater in Wien die ganze Produktion Deines *Blauen Engels* auf meine Kosten herauszubringen. Ich habe Ernst Deine Salzburger Adresse gegeben und ich denke, er wird Dir schreiben.

Ernst Haeussermann, später langjähriger Burgtheaterdirektor, war 1954 Kodirektor des Theaters in der Josefstadt geworden. Auch er war 1938 nach Amerika emigriert und dort zeitweise Privatsekretär Max Reinhardts gewesen. Eine Wiener Produktion von *Professor Unrat* kam nicht zustande.

Morros behauptete, dabei gewesen zu sein, als 1955 im Wiener Schloss Belvedere der österreichische Staatsvertrag unterzeichnet

Silvester 1953 bei Boris Morros in Wien.

wurde. Heymann hielt das erst für blanke Angeberei, aber es gab tatsächlich ein Foto, auf dem er hinter dem amerikanischen Präsidenten und neben dem russischen Außenminister zu sehen war. Seitdem sagte Heymann immer zu ihm: »Gib es zu, du bist ein Spion!«, und jedes Mal lachte Morros schallend, es schüttelte ihn geradezu.

Zur Eröffnung des wieder aufgebauten Gärtnerplatztheaters in München hatte Morros Karten gehabt, die für gewöhnliche Sterbliche unerreichbar waren, und als Heymann an dem Abend im Januar 1957 in Anspielung darauf seinen Spruch mit dem Zusatz »Nur ein Spion kann Karten für diese Aufführung bekommen haben« machte, lachte Morros zum ersten Mal nicht mehr. Überhaupt machte er einen etwas unkonzentrierten Eindruck. Er verabschiedete sich auch früher als gewöhnlich.

Wenige Tage später las Heymann im Magazin *Time*, dass es dem Doppelspion Boris Morros mithilfe des amerikanischen Geheimdienstes in letzter Sekunde gelungen sei, russischen Häschern zu entkommen. Nach einem Besuch bei Freunden – das waren Heymann und seine Frau – sei er bei seiner Rückkehr ins Hotel von den Amerikanern abgefangen, per Bahn nach Frankreich und von dort mit dem Flugzeug in die USA gebracht worden.

Erst im August 1957 durfte Morros, der so leidenschaftlich gern erzählte, seine Geschichte öffentlich machen. Er hatte sich nach Ende des Kriegs bemüht, seinen Vater aus der Sowjetunion nach Amerika zu holen. Als Gegenleistung wurde von ihm verlangt, für den sowjetischen Geheimdienst zu arbeiten. Morros hatte nicht lange überlegt und sich der amerikanischen Spionageabwehr anvertraut, die ihm vorschlug, auf das Spiel der Sowjets einzugehen. Fortan wurde er stets von zwei FBI-Detektiven begleitet.

1953 erhielt er aus Moskau den Auftrag, in Österreich ein sowjetisches Spionagenetz aufzubauen. Er mietete die teure Wohnung in Wien, kaufte eine Villa an einem der österreichischen Seen, legte sich eine rumänische Freundin zu und warb Agenten an.

Bereits im Sommer 1956 hatte Morros in Paris den Verdacht gehabt, von den Sowjets enttarnt worden zu sein. Als er sich kurz darauf in Ost-Berlin mit einem russischen Kameramann treffen wollte, den er aus Hollywood kannte und der jetzt für die DEFA arbeitete, wurde die Verabredung von dessen Frau kurzfristig abgesagt. Nach dem Besuch bei den Heymanns wurde ihm bei seiner Rückkehr ins Hotel vom Portier ein Telegramm ausgehändigt, das nur ein Wort enthielt: »Cinerama«. Und das bedeutete: »Zurückkommen, Lebensgefahr!«

Boris Morros veröffentlichte ein Buch über seine Abenteuer als Doppelspion, *My Ten Years as a Counterspy*, das 1959 von André de Toth verfilmt wurde. In Deutschland kam der Film unter dem Titel *Geheimakte M* in die Kinos.

Einige Tage nach dem Verschwinden von Morros war Heymann in Paris. Er wollte noch ein großes Musical schreiben. In Paris hatte er seinen ersten großen Theatererfolg gehabt, vielleicht ließ sich daran anknüpfen. Am 26. Januar 1957 schrieb er seiner Frau aus dem Hotel Atala in der Rue Chateaubriand nahe dem Triumphbogen:

Paris ist irre teuer, wenn man im Hotel wohnt und auswärts isst. Einladungen helfen auch nicht: Man muss Blumen bringen und die kosten *mindestens* so viel, wie man im Restaurant spart.

Mein Zimmer im 6. Stock geht auf einen Garten und die Aussicht ist auf ein Meer von Schornsteinen, sehr pariserisch. Die kleinen Schornsteine sehen alle aus wie umgekippte Blumentöpfe ohne Boden. Darauf sitzen die Tauben und wärmen sich den Popo. Von innen ist das Hotel ziemlich laut. Nachbarn kamen um 4 Uhr morgens sehr lärmend heim und haben dann bis etwa 6 Uhr früh mit lautem Lustgeschrei enorm gevögelt. Ich war sehr neidisch. Stand auf und las.

Paris wirkt, nach München, enorm belebend auf mich. Bin schon am Sonntag etwa neunmal die Élysées vom Arc bis Rond Point gegangen. Konnte mich nachmittags nicht hinlegen, da zu lebenslustig. Mittags traf ich bei »Premier« M. Algazy, den Produzenten meines letzten Pariser Films. Er sagte mir, dass *Le grand Refrain* dank der Musik immer noch aufgeführt wird.

Bei diesem Paris-Besuch ging es Heymann nicht um nostalgischen Tourismus. Er wollte zurück auf die Bühne. Seine ganze Hoffnung setzte er auf Albert Willemetz, in dessen Theater er vor mehr als zwanzig Jahren einen Triumph feiern konnte. Der lud ihm zu Ehren am 28. Januar Yvonne Printemps, Pierre Fresnay und Maurice Chevalier zum Abendessen ein. Die Printemps war noch immer die große Diva von Paris; ihr Ehemann Pierre Fresnay hatte 1952 mit der Hauptrolle in *Es ist Mitternacht, Dr. Schweizer* und zwei Jahre später mit *Der Abtrünnige* (der eindringlichen Darstellung eines Priesters, der seinen Glauben verliert) internationale Erfolge erzielt. Maurice Chevalier war mit seinen fast siebzig Jahren noch immer der Charmeur vom Dienst.

Heymann sah sich in Paris auch verschiedene Theatervorstellungen an. (»Ich muss wissen, was hier gespielt wird, die erfolgreichste Operette ist *Irma la douce*.« Am 10. November 1956 uraufgeführt, wurde das Stück zwei Jahre später im Londoner Westend und 1960 am Broadway gespielt.) Besuche bei seinem Verleger Salambert und dem französischen Radio machten Heymann Hoffnung. »Es sieht so aus, als würden wir dieses Jahr einige Monate hier sein müssen«, schrieb er – optimistisch, wie er immer war – an seine Frau.

Von Salabert ließ Heymann sich die Weltrechte an seiner zweiten Pariser Operette *Trente et Quarante* rückübertragen. Ihren Misserfolg 1935 schob er auf die damalige innenpolitische Krise in Frankreich. Mit Willemetz entwickelte er Pläne für eine neue Operette nach dem Film *Hotel Sahara* von 1951. Peter Ustinov spielt darin den Betreiber eines Wüstenhotels, in dem sich nacheinander Soldaten der italienischen, britischen und deutschen Armee einquartieren. So hat Ustinov alle Hände voll zu tun, über die Tugend seiner heißblütigen Verlobten zu wachen.

Schon bald musste Heymann einsehen, dass der Stoff in Frankreich nicht zu realisieren war. Der seit November 1954 schwelende Algerienkrieg eskalierte im Januar 1957, als die französische Armee die Polizeigewalt übernahm. Im Mai zog Heymann die Konsequenzen:

Mit Frau und Tochter in München, 1957.

Meine Pariser Pläne betreffend *Hotel Sahara* habe ich vorläufig zurückgestellt. Die Franzosen sind in allem, was die Sahara angeht, im Moment sehr empfindlich. Viele von Ihnen haben Männer oder Söhne, die dort sehr ernsthaft Krieg führen. Also werde ich es doch lieber in Deutschland herausbringen. Robert Gilbert hat mir bereits versprochen, die Texte zu machen.

Elisabeth übersetzte das Drehbuch ins Deutsche. Sachverständige Freunde sagten Heymann zwar, sie könnten beim besten Willen in der Geschichte nichts finden, was zu einem Musical taugen würde, dennoch bemühte er sich über Monate bei der englischen Pendennis um die Rechte am Filmstoff. Dem Rechtsanwalt der Gesellschaft, der sogar eine prozentuale Beteiligung an den Songs forderte, schrieb er im Oktober 1957:

Ich werde in diese Arbeit zwei Jahre meines Lebens investieren. An dem Profit dieser Arbeit ist Pendennis beteiligt. An den Kosten dagegen nicht. Im Falle eines Misserfolgs hat Pendennis nichts verloren. Im Falle eines Erfolges ist der Wiederverkaufswert des Stoffes *Hotel Sahara* zweifellos vervielfacht. Im Falle eines Misserfolges bleibt mir die Chance, dass einzelne Nummern aus diesem Musical mir noch ein wenig Geld einbringen und mich für meine Opfer an Zeit und Geld entschädigen. Das wäre dann aber nur auf die Qualitäten der Musik und des Textdichters zurückzuführen.

Im Mai 1957 wurde Heymann zu den Filmfestspielen nach Cannes eingeladen. Er nutzte die Gelegenheit zu einer ausgiebigen Reise durch Frankreich mit Elisabeth und ihrer inzwischen fünfjährigen Tochter.

Während des Festivals bekam die kleine Elisabeth die Windpocken, zehn Tage später erkrankte ihre Mutter, und als sie am 7. Juni nach Paris kamen, brachen die Windpocken auch bei Werner Heymann aus. Das hinderte ihn allerdings nicht daran, seiner »Kiki« den Montmartre zu zeigen.

Mit Tochter Kiki am Montmartre, Juni 1957.

Der Streit um Gottes Allmacht

Am 23. November 1957, einem Samstag, trat Heymann in der WDR-Unterhaltungssendung »Das ist mein Steckenpferd« auf, die von 20.00 Uhr bis 21.45 Uhr direkt aus dem Funkhaus ausgestrahlt wurde. Er wurde als »Schlagerstar mit Schüttelreimen und Evergreens« angekündigt, die Moderation (damals noch »Conférence«) hatte der österreichische Operettenbuffo und Kabarettist Peter Hey. Heymann erzählte in der Sendung drei kurze Geschichten, darunter als »gescheiteste« die von einem Rabbi, der, als ihm Zweifel an der Allmacht Gottes kommen, einen anderen Rabbi fragt: Sag mir, wenn Gott ist allmächtig, dann muss er doch auch machen können einen Stein, der so schwer ist, dass er ihn selbst nicht heben kann?!

Ein Herr F. H. aus Köln schrieb daraufhin einen langen Brief an den WDR:

> An die Direktion des Westdeutschen Rundfunks
> Nach meinem Empfinden stehen Ihre Sendungen im Allgemeinen auf einem hohen Niveau; desto schmerzlicher musste mich gestern eine der »3 Geschichten« berühren, die Herr Werner Richard *Heymann* vor dem Mikrofon *öffentlich* erzählte. Es handelt sich um die Geschichte zum Thema der Allmacht Gottes. Gerade, dass die Schlussfolgerung dieser Geschichte dem Nachdenken des Einzelnen der vielen, vielen Hörer überlassen wurde, d. h. also: dass die vielen Menschen, die im Augenblick nicht die einzig richtige Antwort darauf wussten, nun wahrscheinlich in ihrem Unglauben oder – was noch schlimmer wäre – ihrem Spott über den Allerhöchsten bestärkt werden können, veranlasst mich, Sie zu bitten, in der gleichen Art und Weise und vor der gleichen Öffentlichkeit, in der gestern Gottes Allmacht öffentlich in gewissem Sinne angezweifelt wurde, eine Richtigstellung zu veranlassen.

Wenn der Westdeutsche Rundfunk am Vorabend des Totensonntags in einer humoristischen Sendung überhaupt das Thema von der Allmacht Gottes anschneidet und dann am darauffolgenden Tage Gottesdienste überträgt, so empfinde ich das als Heuchelei und Unehrlichkeit, falls es so geschieht, wie am gestrigen Abend, nämlich in witzelnder Weise.

Herr Heymann dürfe glauben oder nicht glauben, was er wolle, und auch in privatem Kreis darüber reden, aber nicht öffentlich vor den Rundfunkhörern.

Es stünde uns Deutschen wahrlich schlecht an, nach der furchtbaren Bilanz der letzten 20 Jahre, nach den stammelnden Gebeten in Luftschutzbunkern und angesichts der Toten, deren wir heute gedenken, derart leichtsinnig und fahrlässig des Höchsten und Heiligsten Erwähnung zu tun, wie das gestern geschah.

Der Leiter der Unterhaltungsabteilung des WDR schickte Heymann eine Abschrift des Briefes mit der Frage, ob er selbst darauf antworten wolle. Heymann schrieb ihm:

Sie hatten die Liebenswürdigkeit, bei mir anzufragen, ob es mir Spaß machen würde, den beiliegenden Brief des Herrn F. H. zu beantworten. Ja, es macht mir Spaß. Da Herr H. aber nicht an mich geschrieben hat, schreibe ich an Sie und will es Ihnen überlassen, ob, in welcher Form, ganz oder teilweise, Sie diesen Brief an ihn weiterleiten wollen.
  Hätte ich ihm direkt geschrieben, so hätte mein Brief etwa folgendermaßen gelautet:
  Sehr geehrter Herr H., die Direktion des Westdeutschen Rundfunks überließ mir zur Einsichtnahme Ihren Protestbrief gegen meine Geschichte über die Allmacht Gottes. Dieser Brief hat drei Aspekte: einen politischen, einen religiösen und einen menschlichen. Ich möchte mir erlauben, im Folgenden diese drei Aspekte nacheinander zu beleuchten:
  1.) Politisch: Der Rundfunk ist eine Gesellschaft des öffentlichen Rechts. Wir leben in einer Demokratie. Der Rundfunk hat nicht nur das Recht, sondern sogar die Pflicht, allen Meinungen gerecht zu werden, alle Ansichten vorzutragen. In einer Demokratie gilt in

höchstem Maße ein Satz von Voltaire, der in deutscher Übersetzung etwa so lautet: »Ich bin in keiner Weise mit Deiner Meinung einverstanden. Aber ich bin bereit, für Dein Recht, sie zu äußern, bis zum Tode zu kämpfen.« Der Rundfunk ist demnach berechtigt sogar einen ausführlichen Antigottesbeweis vorzutragen, genauso wie er berechtigt ist, eine Botschaft des Papstes zu veröffentlichen. Ich betone das Wort – berechtigt. Verpflichtet ist er zu beidem nicht. Der Rundfunk ist nur eingeschränkt durch die Gesetze gegen Unsittlichkeit, Verleumdung, Umsturz, Blasphemie. Blasphemie heißt Gotteslästerung. Ein Zweifel an seiner Existenz oder an gewissen, ihm zugeschriebenen Fähigkeiten, ist keine Gotteslästerung. Und damit wären wir bei

2.) Religiös: Meine Geschichte stammt, soviel ich weiß, aus dem Talmud. Der Talmud ist, nächst der Thora, das wichtigste Religionsbuch der Juden. Er spielt in der jüdischen Religion eine ebenso wichtige und ernste Rolle wie in der protestantischen der Katechismus von Martin Luther oder wie in der katholischen und protestantischen die Apostelbriefe. Er enthält viele Streitgespräche über mögliche Probleme, gewissermaßen Denkaufgaben, wie sie in allen Religionen üblich sind. Im Mittelalter haben sich z. B. sehr gelehrte geistliche Herren aufs Ausführlichste mit der Frage beschäftigt, wie viele Engel auf der Spitze einer Nadel sitzen können. 100? 1000? 10.000? 100.000? Eine sehr ernst gemeinte Antwort darauf lautete, dass Engel als Geister ja nicht sitzen können, da sie keinen Hintern haben.

Sie werden wahrscheinlich soeben gelächelt haben. Warum? Weil hier mit logischen Mitteln eine Frage gelöst werden sollte, auf welche Logik nicht anwendbar ist. Man kann nämlich ebenso wenig Logik auf eine Glaubensfrage anwenden, wie man drei Äpfel und vier Birnen addieren kann. Wissen und Glauben sind absolut zweierlei. Was ich weiß, brauche ich nicht zu glauben, und der Glaube fängt genau da an, wo das Wissen aufhört. Wissen ist Macht, Glaube aber macht selig!

Auch in der Mathematik finden wir die Grenze des Wissens, nämlich immer, wenn wir mit dem Begriff »unendlich« operieren müssen. Da schneiden sich die Parallelen, deren Wesen es doch ist, sich nicht zu schneiden, eben doch – in der Unendlichkeit. Da ist die Null eine Größe, wenn auch eine unendlich kleine. Da beinhaltet die Allmacht eben auch die Ohnmacht. Das alles sind Dinge, die für den gesunden Menschenverstand komisch sind, für den Glauben sind sie selbstverständlich. Gerade dieser letzte Fall ist der Inhalt meiner Geschichte über die Allmacht Gottes. Und ihre »Komik« liegt in der Hilflosigkeit des zweifelnden Rabbiners, der mit Logik ein Problem des Glaubens lösen will. Und das nennen Sie eine Verunglimpfung? Ich finde es eher humoristisch, und der liebe Gott, ich betone der *liebe* Gott, hat sicher Sinn für Humor. Er ist ja auch *allgütig*. Und damit kommen wir zu Punkt

3.) Menschlich: Richtet nicht, auf dass Ihr nicht gerichtet werdet! Sie sind ein finsterer Mensch, Sie sind politisch ungebildet, sonst hätten Sie nicht vom Rundfunk eine Richtigstellung verlangt für meine freie Meinungsäußerung, zu der ich sowohl nach dem Grundgesetz wie nach den Spielregeln des Radios durchaus berechtigt bin. Ihr Verhältnis zum lieben Gott scheint höchst unsicher zu sein; Sie gehören offenbar selber zu den, wie Sie schreiben, »vielen Menschen, die im Augenblick nicht die einzig richtige Antwort wussten und nun wahrscheinlich in ihrem Unglauben oder – was noch schlimmer wäre – ihrem Spott über den Allerhöchsten bestärkt werden können«, und Sie scheinen zu glauben, dass Gott eine Richtigstellung im Rundfunk benötigt. Sie sind außerdem humorlos. Nun, es sind genau diese politisch Ungebildeten, religiös Wankenden, humorlosen Menschen, denen Deutschland die »furchtbare Bilanz der letzten zwanzig Jahre« und die »stammelnden Gebete« in den Luftschutzbunkern zu verdanken hatte. Ich bitte Sie, in Ihrer Attitüde eine Richtigstellung vorzunehmen.

So, Ihr lieben Herren vom Rundfunk, das wär's. Falls Sie die Absicht haben sollten, den Brief an Herrn H. weiterzuleiten, befragen Sie, bitte, die Rechtsabteilung, ob er juristisch beleidigend anzusehen sein könnte.

Wie wäre übrigens die Idee, diese Korrespondenz in der nächsten Steckenpferdsendung oder sonstwo vorzulesen?

Am 6. Dezember schrieb der WDR-Unterhaltungschef Herrn F. H. und legte den Brief Heymanns im Original »mit der Bitte um Rücksendung« bei. Einige Auszüge seines wiederum sehr langen Schreibens:

> Ich habe als Leiter der Sendung zu Ihrem Brief Stellung zu nehmen. Ich habe mir lange überlegt, ob ich es überhaupt tun soll. Warum? Da sie ein gläubiger Mensch zu sein scheinen, kann ich zunächst ihre beispiellose Intoleranz nicht verstehen. Was ist denn geschehen? Ein Mann, ein Jude – mag es Sie stören oder nicht – hat aus seinem Religionsbuch eine Stelle zitiert, in der sich zwei jüdische Priester über einen tiefen, philosophischen Gedanken unterhalten. Ich finde, das darf man diesen Priestern zugestehen und auch Herrn Heymann, davon zu erzählen – denn heute darf er das ja wieder. Auch die im Sendesaal anwesenden Priester zollten ihm dafür Applaus ...
> Abgesehen davon, dass Sie vermutlich als einzig Protestierender den Sinn der Erzählung gar nicht erfasst haben, fühle ich mich ehrlich von Ihnen auf den Arm genommen, wenn Sie bitten, ein Unterhaltungs-Conferencier möge in einer späteren Sendung mit völlig anderen Themen nachträglich Gottes Allmacht bestätigen. *Das* halte ich für eine unverantwortliche Blasphemie ...

Jetzt schaltete Herr H. das 1953 gegründete Katholische Rundfunk-Institut Köln ein und bat, beim WDR in dieser Angelegenheit zu intervenieren. Der Leiter des Instituts, der Minoritenpater Rainulf Schmücker, ging zum WDR, ließ sich vom Unterhaltungschef über den Ablauf der Sendung berichten und konnte sich auch die Aufzeichnung der Sendung anhören. Er teilte seine Erkenntnisse Herrn H. in einem wiederum langen Brief vom 13. Januar 1958 mit:

> Die fragliche Sendung habe ich vom Band abgehört, es war zum Glück noch vorhanden. Die Geschichten von Herrn Heymann kamen in die Sendung, weil es sein Steckenpferd ist, Geschichten, Anekdoten und Witze zu sammeln. Seine drei letzten Storys bezeichnete er als: die gescheiteste, die weiseste, einfach die schönste.
> Heymanns »gescheiteste« Geschichte aus dem Talmud, meinte Pater Schmücker, wolle offenbar die »Tiefe, die Unauslotbarkeit der Allmacht Gottes plastisch darstellen, die wir trotz guter begrifflicher Annäherung doch denkerisch nicht erfassen, sondern im Glauben annehmen.«
> Selbstverständlich *kann* diese Geschichte so erzählt werden, dass sie bei den Hörern den Eindruck erweckt: Gott ist nicht allmächtig,

der Glaube an seine Allmacht hebt sich offenbar selbst auf. So verstanden wirkt die Erzählung wie ein billiger Witz und schadet bei manchen Leuten sicher dem Ansehen der Religion; bei wem aber genau, das ist sehr schwer zu sagen. Dem Ungläubigen wird sie nicht schaden und dem Gläubigen auch nicht, allerdings fühlt sich dieser für das öffentliche Ansehen seiner Religion verantwortlich und legt unter Umständen Verwahrung ein. Von da aus verstehe ich Ihren Einspruch gegen diesen Teil der Sendung durchaus.
Indes habe ich beim Abhören den deutlichen Eindruck gewonnen, dass weder der Erzähler noch die Hörer im Saal diese Geschichte so aufgefasst haben. Der Beifall war herzlich, aber nicht so laut und stürmisch (aber offensichtlich *nicht* aus Protest), wie bei den übrigen Geschichten und ich glaube durchaus, dass auch die anwesenden Geistlichen Beifall gezollt haben. Warum sollten sie nicht? Sie verstanden die Sache richtig. Ich muss mich demnach, da Sie eine Entscheidung erwarten, dahin entscheiden, dass nicht nur die geistlichen, sondern auch die anderen Anwesenden, oder doch die meisten, die Geschichte richtig verstanden haben. Natürlich kann man sagen, dass diese Sendung und das Milieu nicht gerade der ideale Ort waren. Aber man kann nach meiner Ansicht auch nicht sagen, dass sie hier völlig fehl am Platze war.

Am 16. Januar schickte Herr H. Heymanns Originalbrief an den WDR zurück, diesmal war sein Begleitbrief nicht ganz so lang:

Aufgrund Ihres Schreibens vom 6.12. habe ich mich zunächst einmal mit Hochw. Herrn P. Dr. Schmücker (Katholisches Rundfunk Institut Köln) in Verbindung gesetzt, weil es mir in keiner Weise um Polemiken oder Rechthaberei, sondern um ein echtes und ernstes Anliegen in seelsorgerischer Beziehung zu tun war.
Herr P. Dr. Schmücker hat sich das Tonband angehört. Nachdem er mir mit seinem Schreiben vom 13.1. seine Stellungnahme übermittelt hat, kann die Angelegenheit nunmehr zum Abschluss gebracht werden.
Auf den Brief des Herrn Heymann, den ich Ihnen urschriftlich wieder zurückreiche, habe ich keine Veranlassung zu antworten, weder aus politischen oder religiösen noch menschlichen Aspekten, da der Brief nicht an mich gerichtet ist.

Bei der Verleihung eines Faschingsordens,
München 1959.

Im selben Jahr veröffentlichte Heinrich Böll seine Satire *Dr. Murkes gesammeltes Schweigen*, die im Kölner Funkhaus spielt. Darin hat der Starpublizist Bur-Malottke, der »in der religiösen Begeisterung des Jahres 1945 konvertiert hatte«, sich »plötzlich angeklagt gefühlt, an der religiösen Überlagerung des Rundfunks mitschuldig zu sein«, und deshalb verlangt, in seinen Rundfunkvorträgen über das Wesen der Kunst das Wort »Gott« jeweils »durch eine Formulierung zu ersetzen, die mehr der Mentalität entsprach, zu der er sich vor 1945 bekannt hatte«, nämlich »jenes höhere Wesen, das wir verehren«. Böll wusste vermutlich gar nicht, wie nah er mit seiner Satire der Realität kam.

Im Dezember 1957 wurde Heymann wieder deutscher Staatsbürger. Zwei Tage danach schrieb er einem befreundeten Journalisten:

Wer mit wem? Werner Richard Heymann mit der deutschen Bundesrepublik, vertreten durch die Staatsregierung Bayern, Zweigstelle Münchner Rathaus. Der Komponist war, während seines Exils, auf Betreiben eines gewissen Zeitgenossen, dessen Name ebenfalls mit H beginnt, ausgebürgert worden.

Heymann hatte seine Wiedereinbürgerung beantragt. Er hatte die größten Schwierigkeiten mit der Beschaffung der Papiere. Seine Geburtsstadt Königsberg (Kaliningrad) war, soweit noch vorhanden, außer Reichweite, und in Berlin war auch fast alles zerbombt. Seinen alten deutschen Pass hatte er nicht mehr und auf allen Dokumenten, die er beschaffen konnte, fehlte ein wichtiger Punkt: Werner Richard Heymann, der so viele Evergreens geschrieben hat, dass sie schon beinahe Volkslieder geworden sind, konnte nicht nachweisen, dass er jemals deutscher Staatsbürger gewesen war!

Als er zur Klärung dieser Schwierigkeiten aufs Münchner Rathaus vorgeladen wurde, hatten sich die dort befindlichen Herren und Damen etwas Lustiges ausgedacht und Heymann fiel auch prompt darauf rein: Man erklärte ihm, dass er als Einzubürgernder den Nachweis der Vertrautheit mit deutscher Sprache und deutschem Volkstum erbringen müsste. Ob er ein deutsches Lied singen könne? Ohne nachzudenken sang Heymann mit lauter Stimme »Das gibt's nur einmal, das kommt nicht wieder« und der Saal explodierte vor Lachen.

In diesem Sinne verbleibe ich mit herzlichen Grüßen Ihr Werner Richard Heymann

wieder deutscher Staatsbürger seit 12. XII. 1957

Nach dem »Steckenpferd-Skandal« bat der WDR Heymann Anfang 1958 erneut um Mitwirkung bei einer Sendung. Dieser antwortete erst nach zwei Wochen:

Verzeihen Sie bitte die Verspätung meiner Antwort: Meine Frau war krank, mein Kind war krank, mein Hund verschluckte einen Bindfaden, mein Dienstmädchen hat sich beim Skilaufen das Bein gebrochen und liegt in Rosenheim im Krankenhaus, kurz und schlecht – es waren lausige Zeiten.

Der Unterhaltungschef teilte Heymann zehn Tage später mit:

Ich habe die Auflage, die Sache mit Frankenfeld zu machen: Inzwischen war er hier. Im Prinzip hat er mich auch wohl richtig verstanden, um was es gehen soll. Um es knapp und kurz zu übersetzen: Frankenfeld würde also auf der Bühne stehen, Sie in seiner Art begrüßen und vorstellen und dann auf eine oder zwei Melodien von Ihnen zu sprechen kommen, die der Einfall waren, die das Geschäft wurden, die um die Welt gingen. Das Gespräch soll locker und lustig sein, mit kleinen Indiskretionen (oder auch nicht), ganz wie Sie wollen. Sie sind der Erzähler, Frankenfeld nur die Stütze, die »ja ja« und »so so« sagt.

Im April 1959 lud der WDR Heymann in die Sendung »Das heiße Eisen« zum Thema »Der Schlager und die Schnulze« ein, und diesmal wurde ihm auch gleich erklärt, was er dort zu sagen haben würde: »Sie sollten als der Mann mit den Welterfolgen auftreten und schärfste Kritik üben an den superdummen Schlagermachern von heute. Noch klarer gesagt: Sie müssten uns den Gefallen tun, hier, ›ohne arrogant zu wirken‹, den Mund aufzutun und wirklich etwas ›in medias res‹ zum Thema zu sagen. Als Honorar schlagen wir 500 DM vor (zuzüglich Hin- und Rückreise).« Das war auch das Honorar für die beiden vorhergehenden Sendungen gewesen.

Heymanns Filmmusik aus der UFA-Zeit und aus den Hollywoodjahren war in der ganzen Welt bekannt. 1958 brachten ihm Aufführungen und Rundfunksendungen von Musik aus den amerikanischen Filmen mehr als 35.000 Mark Tantiemen, davon allein 10.000 Mark für den Schlager »For you«, für den Robert Gilbert einen deutschen Text geschrieben hatte: »Mit dir ist alles im Leben so wunderbar, mit dir ist alles so schön, wie es niemals war.«

Dazu kamen noch Einnahmen aus der weltweiten Auswertung seiner unverwüstlichen UFA-Schlager, die sogar in Japan gespielt wurden. Heymann konnte sich keine Schlösser kaufen, aber es reichte für ein zumindest in finanzieller Hinsicht sorgenfreies Leben. 1959 mietete er als Zweitwohnsitz ein kleines Häuschen am Berghang bei Locarno, wo er ab jetzt mit Frau und Kind einen großen Teil des Jahres verbrachte. Hier konnte er Freunde empfangen, hier arbeitete er mit Robert Gilbert, der sich in Locarno niedergelassen hatte, an dem Musical *Eine Nacht in Monte Carlo* (nach dem auch in Frankreich berühmten UFA-Film) für das er zusätzliche Musik komponierte.

Auch mit Georg Kreisler wollte er ein Musical machen, das, wie Kreisler sich erinnert, in einem Bordell spielen und mit dem Kampf ums Öl zu tun haben sollte.

Im November 1959 musste der Tochter Kiki der Blinddarm herausge-

Mit Mischa Spoliansky, 1959.

nommen werden. Als die Eltern das Kind nach der Operation besuchten, war der Bauch ballonartig angeschwollen und die Siebenjährige hatte starke Schmerzen. Heymann sah sofort, dass bei der Operation etwas schiefgelaufen sein musste; er schrie das ganze Krankenhaus zusammen. Sonst die Freundlichkeit in Person, tobte er und verlangte, dass die Bauchhöhle sofort wieder geöffnet würde. Es stellte sich heraus, dass vor dem Schließen der Wunde ein Tupfer im Bauch zurückgeblieben war. Die Aufregung war so groß, dass Heymann einen Herzinfarkt erlitt und selbst im Krankenhaus bleiben musste.

Schlussakkord

Am Montag, dem 1. Februar 1960, sah Heymann um 21.20 Uhr im damals noch einzigen Deutschen Fernsehen die Sendung »Blick in die Zeit – Menschen, Ereignisse und Ideen« mit Eugen Kogon als Gastgeber. Kogon, 1903 geboren, war von 1939 bis 1945 im KZ Buchenwald interniert. 1946 veröffentlichte er *Der SS-Staat – Das System der deutschen Konzentrationslager,* war Zeuge in den Nürnberger Ärzteprozessen und im Buchenwaldprozess. Mit den *Frankfurter Heften* gab er eine, wie man damals sagte, linkskatholische Zeitschrift heraus, die großen Einfluss hatte. 1951 wurde er Professor für Politikwissenschaft in Darmstadt. Schon früh betätigte er sich auch als Fernsehpublizist.

In Urfeld am Rhein, einer Kleinstadt zwischen Bonn und Köln, hatten zwei junge Männer im Alter von 23 und 19 Jahren an die katholische Kirche Hakenkreuze und die Parole »Juden raus« geschmiert. Sie wurden überführt und zu zehn beziehungsweise drei Monaten Gefängnis ohne Bewährung verurteilt. Kurz darauf kam es in Berlin-Charlottenburg zu einer Nachahmungstat. Am 5. Januar 1960 wurde der Täter gefasst, ein 23-Jähriger, der zu zehn Monaten verurteilt wurde und bereits in Haft saß, während die beiden Urfelder Täter noch auf freiem Fuß waren, da sie gegen das Urteil Berufung eingelegt hatten.

Alle drei Täter waren für Kogons Sendung nach ihren Motiven befragt worden. Der Ältere aus Urfeld, der die Parole »Juden raus« geschrieben hatte, antwortete auf die Frage: »Kennen Sie eigentlich Juden?« mit »Nein«. Er habe auch nie vorher Juden gesehen. Der Jüngere, der die Hakenkreuze gemalt hatte, konnte auch keinen Grund für seine Tat nennen. Die Fragen, ob er wisse, was eine Synagoge, was Antisemitismus sei, beantwortete er ebenfalls mit »Nein«.

Der Charlottenburger wurde mit Erlaubnis des Berliner Justizsenators im Gefängnis interviewt; auch er konnte nicht erklären, warum er »Juden raus!« an eine Glasscheibe geschmiert hatte.

REPORTER: Kennen Sie die Geschichte des Nationalsozialismus?
– Ich kenne sie teilweise ...
REPORTER: Wissen Sie, wie viele Juden umgebracht wurden?
– Ja, es sollen sechs Millionen gewesen sein.
REPORTER: Was heißt »sollen«? Zweifeln Sie daran?
– Ja, ich weiß nicht, ob's mehr oder ob's weniger waren. Ich kann's bloß sagen aufgrund ... irgendwelcher Angaben.
REPORTER: Ja, und wie stehen Sie dazu, wie finden Sie das?
– Also von vornherein: Von diesen Taten, von diesen Judenverfolgungen, die seinerzeit im Nationalsozialismus entstanden, distanziere ich mich ...
REPORTER: Ja, was heißt: distanzieren Sie sich? Das hat doch damit gar nichts zu tun! Sie waren doch damals ein Kind! Aber wie beurteilen Sie das?
– Nein, ich sage nicht, das war recht so. Ich sage: Ich lehne es ab, ich lehne diese Taten ab. Man hätte meinethalben sagen sollen: Schert euch, wohin ihr wollt, aber geht raus!
REPORTER: Ja, aber Sie sind dafür heute noch? Man hätte sie nicht umbringen sollen, ja?
– Ja.
REPORTER: Aber man hätte sie heraustreiben sollen?
– Ja, ohne Weiteres ...
REPORTER: Warum?
– Weil eben ... mal sagen, seinerzeit herrschte eben die große Theorie von dem Arier, von dem Deutschen, von dem reinrassigen Deutschen ... Vielleicht ist es nur vom Hörensagen, dass ich das weiß, aber wenn ich mal anders fragen darf: Wie kam eigentlich dieses Judenproblem an und für sich zustande?
REPORTER: Sie sind also dafür, dass in der nationalsozialistischen Zeit die Juden nicht hätten umgebracht werden sollen, sondern man hätte sie vertreiben sollen!
– Man hätte sie vertreiben sollen.
REPORTER: Und wie stehen Sie heute dazu? Soll man heute die Juden auch aus Deutschland vertreiben?
– Man soll denen, die es verdient haben, denen damals in der Kristallnacht etwas genommen wurde, die soll man entschädigen und eben ausweisen. Denn dann wüsste ich, dass Deutschland irgendwie auf diesem Gebiete einen Frieden hätte.

REPORTER: Sie sind überzeugt, dass die Juden Unfriedenstifter sind?
– Ja, in den breiten Massen, ja.
REPORTER: Was hat Ihnen persönlich zum Beispiel ein Jude bisher getan?
– Mir persönlich hat ein Jude bis heute noch nichts getan. Ich verachte doch nur im Allgemeinen ihr ganzes Wesen, ihre ganze Mentalität.
REPORTER: Und Sie sind also dafür, dass heute noch Juden aus Deutschland ausgewiesen werden?
– Ja, um auf diesem Gebiet einen allgemeinen Frieden herzustellen, denn es gibt nämlich in Deutschland einen wirklichen Antisemitismus.
REPORTER: Woher wissen Sie, dass es einen Antisemitismus gibt?
– Aus der breiten Bevölkerung, aus Unterhaltungen heraus.
REPORTER: Mit wem unterhalten Sie sich da?
– Mit den Menschen der verschiedensten Klassen.
REPORTER: Und Sie haben nur Antisemiten getroffen?
– Nein, nicht nur, aber einen großen Teil, ich will sagen, sechzig Prozent.
REPORTER: Ja, wie äußert sich das?
– Sie sagen also, will mal sagen, das war recht gewesen, dass der Hitler sie vergast hätte. Er hätte viel zu wenige vergast. Und dann sind sie meiner Ansicht: Man sollte, um endlich einen Frieden zu schaffen, man sollte sie eben des Landes verweisen, eben nach Jerusalem, in das Land, das sie eben nach dem Kriege versuchen aufzubauen.
REPORTER: Das ist auch Ihre Überzeugung?
– Das ist meine Überzeugung, ja, um in der Beziehung Frieden zu schaffen.

Schließlich fragte der Reporter den 23-Jährigen noch, ob er wisse, was die Juden früher in Deutschland geleistet hätten. Die Antwort:

Ohne Weiteres. Sie waren Träger ... Also man sagt dem deutschen Geist nach, dass er teilweise aus dem jüdischen geboren wurde. Zum Beispiel Einstein, also einer der größten Wissenschaftler, die es überhaupt je gegeben hat, ist ein Jude gewesen. Nehmen wir mal Männer wie Heine zum Beispiel, alles große geistige Köpfe. Nehmen wir wirtschaftlich, schauen Sie mal her: Vor 1933 ... ich hab's teilweise flüchtig gelesen, beherrschten die Juden die deutsche Wirtschaft.

Auf Nachfrage erklärte er dann noch, er werde auch nach Absitzen seiner Strafe seine Ansicht beibehalten, dass die Juden aus Deutschland herausmüssen, aber auf keinen Fall mehr »Juden raus« an Scheiben schreiben.

REPORTER: Aber Sie werden's denken?
– Teilweise ja.

Noch am Abend der Sendung schrieb Heymann an Eugen Kogon:

Sehr geehrter Herr Professor Kogon!

Ich bin ein Ihnen vielleicht nicht unbekannter Komponist und lebe seit meiner Rückkehr aus dem Exil (Hollywood) seit neun Jahren wieder in Deutschland. Mein Beruf bringt es mit sich, ein sehr feines Gehör zu haben und auch einen stark ausgeprägten sozusagen sechsten Sinn für Dinge, die das Publikum bewegen.

Ich habe soeben Ihre heutige Sendung und die darin enthaltenen ausgezeichneten Interviews mit jugendlichen Antisemiten mitangehört und gesehen und möchte Ihnen erst einmal von ganzem Herzen zu dieser ausgezeichneten Fernsehleistung gratulieren!

Und dann möchte ich Sie etwas fragen: Glauben Sie nicht, dass es an der Zeit ist, dass man die deutsche Jugend überhaupt einmal darüber informiert, wer und was Juden sind? Glauben Sie nicht, dass es an der Zeit ist, sie über ein paar der gröbsten Lügen, die wir deutschen Juden damals mehr oder weniger verteidigungs- und hilflos hinnehmen mussten, aufzuklären?

Einer der »Übeltäter« wusste, dass Einstein, Mendelssohn, Heine und Tucholsky Juden waren. Weiß er, dass unter anderen Christus, Spinoza, Karl Marx, Sigmund Freud, Charles Bizet, Gustav Mahler, Max Liebermann (die Reihe lässt sich fortsetzen) ebenfalls Juden waren?

Derselbe Delinquent sagte, dass die deutsche Wirtschaft von den Juden beherrscht worden sei. Hält er Krupp, Thyssen, Stinnes etc. für Juden? Sie verstehen, was ich meine. Mir scheint es wichtig, dass die Juden endlich mal aus der dauernden Abwehrstellung herausgenommen werden. Ich wäre Ihnen außerordentlich dankbar, wenn Sie sich äußern würden, was Sie darüber denken.

Gerade Ihr Forum, das sich durch wissenschaftliche Genauigkeit, durch eine auffallende demokratische Genauigkeit auszeichnet, erscheint mir dafür besonders geeignet.

Wir Juden, die heute wieder in Deutschland leben und wirken, tun das aus Liebe zu diesem Land. Die meisten von uns wären auch im Ausland nicht verhungert.

In größter Wertschätzung und wirklicher Hochachtung bin ich Ihr sehr ergebener
Werner Richard Heymann

1960 wurde Heymann in die Jury der Berliner Filmfestspiele berufen, deren Präsident der Komiker Harold Lloyd war. Heymann kannte ihn von der Produktion des Films *Mad Wednesday*, in dem Lloyd 1947 nach fast zehn Jahren Pause wieder eine Hauptrolle gespielt hatte. Es war Lloyds letzter – und sein einziger erfolgloser – Film, nachdem er in beinahe 500 Stumm- und Tonfilmen zwischen 1917 und 1936 den bebrillten unerschütterlichen Optimisten gegeben hatte. Die Berliner Jury zeichnete als besten Regisseur Jean-Luc Godard für den Film *À bout de souffle (Außer Atem)* aus, den die Kritiker des Festivals eher verhalten bewertet hatten.

Am 14. Februar 1961 konnte Heymann zu seinem 65. Geburtstag noch einmal zahlreiche Freunde um sich versammeln. Kein halbes Jahr später, am 30. Mai 1961, starb Werner Richard Heymann an den Folgen eines Schlaganfalls, den er trotz der Schmerzen und einer halbseitigen Lähmung seinen »Schlageranfall« nannte. Es war eingetreten, was er kurze Zeit zuvor selbst so beschrieben hatte:

Eines Tages wachst du auf und bist tot. So tot, dass du dich nicht mal mehr wundern kannst!

Robert Gilbert hielt seinem Freund am 3. Juni 1961 die Grabrede:

> Musik, Melodie – das war sein Leben, und die Menschen, die er geliebt hat, sie waren zärtlich mit einbezogen in diesen Grundakkord seines Wesens ...

Ich weiß über den Tod nichts Tröstliches zu sagen. Aber seltsam zumut war mir, als ich am Morgen nach dem Weggehen meines Freundes Werner Richard Heymann von der Straße her eine Geige hörte – zuerst wusste ich nicht recht, was ich da hörte, doch dann erkannte ich nach ein paar Takten die Melodie. Der Straßenmusikant spielte das Lied »Das gibt's nur einmal – das kommt nicht wieder.« Ich habe diese Geschichte nicht erfunden. So ist es tatsächlich geschehen – und wie simpel und zufällig der Vorgang auch an sich gewesen sein mag, es durchschauert mich, ja – so, als wäre ich wieder etwas Unsagbarem begegnet. War es ein Gruß? War es mehr als das? Ich weiß es nicht. Und vielleicht liegt letzten Endes unser Trost in dem, was wir nicht wissen, nie wissen können, und mein Freund Werner wird mich verstehen, wenn ich mein Lebewohl an ihn schließe mit den Worten von Angelus Silesius: »Was trag ich solche Furcht, den Atem aufzugeben? In mir ist nichts, das lebet, als mein Leben.«

1954 hatte Heymann eine kurze Selbstbiografie für das Programmheft der Stuttgarter Uraufführung von *Kiki vom Montmartre* mit der Feststellung beendet:

Ich liebe: meine Frau, mein Kind, die Welt, Menschen, Tiere, Landschaften, Essen, Trinken, Rauchen, Autofahren, Kochen, Bücher. Ich liebe die Freiheit.
Ich hasse: Diktatur, Gottlosigkeit, Notenschreiben, Wolle am Körper und Steinchen im Schuh.
Ich hoffe: auf die Vereinigten Staaten von Europa, eine lange Jugend, auch für meine wundervoll junge und himmlisch schöne Frau und – viel Geld.

Mit seiner Tochter Elisabeth, 1961.

Werkverzeichnis

Orchester- und Kammermusik

Maifeierlied für eine Stimme und Orchester
(Text: Richard Dehmel)
komponiert 1912 (verschollen)

Frühlingsnotturno für kleines Orchester op. 4
komponiert 1914, Uraufführung 1915; Blüthner-orchester Berlin, Dirigent: Paul Scheinpflug; Edition Weinberger 1917

Rhapsodische Sinfonie für großes Orchester und Baritonsolo in einem sechsteiligen Satze op. 5
(Texte: Rainer Maria Rilke, Walter Rheiner, Walther Heymann)
komponiert 1915/1916, Uraufführung 1918; Wiener Philharmoniker, Dirigent: Felix von Weingartner; Edition Weinberger 1918

Zwei Gesänge für Tenor und Orchester op. 6
»Der Tanz der Götter« (Text: nach Li Tai-peh von Walther Heymann), »Anrufung« (Text: Werner Richard Heymann)
komponiert 1916/1917; Edition Weinberger 1917

Streichquartett
komponiert 1921, interne Aufführung Salzburg 1921, öffentliche Uraufführung Berlin 1922; Anbruch-Quartett (verschollen)

Ricercare in Schnarr-Dur für Knabenchor, Sopran, Alt, Tenor und Bass (Text: Werner Richard Heymann)
komponiert 1929 (im Autograf erhalten)

Let Us Keep Our Land the »Land of the Free«
(Text: W. R. Heymann) für einstimmigen Chor und Klavier (»dedicated to the memory of Franklin D. Roosevelt«)
1948 (im Autograf erhalten)

Bühnenwerke

Bühnenmusik zu *Die Wandlung* von Ernst Toller
für eine Geige
Berlin 1919, Tribüne; Regie: Karl Heinz Martin

Bühnenmusik zu *Europa*, Spiel und Tanz von Georg Kaiser
Berlin 1920, Großes Schauspielhaus; Regie: Karl Heinz Martin

Bearbeitung der Bühnenmusik zu *Artisten* von George Waters und Arthur Hopkins
Berlin 1928, Deutsches Theater; Regie: Max Reinhardt
»Kennst du das kleine Haus am Michigansee?«
(Text: Marcellus Schiffer)

Bühnenmusik zu *Katharina Knie* von Carl Zuckmayer
Berlin 1928, Lessingtheater; Regie: Karl Heinz Martin

Dame Nr. 1 rechts
Musikalisches Lustspiel von Hans Müller frei nach André Picard, Liedtexte von Robert Gilbert; Wien 1933, Skalatheater; Doremi Musikverlag, Basel 1934
»Seit ich dich gefunden hab'« / »Das Schönste sind die Damen« / »Mir bleiben alle treu« / »Ich will nicht morgen schon dein Gestern sein« / »Jemand, jemand, irgend jemand« / »Ich muss den Mädchen gut sein«

Florestan I., Prince de Monaco
Operette von Sacha Guitry, Chansontexte von Albert Willemetz; Paris 1933, Théâtre des Bouffes Parisiens; Éditions Salabert, Paris 1934
»Margot« / »Ah! Si j'avais été ténor« / »Amusez-vous« / »Je l'aime, je l'adore« / »C'est si charmant«

Trente et Quarante
Operette von S. Fodor, Chansontexte von Jean de Létraz; Paris 1935, Théâtre des Bouffes Parisiens
»La vie est belle« / »Ouvre moi ta porte« / »Voici mon cœur« / »Dites merci, Madame« / »L'invitation à l'amour«

Bühnenmusik und Chansons zu *Professor Unrat* von Erich Ebermayer nach Heinrich Mann, Liedtexte von Robert Gilbert
»Mir liegen die älteren Jahrgänge« / »Der Herr von Gestern« / »In Hamburg und Lübeck und Bremen« / »Akrobat – schön!« / »O hätt' ich doch mein Kind verkauft«
München 1951, Kleine Komödie; Regie: Gerhard Metzner

Kiki vom Montmartre
Musikalisches Lustspiel von E. F. Brücklmeier und Janne Furch nach André Picard (Neubearbeitung von *Dame Nr. 1 rechts*); Stuttgart 1954, Staatstheater; Regie: Erich Fritz Brücklmeier

Lieder und Chansons (Auswahl)

vor 1914
Drei Lieder für Singstimme und Klavier op. 1–3
Altes Reiterlied (Text: Klabund), Die Mädchen singen, Schlaflied (Texte: Rainer Maria Rilke)
Edition Weinberger 1917

1914
Kriegsfreiwillige vor! (Text: Klabund)

1915
Siegesglocke (Text: Walther Heymann)

1918
Vier Lieder für eine Singstimme mit Klavier op. 7
Sanft, Mutter, Bittende Liebe, Das Mädchen (Texte: Walther Heymann)
Edition Weinberger 1918

1920/21
An den Kanälen (Text: Walter Mehring)
Berliner Moritat – Herr Jottfried Knautschke (Text: Leo Heller)
Berliner Wiegenlied – Stieke, Stieke, nun schlaf doch endlich (Text: Frank Günther)
Das Leibregiment (Text: Kurt Tucholsky)
Der Boxer – Der Willi iberraschte ma (Text: Leo Heller)
Der Glockenturm (Text: Leo Heller)
Der grüne Kranz (Text: Edi Kiray)
Die Arie der großen Hure Presse – Der Zirkus herrscht (Text: Walter Mehring)
Die Dorfschöne – Wenn im Winde meine Röcke (Text: Kurt Tucholsky)
Die große Sensation – Achtung! Neuheit! (Text: Walter Mehring)
Die Kälte (Text: Walter Mehring)
Die kleine Stadt (Text: Walter Mehring)
Die Klingelfahrerin (Text: Leo Heller)
Die Knöpfelschuhe (Text: Leo Heller)
Escapade-Boston (Text: Hans Brennert)
Lulaby – Wer Schlager auf Lager (Text: Hans Brennert)
Matrosenlied – In Algier sind die Mädchen schwarz (Text: Klabund)
Pierrot-Lieder – He, halloh / So steh ich denn in dem Gewand (Texte: Gustav von Wangenheim)
Schatten-Fox – Kennt ihr die selige Insel von Palau? (Text: Hans Brennert)
Stoß dir bloß nicht den Kopp an der Hochbahn ein (Text: Marcellus Schiffer)
Umzug – Als ich war injesejnet worden (Text: Leo Heller)
Vereinsball – Woll'n wir mal jemietlich sein (Text: Leo Heller)

1923
Ach du, ach du (Text: Fritz Rotter, Otto Stransky)
Alraune, du Blume der Sünden (Text: Kurt Robitschek)
Altes Reiterlied – Der Mond steht in den Gassen (Text: Klabund)
Bei mir zu Hause da geht das nicht (Text: Kurt Schwabach)
Bleib mir treu (Text: Karl Brüll)
Das tun die Mädchen gern (Text: Fritz Grünbaum)
Ich gehör dir ganz allein (Text: Fritz Rotter)
Lakme, du schönste Frau (Text: Bruno Hardt-Warden)
Wenn du denkst, ich bin dir treu (Text: Otto Stransky)
Wenn du schweigen willst (Text: Kurt Schwabach)

1924
Komm mit mir nach Brasilien (Text: Armin Robinson)
Laß mich im Frühling nicht allein (Text: Armin Robinson)
Wenn du mich nicht mehr liebst (Text: Armin Robinson)
Wenn wir allein sind (Text: Armin Robinson)

1925
Ach, Maxe (Text: Armin Robinson)

1926
Die schönste Frau der Staaten (Text: Paul Reno)
Du bist beinah so schön wie Harold Lloyd (Text: Richard Rillo)
Heut' fahr' ich nach Amerika (Text: Fritz Rotter/Otto Stransky)
Ich bin ein Matrose (Text: Karl Wilcynski)

1927
Nein, so was von Liebe (Text: Fritz Rotter/Otto Stransky)

1928
Charlot (Text: Marcellus Schiffer)
Er oder ich (Text: NN)
Es war ein Matrose Siebenhaar (Text: Leo Heller)

1929
Ach, ich lieb' den Räuber Stenka (Text: Klabund)
Komm in mein träumendes Boot (Text: Richard Rillo/Armin Robinson)
La route de bonheur (Text: Jean Boyer)
Selbstmord – Mein bester Mann ist weg (Text: Langston Hughes)

1930
Gnädige Frau geht aus (Text: Robert Gilbert)
Je ne sais rien de toi (Text: Jean Boyer)

Weil ich dich liebe, muss ich lügen (Text: Richard Rillo/Peter Francke)

1931
Serait-ce un rêve (Text: Jean Boyer)
Un mot d'amour (Text: Robert Gilbert)

1932
Du bist ein Fragezeichen (Text: Th. Tau)
Just once for all time (Text: Rowland Leigh)
Live, love and laugh (Text: Rowland Leigh)

1935
Ouvre moi ta porte (Text: Jean de Létraz)
Voulez-vous mon cœur (Text: Jean de Létraz)

1936
Je vous revois, Madame (Text: Jean de Létraz/ Albert Willemetz)
Le bon système (Text: Jean de Létraz/Albert Willemetz)
You look so sweet (Text: Arthur Wimperis)
Tzinga Doodle Day (Text: Arthur Wimperis)

1949
Monotonous Night (Text: Langston Hughes)

1950
Amuchichi, Amuchicha (Text: Forman Brown)
If I ever fall in love (Text: Ned Washington)

1951
Elisabeth! (Text: W. R. Heymann)
Starten, kuppeln, schalten, Gas (Text: Hans Fritz Beckmann)

1956
Ev'ry day is a holiday (Text: W. R. Heymann)

1957
Silvana (Text: Trude Hofmeister)

1959
Eine bleibt dir immer treu (Text: Robert Gilbert)
Tag für Tag und Nacht für Nacht (Text: Robert Gilbert)
Wenn ich dich anseh', höre ich Musik (Text: Robert Gilbert)
Wenn man nach Hawaii kommt (Text: Heinz Horst Henning)

Filmmusik
Stummfilmmusiken (mit Uraufführungsdatum)

1926
Die Brüder Schellenberg
Regie: Karl Grune; mit Conrad Veidt, Lil Dagover (22. März)
Die Fahrt ins Abenteuer
Regie: Max Mack; mit Ossi Oswalda, Willy Fritsch (16. April)
Wien–Berlin
Regie: Hans Steinhoff (August)
Wie einst im Mai
Regie: Willi Wolf; mit Ellen Richter, Paul Heidemann (19. August)
Im Weißen Rössl
Regie: Richard Oswald; mit Liane Haid, Max Hansen (27. August)
Der Mann im Feuer
Regie: Erich Waschnek; mit Olga Tschechowa, Jakob Tiedtke (23. September)
Sein großer Fall
Regie: Fritz Wendhausen; mit Olga Tschechowa, Rudolf Forster (30. September)
Das Mädel auf der Schaukel
Regie: Felix Basch (7. Oktober)
Faust – Eine deutsche Volkssage
Regie: Friedrich Wilhelm Murnau; mit Gösta Ekman, Camilla Horn, Emil Jannings, Yvette Guilbert (14. Oktober)
Der Sohn des Hannibal
Regie: Felix Basch; mit Liane Haid (23. Dezember)
Vater werden ist nicht schwer
Regie: Erich Schönfelder; mit Lilian Harvey (30. Dezember)

1927
Brennende Grenze
Regie: Erich Waschneck; mit Olga Tschechowa (3. Januar)
Eine Dubarry von heute
Regie: Alexander Korda; mit Hans Albers, Marlene Dietrich (24. Januar)
Meine Tante – deine Tante
Regie: Carl Froelich; mit Henny Porten (25. Februar)
Durchlaucht Radieschen
Regie: Richard Eichberg; mit Xenia Desni, Werner Fuetterer (25. März)
Die Bräutigame der Babette Bomberling
Regie: Victor Janson (4. April)
Die sieben Töchter der Frau Gyurkovicz
Regie: Ragnar Hylten; mit Willy Fritsch, Werner Fuetterer (13. April)
Valencia
Regie: Jaap Speyer (30. Mai)
Jugendrausch
Regie: Georg Asagaroff; mit Camilla Horn, Gustav Fröhlich (15. Juni)
Ein rheinisches Mädchen beim rheinischen Wein
Regie: Johannes Guter (2. August)
Der letzte Walzer
Regie: Arthur Robinson; mit Liane Haid, Willy Fritsch (August)

Die heilige Lüge
Regie: Holger-Madsen (2. September)
Der fidele Bauer
Regie: Franz Seitz; mit Werner Krauß, Mathias Wiemann (10. November)
Der große Sprung
Regie: Arnold Fanck; mit Leni Riefenstahl, Luis Trenker (20. Dezember)

1928

Spione
Regie: Fritz Lang; mit Willy Fritsch, Rudolf Klein-Rogge, Paul Hörbiger (22. März)

Tonfilme

1928

Des Haares und der Liebe Wellen
Regie: Walter Ruttmann; mit Paul Graetz, Ilse Bachmann (17 Min.)
Paganini in Venedig
Regie: Frank Clifford; mit Wilhelm Gombert (21 Min.)
»Lied des Gondoliere«

1929

Melodie des Herzens
Regie: Hanns Schwarz; mit Dita Parlo, Willy Fritsch
»Frühlingslied« (»Das Lied vom Lenz ist alt und schlicht«, Text: Hans Szekely) / »Hopp, hopp, hopp, heut komm' ich zu dir« (Text: Richard Rillo)
Liebeswalzer/Valse d'amour/Love-Waltz
Regie: Wilhelm Thiele; mit Lilian Harvey, Willy Fritsch, Georg Alexander; Produktionszeit 4.10.1929–9.1.1930
»Du bist das süßeste Mädel der Welt« / »Fühlen, nicht denken« (Texte: Robert Liebmann/Ernst Neubach) / »Liebeswalzer« (»Sag nicht ja, sag nicht nein«) / »Hurra, hurra, hurra« / »O.-K.-Song« (Texte: Robert Liebmann) / »Bobby« (Texte: Robert Liebmann/Richard Rillo)

1930

Die Drei von der Tankstelle/Le chemin du paradis
Regie: Wilhelm Thiele; mit Lilian Harvey, Willi Fritsch/Henry Garat, Heinz Rühmann; Produktionszeit 17.6.–31.7.1930
»Ein Freund, ein guter Freund« / »Hallo, du süße Frau« / »Liebling, mein Herz lässt dich grüßen« / »Erst kommt ein großes Fragezeichen« / »Lieber guter Herr Gerichtsvollzieher« (Texte: Robert Gilbert)
»Avoir un bon copain« / »Allons minois joli« / »Tout est permit quand on rêve« / »Les mots ne sont rien« (Texte: Jean Boyer)

1931

Ihre Hoheit befiehlt/Princesse à vous ordres
Regie: Hanns Schwarz; mit Käthe von Nagy/Lilian Harvey, Willy Fritsch/Henry Garat, Reinhold Schünzel, Paul Hörbiger; Produktionszeit 20.1. bis Ende Februar 1931
»Du hast mir heimlich die Liebe ins Haus gebracht« / »Komm und tanz mit mir« / »Trara! Jetzt kommt die Marschmusik« (Texte: Robert Gilbert) / »Frag nicht wie, frag nicht wo« / »Bisschen dies, bisschen das« (Text: Ernst Neubach)
Der Ball/Le Bal
Regie: Wilhelm Thiele; mit Lucie Mannheim, Reinhold Schünzel, Dolly Haas/Danielle Darrieux; Fertigstellung: Juli 1931
»Einmal sucht jeder die Straße nach dem Glück« / »Le Bal« / »Das ist der Sonntag« / »Isabella« / »Puppenlied« (Texte: Robert Gilbert)
Bomben auf Monte Carlo/Le Capitaine Craddock
Regie: Hanns Schwarz; mit Hans Albers, Anna Sten, Heinz Rühmann, Peter Lorre; Produktionszeit Mitte April bis Anfang Juli 1931
»Das ist die Liebe der Matrosen« / »Eine Nacht in Monte Carlo« / »Wenn der Wind weht« / »Pontenero« (Texte: Robert Gilbert)
Der Kongress tanzt / Le congrès s'amuse / Old Vienna
Regie: Erik Charell; mit Lilian Harvey, Willy Fritsch/Henry Garat, Conrad Veidt, Lil Dagover, Adele Sandrock; Produktionszeit 1.6.–4.9.1931
»Das gibt's nur einmal« / »Das muss ein Stück vom Himmel sein« / »Schön ist das Leben« (Texte: Robert Gilbert)
Der Sieger/Le vainqueur
Regie: Hans Hinrich und Paul Martin; mit Hans Albers, Jean Murat, Käthe von Nagy, Adele Sandrock; Produktionszeit Anfang Dezember 1931 bis 29.1.1932
»Es führt kein andrer Weg zur Seligkeit« / »Hoppla, jetzt komm' ich« (Texte: Robert Gilbert) / »Was du jetzt tust, ist gefährlich« / »Wir tanzen ein und schauen aus« / »Heut' muss ein Mann seinen Mann steh'n« (Texte: Max Kolpe) / »Telegraphen-Song« (Text: Robert Liebmann)

1932

Quick/A vos ordres
Regie: Robert Siodmak; mit Hans Albers, Lilian Harvey, Paul Hörbiger; Produktionszeit 10.3.–30.4.1932
»Gnädige Frau, komm und spiel mit mir« (Text: Robert Liebmann)
Ein blonder Traum / Un rêve blond / Happy ever after
Regie: Paul Martin; mit Lilian Harvey, Willy Fritsch/Henry Garat, Willi Forst, Paul Hörbiger, Trude Hesterberg; Drehbeginn: 9.5.1932
»Einmal schafft's jeder« / »Alles verstehen, heißt alles verzeih'n« / »Wir zahlen keine Miete mehr« (Texte: Walter Reisch) / »Ich hab so Sehnsucht« / »Irgendwo auf der Welt gibt's ein kleines bisschen Glück« (Texte: Robert Gilbert)
Ich bei Tag und du bei Nacht / A moi le jour... / Early to Bed
Regie: Ludwig Berger; mit Käthe von Nagy,

Willy Fritsch, Rudolf Platte; Produktionszeit
25.7.–27.10.1932
»Uns kann keiner« / »Wenn du nicht kommst, haben alle Rosen umsonst geblüht« / »Wenn ich sonntags in mein Kino geh'« (Texte: Robert Gilbert/W. R. Heymann)

1933
Saison in Kairo/Une idylle au Caire
Regie: Reinhold Schünzel; mit Renate Müller, Willy Fritsch, Jakob Tiedtke, Leopoldine Konstantin, Gustav Waldau; Produktionszeit Anfang Februar bis Mai 1933
»Saison in Kairo« / »Mir ist so, ich weiß nicht wie« (Texte: Robert Gilbert)

Adorable (amerikan. Remake von *Ihre Hoheit befiehlt*)
Regie: William Dieterle; mit Henry Garat, Janet Gaynor; Fox, Produktionszeit: März bis Mitte April 1933
»Adorable« / »My first love« / »My hearts desire« (Texte: Ernst Neubach)

1934
Caravan/Caravane (Hochzeitsnacht)
Regie: Erik Charell; mit Loretta Young/Annabella, Charles Boyer; Fox, Produktionszeit 19.4. bis Mitte Juni 1934
»Happy, I'm happy« / »Ha-cha-cha« / »Wine Song« (Texte: Gus Kahn)

1935
La petite sauvage
Regie Jean de Limur; mit Jose Noguero, Paulette Dubost

1936
Le grand refrain
Regie: Yves Mirande (künstler. Oberleitung Robert Siodmak); mit Fernand Gravey, Jacqueline Francell; Produktionszeit April bis Mai 1936
»Le grand refrain« / »J'ai quelqu'un dans mon cœur« / »Pourvu que vous m'aimez« (Texte: Roger Fernay)

The Beloved Vagabond / Le Vagabond bien-aimé
Regie: Kurt Bernhardt; mit Maurice Chevalier
»You look so sweet« / »Tzeinga-Doodle-Day« (Texte: Arthur Wimperis)
»Je vous revois, Madame« / »Le bon système« (Texte: Jean de Létraz/Albert Willemetz)

1937
The King and the Chorus Girl
Regie: Mervyn LeRoy; mit Joan Blondell, Fernand Gravey; Warner, fertiggestellt 12.2.1937
»For You« / »Rue de la Paix« (Texte: Ted Koehler)

Angel
Regie: Ernst Lubitsch; mit Marlene Dietrich, Melvyn Douglas; Paramount, Produktionszeit 22.3.–14.6.1937
Musik mit Friedrich Hollaender

1938
Bluebeard's Eighth Wife (Blaubarts achte Frau)
Regie: Ernst Lubitsch; mit Claudette Colbert, Gary Cooper; Musik mit Friedrich Hollaender; Paramount, Produktionszeit 23.10.1937 bis Jan. 1938

1939
Ninotchka (Ninotschka)
Regie: Ernst Lubitsch; mit Greta Garbo, Melvyn Douglas; MGM, Produktionszeit 31.5.–11.8.1939
»I found Romance« (Text: Earl Brent)

The Earl of Chicago
Regie: Richard Thorpe; mit Robert Montgomery; MGM, Produktionszeit 10.10.–14.11.1939)

The Shop around the Corner (Rendezvous nach Ladenschluss)
Regie: Ernst Lubitsch; mit James Stewart, Margaret Sullavan; MGM, Produktionszeit Anfang Nov. bis 5.12.1939

One Million B.C. (Der Herr des Urwalds)
Regie: Hal Roach jr.; mit Victor Mature; Hal Roach Studios, Drehbeginn Anfang Nov. 1939 (Oscar-Nominierung für beste Musik 1940)

Primrose Path
Regie: Gregory La Cava; mit Ginger Rogers; RKO, Drehbeginn Anfang Nov. 1939

1940
He Stayed for Breakfast
Regie: Alexander Hall; mit Loretta Young, Melvyn Douglas; Columbia, Produktionszeit 20.5.–28.6.1940

This Thing Called Love
Regie: Alexander Hall; mit Rosalind Russell, Melvyn Douglas; Columbia, Produktionszeit 16.9. bis Ende Okt. 1940

That Uncertain Feeling (Ehekomödie)
Regie: Ernst Lubitsch; mit Merle Oberon, Melvyn Douglas; Ernst Lubitsch Prod., Produktionszeit Ende Okt. bis Mitte Dez. 1940 (Oscar-Nominierung für beste Musik 1941)

Topper Returns (Topper 2 – Das Gespensterschloss)
Regie: Roy Del Ruth; mit Joan Blondell, Roland Young; Hal Roach Studios, Produktionszeit Anf. Nov. bis Mitte Dez. 1940
»Waltz Lovely«

1941
My Life with Caroline
Regie: Lewis Milestone; mit Ronald Colman, Anna Lee; RKO, Produktionszeit 24.2.–15.4.1941

Bedtime Story
Regie: Alexander Hall; mit Loretta Young, Frederic March; Columbia, Produktionszeit 25.8.–14.10.1941

To be or not to be (Sein oder Nichtsein)
Regie: Ernst Lubitsch; mit Carole Lombard; Romaine Film Corp., Produktionszeit 6.11.–24.12.1941 (Oscar-Nominierung für beste Musik 1942)

1942

The Wife Takes a Flyer
Regie: Richard Wallace; mit Joan Bennett; Columbia, Produktionszeit 5.1.–20.2.1942

They All Kissed the Bride (Ein Kuss zu viel)
Regie: Alexander Hall; mit Joan Crawford, Melvyn Douglas; Columbia, Produktionszeit 23.2.–16.4.1942

Flight Lieutenant
Regie: Sidney Salkow; mit Pat O'Brian, Glenn Ford; Columbia, Produktionszeit 16.3.–18.4.1942

A Night to Remember
Regie: Richard Wallace; mit Loretta Young; Columbia, Produktionszeit 10.8.–21.9.1942

1943

Appointment in Berlin
Regie: Alfred E. Green; mit George Sanders; Columbia, Produktionszeit 2.3.–13.4.1943

Hail the Conquering Hero (Heil dem siegreichen Helden)
Regie: Preston Sturges; mit Ella Raines, Eddie Bracken; Paramount, Produktionszeit 14.7.–11.9.1943 und nach mehreren erfolglosen Previews 7.–11.4.1944

Our Hearts were Young and Gay
Regie: Lewis Allen; mit Gail Russell, Diana Lynn; Paramount, Produktionszeit 24.8.–21.10.1943

Knickerbocker Holiday (nach dem Musical von Kurt Weill)
Regie: Harry Joe Brown; mit Shelley Winters, Charles Coburn; Producers Corp., Produktionszeit Mitte Sept. bis Mitte Nov. 1943 (Oscar-Nominierung für bestes Filmmusical 1944) zusätzlicher Song von W. R. Heymann »Let's make tomorrow today« (Text: Forman Brown)

1944

Mademoiselle Fifi
Regie: Robert Wise; mit Simone Simon, John Emery; RKO, Produktionszeit 3.3. bis Ende April 1944

My Pal Wolf
Regie: Alfred L. Werker; mit Sharyn Moffett; RKO, Produktionszeit 6.5. bis Mitte Juni 1944

Three is a Family
Regie: Edward Ludwig; mit Marjorie Reynolds, Charlie Ruggles; Master Prod., Produktionszeit Anfang Juni – 1.8.1944

Together again (Modell wider Willen)
Regie: Charles Vidor; mit Irene Dunne, Charles Boyer, Charles Coburn; Columbia, Produktionszeit 12.7.–6.10.1944

It's in the Bag
Regie: Richard Wallace; mit Fred Allen, Jack Benny; Manhattan Prod., Produktionszeit Mitte Sept. bis 24. Okt. 1944

1945

Hold that Blonde (Der Dieb und die Blonde)
Regie: George Marshall; mit Joyce Reynolds, Robert Hutton; Paramount, Produktionszeit Ende Nov. 1944 bis Mitte Jan. 1945

Kiss and Tell (Küsse und verschweig mir nichts)
Regie: Richard Wallace; mit Shirley Temple; Columbia, Produktionszeit 18.1.–17.3.1945

Mad Wednesday (Verrückter Mittwoch)
Regie: Preston Sturges; mit Harold Lloyd; California Pictures, Produktionszeit Mitte Sept. 1945 bis Ende Jan. 1946
(Titel ursprgl. *The Sins of Harold Diddlebock*)

1946

Lost Honeymoon
Regie: Leigh Jason; mit Franchot Tone, Tom Conway; Eagle-Lion, Produktionszeit Ende Okt. bis 29.11.1946

1947

Always together
Regie: Frederick de Cordova; mit Joyce Reynolds, Robert Hutton; Warner, Produktionszeit Ende Mai bis Anfang Juli 1947

The Mating of Millie (Ein Mann für Millie)
Regie: Henry Levin; mit Evelyn Keyes, Glenn Ford; Columbia, Produktionszeit 23.6.–14.8.1947

1948

Let's Live a Little (Geld oder Liebe)
Regie: Richard Wallace; mit Hedy Lamarr, Robert Cummings, Curt Bois; United California Prod., Produktionszeit Anf. Febr. bis Mitte März 1948

1949

Tell it to the Judge (Flitterwochen mit Hindernissen)
Regie: Norman Foster; mit Rosalind Russell, Robert Cummings; Columbia, Produktionszeit 5.4.–16.5.1949

A Kiss for Corliss
Regie: Richard Wallace; mit Shirley Temple, David Niven; Strand Prod., Produktionszeit 15.6. bis Mitte Juli 1949
»Light and Bride« / »French Perfume« (Texte: Ethel Le Vane)

A Woman of Distinction (Die Männerfeindin)
Regie: Edward Buzzell; mit Rosalind Russell; Columbia, Produktionszeit 25.7.–1.9.1949

1950

Emergency Wedding
Regie: Edward Buzzell; mit Rosalind Russell, Ray Milland; Columbia, Produktionszeit 31.3.–3.5.1950

1951

Durch Dick und Dünn
Regie: Theo Lingen; mit Theo Lingen, Fita Benkhoff, Grethe Weiser
»Ich lieb dich von Herzen« (Text: Hans Fritz Beckmann)

Heidelberger Romanze
Regie: Paul Verhoeven; mit Liselotte Pulver, O. W. Fischer
»Drunt am Neckarstrand« / »Schlaf gut, träum süß« / »Zur Ruh geh auch du« (Texte: Hans Fritz Beckmann)

1952
Alraune
Regie: Arthur Maria Rabenalt; mit Hildegard Knef, Erich von Stroheim, Karlheinz Böhm
»Lied vom einsamen Mädchen« – »Sie herzte sanft ihr Spielzeug« / »Heut gefall' ich mir« (Texte: Robert Gilbert, W. R. Heymann)

1954
Neue Welt
Regie: Curt Oertel (Dokumentarfilm)
Geliebtes Fräulein Doktor
Regie: Hans H. König; mit Edith Mill, Hans Nielsen, Helmut Schmid, Hans Clarin
»Tausend Träume lang« / »Mehr kann mein Herz nicht haben« (Texte: Robert Gilbert)
Ein Haus voll Liebe
Regie: Hans Schweikart; mit Gertrud Kückelmann, Michael Cramer, Peer Schmid, Gunnar Möller
»Warum ist die Liebe so beliebt« / »Ali Baba« / »Am schönsten ist es zu Haus« (Texte: Robert Gilbert)

1955
Der Kongress tanzt (Neuverfilmung)
Regie: Franz Antel; mit Johanna Matz, Rudolf Prack, Karl Schönböck, Hans Moser
zusätzliche Lieder: »Da muss doch was gescheh'n« / »Schön ist das Leben, wenn die Musik spielt« (Texte: Robert Gilbert)
Die Drei von der Tankstelle (Neuverfilmung)
Regie: Hans Wolff und Willi Forst; mit Germaine Damar, Adrian Hoven, Walter Müller, Walter Giller, Willy Fritsch, Wolfgang Neuss, Hans Moser
zusätzliche Lieder: »Das mach ich alles mit der linken Hand« / »Ich bin dagegen« (Texte: Bruno Balz)

1956
Le chemin du Paradis (Neuverfilmung)
Regie: Hans Wolff und Willi Forst; mit Georges Guétary, Yves Furet, Christine Carère

1959
Bomben auf Monte Carlo (Neuverfilmung)
Regie: Georg Jacoby; mit Eddie Constantine, Marion Michael, Victor de Kowa; Musik mit Willi Mattes und Horst Kudritzki

Textnachweis

49 Höxter, John, Gedichte und Prosa, hg. von Universität/Gesamthochschule Siegen 1984, S. 11
50 Mehring, Walter, Berlin Dada, Zürich 1959, S. 63 f.
61 Tucholsky, Kurt, *Vorwärts*, 20. Oktober 1911
66 Hiller, Kurt, Die Weisheit der Langeweile, Leipzig 1913, S. 100 f.
70 Hesterberg, Trude, Was ich noch sagen wollte, Berlin 1971, S. 65 f.
84 Tiessen, Heinz, Briefentwurf an Werner Richard Heymann, Dezember 1915 (Tiessen-Archiv, Akademie der Künste, Berlin)
93 Kraus, Karl, *Die Fackel*, 9. Oktober 1917
95 Lehmann, Lotte, Anfang und Aufstieg, Wien 1937, S. 8, 63
101 Altenberg, Peter, Nachfechsung, Berlin 1916, S. 265
101 Loos, Adolf, Das Altenbergbuch, hg. von Egon Friedell, Berlin 1921, S. 363
102 Friedell, Egon, a. a. O., S. 20 f.
110 NN, *Frankfurter Zeitung*, 15. November 1919
110 Hiller, Kurt, Köpfe und Tröpfe, Hamburg 1959, S. 277 f.
110 Huelsenbeck, Richard, Reise bis ans Ende der Freiheit, Heidelberg 1984, S. 171–181 pass.
111 Mann, Klaus, aus: Dellin, Martin Gregor, Klaus Mann – Briefe und Antworten, Hamburg 1991, S. 220
113 Julius Korngold, *Neue Freie Presse* Wien, 10. Dezember 1918
113 Kalbeck, Max, zitiert nach einer Maschinenabschrift im Nachlass von Werner Richard Heymann
114 Graf, Max, (wahrscheinlich) aus: *Wiener Allgemeine Zeitung*, 5. Dezember 1918
118 Kerr, Alfred, Kritik zu *Die Wandlung*, aus: Kerr, Alfred, Mit Schleuder und Harfe, Berlin 1981, S. 167
118 Faktor, Emil, *Börsen Courier*, 1. Oktober 1919
118 Bab, Julius, Das Theater der Gegenwart, Leipzig 1928, S. 178 f.
122 Schmidt, Leopold, *Berliner Tageblatt*, 4. Januar 1921
124 Kaiser, Georg, *Europa*, Werke, 1, Frankfurt am Main 1971, S. 586 f.
125 NN, *Berliner Tageblatt*, 6. November 1921
125 NN, *BZ am Mittag*, 6. November 1921
135 Busoni, Ferruccio, aus: Willimann, Joseph, Der Briefwechsel zwischen Ferruccio Busoni und Volkmar Andreae, Zürich 1994, S. 144
137 Schrader, Bruno, *Neue Zeitschrift für Musik* 89 (1922), S. 4
143 Hesterberg, Trude, a. a. O., S. 102
144 Brecht, Bertolt, Journale 1, S. 267, Frankfurt am Main 1983
145 Brecht, Bertolt, Gedichte 1, S. 42 f., Frankfurt am Main 1983

145 Hesterberg, Trude, a. a. O., S. 108 f
147 Durieux, Tilla, Eine Tür steht offen, Berlin 1954, S. 273
160 NN, *Berliner Tageblatt*, 15. Oktober 1926
166 Kerr, Alfred, Kritik zu *Katharina Knie*, 22. Dezember 1928, aus: Kerr, Alfred, a. a. O., S. 432
172 Heymann, Werner Richard, aus: *Film und Ton*, 1. August 1931
176 NN, *Vossische Zeitung*, 9.2.1930
180 Ernst Jäger, *Film-Kurier*, 16. September 1930 (nach Jacobsen, Erich Pommer)
180 Kracauer, Siegfried, Von Caligari zu Hitler, Frankfurt am Main 1984, S. 217
182 Heymann, Werner Richard, aus: *Film und Ton*, 22. November 1930
188 Rühmann, Heinz, Das war's, Frankfurt am Main 1982, S. 196
190 Pressetext der UFA (evtl. von Lilian Harvey), aus: Habich, Christiane, Lilian Harvey, Berlin 1990, S. 137
193 *Tagblatt Mulhouse*, 21. August 1933 (Übersetzung nach einem Artikel der Zeitschrift *Pour Vous*)
194 Erich Kettelhut, Der Schatten des Architekten
199 Agenturtext aus: *Neue Badische Landeszeitung*, 1. Februar 1933
200 H. J. M., »The German Stage«, *New York Times*, Artikel datiert 15. November 1921
201 Goebbels-Rede aus: Gerd Albrecht, Film im 3. Reich, Karlsruhe 1979, S. 26–31 pass.
201 Protokoll der UFA-Vorstandssitzung vom 29. März 1933, aus: Bock/Töteberg, Das UfA-Buch, Frankfurt am Main 1992, S. 345
205 Émile Vuillermoz, *Excelsior*, Dezember 1937
217 Douglas W. Churchill, aus: *New York Times*, 29. März 1936
221 Erich Pommer an WRH, Hollywood 6. März 1935
222 Carl Strakosch an Werner Richard Heymann, Kopenhagen 16. Januar 1936 (Zitat im Original englisch)
225 Briefentwurf Ilse Heymann (Original englisch)
229 »Otto«, Editions Coda an WRH, Paris, 7./16. Dezember 1936
230 »Otto«, Editions Coda an WRH, Paris, 15. Januar 1937
234 »Otto«, Editions Coda an WRH, Paris, 27. Dezember 1937

241 Hans Heymann an WRH, New York, 22. Februar 1938
245 Boris Morros, Paramount Pictures an WRH, Hollywood 21. Februar 1938
246 Artur Guttmann an »Paul«, Hollywood, 11. August 1939
255 Shub, Boris, *This Month*, August/September 1946
257 Francis Salabert an WRH, Paris, Juni 1945 (Original französisch)
263 Universum Film AG an WRH, Berlin, 14. Februar 1949
264 Max Ophüls an WRH, Paris, 14. November 1950
264 Sigrid v. E. an WRH, Poecking, 3. Dezember 1950
272 *Süddeutsche Zeitung*, 2. Juli 1951
272 Trude Hesterberg an WRH, Berlin, 17. Mai 1951
275 Alfred Bauer, Brief der Internationalen Filmfestspiele Berlin an WRH, Berlin, 20. Juli 1951
288 Budzinski, Klaus, *Abendzeitung* München, 21. Januar 1952
299 Universum Film AG an WRH, Berlin, 19. Dezember 1951
299 Robert Sachs an WRH, Berlin, 20. Juni 1952
301 Elisabeth Heymann an Lo und Erik Schütz, Salzburg, 2. Oktober 1952
308 NN, *Abend-Zeitung* Stuttgart, 6. Juni 1954
320 Boris M. Morros an WRH, Wien, 17. Januar 1954 (Original englisch)
326 F. H. an WDR, Köln, 24. November 1957
330 Heinz Schröter, WDR an F. H., Köln, 6. Dezember 1957
330 Rainulf Schmücker an F. H., Köln, 13. Januar 1958
331 F. H. an WDR, Köln, 16. Januar 1958
333 Heinz Schröter, WDR an WRH, Köln, 14. März 1958
334 Heinz Schröter, WDR an WRH, Köln, 14. April 1959
337 Textprotokoll: *Der Spiegel*, 7/1960

Die Texte von Werner Richard Heymann auf den Seiten 235 ff. und 256 sind im Original französisch und wurden, ebenso wie die anderen französischen und englischen Texte, von Hubert Ortkemper übersetzt.

Literaturhinweise

Achenbach, Sigrid, Erich Mendelsohn (Katalog der Ausstellung zum 100. Geburtstag), Berlin 1987
Albrecht, Gerd, Film im Dritten Reich, Karlsruhe 1979
Altenberg, Peter, Mein Lebensabend, Berlin 1919
Altenberg, Peter, Nachfechsung, Berlin 1916
Altenberg, Peter, Prodromos, Berlin 1906

Bab, Julius, Das Theater der Gegenwart, Leipzig 1928
Bock, Hans Michael/Töteberg, Michael (Hrsg.), Das UFA-Buch, Frankfurt am Main 1992
Brecht, Bertolt, Journale 1 (Große kommentierte Berliner und Frankfurter Ausgabe, Band 26), Berlin 1989
Brevern, Marilies von, Künstlerische Photographie, Berlin 1971

Durieux, Tilla, Eine Tür steht offen, Berlin 1954
Eisenberg, Ludwig, Großes biographisches Lexikon der Deutschen Bühne im 19. Jahrhundert, Leipzig 1903
Esten, John, Man Ray in Harper's Bazaar 1934–1942, München 1989
Eyman, Scott, Ernst Lubitsch: Laughter in Paradise, New York 1993
Friedell, Egon, Das Altenbergbuch, Berlin 1921
Geißler, Max, Führer durch die deutsche Literatur des 20. Jahrhunderts, Weimar 1913
Gutsche, Helga (Red.), Ein Freund, ein guter Freund (Katalog zur Ausstellung der Stiftung Archiv der Akademie der Künste, Berlin), Berlin 2000
Habich, Christiane, Lilian Harvey, Berlin 1990
Hagener, Malte (Hrsg.), Als die Bilder singen lernten, Hamburg 1998
Hesterberg, Trude, Was ich noch sagen wollte, Berlin 1971
Heymann, Walther, Gedichte, Prosa, Essays, Briefe, hrsg. von Leonhard M. Fiedler und Renate Heuer, Frankfurt am Main 1998
Hiller, Kurt, Köpfe und Tröpfe, Hamburg 1959
Hiller, Kurt, Die Weisheit der Langeweile, Leipzig 1913
Höxter, John, Gedichte und Prosa, Siegen 1984
Huelsenbeck, Richard, Reise bis ans Ende der Freiheit, Heidelberg 1984
Jacobsen, Wolfgang, Erich Pommer – Ein Produzent macht Filmgeschichte, Berlin 1989
Kaiser, Georg, Europa: Spiel und Tanz in fünf Aufzügen, Berlin 1915
Kettelhut, Erich, Der Schatten des Architekten, hrsg. von Werner Sudendorf, München 2009
Kiersch, Mary, Curtis Bernhardt, London 1986
Killy, Walter (Hrsg.), Deutsche Biographische Enzyklopädie, München 1995 ff.
King Hanson, Patricia (Hrsg.), The American Film Institute Catalog, Berkeley 1993
Klabund, Die Harfenjule, Berlin 1927
Klaus, Ulrich J., Deutsche Tonfilme, Berlin 1988 ff.
Kracauer, Siegfried, Von Caligari zu Hitler, Frankfurt am Main 1984
Kühn, Volker, Spötterdämmerung, Berlin 1997
Kühn, Volker, Das gab's nur einmal (FilmExil 9/1997)
Lamprecht, Gerhard, Deutsche Stummfilme, Berlin 1967 ff.
Lehmann, Lotte, Anfang und Aufstieg, Wien 1937
Leonhard, Rudolf, Die Insel: Gedichte einer italienischen Reise, Berlin 1923
Mehring, Walter, Berlin Dada, Zürich 1959
Miller, Russell, Die Gettys, Düsseldorf 1986
Popper-Lynkeus, Josef, Phantasien eines Realisten, Dresden 1899
Rapée, Ernö, Encyclopedia of Music for Pictures, New York 1925 (Ernö Rapée's Ratgeber zur musikalischen Filmillustration, Leipzig 1926)
Rühmann, Heinz, Das war's, Frankfurt am Main 1982
Schebera, Jürgen, Damals im Romanischen Café, Leipzig 1988
Schulz, Klaus Peter, Kurt Tucholsky, Hamburg 1959
Stengel, Theo/Gerigk, Herbert, Lexikon der Juden in der Musik, (Veröffentlichungen des Instituts der NSDAP zur Erforschung der Judenfrage, Band 2), Berlin 1940
Willimann, Joseph, Der Briefwechsel zwischen Ferruccio Busoni und Volkmar Andreae, Zürich 1994
Zivier, Georg, Das Romanische Café, Berlin 1965

Personenregister

Abraham, Paul, *1892 (Apatin/Ungarn), †1960 (Hamburg), Operettenkomponist   174 f.
Albers, Hans, *1891 (Hamburg), †1960 (Berg), Schauspieler   187 f., 194 f., 277, 279, 290
Alexander, Georg, *1888 (Hannover), †1945 (Berlin), Schauspieler, seit 1914 an verschiedenen Berliner Bühnen, seit 1917 beim Film   176, 218
Altenberg, Peter [Richard Engländer], *1859 (Wien), †1919 (Wien), Schriftsteller   99–102
Amato, Pasquale, *1878 (Neapel), †1942 (New York), Bariton, seit 1903 weltweit berühmt   96
Andreae, Volkmar, *1879 (Bern), †1962 (Zürich), seit 1902 Chordirigent in Zürich, seit 1914 Direktor des Konservatoriums, 1920–1925 Präsident des Schweizerischen Tonkünstlervereins   135
Arp, Hans [Jean Arp], *1887 (Straßburg), †1966 (Basel), Bildhauer, Maler und Schriftsteller, 1916–1919 in der von ihm mitbegründeten Dada-Bewegung in Zürich aktiv   117

Arrau, Claudio, *1903 (Chillán/Chile), †1991 (Mürzzuschlag/Österreich), Pianist   233
Asam, Cosmas Damian, *1686, †1739, Maler, Stukkateur und Baumeister   139
Asam, Egid Quirin, *1692, †1750, Maler, Stukkateur und Baumeister   139

Bachmann, Ilse, s. Heymann, Ilse
Bahn, Roma, *1896 (Berlin), †1975 (Bonn), Schauspielerin, 1915–1917 und ab 1919 am Deutschen Theater Berlin, verheiratet mit Karl Heinz Martin   122, 126
Bailly, Auguste, *1878 (Louis-le-Saumier), †1967 (Paris), Romanschriftsteller und Historiker   227 f.
Balzac, Honoré de, *1799 (Tours), †1850 (Paris), Schriftsteller   32

Barnowsky, Viktor, *1875 (Berlin), †1952 (New York), Schauspieler und Regisseur, ab 1905 Theaterleiter in Berlin, 1933 Emigration, ab 1937 als Drehbuchautor und Dramaturg in Hollywood, seit 1942 in New York   45

Bartók, Bela, *1881 (Nagyszentmiklós/Ungarn), †1945 (New York), Komponist, 1940 Emigration in die USA   174, 279

Bassermann, Albert, *1867 (Mannheim), †1952 (Zürich), Schauspieler an den Reinhardt-Bühnen in Berlin, seit 1913 viele Filmrollen, 1933 Emigration   59, 166, 254

Batten, John, *1903 (Rotorna/Neuseeland), †1993 (Colchester/England), Schauspieler   177

Bauer, Alfred, *1911 (Würzburg), †1986 (Berlin), Gründer und bis 1976 Leiter der Berliner Filmfestspiele   275 f.

Beauharnais, Joséphine de [Marie Josephe Rose de Tascher de la Pagerie], *1763 (Martinique), †1814 (Malmaison), heiratet nach ihrer Scheidung von A. de Beauharnais 1796 Napoleon Bonaparte, der sie 1804 zur Kaiserin der Franzosen krönt, 1809 Scheidung   216

Becce, Giuseppe, *1887 (Longino/Vicenza), †1973 (Berlin), nach Promotion zum Dr. phil. ab 1906 in Berlin Musikstudium bei Busoni und Nikisch, ab 1918 als Komponist für die UFA tätig   155 f.

Becher, Johannes R(obert)., *1891 (München), †1958 (Berlin), studiert in München und Berlin Philosophie und Medizin, erste Gedichtveröffentlichungen 1912/13, tritt 1917 der USPD, 1918 dem Spartakusbund und der KPD bei, 1933 Emigration, seit 1935 in Moskau, im Juni 1945 Rückkehr nach Berlin, seit 1954 Kulturminister der DDR   72–74, 138

Benatzky, Ralph [Rudolph], *1884 (Mährisch-Budwitz), †1957 (Zürich), Komponist, 1930 Welterfolg mit dem Weißen Rössl   188

Bendow, Wilhelm, *1884 (Einbeck), †1950 (Einbeck), Kabarettist und Schauspieler   144

Bernhard, Lucian [Emil Kahn], *1883 (Stuttgart), †1972 (New York), Grafiker und Innenarchitekt, seit 1910 Leiter der Deutschen Werkstätten, 1920 Professor für Reklamekunst an der Berliner Kunstakademie, seit 1923 in New York   59

Bernhardt, Kurt [Curtis], *1899 (Worms), †1981 (Pacific Palisades/Kalifornien) Filmregisseur seit 1928, 1934 Emigration nach Paris, 1939 in die USA   224, 260

Berté, Heinrich, *1857 (Galgócz/Ungarn), †1927 (Perchtoldsdorf), Komponist   97

Bierbaum, Otto Julius, *1865 (Grünberg), †1910 (Dresden), Schriftsteller   39

Birinski, Leo, *1884 (Kiew), †1944, wird 1910 mit der Tragödie Moloch bekannt, seit 1928 in den USA, 1931 Mata Hari mit Greta Garbo, 1933 Song of Songs mit Marlene Dietrich   236

Blei, Franz, *1871 (Wien), †1942 (Westbury/USA), seit 1906 Herausgeber div. literarischer Zeitschriften, vielseitiger Essayist, Schlüsselfigur im Literaturbetrieb des ersten Jahrhundertdrittels, lebt 1911–1920 in Berlin, 1933 Emigration nach Mallorca, 1941 in die USA   65–67, 98

Blum, Léon, *1872 (Paris), †1950 (Jouy-en-Josas), Politiker, gründet 1902 die Sozialistische Partei Frankreichs, 1936/37 und 1938, erneut 1946/47 Ministerpräsident, 1943–1945 in verschiedenen deutschen Konzentrationslagern   229 f.

Böhm, Karlheinz, *1928 (Darmstadt), seit 1948 Schauspieler, erster Filmerfolg 1952 in Alraune, wird 1955 als Kaiser Franz-Josef in den Sissi-Filmen weltberühmt   296

Böll, Heinrich, *1917 (Köln), †1985 (Kreuzau), Schriftsteller und Nobelpreisträger   332

Bolm, Adolph, *1884 (St. Petersburg), †1951 (Hollywood), Tänzer, seit dem zehnten Lebensjahr Schüler der Ballettschule in St. Petersburg, 1908 Tournee mit der Pawlowa, mit der er 1909 in Berlin auftritt, schließt sich Diaghilews »Ballets Russes« an und gründet 1916 eigene Truppe in USA, einer der Pioniere des Balletts in Amerika   62

Boyer, Jean, *1901 (Paris), †1965 (Paris), Chansonnier, schreibt Chansontexte und Dialoge für französische Fassungen der UFA-Filme, seit 1931 auch Regisseur   257, 267

Brahm, Otto [Otto Abrahamson], *1856 (Hamburg), †1912 (Berlin), Theaterkritiker, Leiter des Deutschen Theaters Berlin 1894–1904, danach des Lessingtheaters   45

Brahms, Johannes, *1833 (Hamburg), †1897 (Wien), Komponist   25, 114, 174

Brecher, Gustav, *1879 (Eichwald bei Teplitz), †1940 (Ostende), Dirigent, 1903–1911 in Hamburg, 1911–1916 Köln, 1916–1921 Frankfurt am Main, 1921 Lehrer am Stern'schen Konservatorium in Berlin, 1923–1933 Operndirektor in Leipzig, dort 1927 Uraufführung von Kreneks Jazz-Oper Johnny spielt auf, 1933 Emigration nach Holland, 1940 nach dem Einmarsch deutscher Truppen Freitod in der Nordsee bei Ostende   120, 150

Brecht, Bertolt, *1898 (Augsburg), †1956 (Berlin), Schriftsteller, seit 1920 in München, seit 1924 in Berlin, Regisseur und Dramaturg am Deutschen Theater, 1928 Dreigroschenoper, 1933 Emigration, 1948 Rückkehr nach Ost-Berlin, 1949 Gründung des Berliner Ensembles   144 f., 262

Breitscheid, Rudolf, *1874 (Köln), †1944 (KZ Buchenwald), Politiker der USPD (später SPD), 1918/19 preuß. Innenminister   168

Brod, Max, *1884 (Prag), †1968 (Tel Aviv), 1907 Dr. jur. in Prag, bis 1924 Beamter bei der Postdirektion, 1929–1939 Kulturredakteur des Prager Tagblatts, seit 1902 Freundschaft mit Franz Kafka, dessen Werk er posthum ab 1924 herausgibt, eigene Veröffentlichungen seit 1906   111 f.

Brode, Max, *1850 (Berlin), †1917 (Königsberg), Geiger und Dirigent, 1876 Konzertmeister am Stadttheater Königsberg, dort Initiator der Sinfoniekonzerte, 1891 Leiter der Philharmonie, 1897 Professor an der Universität, 1898 auch Leiter der Singakademie   25 f.

Buchman, Sidney, *1902 (Duluth/Minnesota), †1975 (Cannes), amerikanischer Drehbuchautor, in Hollywood tätig von 1935–1966   248 f.

Busch, Fritz, *1890 (Siegen), †1951 (London), Dirigent, Emigration 1933   254

Busoni, Ferruccio, *1866 (Empoli bei Florenz), †1924 (Berlin), Komponist, Dirigent, Pianist, Autor, als Pianist weltberühmt, lehrt seit 1888 an den Konservatorien von Helsingfors, Moskau, Boston, Weimar, Wien, Berlin, Bologna, seit 1920 Professor für Komposition an der Akademie der Künste in Berlin   121, 134 f., 155

Byrns, Harold [Hans Bernstein], *1903 (Hannover), †1996 (Berlin), Dirigent und Komponist, studiert am Stern'schen Konservatorium in Berlin   122

Caesar, Arthur, *1892 (Bukarest), †1953 (Los Angeles), Bühnen- und Drehbuchautor   225

Caesar, Irving, *1895 (New York), †1996 (New York), Songtexter (»Tea for Two« 1925)   225

Canova, Antonio, *1757 (Possagno), †1822 (Venedig), Bildhauer   42

Capra, Frank, *1897 (Palermo), †1991 (La Quinta/Kalifornien), Filmregisseur   249

Caruso, Enrico, *1873 (Neapel), †1921 (Neapel), Tenor, 1899 Debüt an der Scala, seit 1904 in den USA, regelmäßige Gastspiele an der Berliner Hofoper   61, 96, 119

Cézanne, Paul, *1839 (Aix-en-Provence), †1906 (Aix-en-Provence), Maler   64

Charell, Erik [Erik Löwenberg], *1894 (Breslau), †1974 (Zug/Schweiz), Tänzer an den Reinhardt-Bühnen in Berlin, dann Choreograf und künstler. Leiter der Großen Schauspielhauses, bringt 1930 *Das Weiße Rössl*, das ein Welterfolg wird, danach Vertrag mit der UFA, 1933 in Hollywood, nach dem Misserfolg des Films *Caravan* in New York am Zentral-Theater in Manhattan, 1945 Rückkehr nach Deutschland   188 f., 202, 207, 211 f., 217, 220

Chevalier, Maurice, *1888 (Paris), †1972 (Paris), Chansonnier und Filmschauspieler, Partner der Mistinguett, 1930 in Hollywood   200, 209, 225, 324 f.

Christians, Mady, *1892 (Wien), †1951 (South Norwalk/USA), wächst in New York auf, seit 1917 Schauspielerin an den Reinhardtbühnen in Berlin und beim Film, 1933 in die USA   129, 155

Cohn, Harry, *1891 (New York), †1958 (Phoenix/Arizona), kommt 1918 zum Film, gründet 1920 mit seinem Bruder die CBC, die sich 1924 zur Columbia Pictures erweitert, die er bis zu seinem Tod als absoluter Diktator beherrscht   249 f.

Conus, Julius, *1869 (Moskau), †1942 (Malenki), Violinist und Komponist   122, 153

Croisset, Francis de [Franz Wiener], *1877 (Brüssel), †1937 (Neuilly), Journalist und seit 1899 erfolgreicher Theaterschriftsteller   216

Culp, Julia, *1880 (Groningen), †1970 (Amsterdam), Altistin, gilt seit ihrem Debüt 1901 (bei dem sie Ferruccio Busoni begleitet) als eine der größten Liedersängerinnen des Jahrhunderts, große Erfolge in Berlin, London und seit 1913 in New York   52

Cumberland, Mary von, *1849, †1904, Tochter Georgs V. von Hannover   13

Däubler, Theodor, *1876 (Triest), †1934 (St. Blasien), Schriftsteller, wächst in Italien auf, 1916 Übersiedlung nach Berlin, Veröffentlichungen seit 1910   48

Dalí, Salvador, *1904 (Figueras), †1989 (Figueras), Maler des Surrealismus   64

Debussy, Claude, *1862 (Saint-Germain-en-Laye), †1918 (Paris), Komponist   31 f., 62 f.

Dehmel, Richard, *1863 (Wendisch-Hermsdorf), †1920 (Blankenese bei Hamburg), 1888 Dr. phil. in Leipzig, seit 1891 Veröffentlichungen, sein Gedichtband *Aber die Liebe* macht ihn 1893 bekannt, 1911 Theaterdebüt in Hamburg mit der Komödie *Michel Michael*, meldet sich 1914 zum freiwilligen Kriegsdienst   32, 39, 46, 51, 53, 55, 86

Dettmann, Ludwig, *1865 (Flensburg), †1944 (Berlin), Maler, seit 1901 Direktor der Kunstakademie in Königsberg, seit 1919 in Berlin   45

Deutsch, Felix, *1858 (Breslau), †1928 (Berlin), 1883 Prokurist, dann Vorstandsvorsitzender der AEG, Vater von Gertie D., verheiratete Brecher   121

Diaghilew, Sergej, *1872 (Nowgorod), †1929 (Venedig), Gründer der »Ballets Russes«   154

Dieterle, Wilhelm [William], *1893 (Ludwigshafen), †1972 (Hohenbrunn/Bayern), Schauspieler und Regisseur, seit 1921 beim Film, seit 1930 in Hollywood, 1961–1965 Leiter der Bad Hersfelder Festspiele   207, 260, 263

Dietrich, Marlene [Maria von Losch], *1901 (Berlin), †1992 (Paris), Schauspielerin u. a. an den Reinhardtbühnen, geht nach dem Erfolg des *Blauen Engels* 1930 nach Hollywood   165, 220, 291

Dièz-Dührkopp, Minya, *1873 (Hamburg), †1929 (Hamburg), Fotografin   53, 76

Dorsch, Käthe, *1890 (Neumarkt), †1957 (Wien), Schauspielerin, kommt 1919 als Soubrette nach Berlin, 1937–1940 am Staatstheater, seit 1940 am Wiener Burgtheater   200

Douglas, Louis W., *1889 (Philadelphia), †1939 (New York), Tänzer und Choreograf   164–166

Durieux, Tilla [Ottilie Godefroy], *1880 (Wien), †1971 (Berlin), Schauspielerin, 1903-1919 an Berliner Bühnen, Durchbruch mit der *Salome* von Oscar Wilde, 1933 Emigration nach Jugoslawien, 1951 Rückkehr nach Deutschland   147

Ebermeyer, Erich, *1900 (Bamberg), †1970 (Terracina/Italien), Dr. jur., 1926-1935 Rechtsanwalt in Leipzig, 1926 Uraufführung seines Schauspiels *Kaspar Hauser* durch Gründgens in Hamburg, 1933 Chefdramaturg und Regisseur am Schauspielhaus Leipzig, 1934 entlassen, danach Drehbuchautor, nach 1945 wieder als Rechtsanwalt tätig   288

Ebinger, Blandine, *1899 (Berlin), †1993 (Berlin), verheiratet mit Friedrich Hollaender, seit 1931 zahlreiche Filme, 1937 Emigration in die USA, 1946 Rückkehr nach Europa   145f.

Edward VIII., *1894 (London), †1972 (Neuilly-sur-Seine), 1936 englischer König, dankt noch im Jahr seiner Krönung ab, weil seine bevorstehende Heirat mit der geschiedenen Amerikanerin W. W. Simpson vom Parlament und der anglikanischen Kirche missbilligt wird, lebt seitdem als Herzog von Windsor im Ausland   232

Eggebrecht, Axel, *1899 (Leipzig), †1991 (Hamburg), Filmdramaturg, Drehbuchautor und Schriftsteller, seit 1921 in Berlin, 1925 Dramaturg bei der UFA, 1933 KZ, danach Berufsverbot, 1945-1949 am Aufbau des NWDR in Hamburg beteiligt   71

Eichberg, Richard, *1888 (Berlin), †1952 (München), Filmproduzent und Regisseur seit 1914, entdeckt Lilian Harvey, Willy Fritsch und Hans Albers für den Film, 1938 Emigration in die USA, 1949 Rückkehr nach Deutschland   162, 265, 269, 286

Eisbrenner, Werner, *1908 (Berlin), †1981 (Berlin), Komponist, 1933-1945 mehr als dreißig deutsche Spielfilme u. a. mit Helmut Käutner   279

Eisinger, Irene, *1903 (Kosel/Schlesien), †1994 (Weston-super-Mare), Koloratursopranistin, bis 1933 in Berlin, dann Exil in Prag und England   224

Eisler, Hanns, *1898 (Leipzig), †1962 (Berlin), 1919-1923 Studium bei Arnold Schönberg, Zusammenarbeit mit Brecht, 1933 Emigration, seit 1938 in die USA, 1948 ausgewiesen, seit 1950 in der DDR, wo er die Nationalhymne vertont   261f.

Engel, Erich, *1891 (Hamburg), †1966 (München), Regisseur, seit 1924 in Berlin, 1928 Uraufführung von Brechts/Weills *Die Dreigroschenoper*, seit 1930 auch Filmregisseur, 1933-1945 Regisseur am Deutschen Theater und weiter bei der UFA, dreht erfolgreiche Unterhaltungsfilme, 1945-1947 Intendant der Münchner Kammerspiele, ab 1949 Zusammenarbeit mit Brecht am Berliner Ensemble   202

Engl, Jo, *1893 (München), †1942 (New York), Physiker, Miterfinder des Tonfilms, 1939 Emigration in die USA   172

Erdmann, Eduard, *1896 (Wenden/Livland), †1958 (Hamburg), Pianist und Komponist   121

Fischer, Robert, *1867 (Wien), Mitglied der Wiener Philharmoniker   92

Fischer, O(tto) W(ilhelm), *1915 (Klosterneuburg), †2004 (Lugano), Schauspieler   282f., 314

Fokine, Michail, *1880 (St. Petersburg), †1942 (New York), seit 1898 Tänzer in St. Petersburg, seit 1905 auch Choreograf, kreiert für die Pawlowa den »Sterbenden Schwan«, seit 1908 Choreograf von Diaghilews »Ballets Russes«, lebt seit 1923 in New York   62

Forst, Willi [Wilhelm Froß], *1903 (Wien), †1980 (Wien), Schauspieler, seit 1930 auch beim Film, seit 1934 Filmregisseur   196f.

Fox, William [Wilhelm Fried], *1879 (Tulchva/Ungarn), †1952 (New York), kommt aus der Bekleidungsindustrie 1912 zum Film, gründet eine Gesellschaft, aus der 1915 die Fox Film Corporation hervorgeht   235

François-Poncet, André, *1887 (Provins), †1978 (Paris), 1931-1938 französischer Botschafter in Berlin, dann in Rom, 1943-1945 von der deutschen Besatzungsmacht interniert, 1949-1953 französischer Hochkommissar, 1953-1955 Botschafter in Bonn   168

Fraser, Georg, s. Zeiz, August Hermann

Fresnay, Pierre [Pierre Laudenbach], *1897 (Paris), †1975 (Paris), Schauspieler, 1915-1927 Mitglied der Comédie Française, zahlreiche Filmrollen   216, 228, 230, 323

Freud, Sigmund, *1856 (Freiberg/Mähren), †1939 (London), Arzt, entwickelt ein psychoanalytisches Therapieverfahren, 1938 Emigration nach London   33, 339

Friedrich Wilhelm IV., *1795 (Berlin), †1861 (Potsdam), seit 1840 preußischer König   21

Fritsch, Willy, *1901 (Kattowitz), †1973 (Hamburg), Schauspieler   155, 174-177, 179f., 182, 184, 190, 196f.

Fröbel, Friedrich, *1782 (Oberweißbach), †1852 (Bad Liebenstein), Pädagoge, Erfinder des Kindergartens   14f.

Froelich, Carl, *1875 (Berlin), †1953 (Berlin), Filmregisseur   156

Gabin, Jean [Jean Moncorgé], *1904 (Mériel), †1976 (Neuilly-sur-Seine), Schauspieler   199

Gambetta, Léon, *1838 (Cahors), †1882 (Ville-d'Avray), republikanischer Politiker, Gegner Napoleons III., sein Versuch, 1870 das belagerte Paris zu entsetzen, scheitert, rettet 1875 die Republik vor royalistischer Restauration   55

Garat, Henry [Henri Garascu], *1902 (Paris), †1959 (Hyères), Schauspieler, anfangs in Pariser Revuetheatern, seit 1931 beim Film, bildet mit Lilian Harvey in französischen Versionen von UFA-Filmen das Traumpaar des französischen Kinos der frühen Dreißigerjahre, letzter großer Erfolg 1936 in *Un mauvais garçon*, danach durch Exzesse und Skandale diskreditiert 179f., 184, 196, 199, 206f., 210, 229f.

Garbo, Greta [Greta Gustafsson], *1905 (Stockholm), †1990 (New York), wird durch den schwed. Regisseur Mauritz Stiller weltberühmt, 1925 in Deutschland, danach in Hollywood, zieht sich 1941 ins Privatleben zurück 219, 246f., 309

Georg, Manfred [Manfred Cohn, in USA Manfred George], *1893 (Berlin), †1965 (New York), seit 1917 Mitglied des Berliner zionistischen Vereins, Journalist und Schriftsteller, schreibt 1931 eine Biografie Marlene Dietrichs, 1933 Emigration nach Prag, Redakteur des Prager *Montagsblatts* bis 1937, Flucht in die USA, 1939–1965 Chefredakteur der deutschsprachigen Exilzeitschrift *Der Aufbau* 258, 267

George, Heinrich [Georg August Schulz], *1893 (Stettin), †1946 (Sachsenhausen), Schauspieler, seit 1921 am Deutschen Theater Berlin und anderen Berliner Bühnen und beim Film, seit 1927 auch Regisseur, 1938–1944 Intendant des Berliner Schillertheaters, stirbt im KZ Sachsenhausen, wo ihn die sowjet. Besatzungsmacht 1945 interniert hat 122, 126f.

George, Stefan, *1868 (Rüdesheim), †1933 (Minusio/Tessin), Dichter, Veröffentlichungen seit 1890, 1892 bildet sich der George-Kreis, in loses Bündnis junger Dichter, Maler und Literaturwissenschaftler, die George als geistige Autorität verehren und in bewusstem Gegensatz zu den sozialen Massenbewegungen eine geistige Elitebildung mit esoterischen Momenten und männerbündischem Charakter versuchen, seit 1895 häufige Aufenthalte in Berlin, meistens von Oktober bis Dezember 65f.

Gerron, Kurt, *1897 (Berlin), †1944 (Auschwitz), 1917 Arzt im Feldlazarett, ab 1920 auch Schauspieler im Kabarett, bei Reinhardt und beim Film, 1928 Polizeichef in der Uraufführung der *Dreigroschenoper*, spielt in *Die Drei von der Tankstelle* und *Bomben auf Monte Carlo*, 1933 Emigration nach Holland, 1943 verhaftet und nach Theresienstadt deportiert, Ermordung in Auschwitz 145

Getty, Jean Paul, *1892 (Minneapolis), †1976 (Sutton Place/Großbritannien), Ölmagnat, gilt seit 1956 als reichster Mann der Welt, Gründer des Getty-Museums in Malibu/Kalifornien 281f.

Gilbert, Robert [Robert David Winterfeld], *1899 (Berlin), †1978 (Locarno), Komponist und Schriftsteller, studiert ab 1920 Kunstgeschichte in Freiburg und Berlin, 1927 erste Bühnenwerke, seit 1930 Tätigkeit beim Film, 1933 Emigration nach Wien, 1938 nach New York, 1949 Rückkehr nach Europa 178, 185f., 188f., 200, 287f., 295, 307, 324, 334, 340

Godal, Erich [Erich Goldbaum], *1899 (Berlin), †1969 (Hamburg), zeichnet Bilder von Theaterpremieren für Berliner Zeitungen, 1933 Emigration nach Prag, 1935 in die USA, seit 1940 für die Exilzeitschrift *Aufbau* tätig, 1954 wegen der McCarthy-Hetze Rückkehr nach Deutschland 266

Godard, Jean-Luc, *1930 (Paris), Filmregisseur, seit seinem ersten Film *À bout de souffle* 1960 führender Vertreter der französischen Nouvelle Vague 340

Goebbels, Joseph, *1897 (Rheydt), †1945 (Berlin), Politiker und Journalist 192, 201, 313

Göring, Hermann, *1893 (Rosenheim), †1946 (Nürnberg), Jagdflieger im Ersten Weltkrieg, 1932 Reichstagspräsident, 1933 Reichsluftfahrtminister und preuß. Ministerpräsident, begeht nach Todesurteil im Nürnberger Kriegsverbrecherprozess Selbstmord 313

Gogh, Vincent van, *1853 (Groot-Zundert), †1890 (Auvers-sur-Oise), Maler 64

Goldberg, Heinz, *1891 (Königsberg), †1969 (Berlin), 1919 Mitgründer des Neuen Volkstheaters und 1923 (mit Ferdinand Bruckner) des Renaissancetheaters in Berlin, seit 1930 Drehbuchautor, 1933 Emigration über Prag nach Großbritannien, dort Theaterproduzent und Schriftsteller, 1956 Rückkehr nach Deutschland und Arbeit für Rundfunk und Fernsehen 87, 90, 148

Gombert, Wilhelm, *1886, †1964 (Chicago), Tenor, seit 1926 an der Charlottenburger Oper, 1934 Emigration über Schweden in die USA, wo er als Gesangspädagoge wirkt 173

Graetz, Paul, *1890 (Berlin), †1937 (Hollywood), Schauspieler, 1919–1921 bei »Schall und Rauch« und an den Berliner Reinhardtbühnen, 1933 Emigration über Frankreich und England in die USA, stirbt bei den Dreharbeiten zum Greta-Garbo-Film *Maria Valewska* 129

Grant, Cary [Archibald Alexander Leach], *1904 (Bristol), †1986 (Davenport/Iowa), Schauspieler 223

Gravey, Fernand [Fernand Martens], *1904 (Brüssel), †1970 (Paris), kommt 1913 als Schauspieler nach Paris, ab 1930 zahlreiche Filmrollen 223, 227, 232

Grieg, Edvard, *1843 (Bergen), †1907 (Bergen), Komponist, 1875 Bühnenmusik zu Ibsens *Peer Gynt* 163f.

Guitry, Sacha [Alexandre Pierre Georges], *1885 (St. Petersburg), †1957 (Paris), Schauspieler und Schriftsteller, verfasst ca. 130 Bühnenstücke 199, 204, 216

Hall, Alexander, *1897 (Boston), †1968 (San Francisco), kommt 1927 zum Film, seit 1932 Regisseur bei Paramount   248 f., 252

Handy, William Christopher, *1873 (Florence/Alabama), †1958 (New York), Komponist   164

Hanslick, Eduard, *1825 (Prag), †1904 (Baden bei Wien), Musikschriftsteller, seit 1861 Professor in Wien, Verehrer von Brahms und Gegner Wagners   64, 113 f.

Hardt-Warden, Bruno [Bruno Wradatsch], *1883 (Drachenburg), †1954 (Wien), Autor und Kabarettist   98 f., 152

Harich, Anne-Lise, *1898 (Königsberg), †1975, Tochter von A. Wyneken, Mutter von Wolfgang Harich   29, 35, 37, 279

Harich, Wolfgang, *1923 (Königsberg), †1995 (Berlin), Journalist, 1949 Professor an der Humboldt-Universität in Ost-Berlin, fordert 1956 mit Freunden die Entstalinisierung von Partei und Gesellschaft   35

Harvey, Lilian [Lilian Pape], *1906 (London), †1968 (Cap d'Antibes), Ballett- und Revuetänzerin, 1924 für den Film entdeckt, bildet mit Willy Fritsch das Filmtraumpaar der frühen Dreißigerjahre, 1933 in Hollywood, 1935 Rückkehr nach Deutschland, 1939 in Paris, dann wieder in den USA   162, 176 f., 179–181, 184, 190, 193, 196 f., 208, 220, 257, 275

Hase, Annemarie, *1900 (Berlin), †1971 (Berlin), Kabarettistin und Schauspielerin am Deutschen Theater Berlin und an Trude Hesterbergs »Wilder Bühne«, kommentiert während des Krieges als »Frau Warnicke« im deutschen Programm der BBC politische Ereignisse, seit 1947 beim Berliner Ensemble   144

Hasenclever, Walter, *1890 (Aachen), †1940 (Les Milles bei Aix-en-Provence), Schriftsteller, 1933 Emigration, begeht beim Einmarsch der deutschen Truppen in Frankreich im Internierungslager Selbstmord   117

Hauptmann, Gerhart, *1862 (Salzbrunn), †1946 (Agnetendorf), Dramatiker und Schriftsteller, erster großer Erfolg 1898 mit dem Drama Vor Sonnenaufgang, 1912 Nobelpreis für Literatur   78, 149

Hausegger, Sigmund von, *1872 (Graz), †1948 (München), Dirigent und Komponist, 1903/06 Leiter der Museumskonzerte in Frankfurt am Main, seit 1910 der Philharmonischen Konzerte in Hamburg und des Blüthner-Orchesters in Berlin, Komponist von Opern und Orchesterwerken   62, 80

Heartfield, John [Helmut Herzfeld], *1891 (Berlin), †1968 (Berlin), gründet mit seinem Bruder Wieland 1916 die antimilitaristische Zeitschrift Neue Jugend und nimmt aus Protest gegen die Englandfeindschaft in Deutschland den Namen Heartfield an, seit 1918 Mitglied der KPD, Anschluss an die Dadaisten, entwickelt mit George Grosz Fotomontagen für Buchumschläge, Plakate, politische Agitation, auch Bühnen- und Kostümbildner, 1933 Flucht nach Prag, 1938 nach London, 1950 Rückkehr nach Deutschland, Arbeit am Deutschen Theater Berlin und am Berliner Ensemble   116

Hecht, Ben, 1884 * (New York), †1964 (New York), 1900 Reporter in Chicago, 1921 erster Roman, 1928 Durchbruch als Theaterautor mit The Front Page, seit 1932 auch Drehbuchautor   236

Heckel, Erich, *1883 (Döbeln), †1970 (Radolfzell), Maler, Mitbegründer der Künstlergemeinschaft »Die Brücke«, seit Herbst 1911 in Berlin, 1914/15 freiwilliger Helfer beim Roten Kreuz in Flandern, November 1918 Rückkehr nach Berlin, 1937 Entfernung seiner Werke als »Entartete Kunst« aus Museen, 1944 nach Bombardierung seines Ateliers in Berlin Übersiedlung an den Bodensee   46

Heckendorf, Franz, *1888 (Berlin), †1962 (München), Maler anfangs impressionistischer, später expressionistischer Bilder   46

Heims, Else, *1878 (Berlin), †1958 (Santa Monica/Kalifornien), Schauspielerin, 1897–1932 am Deutschen Theater Berlin, erste Frau Max Reinhardts, 1934 Emigration in die USA, seit 1950 Gastspiele in Deutschland   78

Heller, Leo, *1876 (Wien), † um 1949, Journalist, seit 1901 in Berlin, seit 1917 Kritiker der Nationalzeitung   145

Herald, Heinz, *1890 (Birnbaum), †1964 (Kreuth), 1918–1920 Dramaturg am Deutschen Theater Berlin, 1919 Gründungsdirektor von »Schall und Rauch«, 1933 Emigration in die USA, Filmdrehbücher, 1953 Rückkehr nach Deutschland   128

Herlth, Robert, *1893 (Wriezen), †1962 (München), Architekt und Filmausstatter (Der steinerne Reiter, Der Kongress tanzt)   139, 190

Herzfelde, Wieland [Wieland Herzfeld], *1896 (Weggis), †1988 (Berlin), seit 1913 in Berlin, mit Bruder John Heartfield und George Grosz 1917 Gründung des Malik-Verlags, 1933 Emigration nach Prag, 1939 nach New York, Gründung des Aurora-Verlags, 1949 Professor in Leipzig   116

Hesterberg, Trude, *1892 (Berlin), †1967 (München), Schauspielerin und Kabarettistin, seit 1912 an Berliner Bühnen, nach 1945 in München Kabarett und an den Kammerspielen   70, 136, 142–147, 150, 196, 208, 272, 287–289, 296

Heymann, Elisabeth, geb. Miess [Elisabeth Millberg], *1922 (Klausenburg/Ungarn), †2005 (Salzburg) seit 1924 in Wien, 1942–1944 Schauspielerin am Landestheater Salzburg, vierte Frau von W. R. H., Hochzeit 1952   271 f., 277–283, 286–292, 304–306, 309 f., 311, 318, 320, 324 f.

Heymann, Elisabeth Charlotte [»Kiki«], *1952 (Salzburg), Tochter von W. R. H. und Elisabeth H.   306 f., 309, 311, 324 f., 334, 342

Heymann, Eva, geb. Heymann [Eva Hyde], * um 1910, † nach 1953, seit 1937 als Schauspielerin in den USA, dritte Frau von W. R. H., Hochzeit 1940, Scheidung 1948   252–254, 258, 260, 288

Heymann, Hans, * 1885 (Königsberg), † 1949 (USA), Kaufmann, Bruder von W. R. H.   9 f., 16, 18, 32, 37 f., 41, 44 f., 51, 58–60, 65, 69, 85, 126, 136, 158, 238–243, 245, 251 f., 255, 259

Heymann, Hans jr., * 1920 (Berlin), Sohn von Hans Heymann   238, 245, 251, 260 f., 264 f., 300

Heymann, Ilse, geb. Bachmann, * 1902 (Berlin), † 1985 (Frankfurt am Main), Schauspielerin, zweite Frau von W. R. H., 1924/25 Engagement am Frankfurter Theater, Hochzeit 1931, Scheidung 1938, nach dem Krieg in Berlin verheiratete Lacoste   184 f., 205, 207, 215, 217, 219, 221, 224–226, 228, 239, 241 f., 245, 251, 278

Heymann, Johanna, geb. Sommerfeld, * 1855 (Königsberg), † 1913 (Berlin), Mutter von W. R. H.   9, 11, 13–16, 18–21, 31, 35, 38, 40, 42–44, 50 f., 53 f., 56–59, 67, 76, 80 f., 84, 87

Heymann, Kurt, * 1888 (Königsberg), † um 1955 (Santiago de Chile), Arzt, Bruder von W. R. H.   9 f., 16, 18, 33, 43, 48, 51 f., 58, 60, 65, 69, 75, 82, 197, 203, 229, 233 f., 238–241, 245, 251 f., 266

Heymann, Lo [Liselotte], geb. Schumann, * 1896 (Insterburg), erste Frau von W. R. H., Hochzeit 1916, Scheidung 1931, zweite Ehe mit Erik Schütz   36 f., 41 f., 59 f., 67, 70, 78, 80 f., 83, 90, 96, 99, 102, 116, 129, 131, 133, 136, 143, 184 f., 191, 211, 259, 301

Heymann, Maria, geb. Perk, * 1885 (Marienwerder), † 1979 (Landshut), Malerin, Frau von Walther Heymann, Heirat 1913   43, 52, 76, 191, 198, 259, 318 f.

Heymann, Paul, * 1876 (Königsberg), † um 1930, Bruder von W. R. H.   9 f., 35 f., 75

Heymann, (Johann) Richard, * 1850 (Königsberg), † 1908 (Königsberg), Kaufmann, Vater von W. R. H.   9 f., 13 f., 16, 20–22, 24, 26–33, 35–38, 45, 53 f., 58 f., 76, 81

Heymann, Walther, * 1882 (Königsberg), † 1915 (bei Soissons), Schriftsteller, Bruder von W. R. H.   9 f., 16, 29 f., 32, 43, 46, 51 f., 64, 69, 75–79, 86, 88, 90, 111, 198, 259

Hildebrand, Hilde [Emma Hildebrand], * 1897 (Hannover), † 1976 (Berlin), seit 1924 Schauspielerin an Berliner Bühnen, später auch beim Film   218

Hiller, Kurt, * 1885 (Berlin), † 1972 (Hamburg), Jurist, freier Journalist und Schriftsteller in Berlin, 1933/34 Haft und KZ, Flucht nach Prag, 1938 nach London, ab 1955 in Hamburg   65 f., 109–111

Hitler, Adolf, * 1889 (Braunau), † 1945 (Berlin), Politiker, seit 1933 deutscher Reichskanzler   18, 140 f., 180, 199, 244, 255, 338

Hodler, Ferdinand, * 1853 (Bern), † 1918 (Genf), Maler des Jugendstils   76

Höxter, John, * 1884 (Hannover), † 1938 (Berlin), Publizist und Grafiker, gründet 1919 die Zeitschrift *Der blutige Ernst*, die von Carl Einstein und George Grosz fortgeführt wird, nimmt sich nach der Reichspogromnacht das Leben   49 f.

Hoffmann, Carl, * 1881 (Neiße), † 1947 (Minden), Fotograf, seit 1912 Filmkameramann, Chefkameramann der UFA (u. a. *Faust, Nibelungen, Der Kongress tanzt*)   139, 190

Hoffmann, Kurt, * 1912 (Freiburg/Br.), † 2001 (München), Sohn von Carl H., seit 1939 Filmregisseur bei der UFA, in den Fünfzigerjahren erfolgreiche Filmkomödien (*Das Wirtshaus im Spessart, Wir Wunderkinder*)   139

Holl, Gussy, * 1888 (Frankfurt am Main), † 1966 (Salzburg), seit 1910 als Chansonsängerin in Kabaretts, heiratet 1923 Emil Jannings und zieht sich von der Bühne zurück   129

Hollaender, Felix, * 1867 (Leobschütz), † 1931 (Berlin), Schriftsteller und Theaterkritiker, 1908–1913 Dramaturg am Deutschen Theater Berlin, Onkel von Friedrich H.   59

Hollaender, Friedrich [Frederick Hollander], * 1896 (London), † 1976 (München), studiert Musik in Berlin, seit 1926 Revuen und Chansons, seit 1929 Filmkomponist (*Der blaue Engel*), 1933 Emigration in die USA   59, 121, 129, 145 f., 192, 208 f., 220, 233 f., 254, 260, 287, 319

Hollaender, Gustav, * 1855 (Leobschütz), † 1915 (Berlin), Violinist, seit 1895 Direktor des Stern'schen Konservatoriums in Berlin   60

Hollaender, Victor, * 1866 (Leobschütz), † 1940 (Hollywood), Operettenkomponist, Vater von Friedrich H.   59

Huelsenbeck, Richard, * 1892 (Frankenau), † 1974 (Minusio/Tessin), 1914 erste Gedichtveröffentlichungen, gehört in Zürich zu den Initiatoren des Dadaismus, 1917 in Berlin, nach 1918 Weltreisen als Schiffsarzt, 1936 Emigration nach New York   110, 116 f.

Hugenberg, Alfred, * 1865 (Hannover), † 1951 (Kükenbruch), Wirtschaftler und Politiker, 1928 Vorsitzender der Deutschnationalen Volkspartei, trägt dazu bei, Hitler politisch gesellschaftsfähig zu machen   163, 218

Jacob, Heinrich Eduard, * 1889 (Berlin), † 1967 (Salzburg), Publizist und Schriftsteller, 1927–1933 Chefkorrespondent für das *Berliner Tageblatt* in Wien, 1938/39 im KZ Dachau und Buchenwald, 1939 Emigration in die USA, 1953 Rückkehr nach Deutschland   80, 257 f., 267

Jacobson, Gérard, * 1905 (Berlin), musikalischer Assistent Heymanns bei der UFA seit 1928, 1933 Emigration nach Paris   202, 207, 209

Jaeckel, Willy, *1888 (Breslau), †1944 (Berlin), Maler und Grafiker, seit 1913 in Berlin, seit 1925 Lehrer an der Staatl. Kunsthochschule   64

Janney, Russell, *1884, †1963 (New York), Musicalproduzent und Autor   242f.

Jannings, Emil, *1884 (Rorschach), †1950 (Strobl), Schauspieler, seit Herbst 1915 an Berliner Bühnen, seit 1924 auch beim Film, 1926–1929 in Hollywood, erhält ersten Darsteller-Oscar der Filmgeschichte, kehrt nach Aufkommen des Tonfilms nach Deutschland zurück, weitere große Filmerfolge, auch in Propagandafilmen der Nazis   129, 131, 160f.

Jaques-Dalcroze, Émile, *1865 (Wien), †1950 (Genf), Komponist, Schüler von Anton Bruckner in Wien und Léo Delibes in Paris, 1890 Theaterkapellmeister in Algier, unterrichtet seit 1892 am Genfer Konservatorium, Erfinder der rhythmischen Gymnastik   18

Joost, Oskar, *1898 (Weißenburg), †1921 (Berlin), Unterhaltungsmusiker   192

Juon, Paul, *1872 (Moskau), †1940 (Vevey/Schweiz), Komponist, studiert in Moskau u. a. bei Tanejew, seit 1894 in Berlin, 1906–1934 Kompositionslehrer an der dortigen Musikhochschule   46f., 82, 86

Käutner, Helmut, *1908 (Düsseldorf), †1980 (Castellina/Italien), Schauspieler und Regisseur, 1933 Mitbegründer des Kabaretts »Die vier Nachrichter« in München, 1939 erste Filmregie, gehört in den Fünfzigerjahren zu den erfolgreichsten deutschen Filmregisseuren, seit 1960 auch Arbeit für Theater und Fernsehen   269, 314f.

Kafka, Franz, *1883 (Prag), †1924 (Kierling bei Wien), Versicherungsangestellter in Prag, erste Veröffentlichung 1913 (Das Urteil), 1917 Tuberkulose-Erkrankung, der Großteil seines Werkes wird nach seinem Tod von seinem Freund Max Brod ediert   112

Kainer, Ludwig, *1885 (München), †1967, Zeichner und Kostümbildner   122

Kaiser, Georg, *1878 (Magdeburg), †1945 (Ascona), Schriftsteller, 1938 Emigration in die Schweiz   122–124, 126

Kalbeck, Max, *1850 (Breslau), †1921 (Wien), seit 1880 Musikkritiker in Wien, Freundschaft mit Johannes Brahms   113f.

Kálmán, Emmerich, *1882 (Siófok/Ungarn), †1953 (Paris), Operettenkomponist, 1915 Welterfolg mit Die Csárdásfürstin, 1938 Emigration über Zürich und Paris in die USA   97f., 102, 174, 243

Karsavina, Tamara, *1885 (St. Petersburg), †1978 (Beaconsfield/Großbrit.), seit 1902 Tänzerin in St. Petersburg, Solistin in Diaghilews »Ballets Russes«   62

Kastner, Rudolf, *1879 (Wien), Musikkritiker, langjähriger Korrespondent der Berliner Morgenpost   108

Kerr, Alfred [Alfred Kempner], *1867 (Breslau), †1948 (Hamburg), bis zu seiner Emigration 1933 einer der führenden Berliner Theaterkritiker, seit 1935 in London   64, 66, 118, 133, 166, 200

Kettelhut, Erich, *1893 (Berlin), †1979 (Hamburg), Filmarchitekt   194

Kiepenheuer, Gustav, *1880 (Wengern/Ruhr), †1949 (Weimar), Verleger, Begründer des Kiepenheuer-Verlages in Leipzig, 1919 Übersiedlung nach Potsdam, 1924 nach Berlin, der 1946 den Verlag in Weimar neu auf   86, 123

Kisch, Egon Erwin, *1885 (Prag), †1948 (Prag), Journalist und Schriftsteller, Reporter in Prag, Berlin und Wien, 1933 Emigration, 1940–1946 in Mexiko, danach wieder in Prag   98

Klabund [Alfred Henschke], *1890 (Crossen), †1928 (Davos), Schriftsteller, erste Veröffentlichung 1912, bekannt vor allem durch lyrische und dramatische Nachdichtungen aus dem fernöstlichen Kulturbereich   60, 69, 77, 128, 132f., 145f.

Klein, Cesar, *1876 (Hamburg), †1954 (Pausdorf bei Lübeck), seit 1903 in Berlin vorwiegend als Innenarchitekt tätig, seit 1919 Szenenbildner für alle größeren Berliner Theater und beim Film   46, 122

Klein, Robert, *1892 (Mannheim), †1958 (New York), 1921 Dramaturg an der Tribüne, 1926–1929 Direktor des Deutschen Theaters Berlin, danach des Deutschen Künstlertheaters/Lessingtheaters, 1933 Emigration nach London, 1939 nach New York   163f.

Klein-Rogge, Rudolf, *1889 (Köln), †1955 (Graz), Schauspieler, seit 1918 in Berlin, seit 1919 viele Filmrollen, verkörpert vorwiegend dämonisch-brutale Charaktere   139

Klemperer, Georg, *1865 (Landsberg), †1946 (Cambridge/Massachusetts), seit 1906 Chefarzt am Krankenhaus Moabit (ab 1909 Medizinische Klinik der Universität), 1938 Emigration in die USA   80–82

Knef, Hildegard, *1925 (Ulm), †2002 (Berlin), Schauspielerin bei Barlog in Berlin, erster internationaler Erfolg 1946 im Film Die Mörder sind unter uns, 1954–1956 in den USA (u. a. am Broadway), seitdem auch Sängerin   269, 279, 296, 301f., 305

König, Hans Heinz, *1912 (Berlin), †2003 (München), Filmregisseur, Drehbuchautor und Produzent   319

Kokoschka, Oskar, *1886 (Pöchlarn), †1980 (Montreux), expressionistischer Maler und Dramatiker   127

Kollwitz, Käthe, geb. Schmidt, *1867 (Königsberg), †1945 (Moritzburg bei Dresden), Grafikerin und Bildhauerin, 1918–1933 Professorin an der Berliner Akademie   76

Konstantin, Leopoldine, *1886 (Brünn), †1965 (Wien), Schauspielerin, 1907–1914 am Deutschen Theater Berlin   50, 200 f.

Korngold, Erich Wolfgang, *1897 (Brünn), †1957 (Hollywood), Komponist, Sohn des Wiener Musikkritikers Julius K. (*1860 Brünn, †1945 Los Angeles), studiert in Wien u. a. bei Alexander Zemlinsky, 1908 wird mit der Pantomime *Der Schneemann* ein Bühnenwerk des erst Elfjährigen aufgeführt, bearbeitet mehrere Theaterstücke für Max Reinhardt, seit 1935 in Hollywood   113, 177 f., 244, 260

Kortner, Fritz, *1892 (Wien), †1970 (München), Schauspieler und Regisseur, erster großer Erfolg 1913 in Wien, seit 1919 in Berlin, zuerst an der Tribüne, dann am Staatstheater, 1934 Emigration über London in die USA, 1947 Rückkehr nach Deutschland   118, 131, 254, 260

Kracauer, Siegfried, *1889 (Frankfurt am Main), †1966 (New York), Publizist, 1922–1933 Mitarbeiter der *Frankfurter Zeitung* in Berlin, 1933 Emigration nach Frankreich, 1941 in die USA   180

Kraus, Karl, *1874 (Gitschin), †1936 (Wien), Schriftsteller, seit 1899 Herausgeber, seit 1911 alleiniger Autor der Zeitschrift *Die Fackel*   66, 73, 93, 100

Krauskopf, Wilhelm, *1847 (Zerbst), †1921 (Illenau bei Aachen), Kupferstecher und Radierer   46

Krauß, Werner, *1884 (Gestungshausen bei Coburg), †1959 (Wien), Schauspieler, 1913–1945 vorwiegend am Deutschen Theater Berlin, seit 1919 Filmrollen   122, 163

Kreisler, Georg, *1922 (Wien), Kabarettist, Komponist, Schriftsteller, 1938–1955 Exil in Amerika   247 f., 334

Krenek, Ernst, *1900 (Wien), †1991 (Palm Springs/Kalifornien), Komponist, studiert seit 1916 bei Schreker in Wien, folgt diesem 1920 nach Berlin, 1938 Emigration in die USA   150

Kroyt, Boris, *1898 (Odessa), †1969 (New York), Geiger und Bratscher, Mitglied des Anbruch-Quartetts und des Budapest-Streichquartetts   137, 153

Kühl, Kate, *1899 (Köln), †1970 (Berlin), Schauspielerin und Kabarettistin bei der »Wilden Bühne«, im »Kabarett der Komiker« und im »Tingel-Tangel«, nach 1933 Berufsverbot, arbeitet als Rundfunksprecherin, nach 1945 wieder Theater in Berlin   144

Kupfer, Margarethe [Margarethe Kupferschmidt], *1881 (Freystadt), †1953 (Berlin), 1904–1912 Schauspielerin am Deutschen Theater Berlin, um 1926 zahlreiche Stummfilmrollen, nach 1945 am Theater am Schiffbauerdamm   148

Landsberg, Hans, *1875 (Breslau), †1920 (Berlin), seit 1900 in Berlin, Theaterkritiker und Schriftsteller   148

Lang, Fritz, *1890 (Wien), †1976 (Los Angeles), 1919 erste Filmregie in Berlin, führender Regisseur des expressionistischen Films, 1933 Emigration über Paris in die USA, 1958 Rückkehr nach Deutschland   194, 220, 254, 260

Langer, Resi [Theresia], *1890 (Breslau), Schauspielerin *(Ferien vom Ich)*   266

Lasker-Schüler, Else, *1869 (Elberfeld), †1945 (Jerusalem), Dichterin, zieht 1894 mit ihrem ersten Mann nach Berlin, 1899 Scheidung und erste Veröffentlichungen, heiratet 1901 Herwarth Walden (Scheidung 1911), 1919 erscheint bei Bruno Cassirer eine zehnbändige Werkausgabe, 1933 Emigration in die Schweiz, 1938 nach Palästina   49, 146

Leclerc, Jacques-Philippe, *1902 (Belloy-St.-Léonard), †1947 (Algerien), General der französischen Armee   257

Le Corbusier [Charles Edouard Jeanneret], *1887 (La-Chaux-de-Fonds), †1965 (Roquebrune-Cap-Martin), Architekt, Maler, Schriftsteller   64

Lehár, Franz, *1870 (Komorn/Ungarn), †1948 (Bad Ischl), Operettenkomponist   149

Lehmann, Fritz, *1882 (Perleberg), †1963 (Santa Barbara/Californien), Bruder von Lotte Lehmann   95 f.

Lehmann, Lotte, *1888 (Perleberg), †1976 (Santa Barbara/Californien), Sängerin, 1910 am Hamburger Stadttheater, 1914–1933 an der Wiener Hof-(Staats-)Oper, seit 1922 auch in Übersee, 1938 Emigration   95, 254

Leonhard, Rudolf, *1889 (Lissa/Polen), †1953 (Berlin), Schriftsteller, nimmt als Freiwilliger am Ersten Weltkrieg teil, wird Pazifist, 1919 Mitbegründer der Berliner »Tribüne«, seit 1927 in Paris, 1937 Teilnahme am span. Bürgerkrieg, seit 1939 in verschiedenen Internierungslagern, 1943 Flucht aus dem Abschiebegefängnis und Leben im Untergrund bis Kriegsende, 1950 Übersiedlung in die DDR   117, 132 f., 168

LeRoy, Mervyn, *1900 (San Francisco), †1987 (Beverly Hills), Regisseur und Produzent seit 1930   232

Létraz, Jean de, *1897 (Paris), †1954 (Paris), Autor zahlreicher Theaterstücke   222, 257, 291

Levi, Hermann, *1839 (Gießen), †1900 (München), Dirigent, 1882 Uraufführung des *Parsifal* in Bayreuth   25

Lichnowsky, Karl Max Fürst von, *1860 (Ratibor), †1928 (Berlin), ab 1899 im diplomatischen Dienst, 1912 Botschafter in London   73

Lichnowsky, Mechtilde Fürstin von, *1879 (Schönburg/Niederbayern), †1958 (London), Schriftstellerin, schreibt Unterhaltungsromane und ein Schauspiel, verheiratet mit Karl v. L.   72 f.

Lichtenstein, Alfred, *1889 (Berlin), †1914 (Vermandovillers/Somme), Schriftsteller, seit 1910 Mitarbeiter der Zeitschrift *Der Sturm*   49

Lingen, Theo [Theodor Schmitz], *1903 (Hannover), †1978 (Wien), Schauspieler und Regisseur   309

Liszt, Franz, *1811 (Raiding), †1886 (Bayreuth), Pianist und Komponist   136, 174

Li Tai-peh [Li Po], *701 (Sezuan), †762 (Nanking), Lyriker, 742/43 am Kaiserhof in Changan, neben Naturschilderungen Gedichte gegen soziale Ungerechtigkeit, beteiligt sich 754 am Aufstand gegen die Tang-Dynastie   79

Lloyd, Harold, *1893 (Burchard/Nebraska), †1971 (Los Angeles), seit 1914 beim Film, erfolgreicher Stummfilmkomiker   340

Löwe, Ferdinand, *1865 (Wien), †1925 (Wien), seit 1904 Dirigent des Wiener Konzertvereins, 1919–1922 Leiter der Wiener Akademie der Tonkunst   89

Lubitsch, Ernst, *1892 (Berlin), †1947 (Hollywood), kommt mit zwanzig Jahren zum Film als Komparse, Beleuchter, Schauspieler, ab 1914 Regisseur, ab 1923 in Hollywood   130 f., 208, 219, 233, 235, 237, 245–248, 254, 258, 260, 319

Ludwig, Erwin A(dolf), *1891 (Mühldorf/Inn), Komponist von Unterhaltungsmusik   293 f.

Makart, Hans, *1840 (Salzburg), †1884 (Wien), Maler großformatiger historischer und allegorischer Bilder, dessen dekorative Auffassung die Theaterdekoration und Wohnkultur bis ins 20. Jh. beeinflusst   94

Mann, Heinrich, *1871 (Lübeck), †1950 (Santa Monica), Schriftsteller, 1905 Roman *Professor Unrat*, 1933 Emigration nach Paris, 1940 Flucht in die USA   15, 20, 39, 66, 149, 258, 263, 287

Mann, Klaus, *1906 (München), †1949 (Cannes), Sohn von Thomas M., 1925 Theaterkritiker und Schriftsteller in Berlin, 1933 Emigration nach Amsterdam, 1936 in die USA, kehrt als amerikanischer Soldat nach Europa zurück, 1949 Selbstmord   111

Mann, Thomas, *1875 (Lübeck), †1955 (Zürich), Schriftsteller und Nobelpreisträger   24, 123, 254, 262

Marcel, Lucille [Lucille Wasself], *1887 (New York), †1921 (Wien), Sängerin, seit 1908 an der Wiener Hofoper, 1911 Heirat mit Felix Weingartner, engagiert in Hamburg, Boston, Paris, Darmstadt   104

Marie von Hannover, geb. von Sachsen-Altenburg, *1818 (Hildburghausen), †1878 (Gmunden), seit 1843 Gemahlin Georgs V. von Hannover, seit 1866 im Exil   13

Margulies, Hanns, *1889 (Russ. Polen), †1960 (London), 1912–1914 Dramaturg an der Wiener Volksbühne, 1935 Leiter des Kabaretts ABC, 1938 Emigration über Prag nach London   105

Martin, Karl Heinz, *1886 (Freiburg/Br.), †1948 (Berlin), Regisseur, seit 1919 an Berliner Bühnen, seit 1929 künstlerischer Leiter der Volksbühne, seit 1920 auch Filmregisseur   117, 122, 125, 147, 166

Massolle, Joseph, *1889 (Bielefeld), †1957 (Berlin), Werkzeugmacher und Ingenieur, Miterfinder des Tonfilms, 1929–1945 Leiter der Tontechnik der UFA   172

Matisse, Henri, *1869 (Le Cateau), †1954 (Nizza), Maler und Bildhauer   64

Matray, Ernst, *1899 (Budapest), †1978 (Los Angeles), Schauspieler und Regisseur, seit 1927 in Berlin, 1933 Emigration in die USA, seit 1939 als Choreograf in Hollywood   50

May, Joe [Joseph Mandl], *1880 (Wien), †1954 (Hollywood), inszeniert 1918 in Berlin mit *Veritas vincit* einen der ersten Ausstattungsfilme, Zusammenarbeit mit Fritz Lang, 1934 Emigration nach Hollywood   209, 221

Mayer, Louis B. [Lazar Meir], *1885 (Minsk), †1957 (Los Angeles), Alteisenhändler, 1907 in die USA, Filmverleiher und Kinomanager, 1916 nach Los Angeles, seine Gesellschaft heißt ab 1926 »Metro-Goldwyn-Mayer« (MGM), bis 1951 deren Produktionschef   235

Mehring, Walter, *1896 (Berlin), †1981 (Zürich), veröffentlicht seit 1915 expressionistische Lyrik, wendet sich 1918 dem Dadaismus zu und schreibt ab 1919 Gedichte und Chansons für Berliner Kabaretts, nach journalistischer Tätigkeit in Paris Zusammenarbeit mit Erwin Piscator in Berlin, der 1929 seine Komödie *Der Kaufmann von Berlin* herausbringt, 1934–1938 journalistische Arbeit in Wien, dann Emigration in die USA, 1953 Rückkehr nach Deutschland   50, 117, 128, 144–146, 266

Meisel, Hans [James M.], *1900 (Berlin), †1991 (Seattle), 1922 Promotion in Heidelberg, 1925–1933 Feuilletonredakteur der *Vossischen Zeitung*, 1934 Emigration nach Österreich, 1938 in die USA, dort bis 1940 Sekretär von Thomas Mann, Professor für politische Wissenschaft in Michigan   266

Mendelsohn, Erich, *1887 (Allenstein), †1953 (San Francisco), 1918 Eröffnung eines Architekturbüros in Berlin, begründet 1924 mit Ludwig Mies van der Rohe und Walter Gropius den »Ring«, die führende Vereinigung progressiver Architekten, 1933 Emigration nach Großbritannien, 1939 nach Palästina, 1941 in die USA   64 f., 300 f., 309

Metzner, Gerhard, *1914 (Beuthen), †1969 (München), Regisseur und Dramaturg, gründet 1946 in München die »Kleine Komödie«   288

Meyerinck, Hubert von, *1896 (Potsdam), †1971 (Hamburg), 1917 Volontär und Statist am Berliner Kgl. Schauspielhaus, 1920 Schauspieler an der Tribüne, dann am Deutschen Theater und bis 1945 an allen großen Bühnen Berlins und im Kabarett, seit 1920 über 200 Filme   124 f.‚ 165

Mies van der Rohe, Ludwig, *1886 (Aachen), †1969 (Chicago), seit 1906 als technischer Zeichner in Berliner Architektenbüros, u. a. bei Peter Behrens, gehört seit 1921 zu Berlins Avantgarde-Architekten, 1930–1933 Leiter des Bauhauses in Weimar/Dessau, 1937 Emigration in die USA   64, 309

Millberg, Elisabeth, s. Heymann, Elisabeth

Mirande, Yves [Anatole le Querec], *1875 (Bagneux), †1957 (Paris), Theaterautor und Regisseur   223

Mistinguette [Jeanne Bourgeois], *1873 (Paris), †1956 (Versailles), Sängerin und Tänzerin, zeitweilig Leiterin des »Moulin Rouge« in Paris   180

Moissi, Alexander, *1880 (Triest), †1935 (Wien), Schauspieler, 1901 am Deutschen Theater Berlin, wird durch Tourneen europaweit bekannt, nach Kriegsteilnahme und Gefangenschaft 1917 Rückkehr nach Berlin, 1920 erster Jedermann bei den Salzburger Festspielen   122

Moore, Grace, *1901 (Jellico/Tennessee), †1947 (Kopenhagen), Sängerin, tritt anfangs in Operetten und Revuen auf, nach zusätzlichem Gesangsstudium in Europa ab 1928 an der Metropolitan Opera in New York, ab 1930 zusätzlich glanzvolle Karriere in Hollywood, verunglückt tödlich bei einem Flugzeugabsturz in Kastrup/Kopenhagen   216

Morgan, Paul [Georg Paul Morgenstern], *1886 (Wien), †1938 (Buchenwald), seit 1918 in Berlin als Schauspieler und Kabarettist, 1933 Emigration nach Wien, schreibt für Ralph Benatzky das musikalische Lustspiel Axel an der Himmelstür, in dem Zarah Leander entdeckt wird, 1938 von der Gestapo verhaftet, Deportation in die KZs Dachau und Buchenwald, stirbt an einer Lungenentzündung und den Folgen medizinischer Experimente   129

Morros, Boris, *1895 (St. Petersburg), †1963 (New York), seit 1922 in den USA, Musikdirektor am Rivoli-Theater in New York, seit 1935 Musikdirektor bei Paramount, nach dem Zweiten Weltkrieg amerikanisch-sowjetischer Doppelspion   245, 319–322

Moser, Hans [Jean Juliet], *1880 (Wien), †1964 (Wien), Schauspieler, von Max Reinhardt als Komiker engagiert, zahlreiche Filmrollen   166

Mosheim, Grete, *1905 (Berlin), †1986 (New York), Schauspielerin, 1922–1931 am Deutschen Theater Berlin, 1934 Emigration über London nach New York, wo sie am Broadway auftritt, 1952 Rückkehr nach Deutschland   166, 200, 218

Mottl, Felix, *1856 (Wien), †1911 (München), Dirigent, 1907 Direktor der Münchner Hofoper, bedeutender Wagner-Interpret   25, 48

Mühsam, Erich, *1878 (Berlin), †1934 (Oranienburg), seit 1901 als freier Schriftsteller in Berlin und München, gehört mit Ernst Toller 1918/19 zu den führenden Köpfen der bayerischen Räterepublik, aus Festungshaft 1924 entlassen, am Tag des Reichstagsbrands verhaftet und im KZ Oranienburg ermordet   48

Munch, Edvard, *1863 (Loten), †1944 (Oslo), Maler, Wegbereiter des Expressionismus   64

Murnau, Friedrich Wilhelm [F. W. Plumpe], *1888 (Bielefeld), †1931 (Santa Barbara/Kalifornien), seit 1913 Schauspieler an den Reinhardtbühnen in Berlin, seit 1919 Filmregisseur (Faust), 1926 in Hollywood, 1929 Reise nach Tahiti zur Filmproduktion Tabu, verunglückt vor der Premiere in Hollywood mit dem Auto   130 f., 160, 220

Müthel, Lothar [Lothar Lütcke], *1896 (Stettin), †1964 (Frankfurt am Main), Schauspieler, seit 1913 am Deutschen Theater Berlin, seit 1920 am Berliner Staatstheater, seit 1927 auch Regisseur, 1939–1945 Direktor des Wiener Burgtheaters, 1947–1950 in Weimar, 1951 Leiter des Schauspiels Frankfurt am Main   59

Napoleon I. [Napoleon Bonaparte], *1769 (Ajaccio), †1769 (Sankt Helena), General der französischen Armee, krönt sich 1804 zum Kaiser der Franzosen, 1814 Abdankung und Exil in Elba, 1815 Rückkehr nach Frankreich und endgültige Niederlage bei Belle-Alliance (Waterloo), seitdem Verbannung auf Sankt Helena   204, 216

Neumann, Robert, *1897 (Wien), †1975 (München), nach diversen gescheiterten beruflichen Versuchen 1927 Seemann, gleichzeitig erste Veröffentlichung von Parodien (Mit fremden Federn), die ihn bekannt macht, 1933 Emigration nach London, arbeitet für die BBC, 1959 Übersiedlung in die Schweiz   109

Nielsen, Asta, *1881 (Kopenhagen), †1972 (Frederiksberg), Schauspielerin, 1910 für den Film entdeckt   309

Nijinski, Vaslav, *1890 (Kiew), †1950 (London), seit 1908 Tänzer in St. Petersburg, 1909 erstes Gastspiel mit Diaghilew in Paris, danach erster Tänzer der »Ballets Russes«, 1913 Heirat und Bruch mit Diaghilew, Gründung einer eigenen Truppe, 1916 in USA, 1919 erste Anzeichen einer Geisteskrankheit   62, 154

Nikisch, Artur, *1855 (Ungarn), †1922 (Leipzig), 1889 Dirigent des Boston Symphony Orchestra, 1895 Leiter des Leipziger Gewandhausorchesters, dirigiert seit 1897 die Berliner Philharmonischen Konzerte   45, 52, 54, 62, 75, 113, 155

Nowak, Karl Friedrich, *1882 (Wien), †1932 (Berlin), nach abgebrochenem Jurastudium seit 1903 Kunstberichterstatter verschiedener Zeitungen, 1914–1918 im österr.-ungar. Kriegspressequartier, danach Verleger für Memoiren deutscher und österr. Militärs, Diplomaten und Politiker, veröffentlicht 1929 *Das deutsche Kaiserreich* 105

Oertel, Curt, *1890 (Osterfeld), †1959 (Limburg/Lahn), Kameramann bei G. W. Pabst, Theaterregisseur bei Piscator, Dokumentarfilmregisseur 309

Ophüls, Max [Max Oppenheimer], *1902 (Saarbrücken), †1897 (Hamburg), 1921-1924 Schauspieler und Regisseur am Theater, 1930 erste Filmregie in Berlin, 1933 Emigration nach Frankreich, 1941-1949 in den USA, danach wieder in Frankreich 264

Oppenheim, Max, *1885 (Wien), †1954 (New York), Maler 69

Ortwin, Maria, [Maria Trittenwein], *1868 (Wien), Schauspielerin, 1885-1887 in Königsberg, 1887-1889 am Deutschen Theater Berlin, danach verheiratete Winter in Königsberg 22, 24

Oumansky, Alexander, *1895 (Kremenchuk/Russland), †1983 (Honolulu), Tänzer und Choreograf, Mitglied der »Balletts Russes«, 1911 in USA, 1925 in London und Berlin, 1930 mehrere Ballettfilme in London, danach als Choreograf weltweit tätig 154, 164

Pabst, G(eorg) W(ilhelm), *1885 (Raudnitz), †1967 (Wien), seit 1923 Filmregisseur, 1931 Verfilmung der *Dreigroschenoper*, 1934 in Hollywood, danach in Frankreich, ab 1939 in Wien 184, 220, 206-208, 309

Pacher, Michael, um *1435 (Bruneck), †1498 (Salzburg), Maler bedeutender spätgotischer Flügelaltäre 139

Parlo, Dita, *1906 (Stettin), †1971 (Paris), seit 1928 als Schauspielerin beim Film, 1933 in Hollywood, danach in Frankreich, 1940 nach Deutschland deportiert, 1950 wieder Filmrollen in Frankreich 228

Pauker, Edmond, *1888 (Budapest), †1962 (New York), seit 1922 in den USA, Bühnenagent und Repräsentant europäischer Schriftsteller in New York 207, 235, 242 f.

Paumgartner, Bernhard, *1887 (Wien), †1971, Geiger und Dirigent, seit 1919 Direktor des Mozarteums in Salzburg, leitet während des Krieges die Soldatenliedersammlung des österr. Kriegsministeriums 136

Pawlowa, Anna [Anna P. Matwejewa], *1881 (St. Petersburg), †1931 (Den Haag), 1899 Tänzerin am Marientheater in St. Petersburg, 1906 Primaballerina, kreiert 1905 Fokines »Sterbenden Schwan« 62

Pechstein, Max, *1881 (Zwickau), †1955 (Berlin), Maler und Grafiker, 1906 Mitglied der Künstlervereinigung »Die Brücke«, seit 1908 in Berlin, 1910 Mitgründer der »Neuen Sezession«, 1913/14 Südseereise, 1933 Malverbot 46, 54, 64, 76 f.

Perutz, Leo, *1884 (Prag), †1957 (Bad Ischl), bis 1923 bei Wiener Versicherung tätig, 1907 erste Veröffentlichung als Schriftsteller, 1915 erster Roman *Die dritte Kugel*, bekannte Figur der Wiener Kaffeehausszene, gehört zu den meistgelesenen Erzählern seiner Zeit, mehrere Verfilmungen 98

Petyrek, Felix, *1892 (Brünn), †1951 (Wien), Komponist, Schüler von Franz Schreker in Wien, 1919-1921 Lehrer am Salzburger Mozarteum, 1921-1924 an der Berliner Musikhochschule, danach in Italien und Athen, 1930-1939 in Stuttgart, 1939-1948 in Leipzig 150

Picard, André, *1874, †1926 (Paris), Schriftsteller und Dramatiker 199

Picasso, Pablo, *1881 (Málaga), †1973 (Mougins), Maler, Grafiker und Bildhauer 46, 64

Pommer, Erich [Eric], *1889 (Hildesheim), †1966 (Los Angeles), nach kaufmänn. Lehre seit 1907 in der Berliner, seit 1910 in der Wiener Filiale der frz. Filmgesellschaft Gaumont, 1915 Mitbegründer der Decla Film in Berlin, die 1921 in der UFA aufgeht, dort Herstellungsleiter und 1923 auch Vorstandsmitglied, 1926 Wechsel zu Paramount nach Hollywood, 1927 erneut Produktionschef der UFA, 1933 Emigration nach Paris und Hollywood, bis 1941 im Filmgeschäft, schwere Erkrankung, 1946 Rückkehr nach Deutschland als Filmoffizier der amerikan. Militärregierung, 1949 wieder in Hollywood, 1951 in München Gründung der Intercontinental Film, seit 1956 wieder in den USA 128, 137-142, 155, 175, 177 f., 180, 183, 185 f., 187, 190, 195, 202, 207, 209, 212 f., 221, 235, 237, 260, 269, 277-290, 309

Popper, Josef, [Popper-Lynkeus], *1838 (Kolin), †1921 (Wien), Ingenieur und Schriftsteller, 1899 *Phantasien eines Realisten* 39

Possart, Ernst (seit 1898 Ritter von), *1841 (Berlin), †1921 (Berlin), Schauspieler, seit 1864 in München, seit 1874 Oberregisseur der Königl. Schauspiele, 1895 Intendant des Hoftheaters, 1898-1905 königl. Generalintendant 22 f., 98

Prévost, Marcel, *1862 (Paris), †1941 (Vianne), Schriftsteller, psycholog. Gesellschaftsromane, die vor allem weibliche Charaktere eindringlich analysieren 63

Pringsheim, Klaus, *1883 (München), †1972 (Tokio), Dirigent und Regisseur, seit 1918 in Berlin, dort bis 1922 Kapellmeister des Großen Schauspielhauses, Schwager von Thomas Mann, seit 1951 Dirigent und Professor in Tokio 122

Printemps, Yvonne [Yvonne Wignolle], *1894 (Ermont), †1977 (Paris), mit dreizehn Jahren in Operetten und Revuen, 1919 Heirat mit Sacha Guitry, 1934 mit Pierre Fresnay, seit 1936 Theaterdirektorin in Paris, seit 1932 auch Filme 216, 230, 323

Puccini, Giacomo, *1858 (Lucca), †1924 (Brüssel), Opernkomponist 64, 294

Pulver, Liselotte, *1929 (Bern), Schauspielerin 282, 285

Rabenalt, Arthur Maria, *1905 (Wien), †1993 (Wildbad Kreuth), Theaterregisseur in Berlin, seit 1939 auch beim Film 296

Rahl, Mady [Edith Raschke], *1915 (Berlin), †2009 (München), Schauspielerin und Tänzerin, Debüt 1935 in Leipzig, ab 1936 zahlreiche Filmrollen 288

Rainer, Luise, *1910 (Wien), spielt unter Max Reinhardt in Berlin, seit 1935 in Hollywood, 1936 Oscar für *The Great Ziegfeld*, und 1937 für *The Good Earth*, nach 1943 nur noch gelegentliche Filmrollen 237

Rapée, Ernö, *1891 (Budapest), †1945 (New York), nach Studium an der Budapester Musikakademie und ersten Stationen als Korrepetitor und Dirigent in Dresden, Magdeburg und Kattowitz 1912 Konzerttournee durch Lateinamerika, 1913 in New York Leiter der Hungarian Opera und Erster Dirigent des Rivoli-Filmpalastes, in den Zwanzigerjahren Dirigent des UFA-Palast-Orchesters in Berlin, ab 1926 wieder in New York als Generalmusikdirektor der NBC und Chefdirigent der Radio City Music Hall 148, 152–157, 159–162, 164

Rasputin, Grigori Jefimowitsch, *1864 (Pokrowskoje), †1916 (St. Petersburg), Mönch, lebt seit 1907 am Zarenhof und wird wegen seines Einflusses auf Zar Nikolaus II. ermordet 320

Rathenau, Walther, *1867 (Berlin), †1922 (Berlin), Industrieller und Politiker, 1922 Außenminister der Weimarer Republik, im selben Jahr durch antisemitische rechtsradikale ehemalige Offiziere ermordet 140

Ray, Man, *1890 (Philadelphia), †1976 (Paris), Fotograf und Maler, lebt 1921–1940 und ab 1951 in Paris 227

Reagan, Ronald, *1911 (Tampico/Illinois), †2004 (Bel Air/Kalifornien), seit 1937 als Schauspieler in Hollywood, 1947–1952 Präsident der Schauspielergewerkschaft, Zuträger bei der McCarthy-Kommunistenjagd, 1981–1991 Präsident der USA 262

Reinhardt, Gottfried, *1916 (Berlin), †1984 (Los Angeles), Sohn von Max R. und Else Heims, geht 1932 zum Studium in die USA, 1933 Assistent bei Ernst Lubitsch, Drehbuchautor und Produzent für MGM, seit 1956 wiederholte Regiearbeiten für Film und Theater in Deutschland und Österreich 78

Reinhardt, Max [Maximilian Goldmann], *1873 (Baden bei Wien), †1943 (New York), Schauspieler und Regisseur, 1905–1932 Leiter der Deutschen Theaters Berlin, ab 1937 Exil in den USA 45, 50, 59, 60, 78, 117, 121, 127, 129, 136, 149, 163–165, 172, 177, 320

Reinhardt, Wolfgang, *1908 (Berlin), †1979 (Rom), 1929 in Verwaltung der Reinhardt-bühnen, 1934 Emigration in die USA, Produzent bei Warner Bros., 1953 Rückkehr nach Europa als Filmproduzent u. a. für Helmut Käutner 78

Reisch, Walter, *1903 (Wien), †1983 (Los Angeles), seit 1920 beim Film, seit 1925 Drehbuchautor, 1938 Emigration in die USA, 1983 Oscar für *Titanic* 196, 247

Reuter, Ernst, *1889 (Appenrade), †1953 (Berlin), 1935–1946 im Exil in der Türkei, 1950–1953 Regierender Bürgermeister von Berlin 274

Rheiner, Walter [Walter Heinrich Schnorrenberg], *1895 (Köln), †1925 (Berlin), versucht 1914 erfolglos, durch Narkotika militärische Untauglichkeit zu simulieren und ist seitdem drogenabhängig, veröffentlicht zwischen 1918 und 1921 Bände mit Gedichten und Kurzprosa (darunter 1918 die Erzählung »Kokain«), beendet sein Leben mit einer Überdosis Morphium 89

Riemenschneider, Tilman, *um 1460 (Heiligenstadt), †1531 (Würzburg), Bildschnitzer und Bildhauer 139

Rilke, Rainer Maria, *1875 (Prag), †1926 (Val-Mont/Schweiz), seit 1895 Veröffentlichung von Gedichten und Erzählungen 32, 39, 60, 65, 77, 89

Rimski-Korsakow, Nikolai Andrejewitsch, *1844 (Tichwin), †1908 (St. Petersburg), Komponist und Professor am Petersburger Konservatorium 47, 320

Ringelnatz, Joachim [Hans Bötticher], *1883 (Wurzen), †1934 (Berlin), Schiffsjunge und in verschiedenen Berufen tätig, ab 1920 Kabarettist und skurriler Lyriker 144

Rittau, Günther, *1897 (Königshütte), †1971, seit 1919 beim Film, Kameramann seit 1929, seit 1939 auch Regisseur 174, 182

Roach, Hal, *1892 (Elmira/New York), †1992 (Beverly Hills), gründet mit Harold Lloyd 1914 eine Produktionsgesellschaft, entdeckt Laurel und Hardy, Mickey Rooney, Produzent und Regisseur der *Topper*-Komödien 248

Robert, Eugen, *1877 (Budapest), †1955 (London), ab 1906 Theaterkritiker in Berlin und München, 1920 Gründung des Theaters »Die Tribüne« in Berlin, 1933 Emigration nach London 118, 147

Röhrig, Walter, *1897 (Berlin), †1945 (Caputh bei Potsdam), Theater- und Kunstmaler, seit 1919 Filmausstatter *(Der steinerne Reiter, Faust, Der Kongress tanzt)*, bis 1945 bei der UFA tätig 139, 190

Rosé, Arnold [Rosenblum], *1863 (Jassy), †1946 (London), Geiger, 1881–1938 Konzertmeister des Wiener Hofopernorchesters (Philharmoniker), seit 1882 Primarius eines berühmten Streichquartetts, 1888–1896 Konzertmeister bei den Bayreuther Festspielen, 1938 Emigration nach London 92, 114

Rotter, Fritz, *1900 (Wien), †1984 (Ascona), Drehbuchautor und Chansonkomponist, 1936 Emigration über England in die USA 269

Rózsa, Miklós, *1907 (Budapest), †1995 (Los Angeles), nach Musikstudium in Leipzig seit 1935 in London, 1938 in die USA, Musikdirektor in Hollywood, 1945 Professor an der University of Southern California 254

Rühmann, Heinz, *1902 (Essen), †1994 (Aufkirchen), Schauspieler 179, 187 f., 314

Ruffo, Titta, *1877 (Pisa), †1953 (Florenz), Bariton, 1907 Figaro in Berlin, 1912–1922 in USA 96

Ruzitska, Anton, *1872, †1933, Solobratscher der Wiener Staatsoper, Mitglied des Rosé-Quartetts 92

Salabert, Francis, *1884 (Paris), †1946 (Shannon/Irland), Musikverleger, seit 1903 Éditions Salabert in Paris, stirbt auf dem Weg in die USA bei einem Flugzeugabsturz 257, 323

Sandrock, Adele, *1863 (Rotterdam), †1937 (Berlin), 1877 Statistin am Meininger Theater, 1879 Debüt als Schauspielerin in Berlin, 1888–1898 in Wien, u. a. am Burgtheater, 1905 am Deutschen Theater Berlin, aus der Tragödin wird mehr und mehr eine Komikerin, seit 1920 viele Filmrollen 170 f.

Sarasate, Pablo, *1844 (Pamplona), †1908 (Biarritz), Violinvirtuose 174

Scheinpflug, Paul, *1875 (Loschwitz bei Dresden), †1937 (Memel), Dirigent und Komponist, 1909–1914 Musikdirektor in Königsberg, 1914–1920 Leiter des Blüthner-Orchesters Berlin, 1929–1931 der Philharmonie Dresden 31, 37, 80, 82 f., 85 f., 92

Schennis, Hans Friedrich Emanuel Baron von, *1852 (Elberfeld), †1918 (Berlin), Landschaftsmaler 50

Schlemmer, Karin, *1921 (Weimar), †1981 (Stuttgart), Tochter des Malers Oskar Schlemmer, 1938–1944 Solotänzerin, 1947 Debüt als Schauspielerin in Stuttgart, verheiratet mit dem dortigen Oberspielleiter Erich Fritz Brücklmeier 307

Schlemmer, Oskar, *1888 (Stuttgart), †1943 (Baden-Baden), Maler und Bildhauer 307

Schiffer, Marcellus, *1882 (Berlin), †1932 (Berlin), Autor von Chansons, Sketchen, Revuen, Librettist der Oper Neues vom Tage von Paul Hindemith 165

Schmedes, Erik, *1868 (Kopenhagen), †1931 (Wien), ursprünglich Bariton, seit 1898 Heldentenor an der Wiener Hofoper und in Bayreuth 92 f., 99

Schmied, Rudolf Johannes, *1878 (Argentinien), †1935, deutsch-argentinischer Schriftsteller, sein Jugendbuch Carlos und Nicolas schildert (wohl autobiografisch) die Geschichte zweier Brüder, ihre Kindheit in Argentinien und ihre Reise mit ihrem Hauslehrer Dr. Bürstenfeger über Rio nach Europa 50

Schmidt, Leopold, *1860 (Berlin), †1927 (Berlin), Kapellmeister in Heidelberg und Berlin, seit 1897 Musikreferent des Berliner Tageblatts, lehrt 1900–1915 Musikgeschichte am Stern'schen Konservatorium, zahlreiche musikwissenschaftliche Publikationen, auch eigene Kompositionen 122

Schnabel, Artur, *1882 (Lipnik), †1951 (Axenstein), Pianist, Karrierebeginn als Wunderkind, 1901/33 in Berlin, 1925–1933 Professor an der Musikhochschule, 1933 Emigration nach Italien, 1939 in die USA 121

Schrader, Bruno, *1861 (Schöningen), †1926 (Weimar), Schüler von Franz Liszt, Musikschriftsteller und -kritiker in Leipzig, Berlin und München 136

Schündler, Rudolf, *1906 (Leipzig), †1988 (München), seit 1926 Schauspieler, 1930 auch Kabarettist in Berlin, seit 1932 zahlreiche Filme, nach 1946 Kabarett in München und Berlin 268

Schütz, Erik, *1893, †1963 (Hildesheim), Sänger, 1932 am Kieler Theater, nach 1945 an Bühnen der DDR, 1960 Übersiedlung in den Westen, zweiter Mann von Lo Heymann 184 f., 191, 259

Schwabach, Kurt, *1898 (Berlin), †1966 (Hamburg), Autor und Komponist 268, 305

Schwarz, Friedrich, *1894, †1933 (Paris), Komponist von Unterhaltungsmusik 80, 94

Schwarz, Hanns, ᴬ 1889 (Wien), †1945 (Hollywood), Filmregisseur seit 1928 174, 208, 220

Schwarz, Joseph, *1880 (Riga), †1926 (Berlin), Bariton, stammt aus armer jüdischer Familie, Gesangsausbildung am Konservatorium in Wien, ab 1906 Wiener Volksoper, 1909 von Mahler an die Hofoper verpflichtet, 1915 Wechsel an die Berliner Hofoper, 1921–1925 regelmäßige Gastspiele in den USA 119 f.

Serda, Julia, *1866 (Wien), †1965 (Dresden), 1899 Schauspielerin am Stadttheater Königsberg, danach in Dresden, Wien, Berlin und Hamburg 176

Sherman, George, *1908 (New York), †1991 (Los Angeles), Filmregisseur 254

Silman, Elli [Silbermann], *1898 (Berlin), Dramaturgin bei der UFA, 1933 Emigration in die Niederlande, 1937 nach Frankreich, 1939 in die USA, 1951 Gründung einer Filmagentur in München 265, 269

Simon, Heinrich, *1880 (Berlin), †1941 (Washington), tritt 1906 in den von seinem Großvater gegründeten Verlag Societäts-Druckerei in Frankfurt am Main ein, zunächst im Feuilleton der Frankfurter Zeitung, seit 1914 Vorsitzender der Redaktionskonferenz, 1916 Geschäftsführer und Herausgeber, 1934 Emigration nach Palästina, Mitgründer des Palestine Philharmonic Orchestra, 1939 Übersiedlung in die USA, Musikkurse in Washington, 1941 ermordet   21, 109

Simon, Kurt, *1881 (Nauen), †1957 (New York), Bruder von Heinrich S., seit 1907 bei der *Frankfurter Zeitung*, 1929 Verlagsleiter, Vorstandsmitglied der *Königsberger Allgemeinen Zeitung*, 1933 enteignet und Emigration in die USA   21, 109

Simon, Michel [Francois Simon], *1895 (Genf), †1975 (Paris), Schauspieler, seit 1925 beim Film   199, 216

Simon, Moritz, *1819 (Königsberg), †1888 (Berlin), Bankier in Königsberg   20f., 44

Simon, Walter, *1857 (Königsberg), †1920 (Königsberg), Sohn von Moritz S., Bankier und Mäzen in Königsberg   21

Siodmak, Robert, *1900 (Tennessee), †1973 (Locarno), 1929 erste Filmregie in Berlin, 1933–1940 in Frankreich, bis 1954 in Hollywood, danach wieder in Deutschland   223, 226

Slezak, Leo, *1873 (Mährisch-Schönberg), †1946 (Rottach-Egern), Tenor, 1901–1912 und 1917–1934 Mitglied der Wiener Hof(Staats)oper, von 1909–1912 auch an der Metropolitan Opera in New York   92 f.

Soyka, Otto, *1881 (Wien), †1955 (Wien), Schriftsteller und Journalist, seit 1919 Veröffentlichung expressionistisch beeinflusster Spannungsromane, 1938 Emigration nach Frankreich, 1948 Rückkehr nach Wien   98

Spoliansky, Mischa [Michael], *1899 (Bialystok), †1985 (London), Pianist, Revue- und Operettenkomponist, 1933 Emigration nach England   129, 165, 291 f., 335

Stauß, Emil Georg von, *1877 (Friedrichtshal), †1942 (Berlin), seit 1898 bei der Deutschen Bank, 1915 Mitglied des Vorstands, 1918 Nobilitierung, 1930–1932 und ab 1933 für die NSDAP Mitglied des Reichstags   160

Stekel, Wilhelm, *1868 (Boyan), †1940 (London), Begründer der »aktiven Psychoanalyse«, praktiziert als Arzt in Wien und stößt 1902 zu Freud, 1938 über die Schweiz Flucht nach London, begeht dort 1940 in einem Hotel Selbstmord   33

Stern, Betty, *1886 (Berlin), †1959 (Paris), führt Anfang der Dreißigerjahre einen Salon in Berlin, 1933 Emigration nach Frankreich, nach 1945 Theater- und Filmagentur in Paris   291

Stetten, Emmy Freifrau von, geb. Brode, *1898 (Königsberg), Gesangsausbildung in Berlin, seit 1923 Konzertsängerin, 1928 Volksoper Hamburg, 1933 bei den Bayreuther Festspielen, seit 1928 auch Gesangspädagogin in Berlin, 1948 in Frankfurt am Main   26

Stevens, George, *1904 (Oakland/Kalifornien), †1975 (Paris), seit 1921 Kameramann, seit 1932 Filmregisseur in Hollywood   249

Stoloff, Morris, *1894 (Philadelphia), †1980 (Woodland Hills/Kalifornien), in den Zwanzigerjahren Geiger im Los Angeles Philharmonic Orchestra, acht Jahre Konzertmeister im Paramount Orchester, 1936–1951 Musikdirektor bei Columbia   248, 260 f.

Stolz, Robert, *1880 (Graz), †1975 (Berlin), Operettenkomponist, 1938 Emigration nach Paris, 1940 in die USA, seit 1946 wieder in Wien   99, 150 f.

Strauss, Josef, *1827 (Wien), †1870 (Wien), Komponist von nahezu 300 Walzern   292 f.

Strauss, Richard, *1864 (München), †1949 (Garmisch-Partenkirchen), Komponist, 1898 Kapellmeister, 1908–1919 Generalmusikdirektor der Berliner Hof(Staats)Oper, 1909 *Elektra*   32, 37, 48, 61, 64, 82, 98, 104, 126, 153, 161

Strawinsky, Igor, *1882 (Oranienbaum/Russland), †1971 (New York), Komponist, lebt ab 1910 vor allem in der Schweiz, ab 1920 in Frankreich, ab 1939 in Kalifornien, ab 1910 Ballette für die »Ballets Russes«   62, 122, 152

Streicher, Julius, *1885 (Fleinhausen bei Augsburg), †1946 (Nürnberg), 1922 Mitglied der NSDAP, einer der fanatischsten Propagandisten des Antisemitismus, 1928–1940 Gauleiter in Franken, 1946 in Nürnberg zum Tode verurteilt und hingerichtet   284

Strindberg, August, *1849 (Stockholm), †1912 (Stockholm), Dramatiker des Naturalismus   32

Stroheim, Erich von, *1885 (Wien), †1957 (Maurepas), Schauspieler und Regisseur, ab 1906 in den USA, ab 1936 in Frankreich   296, 302

Tetrazzini, Luisa, *1871 (Florenz), †1940 (Mailand), Sopranistin, 1907 Debüt in London, 1908 in USA mit Oscar Hammerstein, beendet Bühnenkarriere 1912, weil sie so dick ist, dass sie sich kaum mehr bewegen kann   96

Thiele, Wilhelm [Wilhelm Isersohn, in USA William Th.], *1890 (Wien), †1975 (Woodlawn Hills/Californien), Filmregisseur, 1923 in Wien, ab 1927 bei der UFA, 1933 Emigration in die USA, 1960 wieder in Deutschland   175, 179, 209, 220

Thorpe, Richard, *1896, †1991 (Los Angeles), Filmregisseur seit 1929   248

Tiedtke, Jakob, *1875 (Berlin), †1960 (Berlin), Schauspieler, 1899–1915 an Berliner Bühnen, seit 1907 beim Film   130 f., 166

Tiessen, Heinz, *1887 (Königsberg), †1971 (Berlin), seit 1905 Jura- und Musikstudium in Berlin, 1917 Assistent von Richard Strauss an der Berliner Hofoper, 1925 Kompositionslehrer, 1930 Professor an Berliner Konservatorium, 1946–1949 dessen Rektor   82–84, 86

Toller, Ernst, *1893 (Samotschin), †1939 (New York), Schriftsteller, 1914 Studium in Grenoble, freiwilliger Fronteinsatz, wird 1917 nach phys. und psych. Zusammenbruch aus dem Heer entlassen, 1919 beteiligt an Räterepublik in Bayern, Verurteilung zu fünf Jahren Festungshaft, 1933 Emigration in die USA 118 f.

Tourneur, Jacques, *1904 (Paris), †1977 (Bergerac), Filmregisseur, ab 1935 in Hollywood 260

Tschechowa, Olga, geb. von Knipper, *1897 (Alexandropol), †1980 (München), Schauspielerin, emigriert 1921 nach Deutschland, Darstellerin in zahlreichen UFA-Filmen, tätig bis 1955 269

Tucholsky, Kurt, *1890 (Berlin), †1935 (Hindas/Schweden), seit 1912 literarische und journalistische Veröffentlichungen, wird von Nationalsozialisten ausgebürgert und zieht nach Schweden 57 f., 61, 128, 145, 339

Tzara, Tristan, *1896 (Moineşti/Rumänien), †1963 (Paris), Mitbegründer das Dada in Zürich 1916 117

Vajda, Ernest [Ernö Vajda], 1887 (Romaron/Ungarn), †1954 (Woodland Hills/Kalifornien), seit 1925 Drehbuchautor in Hollywood bei Paramount und MGM, seit 1929 Zusammenarbeit mit Ernst Lubitsch, 1940 *He Stayed for Breakfast* 236

Valentino, Rudolph [Rodolfo Guglielmi], *1895 (Castellaneta), †1926 (New York), seit 1913 in USA, ab 1918 in Hollywood, hysterisch verehrter Filmstar, dessen plötzlicher Tod Anlass für viele Selbstmorde gewesen sein soll 44

Valetti, Rosa [R. Vallentin], *1878 (Berlin), †1937 (Wien), Schauspielerin und Kabarettistin, 1919 in Reinhardts »Schall und Rauch«, gründet 1920 Kabarett Größenwahn, emigriert 1933 nach Wien 137, 287

Vallentin, Hermann, *1872 (Berlin), †1945 (Tel Aviv), Bruder von Rosa V., seit 1896 Schauspieler an Berliner Bühnen und in Wiesbaden, 1906–1914 am Berliner Hoftheater, seit 1920 Auftritte in Kabaretts, 1933 Emigration in die Tschechoslowakei, 1938 in die Schweiz, 1939 Übersiedlung nach Palästina 137

Viertel, Berthold, *1895 (Wien), †1953 (Wien), veröffentlicht durch Förderung von Peter Altenberg und Karl Kraus 1910 erste Gedichte, Mitarbeit an der *Fackel*, seit 1911 Regisseur, 1922 auch beim Film, 1931 als Regisseur und Drehbuchautor in Hollywood, 1932 in London, 1939 Emigration in die USA, 1947/48 bei der BBC in London, seit 1948 als Regisseur in Zürich und Wien 163

Vogt, Hans, *1890 (Wurlitz), †1979 (Erlau), Elektrotechniker und Ingenieur, Miterfinder des Tonfilms, Konstrukteur elektrotechnischer Geräte 172

Vuillermoz, Émile, *1878 (Lyon), †1960 (Paris), Komponist und Musikschriftsteller 205, 257

Wachsmann, Franz [Franz Waxman], *1906 (Königshütte), †1967 (Los Angeles), Filmkomponist, 1934 Emigration über Paris in die USA, 1936 Musikdirektor bei MGM 220, 244, 260

Wagner, Friedelind, *1918 (Bayreuth), †1991 (Herdecke), Enkelin von Richard W., Tochter von Siegfried und Winifred W., wandert wegen der Ideologisierung der Bayreuther Festspiele nach England aus und geht 1940 in die USA, 1953 Rückkehr nach Deutschland 254

Wagner, Richard, *1813 (Leipzig), †1883 (Venedig), Komponist 25, 64, 114 f., 156

Walden, Herwarth [Georg Lewin], *1878 (Berlin), †1941 (Saratow), kommt 1887 in Kreis um Richard Dehmel, seit 1910 Herausgeber einer Zeitschrift für Kultur und Künste (ab 1913 *Der Sturm*), 1901–1911 mit Else Lasker-Schüler verheiratet, 1932 Emigration nach Moskau, 1941 bei den stalinistischen Säuberungen inhaftiert, stirbt nach siebenmonatiger Dunkelhaft 49

Wallner-Basté, Franz, *1896 (Dresden), †1984 (Berlin), 1932 Leiter der literar. Abt. des Rundfunks in Frankfurt am Main, 1933 entlassen, 1946 Intendant des RIAS, seit 1951 Leiter der Abteilung Kunst beim Senator für Volksbildung in Berlin 275

Walsh, Raoul, *1892 (New York), †1980 (Los Angeles), 1910–1928 Filmschauspieler, ab 1912 auch Regisseur von etwa 200 Filmen 212 f.

Walter, Bruno [Bruno Schlesinger], *1876 (Berlin), †1962 (Beverly Hills), Dirigent, 1925–1933 an der Städtischen Oper Berlin, danach an der Wiener Staatsoper, 1939 Emigration in die USA 173, 254

Wangenheim, Gustav von, *1895 (Wiesbaden), †1975 (Berlin), Schauspieler, Regisseur und Autor, 1933–1945 im Exil in der UdSSR 129, 131, 170

Warner, Harry (1881–1958), Albert (1883–1967), Sam (1888–1927), Jack (1892–1978), Gründer der Warner Brothers Pictures (Warner Bros.) 207, 225 f., 232 f., 235

Weber, Marek, *1888 (Lemberg), †1964 (Chicago), Barpianist und Orchesterleiter 68, 192

Wedekind, Frank, *1864 (Hannover), †1918 (München), Dramatiker, ab 1902 Mitglied in Wolzogens Kabarett Überbrettl 59, 66, 143, 147

Weill, Kurt, *1900 (Dessau), †1950 (New York), Komponist, studiert in Berlin bei Engelbert Humperdinck und ab 1921 bei Busoni, 1928 *Die Dreigroschenoper*, 1933 Emigration über London und Paris in die USA 129, 135, 254

Weinberger, Josef, *1865 (Szent-Miklós), †1928 (Wien), Verleger, gründet 1885 in Wien einen Musikverlag, 1898 Gründer der Gesellschaft der Autoren, Komponisten und Musikverleger AKM, 1901 Gründung der Universal-Edition 87 f., 94, 98, 102, 106 f., 117, 149

Weingartner, Felix (von), *1863 (Zara), †1942 (Winterthur), Dirigent, 1883 Schüler von Franz Liszt in Weimar, Theaterkapellmeister in Königsberg, Danzig, Hamburg, Mannheim, 1891–1898 Hofkapellmeister in Berlin und Dirigent der Sinfoniekonzerte der kgl. Kapelle, 1908–1911 Direktor der Wiener Hofoper als Nachfolger Gustav Mahlers, 1919–1924 Direktor der Wiener Volksoper und bis 1927 Leiter der Wiener Philharmonischen Konzerte   103–107, 113

Wendhausen, Fritz [F. R. Wendhousen], *1890, †1962 (London), Drehbuchautor und Filmregisseur seit 1928, 1938 Emigration nach England   127 f., 137, 141, 202 f.

Werfel, Franz, *1890 (Prag), †1945 (Beverly Hills/Kalifornien), erste Veröffentlichung expressionistischer Lyrik 1911, Dramen, Novellen, 1938 Emigration nach Frankreich und in die USA   98

Wery, Carl, *1897 (Trostberg), †1975 (München), Schauspieler, 1934–1948 an den Münchner Kammerspielen   288

Whitman, Walt, *1819 (West Hills/New York), †1892 (Camden/New York), amerikanischer Dichter   108

Wilder, Billie [Billy; eig. Samuel W.], *1906 (Wien), †2002 (Los Angeles), ab 1929 Drehbuchautor, 1933 Emigration über Frankreich in die USA, erste Regie in Hollywood 1942   184, 196, 208 f., 247

Willemetz, Albert, *1887 (Paris), †1964 (Marnes-la-Coquette), Librettist von über hundert Operetten und ca. neunzig Revuen   199, 204, 216, 221, 232, 235, 257, 287, 323

Wilson, (Thomas) Woodrow, *1856 (Staunton/Virginia), †1924 (Washington D.C.), 1913–1921 Präsident der USA   111 f.

Wolfenstein, Alfred, *1883 (Halle), †1945 (Paris), 1915 Gerichtsreferendar in Berlin, seit 1914 literarische Veröffentlichungen, 1933 Emigration nach Prag, 1939 nach Paris   49

Wolzogen, Ernst von, *1855 (Breslau), †1934 (Puppling bei München), Schriftsteller, 1901 Gründer des ersten deutschen Kabaretts Überbrettl   128

Wolzogen, Hans von, *1888 (Berlin), †1954 (Berlin), Sohn von Ernst v. W., Schauspieler und Filmproduzent, 1909/10 am Deutschen Theater Berlin, 1919–1921 Leiter des Kabaretts »Schall und Rauch«   128

Wyneken, Alexander, *1848 (Syke bei Bremen), †1939 (Königsberg), 1876 Mitbegründer und später Chefredakteur der Königsberger Allgemeinen Zeitung   33 f., 46

Wyneken, Anne-Lise, s. Harich, Anne-Lise

Young, Owen D., *1874 (Stark/New York), †1962 (St. Augustin/Florida), amerikanischer Manager, unter dessen Vorsitz 1929 eine internationale Konferenz eine Revision der Reparationszahlungen Deutschlands ausarbeitet   176

Zeiz, August Hermann, *1893 (Köln), †1964 (Berlin), 1919 Gerichtsreporter am Berliner Tageblatt, schreibt Romane und Komödien, 1935 Emigration nach Wien, dort bis 1938 Chefdramaturg am Scala-Theater, 1943/44 im KZ Dachau, 1945–1956 Verlagsleiter in Wien, Pseudonym Georg Fraser   59, 271

Zola, Émile, *1840 (Paris), †1902 (Paris), Schriftsteller   17, 32

Zucker, Paul, *1888 (Berlin), †1971 (New York), Architekt, Villenbauten in Berlin, 1937 Berufsverbot, emigriert in die USA   58 f.

Zuckmayer, Carl, *1896 (Nackenheim), †1977 (Visp/Schweiz), Schriftsteller, Mitautor des Drehbuchs Der blaue Engel, 1939 Emigration in die USA   166, 254, 287

Zukor, Adolph, *1873 (Ricse/Ungarn), †1976 (Los Angeles), beginnt in Amerika im Pelzhandel, 1912 Gründung der Produktionsgesellschaft »Famous Players« in Hollywood (ab 1927 Paramount)   235

Zweig, Stefan, *1881 (Wien), †1942 (Petropolis bei Rio d. Janeiro), Veröffentlichungen seit 1906, 1917 als Pazifist Emigration in die Schweiz, 1918 Übersiedlung nach Salzburg, wo sein Haus Treffpunkt für die geistige Elite Europas wird, 1934 Übersiedlung nach England, 1941 nach Brasilien, wo er mit seiner Frau Selbstmord begeht   136 f., 143, 149

Bildnachweis

Alle im Buch abgebildeten Fotos und Illustrationen entstammen der Stiftung Archiv der Akademie der Künste, Berlin, sowie den Privatarchiven von Elisabeth Trautwein-Heymann und Dr. Hubert Ortkemper. Nicht namentlich genannte Urheberrechtsinhaber der verwendeten Fotografien konnten leider nicht ermittelt werden.

akg-images: 107
Akademie der Künste, Berlin, Archiv Werner Richard Heymann: 2 (© SLUB/Dt. Fotothek/ Fritz Eschen), 10 f., 29 f., 47 (© Dührkoop), 54 (© Pechstein, Hamburg/Tökendorf), 60, 103, 137, 151, 158, 177, 179, 181 ff. (© UFA), 184 f., 187 (© UFA), 189 (© UFA), 190 f. (© UFA), 196 f., 198 (© SLUB/ Dt. Fotothek/ Fritz Eschen), 203, 206, 227, 233, 246, 253 (© Stillmann, Hollywood), 257, 261 (© Bert Anderson, Hollywood), 271 (© Curt Ullmann, Berlin), 273 f., 277, 280, 283 ff., 289, 290 (© Franz Votava, Wien), 294 f. (© Carlton Film), 305 (© Georg Schödl, München), 306, 308 (© Winkler-Betzendahl, Stuttgart), 311 (© Hans Grimm, München), 313, 316, 321, 324, 332, 335, 342
Privatarchiv Elisabeth Trautwein-Heymann: 12, 312 (© Hubmann, München), 325
Privatarchiv Dr. Hubert Ortkemper: 125, 139, 161, 171, 195, 200

Zur Bonus-CD

1 *Statement I* 0:48
Werner Richard Heymann, 1955

2 *Irgendwo auf der Welt* 3:05
(Text: Robert Gilbert, W. R. Heymann) · aus dem Film *Ein blonder Traum* · Lilian Harvey, UFA-Jazz-Orchester, 1932

3 *Liebling, mein Herz lässt dich grüßen* 3:22
(Text: Robert Gilbert) · aus dem Film *Die Drei von der Tankstelle* · Leo Monosson, Comedian Harmonists, 1930

4 *Statement II* 2:18
Werner Richard Heymann, 1957

5 *Die kleine Stadt* 2:58
(Text: Walter Mehring) · Trude Hesterberg, Franz Wachsmann, Klavier, 1928

6 *Du hast mir heimlich die Liebe ins Haus gebracht* 3:04
(Text: Robert Gilbert) · aus dem Film *Ihre Hoheit befiehlt* · Willy Fritsch, Käthe von Nagy, UFA-Orchester (Dir.: W. R. Heymann), 1930

7 *Statement III* 1:15
Werner Richard Heymann, 1957

8 *Du bist das süßeste Mädel der Welt* 3:15
(Text: Ernst Neubach, Robert Liebmann) · aus dem Film *Liebeswalzer* · Leo Monosson, Paul Godwins Jazz-Symphoniker 1930

9 *Les gars de la marine* 3:15
(*Das ist die Liebe der Matrosen* – Text: Robert Gilbert, Jean Boyer) · aus dem Film *Le capitaine Craddock (Bomben auf Monte Carlo)* · Comedian Harmonists, 1931

10 *Das gibt's nur einmal* 3:05
(Text: Robert Gilbert) · aus dem Film *Der Kongress tanzt* · Lilian Harvey mit Orchester (Dir.: W. R. Heymann), 1931

11 *Ein Freund, ein guter Freund* 2:52
(Text: Robert Gilbert) · aus dem Film *Die Drei von der Tankstelle* · Willy Fritsch, Oskar Karlweis, Heinz Rühmann, 1930

12 *Amusez-vous* 3:04
(Text: Albert Willemetz) · aus der Operette *Florestan I., Prince de Monaco* · R. Toussaint, Orchester Fred Adison, 1934

13 *Ha-cha-cha* 3:10
(Text: Gus Kahn) · aus dem Film *Caravan* · Jack Payne und sein Orchester, 1943

Die Lieder und Statements sind den beiden CDs »Das gab's nur einmal. Werner Richard Heymann – ein musikalisches Porträt« (edel 00114612TLR) und »Liebling, mein Herz lässt dich grüßen. Werner Richard Heymann – ein Künstlerporträt« (duophon 05063) entnommen.
© + ℗ 2000 edel records GmbH
℗ 1999 duophon

Weitere Informationen zu Heymann-Veranstaltungen und -Interpreten finden Sie im Internet: www.heymann-musik.de